KB097607

디지털이
할 수
없는 것들

재택근무의 한계부터 교실의 재발견까지
디지털이 만들지 못하는 미래를 이야기하다

디지털이
할 수
없는 것들

데이비드 색스 지음

문희경 옮김

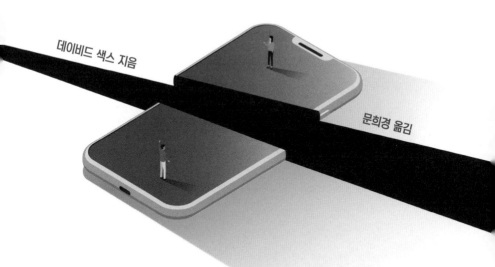

The Future
Is Analog

어크로스

차례

프롤로그
[ ]의 미래는 디지털이다

몇 년 전 나의 전작 《아날로그의 반격》이 대한민국에서 생각지도 못하게 베스트셀러가 되었고, 나는 한 학회에서 강연을 의뢰받았다. 아시아 각국의 비즈니스 리더들이 모인 값비싼 이 학회는 요즘 떠오르는 디지털 기술과 함께 기술을 미래에 적용할 전략에 주목하는 자리였다. 강연자의 면면을 보면, 획기적인 인공지능과 로봇공학 스타트업 창업자들, 컴퓨터과학 분야의 명석한 교수들, 전 세계 소프트웨어업계의 거물들, 우스꽝스러울 정도로 특이한 차림으로 검정 터틀넥 스웨터에 벨루어 재킷을 걸치고 입만 열면 명목화폐의 종말이 임박했다고 떠들던 구소련 출신의 암호화폐 억만장자까지 다양했다.

열세 시간의 비행으로 초췌한 몰골로 인천국제공항 입국장으로 나가자 키가 1미터쯤 되는 바퀴 달린 로봇 경비가 내게 디지털 미소를 지으며 쾌활하게 인사를 건넸다. "서울에 오신 것을 환영합니다. 짐을 잘 챙기세요." 갑자기 주위가 소란해서 눈을 들어보니 TV 뉴스 기자가 내 쪽으로 뛰어오고 있었다.

"데이비드 색스! 데이비드 색스!" 기자가 흥분한 목소리로 내 이름을 외치며 내 얼굴로 마이크를 들이밀었고, 그를 따라 온 카메라맨이 내게 조명을 비추었다. "4차 산업혁명을 어떻게 생각하십니까?? 그게 언제 올까요?"

"4차 뭐요?" 나는 더듬더듬 되물으며 얼떨떨한 표정으로 카메라를 쳐다보았다.

"4차 산업혁명이요!" 기자가 열정적으로 다시 말했다. "인공지능 로봇과 빅데이터가 결합해서 디지털 미래를 불러오잖아요!"

"아." 나는 잠시 말을 끊었다가 답했다. "저는 아날로그 미래에 관심이 더 많습니다만."

다소 건방진 대답이긴 하지만 내가 세계적인 디지털 도시를 자처하는 서울로 날아온 건 아날로그에 대해 남다른 의견을 내는 대표주자로서가 아닌가?

기자의 얼굴에 곧 진지하게 걱정스러운 표정이 떠올랐다. "그게 무슨 말씀인가요, 색스 씨? 아시다시피 미래는 디지털이잖아요. 마땅히 그래야 하고요."

물론 그랬다.

미래는 **디지털**을 의미했다. 컴퓨터, 마이크로칩, 각종 기기, 소프트웨어. 이것이 미래였다. 1979년생인 나는 현대인의 삶이 디지털 컴퓨팅으로 전환하는 길목에서 모든 중요한 시기의 새벽을 직접 목격했다. 가정용과 사무용 데스크톱부터 비디오게임, 인터넷, 스마트폰, 그리고 현재 내 존재의 구석구석까지 스며든 하드웨어와 소프트웨어의 은하계에 이르기까지. 우리 집에 처음 PC가 들어온 날, 장난감 매장에서 새로 출시된 닌텐도 엔터테인먼트 시스템을 사서 집으로 돌아오던 차 안, 아버지가 자동차 대시보드에 처음 설치한 카폰의 값비싼 나뭇결 마감재까지 기억난다. 윈도우즈Windows를 처음 사용한 날도 기억난다. 우리 집 베이비시터 누나가 전화선 모뎀을 연결하고 베이지색 컴팩Compaq 노트북에 플로피디스크 대여섯 장을 넣은 다음 '오퍼레이션 울프Operation Wolf' 게임을 다운로드받을 때 처음 들어본 외계의 소리 같은 펑펑, 쉬익쉬익, 치직거리는 소음도 기억난다.

이 모든 사건이 시작된 순간에 나는 현장에 있었다. 이메일, AOL, ICQ, 이더넷, 스카이프, 휴대전화, 냅스터, 아이팟, 블랙베리, 아이폰, 아이패드, 첫 기사의 원고료로 구입한 첫 맥북, 디지털카메라로 처음 찍은 사진, SNS 계정을 처음 만든 날, 무선 인터넷에 마법처럼 연결된 첫 순간, 컴퓨터 모니터로 처음 본 뒤죽박죽된 젖가슴(내 친구 조시 데일의 방에서 방문을 닫고 본 성인용 고전 어드벤처 게임 '레저 슈트 래리Leisure Suit Larry') …… 까지 그 모든 순간이 기억난다. 나는 종이 시대에 저널리즘 업계에 입문했고, 온라인 중심 매체로 숨 가쁘게 전환하는 시대를 거쳤다. 그때마다 원고료가 감소하고 또 하나의 출판사가 폐업했다는 소식이 들려왔다.

디지털 미래의 약속

디지털 미래의 약속은 지극히 단순했다. 컴퓨터 기술이 계속 발전하면 지구상에서 우리가 알던 삶의 단면이 하나씩 변형되고 개선될 거라고 했다. 모든 것이 더 강력해지고 쉬워지고 깨끗해지고 수익성 높아지고 연결성이 좋아지고 네트워크화하고 간소화할 거라고 했다. 손바닥이나 손목, 심지어 뇌 속에 심은 칩에 세계를 담을 수 있다고 했다.

디지털 미래를 상상하기 위한 공식은 단순했다. 현재 우리가 아는 모든 것이 컴퓨터로 전환된다는 것이다. "[ ]의 미래는 디지털이다"의 빈칸에 아무것이나 넣어보라. 사업, 학교, 일, 출판, 금융, 패션, 음식, 운전, 비행, 음악, 영화, 연극, 정치, 민주주의, 파시즘, 전쟁, 평화, 섹스, 사랑, 가족…… 모두 디지털이다. 모든 범주에서, 세상 모든 곳에서 디지털 미래는 불가피했다. 정해진 운명이었다. 디지털 미래는 우리를 구원하거나, 아니면 영화 〈터미네이터〉와 〈매트릭스〉의 무서운 로봇 권력자들처럼 우리를 파멸시킬 것이다. 이론의 여지는 없었다. 미래를 생각하면 디지털이 답이었다.

대체로 디지털 미래를 진보로 여기고 그 약속을 실현하기 위해 모두가 협력했다. 정부는 기업의 기술 개발을 장려하고, 금융계는 자금을 댔다. 비즈니스 부문은 최대한 빠르게 디지털로 전환하기 위해 경쟁하면서 '미래 중심' 전략을 채택하려 했다. 디지털 미래의 창조자와 치어리더는 유명인사가 되고 때로는 신격화되기도 하면서 소비 트렌드부터 정치 문제에 이르기까지 모든 사안에 대해 견해를 요청받았다. 라스베이거스 분수처럼 헝클어진 머리에 엘튼 존 안경을 쓴 요정 같은 분위기의 오스트레일리아인 데이비드 '슁이' 슁David 'Shingy' Shing 같은 미래주의자나 '디지털 예언자'들은 거액을 받고 최신 디지털 유행어(빅데이터, 웨어러블, 드론, 가상현실VR, 증강현실AR, 인공지능AI)가 어떻게 세상의 변화를 주도하고 세계 경제부터 피자 배달에 이르기까지 모든 분야를 어떻게 변화시킬지 해석해준다. 스티브 잡스Steve Jobs와 빌 게이츠Bill Gates, 일론 머스크Elon Musk, 마크 저커버그Mark Zuckerberg는 디지털 미래의 예언자로 널리 추앙받고, 우리는 그들의 미래 예측에 촉각을 곤두세운다.

디지털 미래의 약속은 문화에도 끊임없이 영향을 미쳤다. 책과 소설부터 TV 프로그램과 블록버스터 영화에 이르기까지 우리는 가만히 앉아서 예견된 미래를 경외감으로 감상했다. 홀로데크, 트랜스포터, 터치스크린 인터페이스가 등장하는 〈스타 트렉: 넥스트 제너레이션〉, 호버 보드와 대형 TV가 등장하는 〈백 투 더 퓨처 2〉, 디스토피아적 미래를 예견하는 〈맥시멈 오버드라이브〉, 〈터미네이터 2: 오리지널〉, 〈론머맨〉, 그리고 내가 좋아하는 〈데몰리션 맨〉까지. 〈데몰리션 맨〉에서는 극저온으로 냉동되었다가 미래에 다시 깨어난 슈퍼 경찰(실베스터 스탤론)이 역시나 냉동되었다가 깨어난 슈퍼 악당(웨슬리 스나입스)을 디지털 유토피아에서 추격한다. 이 미래 세계에서는 광고 음악이 대중음악을 장악하고 화장실에서는 마법의 조가비가 자동으로 엉덩이를 씻어준다.

오늘날 여러 분야에서 예전부터 전망해온 다양한 현상을 보고 있는 게 믿기지 않는다. 비록 〈스타 트렉〉의 피카드 선장이 USS 엔터프라이즈호에서 한 것처럼 다른 세계로 이동할 수는 없지만 내가 스물세 살쯤일 때부터 수천 킬로미터 떨어진 친구나 가족과 일상적으로 화상통화를 할 수 있게 되었다. 〈우주 가족 젯슨〉에 나오는 로지 같은 로봇 하녀는 아직 수십 년을 더 기다려야 할 테지만 이미 로봇 청소기가 등장해잘 작동하고 있다. 1970년대에 예상한 것처럼 사무실에서 종이가 완전히 사라진 것은 아니지만, 나는 2002년에 신문사에 첫 기사를 기고한날부터 집에서 원격으로 일하면서 경력을 쌓았다. 하늘을 나는 차가 개발되고 자율주행차는 이미 주요 도시에서 시범 운행되어 우리 자녀 세대가 운전대를 잡기 전에는 널리 통용될 것으로 예측된다. '호버 보드'가 나왔고(실제로 허공에 뜨지 않고 자주 불이 붙기는 하지만), 우리 집 화장실에는 마법의 조가비만큼 성능 좋은 디지털 비데가 있다. 그러고 보면디지털 미래는 거의 약속을 지켰다.

디지털 미래의 자기 충족적 운명은 물리학의 불변의 법칙인 무어의법칙에 기반을 두었다. 1965년 인텔의 공동창업자이자 현대 컴퓨팅의아버지 고든 무어Gordon Moore는 집적회로의 트랜지스터 수가 2년마다 두 배 증가하는 사이 컴퓨터 성능은 기하급수적으로 발전하고 비용은 감소할 거라고 정확히 예측했다. 무어의 법칙은 한 방향으로만 나아갔다. 머뭇거리거나 지체하거나 퇴보한 적이 없다. 무한 연료를 장착한로켓처럼 가속도를 더해가며 더 빨리 더 멀리 날아갔다. 디지털 기술은이 곡선을 따라 더 빠르게 발전하고 무어의 법칙은 미사일 궤도만큼 공고한 진실로 굳어졌다. 그렇게 무어의 법칙은 '미래는 마땅히 디지털'이라는 예상의 반박할 수 없는 증거로 번번히 소환되었다. 달리 어떤 미래를 예견할 수 있었을까? 디지털 미래의 약속에 딴지를 거는 사람은 상상력이 부족한 사람이라거나, 기계파괴운동 선동가라거나, 심하게는 태양이 우주의 중심이라는 코페르니쿠스와 갈릴레오의 주장을 경멸하면서 시대착오적 신념으로 인류의 발목을 잡던 고집스럽고 아둔한 천동설 지지자들과 같은 자들이라는 비난을 받았다.

그런데…… 미래는 마이크로칩이 아니다. 수량화 가능한 트랜지스터도 없고 정확한 좌표를 찍을 수 있는 궤도도 없다. 미래는 언제나 갈릴레오 시대의 지도에서 세상의 끝으로 표시된 수평선 너머의 모호한 점이다. 현재가 칙칙폭폭 소리를 내면서 앞으로 나아가는 사이 미래는 끊임없이 형태를 바꾸며 우리의 예측을 보기 좋게 뒤집는다. '[   ]의 미래는 디지털'이라는 진술은 대개 세계의 냉혹하고 딱딱한 현실 앞에서 좌절된다. 현실 세계에서는 미래에 대한 오만한 약속이 인정사정없는 중력의 힘을 만나기 때문이다. 아무리 훌륭하게 설계된 로켓이라고 해도 불길에 휩싸여 땅으로 추락할 수 있다.

인공지능의 가장 큰 수혜자는 섹시한 로봇이 꽃다발을 들고 서 있는 상투적인 이미지를 그려내는 일러스트레이터들로 보이지만 디지털 미래에 대한 우리의 확신은 여전히 확고하다. 우리는 디지털 기술이 빠르게 혁신하면서 완전히 새로운 삶의 형태가 도래할 거라고 믿는다. 머지않아 어디서나 생활하고 일하고 배우고 놀면서 손가락 하나만으로 원하는 모든 것을 집 앞으로 배달받는 시대가 올 거라고 믿는다. 미래에는 공간의 제약 없이 대화를 나눌 수 있어서 이내 전 세계에서 공감과 이해의 공동체가 만들어질 것이고 국경, 신앙, 교리, 피부색의 갈등과 분열이 빠르게 사라질 거라고 믿는다. 미래는 인공지능과 빅데이터, 모바일 컴퓨터, 인터넷, 전기차, 스마트 스쿠터, 가상현실, 블록체인으로 구현될 것이고, 우리는 더 행복하고 건강하고 똑똑하고 부유하고, 그냥 더 잘살게 될 거라고 믿는다.

뉴노멀?

그러다 별안간 디지털 미래가 왔다.

2019년 말에 중국 어딘가의 동굴에서 병든 박쥐가 나와서 천산갑(혹은 다른 동물) 옆에 똥을 쌌고, 그다음부터 (빌 게이츠를 제외하고) 기술계에서 신탁을 전하는 누구도 예상치 못한 상황이 펼쳐졌다. 코로나19 팬데믹은 이렇게 갑자기 일어나 세상을 휩쓸어서 아무도 그 규모를 가늠하지 못했다. 수요일에 아이들을 학교에 데려다주고 사무실로 출근하고 점심을 먹으러 나가고 저녁 식사를 하고 연극을 보았건만, 갑자기 토요일에는 집에 콩 통조림이 몇 개나 있는지 세어보고 어떤 천연발효종 조리법이 제일 간편한지 가늠하면서 TV에서 요가 수업을 동시 방영으로 설정하는 방법과 벽장에 들어가 회의 전화를 받는 방법, 아이들에게 디지털 장비를 충분히 마련해주어 온라인 수업도 듣고 로블록스도 할 수 있게 해주는 방법을 찾아야 했다.

첫 월요일 아침에 일어나 TV 뉴스를 보고 뉴욕과 런던과 밀라노에서 쏟아져 들어오는 끔찍한 기사를 읽었다. 미래학자와 디지털 전도사들은 오래전부터 예견한 디지털 미래가 드디어 완전히 도래했다고 선포했다. 그들은 세계가 단숨에 도약해서 며칠 사이에 수년 뒤의 미래가 도래했다고 단언했다. 디지털 세상은 적국의 텅 빈 수도를 향해 파죽지세로 진군하는 정복군처럼 승리를 선포했다. 모든 산업이 하룻밤 새 마법처럼 전환했다. 재택근무, 원격 수업, 스트리밍 문화, 온라인 쇼핑, 가상 회의로의 전환(모두 오래전부터 서서히 다가오던 것이다)이 즉각적이고 영구적으로 일어났다. 이제 돌이킬 방법은 없었다. 뉴노멀new normal(시대 변화에 따라 새롭게 떠오르는 기준이나 표준-옮긴이) 시대가 왔다.

처음 며칠이 몇 주로 이어지고 몇 주가 다시 몇 달로 지루하게 이어지는 사이 미래학자들의 예측에 점점 힘이 실렸다. 디지털 전환이 계속 더 빠르게 진행될 뿐만 아니라 비非디지털, 아날로그 세계는 모두 과거로 밀려났다. 사무실은 영구히 쓸모가 없어지고, 그에 따라 상업 지구와 도심도 무너졌다. 더불어 여기에 의존해서 살아가던 상점과 음식점도 무너지고 이제 물건과 음식이 집으로 배달되었다. 극장과 코미디 클럽과 공연장도 문을 닫고 다들 집에서 스트리밍으로 문화를 즐긴다. 앞으로 몇 년만 지나면 도시에서 해방된 가족들이 시골로 도피하면서 도시는 축소되거나 소멸할 것으로 예견되었다. 그러면 뉴욕은? 링크드인 Linkedin의 한 인기 게시물에 따르면 뉴욕도 '영원한 죽음'을 맞을 운명으로 보였다. 어서 이 소식이 널리 퍼지길.

뉴노멀은 우리가 이전에 알던 삶으로 돌아가지 못할 거라는 의미였다. 이제 우리는 사무실, 월요 회의, 지루한 출퇴근길, 메리어트호텔 대연회장의 쓸모없는 회의로 돌아가지 않을 것이다. 고리타분한 교사들이 아직도 19세기 교수법으로 학생들에게 지식을 전하는 답답한 교실로 돌아가지 않을 것이다. 요즘은 구글 클래스룸Google Classroom이나 유튜브로 그런 지식을 손쉽게 배울 수 있기 때문이다. 재고 관리가 엉망이고 공간이 방치되며 인간의 재능이 낭비되는 오프라인 매장과 음식점으로 돌아가지 않을 것이고, 클릭 두 번이면 운동복이든 샌드위치든 (혹은 둘 다!) 한 시간 안에 집 앞으로 배달받을 수 있을 것이다. 어색한 침묵이 흐르고 시간이 허비되고 지루하기만 한 커피 모임이나 가족 모임으로도 돌아가지 않을 것이다. 대신 줌 회의실이 대기하고 있으니 편안한 운동복 바지 차림으로 소파에 파묻혀 맛있는 샌드위치를 먹을 수 있을 것이다. 이제는 고약한 냄새가 진동하고 회비가 비싸고 시끄러운 음악이 쾅쾅 울려대고 여기저기 훔쳐보는 시선이 도사리는 헬스장으로 돌아가지 않을 것이다. 대신 세계 최고의 스피닝 강사가 펠라톤 화면에서 내 이름을 외쳐주는 사이 나는 우리 집 지하실에서 열심히 다리를 들어올리기만 하면 된다. 엉덩이에 쥐가 날 것 같은 신도석에 앉아 윙윙거리는 설교를 듣기 위해 교회나 이슬람 사원이나 절이나 유대교 사원에 가지 않을 것이다. 대신 커피나 눅눅한 베이글 없이도 집에서 편하게 앉아 조카의 할례식에 참가할 수 있다.

디지털 미래가 마침내 도래했다!

그리고 참 별로였다.

홀륭한 작가라면 이런 통찰을 좀 더 근사하게 말로 표현할 수 있겠지만 나로서는 '참 별로였다'가 이 경험을 완벽하게 요약해주는 것 같다. 2020년 4월 둘째 주에 아내와 여섯 살짜리 딸과 세 살짜리 아들과 나는 토론토 시내의 우리 집에서 북쪽으로 두 시간 거리에 있는 장모님의 호화로운 호숫가 주말 별장으로 들어가서 장모님과 함께 지내기 시작했다. 도피처가 있는 다른 많은 사람처럼 우리도 불길한 징조를 보고 중국과 유럽에서 집 안에 격리된 사람들에 관한 뉴스를 접하고 우리에게 허락된 가장 큰 집으로 피신했다. 방 여섯 개, TV 네 대, 안정적인 인터넷 연결, 집 밖에 끝없이 펼쳐진 풍경, 그레이트레이크, 근처의 숲과 등산로, 폐쇄된 골프 코스에서의 산책, 사우나와 온수 욕조까지. 사전에서 **백인 특권**을 찾아보라. 그게 바로 나, 그 집에서 지내는 나였다.

그리고 참 별로였다.

휴대전화나 노트북을 볼 때마다 공포가 엄습했다. 초등학교 1학년 딸은 오전에 이메일로 과제를 받았고, 나는 '딱 다섯 줄만 쓰게' 하려고 딸과 두 시간 동안 입씨름을 했다. 그러다 우리 둘 다 울음을 터뜨릴 지경이 되었다. 아들은 3월 초에 다리를 다쳐서 영화 예술의 걸작 〈퍼피 구조대〉를 열두 번씩 연이어 시청하는 일상생활에 정착했다. 아내는 방문을 걸어 잠그고 진로상담 신청자들, 말하자면 갑자기 자기 일이 싫어진 사람들과 통화했다. 장모님은 거실 TV로 CNN을 크게 틀어놓고 온종일 스피커폰으로 모든 지인과 통화했다. 나는 점심때가 되면 주방으로 달려가 툴툴거리며 입에 뭐든 욱여넣고는 아내에게 교대 시간이라고 알렸다. 그러고는 다른 방에 들어가 방문을 걸어 잠그고 벽장에서 담요로 틈새를 막아 요새처럼 만들어 놓고 저주받은 신간 홍보를 위한 팟캐스트 인터뷰를 녹음했다. 오후 5시가 되면 급히 분노의 산책을 나갔다. 그리고 집에 돌아오자마자 그날 마실 와인의 첫 잔을 마셨다. 저녁 식사, 아이들 재우기, 파이 반 개, 뭔가의 에피소드 몇 편, 긴장을 풀기 위한 30분간의 심호흡, 그리고 또 하룻밤의 자다 깨다의 반복.

사실 내게 즐거움을 줘야 할 것들도 참 별로였다. 재능 있는 가수들의 콘서트와 연극을 스트리밍으로 보았지만 이내 지루해졌다. 장모님이 거실에 운동 비디오를 틀어서 다 같이 뛰어도 봤지만 더 피곤해지기만 했다. 밤마다 전 세계의 친구들과 소통하면서 그들의 목소리를 듣고 얼굴을 보는 것이 좋기는 했지만 진심 어린 통화가 아닌 것처럼 느껴졌다. 다들 기계적으로 통화하면서 똑같이 참 별로인 처지를 하소연할 뿐이었다. 나는 온라인으로 책이나 퍼즐을 사면서도 정작 사고 싶은 물건은 구하기 어렵거나 배달받기까지 시간이 오래 걸린다는 것을 알게 되었다. 업무는 세 가지 화면, 곧 휴대전화와 노트북과 TV에서 일어나는 또 하나의 소통이었다. 또 하나의 앱을 시작하거나 브라우저 탭을 열었다. 넷플릭스에서 열심히 스크롤을 내리며 사냥에 나서지만 오래 볼수록 입맛이 떨어지는 뷔페처럼 결국 원하는 프로그램을 발견하지 못했다. 노트북, 휴대전화, TV. 다시 우울한 뉴스를 찾아 스크롤을 내리거나 트위터에서 암울한 뉴스를 찾아다녔다. 디지털에서 세상의 모든 사람과 모든 사건에 더 많이 연결되었는데도 나는 여전히 철저히 외롭고 소

외되었고 …… 이때는 그나마 나의 첫 가상 칵테일파티를 경험하기도
전이었다.

언젠가 우리 손주들에게 이 짧은 전환기에 대해 들려줄 날이 오더라
도 지옥 같은 심야의 줌 칵테일파티 얘기는 아이들이 무서운 이야기를
어느 정도 받아들일 나이가 될 때까지 미뤄야 할 것이다.

"그러니까 방에서 모니터 앞에 혼자 앉아 술을 드셨다는 거예요? 다
른 사람들도 각자의 방에서 똑같이 그러고요, 할아버지?"

"음, 그렇단다. 일단 술을 한 잔 따랐어. 그러다 모니터를 봤지. 그 작
은 상자 안에서 아무도 술을 마시고 있지 않거나 술을 아예 준비하지
않은 사람도 있는 것을 보고는 어색하게 몇 번 홀짝거리다 말고 술잔을
그대로 내려놓았단다."

"그게 어떻게 칵테일파티예요? 사람들하고 어울려서 술을 나눠 마시
고 얘기도 하고 웃고 떠들어야죠?"

"그럼, 그래야지. 그런데 아무도 그러고 싶어 하지 않았단다. 다들 혼
자 마시는 걸 어색해했어. 누가 먼저 말을 시작하려 하지도 않았어. 별
로 웃지도 않았어. 엄청 어색했지."

"그럼 그게 화상회의랑 뭐가 달라요, 할아버지?"

"나도 모르겠다." 그리고 나는 두 손에 얼굴을 묻고 흐느낄 것이다.
"나도 모르겠어!"

우리가 잃어버린 것들

사실 반세기 넘게 우리는 집 안에서 편하게 입고 먹고 놀고 일하고 공부하고 교제하고 운동하고 쇼핑하고 놀면서 자리에서 일어나지 않아도 되는 미래에 대한 환상을 품었다. 이 환상은 모든 공상과학소설과 기술회사의 연간 신제품 발표장, 디지털 스타트업의 홍보물, 번드르르하게 제작된 킥스타터 영상, 요금을 과도하게 부과하는 대기업 통신회사의 감상적인 광고, 가령 화목한 4인 가족이 각자의 방에서 각자의 전자기기를 들고 무제한 스트리밍 데이터 혜택(헤아릴 수 없이 많은 제약이 따른다)을 누리는 광고의 핵심이었다.

우리는 인간의 삶 전체를 디지털로 전환하려고 노력해왔고 드디어 디지털 미래가 도래했다. 하지만 우리는 디지털 미래가 약속하는 자유로운 유토피아로 뛰어들기는커녕 어느 날 깨어보니 화려한 디스토피아의 감옥에 갇혀 있었다. 그렇다, 디지털 기술은 우리가 계속 일하고, 공부하고, 멀리 사는 친구나 가족과 소통하고, 집 밖에 나가지 않고도 음식과 물건을 구하고, 뉴스를 놓치지 않게 해주었다. 대다수는 무척 고마워했다. 하지만 대체로 이전의 삶에서 획기적으로 나아지지는 않았다.

우리가 가진 각종 화면으로만 세상을 받아들이면 지독한 폐소공포에 시달리게 되는 것으로 드러났다. 그 조그만 직사각형의 화면을 몇 시간씩 들여다보느라 혹사당한 눈과 머리가 아팠다. 불안이 엄습했다. 감정이 메말랐다. 따분했다. 사회성이 떨어졌다. 연구에서는 이런 상태

가 사업과 학업, 인간관계, 대화, 정치적 안정, 건강, 심장, 정신에 악영
향을 미치는 것으로 입증되었다. 인류는 통제력을 잃었다. 악당 로봇이
우리를 죽이거나 노예로 삼거나 우리의 일자리를 빼앗는 방식의 미래
주의적 공포 때문이 아니라 우리가 미래의 근간이라고 믿는 컴퓨터 기
술에 의해 바로 여기서 현재를 사는 인간 존재의 경험이 축소된다는 사
실을 일상적으로 깨달았기 때문이다. 한 주의 하이라이트가 기껏해야
슈퍼마켓에서 유통기한 지난 이스트를 구하는 거라면 더 말할 것도 없
이 유토피아와는 한참 거리가 멀다.

물론 이런 미래 풍경도 이미 예견된 것이었다. 1909년에 작가 E. M.
포스터는 〈기계가 멈추다〉라는 단편소설에서 인간이 지하의 방대하게
연결된 벌집 모양의 방에서 혼자 사는 세계를 그렸다. 인간의 욕구는 전
지적 기계에 의해 충족되므로 버튼 하나만 누르면 음식과 음악, 대화, 강
의, 의료서비스까지 제공된다. 여기에 사는 어느 나이 든 여자의 아들이
어머니에게 그 방에서 나와 비행선을 타고 세계를 돌아서 자기를 만나
러 와달라고 애원한다. …… 어머니는 두려움에 떨면서도 힘겹게 자기
만의 안전한 방에서 나와 세상과 마주한다. 아들은 결국 기계에서 완전
히 탈출하려고 시도하고 그 자애로운 존재에 대놓고 의문을 제기한다.

"우리는 우리의 의지를 실현하기 위해 기계를 창조했지만 이제는 기
계가 우리의 의지를 실현시킬 수 없어요." 아들이 어머니를 책망한다.
"기계는 우리에게서 공간감과 촉감을 앗아갔고, 모든 인간관계를 얼룩
지게 만들었으며, 사랑의 의미를 성행위로만 축소시켰고, 우리의 몸과

의지를 마비시켰으며, 이제 우리가 자기를 숭배하게 만들었어요. 기계는 발전해요. 그런데 우리를 위한 방향으로가 아니에요. 기계는 앞으로 나아가요. 그런데 우리의 목표를 향해서가 아니죠."

기계는 우리의 미래였고, 이제 우리의 현재가 되었다.

인류 역사상 최초로 우리는 전 세계에서 우리가 만들어나가려는 미래를 주행 테스트할 수 있는 기회를 얻었다. 우리는 타이어를 발로 툭툭 차고 보닛도 들여다보고는 운전대를 잡고 디지털 미래의 삶이 우리에게 중요한 삶의 모든 영역에서 실제로 어떻게 느껴지는지 직접 체험했다. 미래는 지금보다 나아야 했다. 아직은 나아질 수 있을지 모른다.

코로나19 팬데믹이 디지털 미래의 체험판이었다면 우리는 이 경험에서 무엇을 배웠을까? 디지털의 가능성이 우리의 기대를 뛰어넘은 영역은 무엇이고, 기대에 못 미친 영역은 무엇일까? 만족한 영역은 무엇이고, 더 현실적인 뭔가가 요구되는 영역은 무엇이었을까? 미래를 정의할 때 디지털 기술을 통해 이론적으로 가능한 것이 무엇인지가 아니라 우리가 인간으로서 실제로 원하는 것이 무엇인지로 정의한다면 어떨까? 몇 달 혹은 몇 년씩 이어진 코로나19 팬데믹에서 우리가 얻은 교훈을 그저 예정된 목적지로 순탄하게 나아가다가 잠시 마주한 일탈이 아니라 디지털 기술의 한계와 우리가 실제로 원하는 미래에 대한 값진 교훈으로 새긴다면 어떨까? 화면 속의 세계와 화면으로 대체된 현실 세계의 공간과 소통, 관계를 대조하면서 가장 인간적인 욕구에서 간과된 점을 찾기 위해 우리는 어디를 보았을까?

아날로그 미래의 약속은 무엇인가?

디지털로 대체된 미래 혹은 개선된 미래

본문으로 들어가기 전에 잠시 한 발 뒤로 물러나자. 여기서 아날로그의 미래란 정확히 무슨 뜻일까?

이것은 내가 인천공항의 차가운 조명을 받으며 처음 받은 질문이다. 또한 며칠간 이어진 학회에서 몇 시간씩 디지털 기술이 바꿀 미래에 관해 들은 한국의 기업가들 앞에서 내가 열심히 정의하려 한 질문이기도 하다. 2016년에 《아날로그의 반격》이 출간된 후 더 자주 고민하게 된 질문이다. 하지만 내가 이 질문에 처음 제대로 직면한 순간은 코로나19 팬데믹의 긴장감이 감돌던 처음 몇 주 동안 장모님 댁 벽장 안 담요의 요새에서 전 세계 기자들에게 내 생각을 초조하게 전할 때였다.

그렇다, 기자들은 내가 《아날로그의 반격》에서 다룬 레코드판과 보드게임과 서점의 미래가 어떻게 될지 알고 싶어 하면서도 그보다는 현실 세계의 더 큰 운명에 대해, 말하자면 최근에 우리가 사전에 아무런 경고 없이 빼앗긴 현실 속의 사람과 장소와 관계에 대해 더 알고 싶어 했다.

"이번 사태가 아날로그의 미래에 어떤 의미를 지닐까요?" 다들 이렇게 물으면서 사무실, 학교, 도시, 슈퍼마켓, 박물관, 그리고 이제는 역사의 뒤안길로 밀려난 듯 보이는 현실적이고 인간 중심적인 세계의 온갖 기념물에 부고를 쓰는 디지털 미래학자들에게 반박할 논리를 찾으려

했다. '디지털 미래'가 도래한 지금 진정한 아날로그 세계는 어떤 가치를 추구하는가?

내가 **아날로그**라는 말을 사용할 때는 간단히 '디지털이 아닌 것'을 의미한다. 나는 이 말을 가장 광범위하고 가장 포괄적인 의미로 사용한다. 이렇게 아날로그를 불분명하고 불완전하게 정의했으니 분노한 엔지니어들에게서 수십 통의 메시지가 들어오고 독일의 어느 친절한 교수님에게서는 아름다운 손글씨로 이 말의 오류를 지적하는 편지를 받게 된 것을 충분히 이해한다. 그래도 현재로서는 **아날로그**가 최선의 표현이다. 아날로그는 우리가 컴퓨터로 만나는 세계와 실제로 보고 듣고 느끼고 만지고 맛보고 냄새를 맡는 진짜 세계의 근본적인 차이에 대한 감각을 규정하는 용어이기 때문이다. 디지털은 이진법의 1과 0만 다루는 반면, 아날로그는 색채와 질감의 전체 스펙트럼을 전달하고 어떤 식으로든 조화롭게 존재하면서 충돌하는 정보들의 파동을 전달한다. 아날로그는 혼란스럽고 불완전하다. 현실 세계처럼. 따라서 무어의 법칙은 애초의 용도를 넘어서 미래를 예측하는 도구가 될 수 없다. 인간은 마이크로칩이 아니다. 인간이 사는 세계도 마찬가지다. 그리고 미래는 직선으로 흘러가지 않는다.

이 책은 우리를 디지털 이전의 석기시대로 꾸역꾸역 데려다 놓으려 하지 않는다. 나는 이 책을 타자기가 아니라 컴퓨터로 썼다. 또한 웹드라마 〈만달로리안The Mandalorian〉 새 시즌이 나오면 당장 신나게 정주행할 것이다. 하지만 분명한 사실은 우리가 미래로 나아가는 투쟁의 길에서 중요한 지점에 서 있다는 것이다. 한편으로는 계속 맹목적으로 앞으로 나아가면서 디지털이 운전자이고 아날로그는 소멸할 거라는 실리콘밸리의 절대 원칙을 따를 수도 있다. 아니면 잠시 멈추어 우리가 코로나19 시대에 어렵게 터득한 교훈을 되새기면서 디지털 기술이 아날로그 세계의 가장 중요한 부분을 대체하는 것이 아니라 개선하는 미래를 만들어나갈 수도 있다.

실제 경험. 본능적 정서. 의미 있는 관계. 지구별에서 인간으로 살아가는 롤러코스터 같은 삶. 이것이 아날로그 미래의 약속이다. 화면 속 세계보다 눈앞의 현실 세계에 더 집중하겠다는 약속. 그전에는 이론적으로 가능한 것을 기반으로 미래를 상상했지만 이제 대다수 사람이 현실 세계에서 우리에게 무엇이 필요한지에 대해 많은 것을 깨달았다. 그 미래는 어떤 모습일까? 어떻게 그 미래를 지켜낼 수 있을까?

나는 이 질문의 답을 찾기 위해 작년 한 해 동안 전 세계의 수많은 사람과 소통하며 이번 코로나19 실험으로 각자의 삶에서 무엇을 배웠는지 알아보았다. 전문가도 있고 학자도 있고 보통 사람도 있다. 다들 저마다의 홈오피스(벽장, 차, 침실)에서 나와 인터뷰하는 사이 자녀들이 갑자기 튀어나와 그놈의 과자를 또 달라고 졸라댔다. 나 역시 세계에서 격리 기간이 가장 긴 캐나다의 토론토 인근을 벗어나지 못했다. 이 책의 한마디 한마디는 모두 영상이나 화상통화의 결과물이다. 이 책은 내가 직접 만나 인터뷰한 내용이 한 줄도 없는 첫 번째 책이다. 또 마지막 책이기를 바란다.

이 책에는 내가 매일, 매달, 매번 술을 마시면서 직접 경험한 일들도 담겨 있다. 나의 개인적인 경험이면서 이번에 나와 함께 같은 시험에 들었던 대다수 독자에게도 꽤 익숙한 이야기일 것이다(차가운 호수에서 서핑한 경험담 정도를 제외한다면). 코로나19 봉쇄 기간에 처음에는 시간이 의미를 잃었지만 이내 달력이 더 중요해진 것을 깨달았다. 달력에서 하루하루를 지워나가는 동안 이전에 경험한 아날로그 삶과 현재 헤쳐나가는 디지털 삶 사이에 극명한 대비가 드러났다. 그래서 나는 이 책의 각 장을 한 주의 요일로 구성했다. 월요일부터 일요일까지 우리는 출근하고 등교하고 쇼핑하고 도시를 탐험하고 문화생활을 누리고 대화를 나누다가 일곱째 날에는 충분히 누릴 자격이 있는 휴식을 취한다.

어떤 미래도 필연적이지 않지만 나는 두 가지를 거의 확신한다. 첫째, 디지털 기술은 계속 발전할 것이다. 무어의 법칙과 시장의 법칙과 가장 빛나는 아이디어들이 컴퓨터를 활용한 새로운 발명과 혁신을 낳을 것이고, 이런 발전은 분명 우리 삶의 여러 방면에 영향을 미칠 것이다. 둘째, 아날로그 세계는 여전히 가장 중요한 세계로 건재할 것이다. 아날로그 세계는 앞으로 어떤 미래가 펼쳐지든 주변부가 아닌 중심부에 자리 잡을 것이고, 정서와 인간관계, 현실의 공동체, 인간의 우정과 사랑의 영역에 남아 있을 것이다. 이 책은 실제 세계를 전면에 놓고 그중 가장 좋은 것을 활용하여 약속이 넘치는 미래를 만들어나가려 한다.

1장

월요일

회사

**재택근무가 시작되면서
사라진 것들**

중요한 무언가를 깨닫기까지는 무수히 많은 평범한 순간이 필요하다. 이를테면 회의가 끝나고 각자 자기 물건을 정리하면서 나누는 2분간의 잡담, 하루 일과를 마치고 엘리베이터로 가는 시간이 필요하다. 관리자와 경영자는 최선의 물리적 소통 수단을 설계하고 싶어 하지만 이런 소통은 대부분 상사가 주관하는 줌 회식 만큼 강제적이고 재미없게 느껴진다. 소통을 의도적으로 계획할수록 그런 소통에서 중요한 무언가가 나올 가능성은 감소한다.

당신은 혼성 듀엣인 소니 앤 셰어가 후렴의 첫 '베베'를 힘차게 노래하기 전에 알람시계를 끈다. 고개를 들자 아침의 냉혹한 현실이 시작된다. 월요일이다. 다시.

발을 질질 끌며 욕실로 간다. 몽롱한 채로 이를 닦는다. 터덜터덜 주방으로 가서 드립커피 머신을 켜고 향 좋은 커피를 내린다. 토스터에서 탕 소리와 함께 빵이 튀어 오른다. 커피는 역시나 만족스럽다. 휴대전화로 밤새 쌓인 메시지를 죽죽 내려보면서 커피를 다 마시고 빈 그릇을 싱크대에 넣는다.

그리고 뭐 하지?

샤워하고 면도하고 옷을 갈아입을까? 정장에 넥타이를 맬까? 스커트에 감각적인 펌프스를 신을까? 점심 도시락을 쌀까? 아니면 오늘은 밖에 나가서 먹을까? 차 운전석에 앉거나 열차나 버스를 타러 가기까지 시간이 얼마나 남았지? 오늘의 교통 상황과 날씨가 어떻다고 했더라?

아니면 스물다섯 걸음 만에 주방에서 책상으로 가서 주간용 운동복 바지로 갈아입고 노트북을 켜고 잠시 SNS와 뉴스를 확인한 다음 본격적으로 일을 시작할까? 30분 정도 이메일과 중요한 문자 메시지, 슬랙 Slack(기업용 메시징 플랫폼—옮긴이)의 줄줄이 달린 메시지에 답하고 9시 몇 분 전에 캘린더의 알람이 울리면 급히 와이셔츠로 갈아입고 오늘의 첫 화상회의에 들어간다.

꿈에 그리던 홈오피스가 구현되었습니다

코로나19 범유행 전에는 선진국의 전문 직업인 가운데 약 5퍼센트만 정기적으로 원격으로 업무를 보았다. 2020년 4월에는 미국인의 무려 3분의 1이 재택근무를 했다. 물론 경제구조에서 큰 비중을 차지하는 부문은 배제한 수치다. 사실 몸으로 일하는 사람들(건설, 요리, 배달, 운전 …… 응급실 간호사, 공장 노동자, 트럭 운전사, 식료품점 점원)은 평소대로 일해야 했다. 위험이 커져도 '필수적인' 일이라 일터로 나가야 했다. 바이러스와 정면으로 맞서야 한다는 꺼림칙한 생각은 애써 눌러야 했다. 하지만 이미 컴퓨터와 휴대전화로 업무를 보던 사람들은 빠르고 손쉽게 사무실 근무에서 재택근무로 전환했다. 3월 11일 수요일부터 대다수 사무실에서 재택근무로 전환할 수 있다는 소문이 돌기 시작했다. 금요일 오후에는 많은 사람이 노트북과 서류철과 추억의 물건들을 싸면서 적어도 몇 주간 집에서 일할 준비를 했다.

다음 주 월요일에는 많은 기업이 전면 재택근무로 전환했다. 사무실 관리자와 IT 직원은 창의적이고 신속해야 했지만, 비즈니스는 대체로 잘 돌아갔다. 지시가 내려오고, 이메일 답장이 오고, IT 네트워크도 그대로 유지되고, 모두가 새로 인기를 끄는 화상회의 플랫폼에서 '줌Zoom'하는 법을 발 빠르게 익혔다. 일부 기업은 향후 재택근무만 가동할 거라고 발표했다. 서울에서 시드니까지, 부에노스아이레스에서 보스턴까지, 사무실 책상에 먼지가 쌓이고 냉장고 속 먹다 남긴 샌드위치에 곰팡이가 피고 화분의 양치식물은 아무도 없는 사무실에서 서서히 시들어갔다. 그래도 비즈니스는 계속 돌아갔다. 마치 오래전부터 예상하던 가상 사무실이 스위치 하나만 누르자 짠하고 나타난 것처럼.

"기능적으로 우리는 계속 일하면서 즉각적으로 업무를 처리했습니다." 영국 런던의 전략 설계 자문 회사 ELSE의 공동창업자이자 소유주인 워런 허친슨Warren Hutchinson이 말했다. ELSE에서는 스무 명 남짓의 직원과 파트너가 모두 큰 문제 없이 재택근무로 전환했다. 원래 ELSE의 업무 대부분이 가상으로 이루어졌다. 쉘, 마츠다, 니베아, UBS를 비롯한 글로벌 고객사를 위해 홈페이지와 앱과 기타 디지털 제품과 서비스를 설계해주는 업무였다. "우리는 모든 장비를 갖추었습니다. 각종 클라우드 서비스, 줌 구독, 업무 관리를 위한 먼데이Monday 등등. 그래서 그냥 노트북을 들고 집으로 들어갔습니다." 그리고 직원들에게 업무에 필요한 장비나 가구를 마련할 지원금도 제공했다. "기능적으로는 괜찮았어요." 허친슨이 케임브리지의 채광이 좋은 홈오피스에서 내게 말했다. 책상 주위로 상당한 규모의 기타와 음반 소장품이 둘러싸고 있었고, 창밖으로 볕이 잘 드는 푸르른 정원이 펼쳐져 있었다. 기차와 지하철로 한 시간 거리의 이스트런던에 위치한 ELSE 사무실과 달리 그의 홈오피스는 침실에서 몇 초 거리였다.

하지만 아드레날린이 솟구치던 처음 며칠이 끝을 모른 채 몇 주가 되는 사이, 봄이 가고 여름이 오는 사이 허친슨은 세계 모든 기업과 기관의 소유주와 관리자와 직원과 마찬가지로, 그들이 버리고 떠난 사무실이 디지털 미래학자들이 수십 년 전부터 적극적으로 제거하려 한 책상과 방과 단조로운 평면만으로 이루어진 것이 아니라는 사실을 깨달았다. 나아가 일의 심오한 정의를 깨달았을 뿐 아니라 일과 불가분의 관계인 아날로그 공간과 인간관계의 진정한 가치도 새롭게 발견했다.

만악의 근원이었던 사무실

미리 말해두자면 나는 이제껏 사무실 한 군데서만 일해봐서 사무실의 가치를 논할 만한 사람이 아니다. 1999년 여름, 열아홉 살의 나는 토론토 시내에서 치과 소식지를 만드는 작은 업체에서 일을 시작했다.

내 업무는 소식지 마지막 인쇄본에 치과 연락처 목록이 적힌 조그만 종이를 붙이고 그 페이지를 끝없이 복사하는 것이었다. 페이지를 완벽하게 정렬하지 않으면 소식지가 삐뚤빼뚤하게 나왔다. 가끔 프린터 토너가 다 떨어지거나 인쇄본에 이상한 선이 나타났다. 그러면 인쇄본을 구겨버리고 다시 작업해야 해서 사장인 제프에게 잔소리를 들었다. 전형적인 사장님인 제프는 사무실에 MBA 졸업장을 액자에 넣어 걸어두고 맞춤 정장을 입고 사무실 앞에는 카나리아색 포르쉐를 세워두었다.

안내데스크 앞을 지날 때 스피커로 〈리빈 라 비다 로카Livin' la Vida Loca〉가 무한 반복으로 흘러나오면(그리고 어김없이 안내직원이 "와, 저 리키 마틴 곡 엄청 좋아해요!"라고 말하면) 나는 이내 내가 빨려 들어갈 이 지옥의 심연을 알아챘다. 그리고 6주 만에 쉴 새 없이 돌아가던 복사기에 불이 붙은 후 나는 회사를 그만두고는 평생 사무실로 돌아가지 않으리라 다짐했다.

나는 저널리스트이자 작가로 경력을 쌓기 시작한 날부터 줄곧 원격 근무로 일해왔다. 집에서 반바지나 운동복 바지 차림으로, 노트북으로, 이메일과 전화와 화상통화로 일했다. 코로나19 범유행이 시작된 후 직장 전문가들이 매일 아침 샤워하고 면도하고 정장을 차려입어서 사무실의 일과를 유지하라고 조언했어도 나는 웃어넘기며 내가 원래 하던 대로 일했다.

인류에게 사무실은 비교적 최신 발명품이다. 20세기 거대한 사회적, 기술적 변화의 산물이지만 벌써부터 처분될 운명이었다. 니킬 서발은 《큐브, 칸막이 사무실의 은밀한 역사》에서 산업혁명의 대량생산으로 크고 복잡한 조직이 출현하면서 더 많은 관리자가 나날이 증가하는 정보량을 감당해야 했다고 설명한다. 새로운 기술(철근 고층건물, 엘리베이터, 에어컨, 타자기)이 나오면서 이런 조직들이 '다운타운'이라는 시내 상업 사무 지구에 집중되었다. 사무실은 낯익은 무대가 되었다. ...... 사무실은 (제조 현장과 달리) 생각의 '실질적 작업'이 일어나는 장소로서 등장

인물과 소품과 꿈과 희망과 갈수록 질식할 것 같은 분위기가 완벽히 갖춰진 공간이 되었다. 서발은 이렇게 표현했다. "사무실은 허술하고 공허하고 무엇보다도 지루했다. 이런 사무실에서 일어나는 비즈니스라면 메마르고 거친 비즈니스일 것이다."

사무실은 자본주의의 상징으로서 현대적인 일에 따르는 모든 문제의 상징이기도 했다. 복잡한 통근길과 비좁은 사무 공간, 책상에서 먹는 서글픈 점심, 영혼 없는 생일 축하 인사, 다과실의 소모적인 잡담과 험담, 매정한 관리자, 치열한 경쟁, 쓸데없이 불편한 복장까지. 창문 하나 없는 회의실의 불안감, 온종일 요란하게 돌아가면서 뼛속까지 냉기를 전하는 에어컨, 쨍하게 켜져 있는 형광등, 넥타이와 하이힐, 만연한 성차별과 인종차별, 편애, 빈번한 경제적 불평등 …… 이 모든 것이 의자만 조금 편해졌을 뿐 공장과 같은 강철과 유리의 네모난 상자 속에 담겨 있었다. 사무실에서 즐거운 일이 생길 수도 있지만 사무실 자체는 재미없는 장소라는 점이 문화에도 반영된다. 물론 드라마 〈매드맨Mad Men〉의 광고회사 스털링 쿠퍼 앤 파트너스의 사무실에서는 거나하게 파티가 열리기도 하고, 〈더 오피스The Office〉의 던더미플린 제지회사에서는 농담이 많이 오가기도 하고, 〈뛰는 백수 나는 건달Office Space〉의 이니테크에서는 고장 난 프린터를 암흑가의 방식으로 폭행하면서 분노를 터뜨리기도 한다. 하지만 이들 드라마에서 낭만이나 웃음이 통하는 이유는, 원래 사무실은 직원들이 욕을 먹고 날마다 갇혀 지내며 가벼운 스트레스는 물론 노골적인 정신적, 육체적 학대가 일어나는 공간이기 때문이다. 기껏해야 사무실은 견딜 만한 공간이었다. 필요악이었다. 금요일 오후면 한숨을 내쉬고 도망쳐서 언젠가는 영영 탈출하겠다고 맹세하는 공간. 아무도 사무실을 그리워하지 않았다. 최고로 근사한 사무실조차 참 별로였다. 단독 사무실은 폐소공포를 유발했다. 개방형 사무실은 정신사나웠다. 두 가지가 혼합된 사무실은 그중 최악이었다. 구글과 페이스북의 자유분방한 캠퍼스 같은 사무실은 편의시설을 무한히 갖춰놓아서(무료 음식, 미용실, 낮잠 자는 공간, 강아지까지!) 직원들이 사무실을 떠날 필요를 느끼지 못하게 설계되었다. 카지노처럼. 하지만 결국에는 모든 사무실이 똑같았다.

20세기 후반 사무실의 종말은 일의 미래의 고결한 목표가 되었다. 1969년에 미국 특허청의 과학자 앨런 키런Allan Kiron은 컴퓨터와 새로운 통신 장비로 인해 일의 성격이 바뀔 것이고 모두가 집으로 들어갈 거라고 예견했다. 그는 **거주지**domicile, **연결**connections, **전자공학**electronics을 조합해서 **도미네틱스** dominetics라는 용어를 만들었다. 이 용어 자체는 크게 인기를 끌지 못했지만 이후 다른 사람들에게 영감을 주었다. 예를 들어 잭 닐스Jack Nilles라는 학자는 **텔레커뮤팅**telecommuting이라는 용어로 장거리 운전의 고단함을 해결하기 위해 집에서 일하는 방법을 제안했다. 1980년에 PC 시대가 시작되자 미래학자 앨빈 토플러Alvin Toffler는 집이 '전자 주택electronic cottage'이 되어 사람들이 인터넷에 연결된 홈 오피스에서 일하면서 일과 가족에게 더 유연해지고 그사이 도심의 사무실은 "귀신이 나올 것 같은 창고로만 쓰이거나 주거 공간으로 개조될 것"이라고 예견했다.

디지털 기술이 점차 강력해지고 저렴해지고 모든 직업에서 일상적으로 사용되면서 많은 사람에게 원격 근무가 현실이 되었다. 일부 기업은 처음부터 전면 재택근무를 채택했지만 다른 기업들은 일부 직원에게 선택사항으로 제안했다. 시내의 비좁은 고층건물에서 힘들게 일하거나 교외 사무 단지에 고립된 사람들에게는 혜택과 자극과 업무의 도전은 그대로 유지되면서 갑갑한 사무실에 갇히지 않아도 된다는(혹은 건물을 새로 짓거나 빌리거나 유지하는 막대한 비용을 절약할 수 있다는) 약속이 유혹적이었다. 사무실의 디지털 미래는 한마디로 사무실이 사라지는 것이었다.

따라서 세계의 사무직 노동자들이 그 운명의 금요일에 집으로 돌아가 사무실의 죽음을 알리는 헤드라인을 보았을 때 애도의 눈물을 흘린 사람은 거의 없었다. 더 열심히 더 많은 일을 해내면서도 출퇴근길과 엘리베이터와 무의미하고 시시한 잡담에 허비하던 시간을 벌었다. 산책을 하고 건강한 음식을 먹고 일주일 내내 애슬레저(운동 경기를 의미하는 애슬레틱과 여가라는 의미의 레저를 합친 스포츠웨어 업계의 용어-옮긴이)를 입고 지내는 것은 그야말로 꿈의 실현이었다. 혼잡한 지하철이나 지저분한 버스 터미널, 꽉 막힌 고속도로에서 매일 두 시간씩 운전대를 잡는 일이나 또 하나의 회의를 그리워할 사람은 아무도 없었다. 상사의 얼굴을 마주 보지 못해 아쉬워할 사람도 없었다. 드디어 디지털 미래가 도래했고, 처음에는 상상한 것보다 근사해 보였다.

내년에도 이렇게 일하지는 못할 거 같아요

그러다 한 달쯤 지나서 다들 뭔가를 깨달았다. 국적이나 나이나 경력이나 업종과 상관없이 서서히 일에 불만을 느끼기 시작했다. 일하는 시간은 길어졌지만 성과는 떨어졌다. 불안과 스트레스가 심해졌다. 2020년 4월 이글힐컨설팅Eagle Hill Consulting의 설문 조사에서는 미국 근로자의 절반 가까이가 탈진 상태로 나타났다. 2021년 미국정신의학회의 설문 조사에서는 재택근무 근로자 대다수가 온라인 근무로 전환하면서 정신 건강에 부정적인 영향을 받았다고 보고했고, 영국이나 다른 국가에서도 비슷한 결과가 나왔다. 이메일 알림음이나 슬랙 메시지 알림음이나 새 화상회의는 모종의 두려움을 자극했다. 눈이 시리고 머리가 지끈거렸다. 머리가 찌릿하게 아플 때도 있지만 뒤에서 묵직하게 욱신거려서 타이레놀을 아무리 먹어도 두통이 가시지 않았다. 무엇보다도 다들 녹초가 되었다. 작가이자 조직심리학자인 애덤 그랜트Adam Grant는 이런 상태를 **나른함**languishing'이라고 불렀다. "우울한 느낌과 신나는 느낌 사이의 공허감, 곧 안녕감의 부재"를 의미한다. **참 별로인** 상태의 큰아버지뻘이다.

물론 범인은 코로나19 범유행과 그로 인해 우리 삶에서 일어난 온갖 끔찍한 상황이다. 대다수 사람이 강제로 집에 갇혀 지내야 했다. 아이들이 말 그대로 우리 몸을 타고 매달리는 사이 우리는 잠시라도 혼자만의 시간을 짜내서 업무를 처리해야 했다. 벽장이나 세탁실에서 일했다. 내 친구 멜라니는 욕조를 사무 공간으로 만들었다. 다들 건강과 안전에 대해 공포에 사로잡혔다. 슈퍼마켓에 갈 때마다 마치 최전방으로 진군하는 것 같았다. 필사적으로 생필품(살균제, 마스크, 밀가루, 화장지)을 사서 집에 돌아와서는 소독제로 봉지 하나하나를 열심히 닦았다. 우리는 버려진 도시와 환자들이 넘치는 병원의 이미지를 보았다. 대다수에게는 세상의 종말이 다가왔다는 의미였다. 그나마 운 좋게 건강하고 부유한 조건에서 이번 사태를 겪는 사람들에게도 끔찍한 시간이기는 매한가지였다.

몇 주가 지나 코로나19 감염 사례가 서서히 줄어들고 전염병 범유행의 충격이 어느 정도 가라앉고 일상의 감각이 조금씩 되살아나는 동안에도 재택근무의 문제점은 사라지지 않았다. 5월의 어느 날 나는 옆집 포치에 나와 있는 로런을 보고 잘 지내냐고 인사를 건넸다. "아유, 괴로워요." 로런이 말했다. "이렇게 일하는 거 정말 싫어요." 퇴직 연금 투자 자문인 로런은 평소 (만원 전차를 타고 땀 흘리며 30분 동안 오가는) 시내 사무실로의 출퇴근과 급하게 다녀오는 출장 일정 사이에서 시간을 쪼개며 살던 사람이다. 일주일 동안 뉴욕이나 런던이나 도쿄의 회의에 참석하러 갔다가 토요일 밤에 집에 돌아와서 다시 월요일 새벽에 항공편으로 샌프란시스코로 날아가는 일상이었다. 하지만 요즘은 그 어느 때보다 시간이 남아도는데도 로런은 많이 지쳤다. "그냥 너무 피곤해요." 로런이 신경질적으로 웃으며 말했다. 매일 아침에 일어나 급하게 아침을 먹고 책상 앞에 앉아 여덟 시간 내리 연이어 화상회의에 참석했다. 겉보기에는 업무가 똑같고 펀드 투자금도 일정하게 유지되었지만 원격 근무로 바뀌면서 업무가 끝도 없이 이어지고 한없이 지루해졌다. 아래 층으로 뛰어 내려가 요구르트 하나 먹을 새도 없이 다음 회의가 시작되었다. 마지막으로 집 밖에 나가본 게 언제였는지 기억도 나지 않는다고 했다. 로런은 노트북의 포로가 되었다.

원격 근무로 전환하고 몇 주 만에 **줌 피로**Zoom fatigue라는 용어가 유행하면서 심상치 않은 뭔가가 벌어지고 있음을 암시했다. 줌 소프트웨어는 원활히 돌아가고 있었지만 줌 회의(구글의 미트Meet나 마이크로소프트 팀즈Microsoft Teams나 시스코의 웨벡스Webex나 기타 화상회의 플랫폼의 회의)는 매번 참가자들에게서 본능적인 뭔가를 앗아가는 듯했다. 이케아 쇼핑이 젊은 연인에게서 사랑을 흡수하듯이. 심리학자를 비롯한 전문가들은 원인을 찾으려 했다. 디지털 소통의 반응 시간이 미세하게 지체되는 탓일까, 속도 탓일까, 용량 탓일까? 진실한 눈 맞춤이 없어서일까, 인지 부하가 늘어나서일까, 디지털 처리 과정에서 오디오 신호가 단조로워져서일까? 누구도 명확한 답을 찾지 못했고, 원인이 무엇이든 그로 인한 불편감은 갈수록 무시하기 어려워졌다.

평생 원격 근무로 일해온 나조차 느껴질 정도였다. 나는 코로나19 범유행이 시작되고 광풍으로 몰아치던 그 봄에 기사를 쓰고 인터뷰를 하고 미국 대여섯 지역의 가상 독자와 만나는 자리를 조율하느라 바빴다. 그해 말에는 주로 줌을 통해 이 책을 쓰기 위한 인터뷰를 시작했다. 그리고 시작하자마자 줌 인터뷰가 얼마나 피곤한 건지 알았다. 온라인 회의 한 번이나 독자와의 만남 한 번 정도는 괜찮아도 하루에 두 번 이상 진행하면 완전히 녹초가 되었다. 대체로 좋은 대화였지만(훌륭한 대화도 많았지만) '줌에 들어오세요'라는 초대 알림이 뜰 때마다 몸이 찌릿하고 두려움이 엄습했다.

ELSE의 워런 허친슨은 케임브리지에 있는 그의 홈오피스에서 나와 화상 인터뷰를 하면서 그 역시 줌 회의에서 같은 느낌을 받았다고 했다. "다들 그냥 습관적으로 해나가는 것 같습니다." 그리고 그는 코로나19가 터지고 첫 번째 봄에 ELSE 직원들에게 가상 회식과 퀴즈와 한 주의 기록과 같은 회사 행사에 참여하도록 독려한 경험에 관해 들려주었다. "그런 만남이 얼마나 단조로운 건지 단박에 알았어요." 그리고 최근 한 온라인 행사에서 ELSE의 집단적 에너지가 얼마나 소멸했는지 설명했다. "에너지가 바닥이었어요. 다들 모니터 앞에 앉아 있는 데 지친 겁니다. 그러다 대화가 사라졌어요. 주변의 자극이 사라지고 우리 앞의 그 직사각형 모니터 안에서 일어나는 상황도 놓치는 겁니다." 나는 허친슨에게 이런 현상을 처음 알아챈 날 어땠느냐고 물었지만 그는 세세하게 기억하지 못했다. 온라인의 기억은 안개처럼 흐리다고 했다. 줌 대화를 하고 나면 그냥 다음 대화로 녹아 없어지는 것처럼. "행사의 구체적인 내용은 기억나지 않아요." 그가 말했다. "그저 어떤 느낌이었는지는 생각나요. 데이트할 때 처음에 어색한 침묵이 흐르고 그게 편하지도 불편하지도 않은 상태. 꼭 그런 느낌이었어요."

원격 근무의 디지털 미래로 전환하면서 허친슨을 비롯한 많은 사람이 우리가 넘어야 할 기술적 장벽 이상의 심오한 의미를 깨달았다. 사무실에서 컴퓨터로 일하는 사람들과 그들이 실제로 하는 일, 그 일이 일어나는 장소, 우리가 의미를 제대로 고민하지 않은 채 황급히 폐기해버린 아날로그 공간의 가치에 대한 근원적인 오해가 드러난 것이다.

"일을 일로 만들어주는 요인이 무엇인지를 제대로 이해하지 못했다는 사실이 드러난 겁니다." 비즈니스 코치이자 작가인 애런 디그넌Aaron Dignan의 말이다. 그의 컨설팅 회사인 더 레디The Ready는 여러 기업에 조직의 구조를 바꾸는 작업을 자문한다. 디그넌은 대다수 기업이 가상 업무의 가장 낮은 수준으로 넘어가는 과정을 관찰했다. 한마디로 직원들을 하루에 여덟 시간씩 화상회의에 욱여넣은 방식이었다. "제가 대다수 업종에서 만난 사람들은 대체로 '내년에도 계속 이렇게 일하지는 못할 것 같다'고 말합니다. 다들 꾸역꾸역 버티는 거죠. 지속 가능하다고 생각하는 사람이 아무도 없어요."

일, 적어도 사무실에서 컴퓨터로 하는 일에는 사실 최대한 효율적인 기술로 처리하는 업무만 포함되지 않는다. 일은 인간 경험에서 상당히 복합적인 부분이다. 그리고 일은 이제야 그 가치를 진실로 이해할 수 있게 된 중요한 두 가지 아날로그적 특징을 갖추었다. 바로 사무실이라는 물리적 공간과 그곳에서 맺어진 인간관계다.

탄생하자마자 사장된 아이디어들

사무실은 무엇인가? 단순히 업무를 보는 건물일까, 아니면 더 심오한 목적을 위한 공간일까?

내가 사무실에서 일해본 경험은 적지만 저널리스트로는 각종 사무실에 가보았다. 유리창으로 둘러싸인 뉴욕 고층건물의 〈뉴요커 New Yorker〉와 〈에스콰이어Esquire〉 사무실, 도쿄의 무미건조한 정부 청사, 오스틴의 번쩍거리는 네온 불빛의 창고형 스타트업 사무실, 쇠락해가는 이탈리아 영화사의 먼지 날리는 사무실, 샌프란시스코 베이에어리어에서 제멋대로 뻗어가는 페이스북·구글·옐프의 본사, 루마니아 부쿠레슈티 외곽의 어느 집 지하실, 파라과이 시골의 메노나이트 Mennonite(네덜란드 종교개혁자 메노 시몬스Menno Simons의 평화신학을 따르는 제자들이 그의 이름을 따서 만든 재세례파 운동의 최대 교파-옮긴이) 육가공 공장의 피가 잔뜩 튄 사무실까지. 지역도, 크기도, 편의시설도, 전체 분위기도 제각각이지만 공통된 특징이 있었다. 벽, 조명, 의자, 책상, 컴퓨터, 프린터, 종이, 화이트보드, 펜, 커피, 물.

사람들은 몇 주 이상 집에서 일하게 되자 점차 홈오피스를 꾸미기 시작했다. 상자가 쌓여 있던 자리에 책상을 놓고, 식탁 의자를 더 튼튼한 의자로 바꾸었다. 나는 모니터 너머로 단출하던 침실과 벽장과 거실에 미술작품과 식물, 링 모양의 촬영용 LED 조명, 300달러짜리 노이즈캔슬링 헤드폰이 들어오면서 근사한 홈오피스로 변신하는 현장을 목격했다. 하지만 소파나 침대나 내 친구 멜라니의 욕조에 전략적으로 갖다 놓은 쿠션에서 일하던 초반에 비해 업무 환경은 크게 나아졌지만 묘하게 나른한 느낌은 갈수록 커졌다. 여전히 뭔가가 빠져 있었다. 그게 사무실이었을까?

"우리는 차분하고 안정된 업무 공간을 구축하는 데 얼마나 큰 노력이 들어가는지를 벼락치기로 배운 셈이에요." 알렉스 수정 김 방의 말이다. 실리콘밸리에서 컨설턴트로 일하는 방은 일의 미래에 주목하면서 《쇼터: 하루 4시간만 일하는 시대가 온다》를 비롯한 여러 권의 책을 썼다. "원격 근무와 모바일 근무, 일정한 사무실 없이 일할 때 문제는 사무실이나 기타 업무 전용 공간이 주는 견고함과 균일함이 사라진다는 점입니다." 방에 따르면 사무실의 중요한 물리적 기능은 업무와 생활을 명확히 나눠주는 물리적 공간을 제공하는 것이다. "잘 설계된 좋은 사무실이라면 근무 중에는 업무에 집중할 수 있고 사무실을 나설 때 업무를 남겨두고 떠날 수 있어야 해요." 방은 말했다. "지난 20년간 우리가 저지른 가장 큰 실수 중 하나는 일을 주머니에 넣고 다닐 수 있게 해주는 기술과 가정 및 직장의 경계를 허무는 것이 바람직하다는 정언 명령을 혼동했다는 겁니다." 일의 물리적 공간이 따로 정해져 있지 않으면 일이 모든 가능한 공간으로 퍼져나가서 전에는 '가정'으로 보이던 삶의 영역(여가, 가족, 자연, 사랑)에 투자할 시간을 빼앗는다. "이 모든 현상을 경고 신호로 받아들여야 해요." 그리고 방은 이렇게 말했다. "넥타이를 매고 사각팬티를 입고 줌 회의에 참석하는 것이 '쿨'해 보여도 어느 한 공간에 들어가 여섯 시간 집중하다가 그곳을 떠나는 것만큼 '쿨'하지는 않을 수 있다고 경고하는 신호죠."

재택근무로 쉽게 전환할 수 있는 전문 직업인들은 주로 '지식 작업'을 처리하는 사람들이다. 이들은 실제 물건(상자, 기계, 음식, 해머)을 다루기보다 이미 업무를 주로 머릿속으로 처리하고 컴퓨터로 작업하던 사람들을 비롯해 광범위한 경제 활동의 범주에 속하는 사람들이다. 지식 노동자 중에서 혼자 고도로 집중해야 성과를 내야 하는 사람도 있지만(작가와 소프트웨어 프로그래머) 대다수는 동료들과 지속적으로 소통하면서 일해야 한다. 마케팅, 영업, 전략, 관리, 그밖에 사무실의 다양한 경제 활동은 더 유동적이어야 하고 덜 개인적이고 덜 직접적이며 기본적으로 대화를 많이 요구한다. 이런 업무는 사람들과 한 공간에 가까이 붙어서 일할 때 큰 효과를 볼 수 있다.

워런 허친슨과 ELSE 파트너들은 재택근무를 시작하고 몇 달 후 선택의 갈림길에 섰다. 그동안 방치한 런던 사무실의 임대 계약을 갱신할 시기가 다가온 것이다. ELSE는 재정적으로 탄탄한 편이지만 사무실 임대를 종료하고 전면 재택근무로 전환하면 추가로 막대한 비용을 절약할 수 있었다. "저희는 재택근무에 대체로 만족했지만 '계약을 유지할까?'라고 물었습니다." 답은 '그래'였다. 실질적인 이유가 있었다. 허친슨은 케임브리지의 대저택에 살았지만 런던 사무실의 젊은 직원들은 비좁은 아파트에서 룸메이트와 같이 살거나 자녀를 포함한 가족이 사는 어수선한 분위기에서 업무에 집중해야 했다. 게다가 조만간 고객들을 직접 만나야 하는데 사실 이런 업무는 ELSE가 통제하는 물리적 공간에서 진행해야 했다. "저희의 업무는 주로 고객사에 전략적으로 중요한 일을 해드리는 겁니다." 허친슨은 고객이 ELSE에 **실제로** 원하는 일(고객이 원한다고 요청하는 일이 아니라)을 파악하고 적절한 해법을 제안·

수정·구축하기 위해서는 대화가 끊임없이 오가야 한다고 했다.

"고객이 일을 의뢰한다고 해서 고객의 의견은 듣지 않고 저희가 획기적인 설계를 내놓아서 고객을 깜짝 놀라게 해야 하는 것은 아닙니다. 오히려 저희의 제안에 고객이 놀라지 **않기를** 원합니다. 고객이 저희의 제안을 지지하지 않고 새로운 아이디어를 쌓아가는 데 동참하지 못한다면 그런 제안은 결국 무용지물이 되기 쉽습니다." 허친슨의 말이다. "원격 근무로 전환한 뒤로 좋은 아이디어를 얼마나 잃었을지 알 수 없습니다. 아이디어를 떠올린 공간에서 일하지 않은 탓에 얼마나 많은 좋은 아이디어가 탄생하자마자 제대로 형체를 갖추지도 못한 채 사장됐을까요?" 대면으로 소통하던 때에 비해 온라인에서는 모든 업무에 시간이 두 배 들어갔다. 허친슨은 주로 고객에게 대면으로 아이디어를 제안하면서 고객의 표정을 통해 반응을 즉각 파악하고, 고객의 신체 언어가 그들의 아이디어와 허친슨의 매력과 그의 팀의 영업력에 어떻게 반응하는지에 따라 즉석에서 제안을 바꾸고 수정하고 임기응변으로 일을 처리했다. "저희 업무에는 이런 측면이 절대적으로 필요합니다." 허친슨이 말했다. "온라인으로는 이런 업무를 제대로 처리할 수가 없어요. 최고의 디지털 도구를 활용한다고 해도 다 임시방편일 뿐이에요. 실질적인 기능을 하지 못해요. 서로 마음을 맞대고 함께 일을 처리하지 못해요. 디지털 도구는 서로 간의 정서적 격차를 메워주지 못하니까요."

물리적 공간이 일에 미치는 영향

나는 허친슨처럼 아날로그 세계와 디지털 세계 양쪽 모두에 걸쳐서 일하는 사람들에게서 일의 가치에 대한 가장 선명한 관점을 얻었다. 그중 한 사람이 제니퍼 콜스태드Jennifer Kolstad다. 포드자동차의 글로벌 근무 환경 설계를 맡은 콜스태드는 미시간주 디어본의 포드자동차 본사와 세계 각지의 포드자동차 사무실 설계를 담당했다. 포드자동차는 20세기에 현대적인 일을 정의한 기업이다. 헨리 포드가 제조와 시간 관리를 강박적으로 완성한 곳이자, 주 40시간 노동의 성지이자, 미국인의 일과 삶의 균형이라는 개념을 표준화한 곳이다. 콜스태드의 팀(행동과학자와 신경학자들로 구성되었다)은 전 세계의 포드자동차 직원 3만 5000명 이상과 협력하여 코로나19 범유행 중 포드자동차의 사무직 직원들이 재택근무로 전환하는 사이 업무가 어떻게 달라졌는지 관찰할 수 있었다.

"이런 협업의 범주는 …… 우리가 함께 나눠야 할 대화는 …… 생각보다 더 복잡한 것 같습니다." 콜스태드가 디트로이트 교외의 자택에서 내게 말했다. "업무는 수행할 수 있어요. 소프트웨어가 인간의 생산성 수준까지는 업무를 처리해주니까요. 하지만 여기에 창의성을 더하면 사정이 복잡해지죠. 어떤 식으로든 동료들과 소통하면서 협업해야 해요." 2021년 초 콜스태드의 팀은 디어본에서 아직 공사 중이던 약 19만 제곱미터 규모의 본사 건물을 비롯해 미래의 포드자동차 사무실을 설계하는 프로젝트에 몰두했다. '뇌에서 건물로'라는 이름의 이 프로젝트는 포드자동차가 재택근무로 전환한 실제 경험을 토대로 누가, 어디서, 왜, 언제 일해야 하는지에 대한 난해한 질문을 던졌다. 콜스태드의 팀과 외부 참가자들은 다양한 대화형 기능을 장착한 가상 화이트보드인 MIRO 등 각종 클라우드 협업 도구를 이용해 원격으로 업무를 진행했다.

"우리가 해법을 찾은 줄 알았어요." 콜스태드가 말했다. 하지만 콜스태드는 프로젝트를 오래 붙잡을수록 팀이 어중간한 상태로 빠져드는 것을 알아차렸다. "사실 한 달 동안 MIRO에 머물면서 문제를 해결하려고 해도 한 달 내내 제자리걸음만 할 수도 있어요." MIRO가 제공하는 무수한 기능(무한 수정, 변경, 색상, 기능, 댓글, 채팅, 이메일)은 콜스태드의 팀에게는 오히려 거대한 모래 구덩이가 되었다. 디지털 도구로 문제를 해결하려고 할수록 세부사항에서 더 깊은 수렁에 빠졌다.

사실 오프라인 사무실에는 우리가 일을 잘하도록 도와주는 아날로그 도구가 널려 있다. 어떤 도구는 눈에 띄게 도움이 되고(책상, 의자, 펜, 회의실, 화이트보드) 어떤 도구는 덜 두드러지지만(복도, 커피머신, 흡연자들이 모여드는 비상구 앞) 어떻게든 효과를 끌어낸다. 도구로서의 사무실이다. "사무실은 그저 공간과 장소가 아닙니다." 건축회사가 어떻게 일하는지 연구하는 뉴욕의 조직사회학자 안드레아스 호프바우어Andreas Hoffbauer의 말이다. "업무 공간 자체가 지식 창조에 필요한 실질적 재료가 됩니다." 호프바우어는 사람들이 사무실에서 주고받는 일상적 소통을 일종의 암묵적 학습으로 규정하고, 여기서 아이디어(개념, 교육, 정보)

가 일종의 삼투압 현상을 통해 사물과 사람들에게로 자연스럽게 흐른다고 설명했다. 호프바우어가 뉴욕에서 만난 건축가들에게 업무 공간은 책상과 회의실부터 도면과 모형과 자재 샘플에 이르기까지 건축 스튜디오의 공유 공간 전체를 의미했다. 그리고 이 공간은 시각적으로나 촉각적으로 참고 자료가 되어 각종 아이디어를 촉발했다.

호프바우어는 코로나19 범유행 중 여러 건축가에게서 재택근무로 인한 좌절감에 대해 들었다. 건축가들은 특히 새로운 아이디어를 떠올리는 것이 어렵다고 호소했다. 도면을 손으로 만져보고 이리저리 옮겨보지 못해서, 나아가 동료들의 책상에 놓인 도면을 보지 못해서 힘들다고 했다. 고층건물이나 대형 단지와 같은 건축 프로젝트는 초기 설계 단계부터 완성 단계까지 몇 년이나 몇십 년이 걸릴 수 있고, 프로젝트에 참여한 모든 당사자(건축가, 설계자, 엔지니어, 건설 관리자, 숙련공, 보험사, 대출 기관, 부동산업자, 도시계획가 등)가 프로젝트를 구현하는 과정에서 공통의 이해에 합의해야 했다. 거대한 인간 네트워크에서 회의와 대화, 전화와 이메일로도 아이디어가 이리저리 이동해야 할 뿐 아니라 누군가가 건물 한 구역에 붙여놓은 컴퓨터 그래픽 도면이나 페인트 샘플 앞을 지나면서 관련 정보를 조금 더 흡수하고 아이디어를 발전시켜야 했다.

"이건 상당히 느린 과정이에요. 서로 알고 깊이 연결된 사람들 사이에서 여러 번 중복 작동하는 과정이죠." 호프만의 말이다. 이처럼 수동적으로 노출되는 과정이 물리적 공간 안에서 반복되면 건축가가 무수한 이메일이나 문자 메시지나 파워포인트 프레젠테이션으로 전달하는 경우보다 모든 관계자에게 프로젝트에 대한 훨씬 깊은 이해가 쌓인다. 복잡한 아이디어에 대한 분산된 이해는 그 아이디어를 구현하려는 관계자들 사이에서 신뢰가 쌓이는 과정이다. 그리고 이런 신뢰는 사무실과 엘리베이터에서 잠깐의 수다와 커피를 나누는 사이 차곡차곡 쌓인다. "공간은 연결과 시간, 중복과 반복 노출이 쌓이는 장소가 되어야 합니다." 호프만이 말했다. "여기서 실제로 신뢰 관계가 구축되지요."

물리적 공간이 일에 미치는 영향은 사무실 밖으로 확장된다. 건물 안 일상적이고 평범한 구역의 외면과 냄새와 질감도 일에 영향을 미친다. 버스정류장으로 가는 길에 보이는 장면들, 지하철에서 주워들은 정보, 주차장에 들어가는 사이 차창 밖으로 보이는 장면도 마찬가지다. 실제로 외부 세계가 집보다 훨씬 더 많은 자극을 준다. 홍콩에 사는 일의 미래 컨설턴트 다이애나 우 데이비드Diana Wu David는 아날로그 일에서 가장 과소평가된 부분은 바로 많은 사람이 두려워하는 출퇴근길이라고 했다. "출퇴근길에는 어떤 일을 깊이 생각할 시간, 어쩔 수 없이 생각하게 되는 시간, 때로는 어쩔 수 없이 영감을 얻는 시간이 주어집니다." 우는 2020년에 홍콩처럼 자극이 널린 도시에서 버스를 타지 못해서 특히 안타까워했다. "사무실에서 일하거나 사무실로 출근하는 사이 부지불식간에 들어오는 무수한 정보가 우리의 뇌를 자극하고 아이디어를 끌어내고 외부 세계에 대한 감각을 제공합니다." 이어서 우는 이렇게 수동적으로 들어오는 정보의 예를 들었다. 얼마 전에 우는 여자 청소년들이 휴대전화를 꾸미는 모습을 보았다. "이런 식으로 우리 제품에 대한 관점이나 그 제품을 받아들이는 세계에 대한 관점이 길러집니다. 저는 버스에서 사람들하고 얘기하면서 많은 것을 배워요. 이런 정보는 동떨어진 사물과 사람 사이의 점들을 연결해서 우리의 가능성을 일깨워 줍니다."

경험의 감금 상태

내가 저널리스트로 일할 때도 이렇게 물리적 세계에서 수동적으로 들어오는 정보는 내가 조사하려는 주제를 이해하는 데 중요한 역할을 했다. 덕분에 나는 귀에 거슬리는 소리가 울려대는 내슈빌의 따스한 레코드판 프레스 공장이나 독특한 분위기를 풍기는 뉴욕의 〈섹스 앤 더 시티Sex and the City〉 투어버스 같은 물리적 환경을 온전히 체험하고 묘사할 뿐 아니라 의외의 새로운 발견과 정보도 얻었다. 첫 번째 책《델리 구하기》를 집필하던 시절에 나는 한때 샌프란시스코의 전설이던 '데이비드 델리'의 주인으로 현재는 고인이 된 데이비드 아펠바움David Apfelbaum을 인터뷰하려고 기다리고 있었다. 나는 요리에 관해 짧은 에세이처럼 정성들여 설명한 메뉴판을 보다가 다진 간 요리를 만들 때 1179번 다진다는 대목을 읽었다. 메뉴판에는 이렇게 적혀 있었다. "그냥 대충 써놓은 숫자라고 생각하는 분도 계십니다. 누가 알겠어요?" 이어서 이렇게 적혀 있었다. "주인장의 행운의 숫자일 수도 있고요." 내가 아펠바움에게 이 메뉴판 설명에 대해 묻자 그는 묘하게 웃으며 소매를 걷어 올리더니, 아우슈비츠에서 나치가 그의 팔뚝에 새긴 '1179'라는 푸르스름하게 옅어진 숫자를 보여주었다.《델리 구하기》의 독자들은 지금도 내게 이 대목에 관해 묻는데, 내가 이런 사연을 안 건 그때 그 장소에 있었기 때문이다.

"우리 머릿속에 떠오르는 아이디어는 호기심과 창조성과 탐색의 결과입니다. 이런 아이디어는 밖에 나가 돌아다니는 동안 떠오릅니다." 사무용 가구 회사인 허먼 밀러Herman Miller에서 '사무 공간의 미래와 통찰 부서'의 책임자로 일하는 조지프 화이트Joseph White가 말했다. 섬유 디자이너인 화이트는(그는 베틀을 가지고 있다) 코로나19가 한창일 때 브루클린에서 버펄로로 거처를 옮겼지만 재택근무가 길어질수록 그의 일에서 물리적이고 감각적인 정보가 얼마나 중요한지 깨달았다. 그는 미시간의 어수선한 허먼 밀러의 캠퍼스형 사무실에서 어슬렁거리고 건물들 사이를 오가며 직접 만지고 보고 냄새 맡던 경험이 그리웠다. 그 시간에 다양한 아이디어가 나무나 플라스틱, 철제, 섬유로 형체를 갖춰갔다. "원래 저는 하루에 10여 군데 옮겨다니며 일했어요." 화이트가 말했다. "요즘은 온종일 같은 미술작품을 쳐다봐요. 다채로운 경험이 아쉬워요. 우리의 마음은 모든 것을 몸으로 체화하면서 인지해요. 내 마음은 주변의 세계와 연결해요. 그러니까 우리 마음은 우리 주위의 세계와 연결해서 그 세계를 돌아다니면서 의식 차원에서는 인지하지 못해도 의미 있는 정보를 받아들이죠. 하지만 한 장소에 틀어박혀 있으면 이런 경험을 하지 못해요." 재택근무는 우리를 자유롭게 해방시켜준다고 하지만 사실은 옆집의 로런이 매일 책상 앞에 앉아 있으면서 깨달은 것처럼 일종의 감금 상태가 되기 쉽다. "[재택근무는] 인간의 경험을 축소시켜요." 화이트가 말했다. "저는 감각 위축증이 우려됩니다. 호기심을 잃을까도 걱정되고요. 호기심을 잃는 순간 죽음이 시작되니까요."

제니퍼 콜스태드의 포드자동차 설계팀은 몇 달 동안 디지털 도구로 재택근무를 하면서 별다른 성과를 내지 못했다. 그래서 콜스태드는 2021년 6월에 다른 방법을 시도했다. 핵심 직원 여덟 명에게 백신 접종을 마치고 마스크를 쓰고 디트로이트의 회의실로 나오게 해서 오프라인으로 프로젝트를 진행한 것이다. "우리는 일을 마무리했어요." 콜스태드가 환하게 웃었다. "세 시간 만에 끝내버렸죠!" 나는 어떻게 했느냐고 물었다. 간단했다. 콜스태드는 회의실 벽을 이용했다. 온라인에서 찾아낸 온갖 아이디어를 인쇄해서 모두가 볼 수 있게 회의실 벽에 붙였다. "벽을 보면 돼요. …… 벽을!" 콜스태드는 감격한 표정으로 그때를 떠올렸다. "디지털 공간에서는 결코 안 되죠. 그 회의실 벽에 인쇄한 종이를 핀으로 꽂아놓고 그 위에 뭔가를 적고 그걸 다시 옮기는 거예요. …… 머릿속이 뒤엉킨 창조적인 사람들에게 그만한 방법이 없어요. 그런 건 디지털로 복제할 수 없어요." 이어서 이렇게 말했다. "우리에겐 그런 벽이 필요했어요. 벽에 꽂을 핀이 필요했어요. 사람들이 필요했어요."

콜스태드는 단순히 벽에 붙인 인쇄물 이상의 의미가 있었다고 말했다. "동지애도 생겼어요. 누군가가 '좋은 아이디어네요! 그거 적어요'라고 말하면 그 순간 마법이 일어나죠." 콜스태드는 포드자동차의 신경학자가 코로나19 범유행 중 진행한 연구를 근거로 우리가 다른 사람과 가까이 있을 때 뇌에서 일어나는 화학 반응에 관해 설명했다. 누군가와 함께 있으면 엔도르핀이 샘솟아, 말하지 않아도 냄새를 비롯한 신체 언어로 소통하게 된다고 했다. "우린 그런 걸 놓치는 줄도 모르고 있어요." 콜스태드가 말했다. "전에는 함께 있는 것과 그에 따르는 효과를 과소평가했어요. 그렇다고 매번 함께 있어야 한다는 건 아니지만 문제나 프로젝트에 따라 그게 올바른 해법이 될 수 있어요."

데이터와 팩트, 그 이상의 정보

2000년에 출간된《정보의 사회생활The Social Life of Information》의 서문에서 저자 존 실리 브라운John Seely Brown과 폴 더귀드Paul Duguid는 가장 가치 있는 정보는 인간관계와 떼어놓을 수 없다고 명시했다. "정보가 사회적 구분을 초월한다는 생각에서 우리는 기술에 희망을 건다." 하지만 오늘날 세계 경제에서 모든 산업의 통화이자 생명줄인 정보는 단순히 전자 형태로 포착해서 전송하는 고정된 측정값의 집합이 아니다. "이렇게 [정보에만] 중점을 두면 가장자리의 흐릿한 모든 부분, 가령 맥락이나 배경, 역사, 상식, 사회적 자원 따위는 어쩔 수 없이 옆으로 밀려난다." 브라운과 더귀드의 글이다. "하지만 사실은 이런 가장자리의 것들 …… 균형을 잡아주고 관점을 제공한다. 대안을 내놓고 폭넓은 비전을 제시하고 선택을 제공한다. 나아가 목적을 명확히 밝히고 의미를 더해준다." 일에 사회적이고 인간적인 측면이 없다면 아무리 좋은 정보라 해도 그저 무용한 정보일 뿐이다. 그래서 빅데이터와 인공지능이 모든 산업을 바꿔놓는다는 광고가 대부분 광고로만 남아 있는 것이다.

우리는 온라인에서 정보가 어떤 모습인지 안다. 정보는 화면에 텍스트와 사진으로 뜨고 데이터와 팩트로 명확히 정의된다. 하지만 현실 세계에서 정보는 갖가지 보이지 않는 형태로 존재한다. 게다가 정보는 서열을 보여주는 책상 배치와 관리자의 복장, 회의 중 발언할 때나 발언하지 않을 때 신체 언어의 변화로도 나타난다. 날마다 크든 작든 무수한 신호가 공기 중에 떠다니고, 우리의 모든 감각이 이런 신호를 묵묵히 받아들여 감정이나 직감의 형태로 개념을 축적한다. **'나는 이 사람을 신뢰해.' '이 거래에서 구린 냄새가 나는군.' '그 여자를 고용해야 해.' '여기에 가능성이 있어.'** 이런 정보는 질적으로 수량화할 수 없고, 직선적으로 전달되지도 않는다. 인류학자 팀 잉골드Tim Ingold는 정보가 '서신 왕래로' 들어온다고 말했다. 잉골드는 이 표현으로 학계의 교수들이 동료 교수나 학생들과 물리적으로 같은 공간(강의실, 복도, 주차장)에서 돌아다니고 관찰하는 식으로 연구에 필요한 정보를 얻는 방식을 설명했다. "다른 사람들과 함께 주목하면 더 나은 연구 결과가 나옵니다." 토론토대학교의 조직행동과 인적자원 관리 조교수 소니아 강Sonia Kang의 말이다. "이처럼 혼자가 아니라 사람들과 함께 주목할 때 좋아지는 기본 심리적 결과가 있습니다."

테네시대학교의 사회심리학자 개리 슈테인버그Garriy Shteynberg는 인간이 이렇게 흡수한 모든 정보를 **공동 지식**common knowledge이라고 불렀다. 모든 조직의 운영과 미래에 중요한 정보에 대한 핵심적인 이해를 의미한다. 그는 직장 문화를 비롯해 모든 문화의 근간에는 구성원이 함께 주목하고 집단으로 공유하는 경험이 있다고 지적했다. "기업이 보내는 이메일에서 그 기업의 문화가 정해지는 것이 아닙니다." 슈테인버그의 말이다. 직접 만나서 함께 경험하고 정보를 동시에 흡수하는 것이 핵심이라고 했다. 중요한 정보일 수도 있고(회사가 인수되는 중이다) 사소한 정보일 수도 있지만(프리타는 채식주의자다) 정보를 흡수하는 집단적 행동으로 인해 그 정보가 공동 지식이 되고 기업의 문화가 된다.

공동 지식이 되려면 정보를 실시간으로 경험해야 한다. 이메일과 메모와 메시지는 벽에 걸어둔 사훈(성실! 팀워크! 고객 서비스!)만큼이나 문화를 형성하지 못한다. 이론상 화상회의로도 메시지가 전해지는 것 같지만 사실 직접 만나야 강력하게 전해진다. "개인마다 목표가 다 다릅니다." 슈테인버그가 말했다. "사람들이 공동의 목표를 달성하게 만드는 최선의 길은 공간을 함께 쓰는 겁니다." 회의실에 모여 앉아 상사가 웅얼거리는 소리를 듣는 순간 직원들은 집단으로서 '우리가 이런 경험을 하는구나'라고 생각하지, 개인으로서 '내가 이런 경험을 하는구나'라고 생각하지 않는다. 하지만 온라인에서는 '공유'하는 경험조차 근원적으로 개인적이다. 슈테인버그는 나와 인터뷰할 때 마침 그의 아내가 운전하는 차를 타고 병원으로 진료받으러 가는 길이었다. "지금 저는 차에 있고, 차고와 건물과 아내가 보여요." 슈테인버그가 설명했다. "이런 것들이 서로 경쟁하면서 주의를 흐트러뜨리므로 저는 이걸 억눌러야 해요. 아날로그와 디지털이 분열하면 이렇게 공동 지식을 쌓는 데 방해가 되죠."

당신은 누구와 함께 일하고 있습니까

조직을 하나로 연결하는 핵심은 신뢰다. 전자 통신 수단은 업무를 처리하고 업무상 문제를 해결하는 데 유용하지만 신뢰는 결국 아날로그 세계에서 형성된다. 비즈니스 리더십 컨설턴트이자《롱 게임》의 저자인 도리 클라크Dorie Clark는 나와의 인터뷰에서 이렇게 말했다. "'대면' 방식으로 신뢰를 쌓고 화합하고, 그다음에 전자 방식으로 업무를 마무리할 수 있습니다. 작가님과 제가 서로 아는 사이이고 이미 탄탄한 관계가 형성되어 있다면 작가님이 무슨 말을 어떻게 하든 저는 곧바로 무슨 뜻인지 알아듣고 의도를 알아챕니다." 이어서 이렇게 말했다. "인간에게는 세상을 이해하기 위한 원초적인 능력이 발달해 있습니다. '누굴 믿어도 될까? 누굴 믿으면 안 될까? 누굴 좋아할까? 누가 내 팀일까?' 이런 신뢰를 전자 수단으로 쌓는 것은 시간이 오래 걸리고 더 어려운 일입니다."

신뢰는 워런 허친슨의 ELSE 팀이 고객과 온라인으로 작업에 관해 소통할 때 부족하다고 느낀 것이자, 제니퍼 콜스테드가 포드자동차에서 팀원들과 한 번의 대면 회의로 되찾은 것이기도 하다. 재택근무에는 사무실만이 아니라 사람도 빠져 있었다. 사람들의 소통이 물리적으로 분열되고 해체되면서 인터넷으로 가능할 정도로 축소되었다. 가까이서 일하면서 쌓이는 신뢰가 빠지면서 직원을 인간이 아니라 숫자로 보는 것이 훨씬 수월해졌다. 조직에 뿌리내리도록 도와주는 관계가 사라지면서 사람들이 갈수록 추상화되고 기계의 톱니와 같은 소모품이 되었다. 이른바 비인간화 과정이다. 게다가 이 과정에서 드러난 가치의 차이(대면 소통과 온라인 소통의 차이)로 인해 우리는 일의 심오한 의미가 무엇인지, 일의 미래에서 우리가 무엇을 원하는지 깨달았다.

"승자와 나머지를 가르는 중요한 요소는 실제로 살아 숨 쉬는 사람들과의 관계입니다." 알렉스 방의 말이다. 승자의 가장 명확한 징후로는 이른바 '인맥', 또는 좀 더 희망적인 표현으로 직업의 사회적 세계라는 것이 있다. 그 정점에, 아니면 나락에 디지털 인맥 관리 플랫폼인 링크드인이 있다. 링크드인은 세계에서 가장 지루한 SNS로서(칭찬이다) 직업 관련 연락처를 아이들이 수집하는 포켓몬 카드처럼 쌓아둔다. 내 링크드인 계정에는 1600명이나 연결되어 있지만 솔직히 그중 4분의 1이나 알아볼 수 있을까 말까다. 일부는 직접 만난 사람이고, 일부는 내 글을 읽었거나 어디선가 내 강연을 들은 사람일 것이다. 지난 몇십 년간 같이 일한 편집자도 있고, 내 이메일에 답장을 주지는 않았지만 연락처에 남겨둔 것을 보면 내가 마음에 들었거나 적어도 싫지는 않았을 사람도 있다. 그리고 항상 프로필에서 기회의 냄새를 맡고 청하지도 않은 홍보를 하는 영업사원들이 있다("데이비드, 작가시군요 …… 저희의 책 판매 소프트웨어를 이용해보시겠습니까?"). "링크드인에서 당신을 제 직업 인맥에 추가하고 싶습니다"라는 제목의 이메일을 받은 적이 있는가? 당신에게 어떤 의미였는가? 특별한 의미가 없었을 것이다.

이번에는 당신과 함께 일하는 사람, 그중에서 특히 친한 사람을 떠올려보자. 당신을 웃게 만드는 사람. 매주 금요일에 같이 점심을 먹으러 나가는 사람. 멘토. 회계팀 프레드의 썰렁한 농담에 대해 투덜거릴 때 들어주고 아무리 사소한 질문이라도 대답해주는 사람. 당신의 **일친구.** 이런 모든 관계가 당신의 실질적인 인맥을 이룬다. 말하자면 사람들과 일하면서 맺은 진실하고 정서적인 인간관계는 대개 업무를 넘어서 그들의 직위와 역할, 그리고 그들이 당신의 현재 일에서 갖는 실질적인 용도 이상의 큰 의미를 지니게 된다. 이처럼 공동의 신뢰 안에서 깊어지는 인간관계를 온라인에서 만들기는 거의 불가능하다. 물리적으로 한 공간에서 일하고 얼굴을 마주 보면서 함께 시간을 보내야 가능한 관계이기 때문이다.

"인맥을 쌓는 것은 악수하면서 등을 토닥이는 거예요." 뉴욕의 비즈니스 컨설턴트이자《잃어버린 연결의 기술 The Lost Art of Connecting》의 저자이자 내가 선뜻 친구로 꼽는 멋진 사람인 수전 맥퍼슨 Susan McPherson의 말이다. "의미 있는 관계를 맺는 일은 끊임없이 진화하고 변형되고 복잡해지고 발전해요. 우리가 맺는 모든 관계는 새로운 이야기이자 기회예요." 맥퍼슨은 인맥 만들기를 굳게 믿었다. 맥퍼슨의 링크드인 게임은 타의 추종을 불허한다. 어디서든 정치인 같은 열정으로 사람들과 반갑게 인사를 나누고 당장 대화를 시작할 수 있다. 인맥을 쌓는 능력도 유용하지만 인간관계를 더 깊이 다져야 진정한 관계로 발전할 수 있다. 그리고 맥퍼슨은 오랜 세월 인맥에서 실질적인 기회가 생기는 것을 보았다. 일의 관계가 제대로 빛을 발하려면 아날로그 세계에서 관계가 발전해야 한다.

토머스 오툴Thomas O'Toole은 지난 몇 달간 이런 사실을 깨달았다. 글로벌 컨설팅 회사 맥킨지Mckinsy의 고문과 유나이티드 에어라인의 이사를 지낸 오툴은 코로나19 범유행 초기에 노스웨스턴대학교켈로그 경영대학원에 초빙되어 경영자 교육 프로그램을 진행했다. 켈로그경영대학원이 원격강의로 전환하자 당장 많은 혜택이 주어졌다. 데이터 분석법과 같은 기술적 주제를 훨씬 수월하게 강의할 수 있고, 시카고의 캠퍼스를 넘어서 다양한 학생과 교수진에게 강의를 전달할 수 있게 되었다. 오툴은 말했다. "그런데 가장 두드러지지만 제가 간과한 점이 있었어요. 인맥 쌓기의 가치와 강의에서 비공식적 대면 소통이에요. 강의에 온 사람들은 동료들과 모이고 동료들에게서 배우고 동료들과 관계를 형성하고 싶어 해요. 우리는 이런 소통이 중요하다는 것을 알긴 했지만 얼마나 중요한지는 …… 잘 몰랐어요." 오툴은 서로 만난 적이 없는 60명을 가르치면서 줌으로만 소통했다. 기술적으로는 모두 순조롭게 흘러갔지만 오툴은 리더로서 길을 잃은 느낌을 받았다. "직접 만나면 그 조직의 역학 관계를 파악할 수 있는데, 만나지 못하니까 전혀 감이 오지 않았어요. 강의실을 돌아다니면서 사람들이 강의를 어떻게 따라오는지 감을 잡을 수 없었으니까요. 예전에 훨씬 큰 조직도 이끌어봤어요. 강사로 소개를 받은 후 그 자리에 모인 사람들을 만나 서로 알아가고 신뢰를 쌓는 겁니다." 이런 대면 수업과 모니터로 우표 크기의 얼굴을 보며 강의하는 수업은 비교가 되지 않았다. "솔직히 가장 큰 난관은 서로를 인간으로서 알아가는 거였어요."

코로나19 범유행 중 진행된 연구에서도 이런 현상이 확인되었다. 전 세계 근로자 수만 명에게서 이메일, 채팅, 링크드인 게시물, 디지털 대화와 같은 자료를 수집해 분석한 결과 전면 온라인 근무로 수많은 조직에서 인간관계가 감소했던 것이다. "재택근무로 전환한 뒤 조직 안에서 사회자본의 성격이 달라졌다. 하지만 반드시 좋은 쪽으로만 변화한 것은 아니었다." 다음은 이 연구를 진행한 낸시 배임Nancy Baym, 조너선 라슨Jonathan Larson, 로니 마틴Ronnie Martin이 〈하버드 비즈니스 리뷰Harvard Business Review〉에 쓴 글이다.

직원들은 전보다 회의가 많아졌는데 고립감은 커지고 연결된 느낌은 줄어들었다고 보고한다. …… 이 연구에서 드러난 가장 심각하고 우려되는 변화는 1년간의 재택근무가 조직의 관계, 곧 사회사본의 근간에 미치는 심각한 영향이다. 사람들이 일관되게 단절감을 보고한다. 그리고 아웃룩Outlook 이메일 수십억 통과 마이크로소프트 팀즈의 회의 사이의 익명화된 협업 추세를 분석한 결과, 하나의 추세가 두드러진다. 재택근무 전환으로 인맥이 감소하는 추세다.

연구자들이 지역과 업종, 나이와 임금 수준을 막론하고 가장 많이 관찰한 추세는 의사소통에서 점차 사일로 현상(조직 내의 각 부서가 전체의 공동 목표와 이익보다 자기 부서의 이익만 추구하면서 다른 부서와 정보 공유나 소통이나 협력을 외면하는 현상-옮긴이)이 나타난다는 점이다. 온라인에서 원래 알던 사람들(직장 동료, 관리자, 팀원)과 더 많이 소통하고 다른 사람들과의 소통은 훨씬 줄었다. 사무실로 출근하면 매일 다양한 부류와 소통한다. 함께 업무를 진행하는 사람뿐 아니라 옆 사무실 사람, 한 달에 한 번 회의 시간에만 만나는 사람, 늘 구내식당 같은 구역에서 점심을 먹는 다른 부서 사람, 매일 아침 인사하면서 전날 밤의 축구 경기에 관해 한마디씩 주고받는 로비의 안내직원과 경비원, 버스 운전사, 커피숍 직원 등. 이런 일상의 소통이 진정한 인간관계를 형성하고 이런 관계가 쌓여서 사회자본을 이룬다. **"수레쉬요? 네, 그 사람 알아요. 버스정류장까지 같이 걸어가곤 했어요."** 온라인에서는 구체적인 업무를 위해 꼭 소통해야 할 사람들하고만 소통한다. 수레쉬를 만날 일정이 없다면 온라인에서 우연히 마주칠 일도 없고 그에게 다가갈 방법도 없고 그런 관계를 이어갈 이유도 없다. 두 사람 사이에 쌓일 수도 있었을 사회자본이 그냥 허공으로 사라진다.

"코로나19 범유행 이전의 어느 평범한 하루, 우리는 사무실로 가는 길에 모르는 사람들을 비롯해 모두 11~16명과 소통했습니다." 럿거스대학교 인적자원 관리학과 부교수인 제니카 메소트Jessica Methot의 말이다. "이처럼 별것 아닌 것처럼 보이는 소통이 우리의 긍정적 정서를 끌어올리고 일을 대하는 자세를 바로잡아줬습니다." 메소트는 전공 분야인 인맥 연구에서 두 가지 측면에 주목한다고 했다. 바로 폭(인맥의 크기와 다양성)과 깊이(인맥을 이루는 관계의 의미)다. "디지털에서도 폭은 비슷해 보여요. 더 많은 사람과 더 쉽게 대화할 수 있으니까요." 하지만 우리는 인맥의 깊이를 잃고 있다. "대화가 더 사무적이고 의도적이고 계획적으로 흘러요. 마주쳤다고 해서 아무하고나 대화를 시작하지 않는 거죠. 하나하나 일정을 정해서 만나요."

메소트는 코로나19 범유행이 시작되고 1년 후 근로자들을 대상으로 설문 조사를 실시하여 업무와는 크게 상관이 없지만 사무실에 나가지 못해서 아쉬운 요소들에 대해 들었다. 잡담, 생일케이크, 가벼운 농담, 오전 일과, 커피를 사러 가는 길, 엘리베이터에서 들은 구두에 대한 칭찬. 대부분 전에는 불평하던 요소들이지만(정말, 제니, 또 회식이라고?) 막상 이런 요소가 사라지니까 다들 움츠러들고 소수의 동료와만 소통하면서 각자의 집에서 외롭게 혼자 일했다. "이런 게 사람들의 성과에 날마다 영향을 미쳤어요." 메소트가 말했다. "사람들의 사회적인 행동이 날마다 줄어들었어요. 인맥도 감소했고요. 소속감도 약해지고요." 메소트는 요즘 기업들이 직원들의 건강에 투자하기 시작한 것처럼 앞으로는 사회 건강을 개선하는 데도 적극 투자하면서 대면 소통을 장려하고 대면 소통의 빈도와 의미를 개선하기 위한 혁신적인 방법을 모색하기를 희망했다.

"재택근무가 대개 외로움으로 이어지는 건 부정할 수 없다." 아서 C. 브룩스Arthur C. Brooks가 〈애틀랜틱Atlantic〉에 기고한 글에 썼다. 원래는 조직심리학자 린 홀즈워스Lynn Holdsworth가 코로나19 범유행 이전에 발표한 연구에 나오는 말이다. 이 연구에서는 전면 재택근무로 전환하면 사무실 근무에 비해 외로움이 67퍼센트포인트 증가하는 것으로 나타났다. 브룩스는 SNS 관리업체 버퍼Buffer가 최근에 실시한 설문 조사 결과도 언급했다. 재택근무자가 가장 큰 고충으로 꼽은 것이 외로움이라는 결과였다. 〈이코노미스트Economist〉는 가벼운 소통과 대화가 사라진 현실을 안타까워하면서 디지털을 농축 우유에 비유했다. "웬만한 업무를 더 안전하게 수행할 수는 있지만 대면 소통의 살균 버전으로 만족스럽지 않은 뒷맛을 남긴다." 옆집의 로런은 어느 날 중요한 업무를 논의하기 위해 동료를 만나 같이 겨울 산책을 했고, 나중에 내게 그 경험에 대해 들려주었다. 산책하면서 가쁜 숨을 내쉬고 대화를 나누며 마치 오래전에 잃어버린 형제를 만난 기분이 들었다고 했다. 그 동료와 일주일에 여러 번 화상으로 대화했는데도 로런에게는 직접 만나 대화하는 경험이 간절했던 것이다.

생산성을 이야기할 때 흔히 범하는 오류

그래서 뭐?

내가 이렇게 직설적으로 묻는 이유는 일의 미래와 관련해서 이런 행동 관찰과 이론이 흥미롭기는 하지만 그게 정말로 중요하기는 한지 따져보기 위해서다. 업무가 진행되고 매출과 수익이 증가하고 기업이 계속 잘 굴러간다면(주요 기업들이 코로나19 범유행 시기를 잘 헤쳐 나갔듯이) 어째서 사람들의 감정에 관심을 가져야 할까? 어차피 유치원이 아니라 직장이지 않은가. 그냥 받아들이면 되지 않나.

호세 마리아 바레로Jose Maria Barrero, 니콜러스 블룸Nicholas Bloom, 스티

븐 J. 데이비스Steven J. Davis는 미국경제조사국National Bureau of Economic Research의 의뢰로 2021년에 발표한 연구 논문 "왜 재택근무가 정착되고 있을까"에서 같은 주장을 펼쳤다. 시설 비용을 절감하고 장시간 출퇴근 하지 않아도 된다는 장점이 크고 기술이 계속 발전하고 있다는 것이다. 거기에 재택근무가 전 세계 근로자들의 생산성을 높여준다는 연구 결과도 늘어나고 있다는 것이다.

이렇게 단순한 문제일까?

"그래서 북미와 유럽 사람들이 일을 생각하는 방식이 변한 듯합니다." 매사추세츠공과대학교MIT와 협업하는 인간 분석 전문가 벤 웨이버Ben Waber의 말이다. 그의 회사 휴머나이즈Humanyze는 소리와 동작 센서를 이용해 사람들이 직장에서 어떻게 행동하는지 연구한다. 생산성 중심의 접근법은 생산적인 일이 무엇이고 그렇지 않은 일이 무엇이며, 그 사이의 미묘한 현실이 무엇인지를 근본적으로 오해한다. "흔히 업무 목록을 지워가는 것이 일이고(이메일을 썼다, 보고서를 썼다), 동료와 커피를 마시며 대화하는 것은 일이 아니라고 생각합니다. 하지만 우리는 복잡한 상품을 만들고, 일의 상당 부분은 정보와 창의적인 활동이 차지합니다. 일의 큰 부분은 사회적 성격을 띠고 인간관계에 의해 일어납니다."

물론 자동차 조립 공장에서 생산성을 측정하는 방식도 있다. 헨리 포드가 체계적으로 정립한 방식이다. 스톱워치를 들고는 누가 자동차 문짝을 얼마나 빨리 다는지 확인하거나 조립라인에서 완성 차가 시간당 몇 대가 나가는지 세는 방식이다. 그렇다면 콜스태드가 이끄는 포드자동차의 근무 환경 설계팀은 생산성을 어떻게 측정할까? 최신형 머스탱을 설계하고 출시하는 데까지 몇 달이 걸리는지 확인할까? 아니면 적절한 자동차를 설계했는지에 더 주목할까? 나아가 광고 회사나 부동산 투자 회사, 의약 연구소나 레코딩 스튜디오는 생산성을 어떻게 측정할까? 아이디어가 중요한 산업일수록 생산성을 수량화하기란 쉽지 않다.

하지만 이것이 현대 경영이 해온 일이다. 작업과 생산량을 측정한다. 품질보다 시간이 얼마나 드는지에 더 주목한다. '작업'을 계산할 때는 사람들이 몇 시에 사무실에 도착하고 몇 시에 나가는지, 점심을 얼마 동안 먹는지, 화장실에 얼마 동안 머무는지, 이메일에 언제 답장을 보내고 슬랙 회의실에 언제 들어오는지 따위를 분 단위로 기록한다. 스톱워치를 들고 앉아 생산성을 시간과 결합하는 것이다. 셀레스트 해들리는 《바쁨 중독》에 이렇게 썼다. "컴퓨터와 통신 도구가 발전하면서 많은 직업에서 일에 소요되는 시간이 훨씬 줄어든다. …… 그런데도 우리는 여전히 디지털 혁명이 일어난 적 없는 것처럼 몇 시간 내내 바쁘게 일한다. 기업의 경영진은 21세기의 직장에서 19세기의 사고방식으로 일한다." 일의 디지털 미래가 완전히 과거에 고착되었다는 뜻이다.

경제학자들은 디지털 기술이 고도로 발전하고 투자자들은 생산성 혁명을 일으키겠다고 약속하는데도 왜 생산성 측정 방식은 지난 몇십 년간 제자리걸음인지 의아해한다. 칼 뉴포트는 베스트셀러 《딥 워크》, 《디지털 미니멀리즘》, 《하이브 마인드: 이메일에 갇힌 세상》과 다수의 논문에서 점차 단호하고 다급한 목소리로 디지털 기술이 실제로는 생산성을 떨어뜨렸다고 주장했다. 이메일, 메신저, 화상회의 같은 디지털 도구는 약속대로 우리를 비생산적인 업무에서 해방시키기는커녕 불필요하고 시간만 잡아먹는 산만한 활동을 양산했다.

"직장에 새로운 기술을 도입할 때는 수많은 위험이 도사립니다." 뉴포트의 말이다. "x를 더 효율적으로 만든다고 생각하면서 w, y, z는 고려하지 않습니다." 디지털 통신 속도가 빨라지면서 과잉 활동의 파이프라인, 그러니까 일단 활성화되면 빠져나올 수 없고 갈수록 산만해지기만 하는 피드백 루프가 생겼다. 이메일이 이메일을 낳고 다시 이메일을 낳고 또다시 이메일을 낳는 식이다. 슬랙의 스레드가 한번 시작되면 영영 끝나지 않을 것처럼 이어진다. 늘 다른 댓글, 알림이 울린다. 이 모든 활동이 실질적이고 생산적인 업무에 들어갈 시간을 빼앗는다.

"저희 할아버지는 학자셨어요." 뉴포트가 나와의 인터뷰에서 말했다. "할아버지는 컴퓨터를 사용하지 않으셨어요. 인터넷도 이용하지 않으셨어요. 할아버지가 노트에 손으로 쓴 원고를 누가 대신 컴퓨터에 입력했고, 할아버지는 무에서부터 도서관 하나를 세우셨어요. 상당히 비효율적인 작업이지만 할아버지가 항상 저보다 훨씬 생산적이셨어요. 할아버지는 존경받는 학자셨어요. 제가 쓰는 효율적인 기술을 하나도 쓰지 않으셨어요. 컴퓨터보다 노란 노트에 글을 쓰는 방식이 훨씬 비효율적이죠. 그래도 할아버지가 더 **생산적인** 학자셨어요. 왜일까요?"

뉴포트는 이처럼 느린 아날로그 작업 과정의 마찰이 할아버지에게는 궁극의 생산성으로 이어졌다면서 생산성을 경제적 맥락에서 이해하는 것은 잘못된 접근이라고 지적했다. 디지털 기술에서는 마찰이 항상 적이고 속도는 항상 정답이지만 그 결과로 산만함과 탈진이 따른다. "어떤 활동을 더 효율적으로 만든다고 해서 결과의 품질이 향상되는 것은 아닙니다." 뉴포트가 말했다. "학술서를 집필할 때 핵심은 고뇌하고 글과 씨름하며 보낸 시간입니다. 워드 문서에서 효율적으로 복사해서 붙여넣기를 할 수 있다고 해서 글이 좋아지는 것은 아니잖아요."

뉴포트는 〈뉴요커〉에 기고한 글에서 일의 생산성을 이해할 때 흔히 어느 지점에서 오류를 범하는지 분석했다. 산업혁명기부터 1960년대까지 생산성을 측정하는 기준은 생산량이었고 포드자동차의 조립라인과 같은 최적화된 시스템에서 생산량과 수익이 급격히 증가했다. 하지만 요즘의 지식 작업에서는 생산량을 수량화하기 어려워졌는데도 여전히 생산성을 측정하는 방식은 그대로다. 그러다 보니 새로운 일을 낡은 모형으로 측정하는 오류를 범한다. "지식 작업에서 시스템 최적화에 집중하지 않고, 여러 가지 복잡한 이유에서 투입량 대비 생산량을 개별 근로자의 책임으로 떠넘기기 시작했다." 이어서 뉴포트는 이렇게 적는다. "현대 경제사에서 최초로 생산성이 개인의 것이 되었다." 이제는 더 효율적인 바퀴를 만드는 대신 그냥 햄스터(우리)에게 더 빨리 달리라고 명령한다! "고전적인 생산성에서는 생산량에 상한선이 없다. 많으면 많을수록 좋다. 개인에게 생산성을 최적화하라고 주문한다면 많을수록 좋은 현실에서는 자연히 직장 생활과 개인 생활이 충돌한다. 개인이 생산량을 늘리려면 생활의 다른 영역, 이를테면 가족과의 저녁 식사 시간이나 여유롭게 자전거를 타는 시간을 줄일 의지가 있어야 한다. 결국 최적화의 의무는 개인의 내면에서 벌어지는 벼랑 끝 전술로 이어진다."

파리 인시아드INSEAD 경영대학원에서 조직행동을 가르치는 지안피에로 페트리글리에리Gianpiero Petriglieri는 나와의 인터뷰에서 현대 경영의 교리가 설파하는 내용과는 반대로 아날로그 환경에서 '비생산적'이라고 여기는 순간이 실제로는 가장 중요한 순간이라고 말했다. "우리가 일하는 하루는 실체가 있는 시간입니다. 여기에서 지적인 뭔가가 나옵니다." 그리고 이렇게 말했다. "그런데 이렇게 실체가 있는 층위를 걷어낸다면 어떻게 될까요? 사무실에 나가는 과정을 제거한다면?" 우선 일상에서 마찰이 일어날 가능성, 새로운 아이디어로 이어질 수 있는 무작위의 순간과 만남도 사라진다. 의외의 사건이 제거된다. 게다가 사람들에게 스스로 통제할 수 있다는 착각을 심어주어서, 그러니까 카메라를 끄거나 클릭 한 번으로 간단히 로그오프할 수 있다고 믿게 해서 일의 인간관계가 더 위태로워진다. 페트리글리에리는 직장 동료들이 한가하게 나누는 잡담이나 험담에도 생산적인 가치가 있다고 말한다. 그가 생각해낸 최고의 아이디어도 사실 동료들과 커피를 마시며 대화하다가 나온 거라고 했다. 그는 한 시간 동안 컴퓨터 모니터에 머리를 찧으며 '생산적인 시간'을 보내다가 절박한 마음으로 카페로 향했다. 카페로 가는 길에서 꽉 막힌 상태를 깨뜨려줄 뭔가를 듣거나 보기 위해 사무실을 나선 것이다. 아날로그적 대화와 소통(사무실 잡담, 스포츠 얘기, 동료들과 커피 마시는 시간)은 시간 낭비가 아니다. 이런 시간이 업무 강도를 견딜 만하게 만들어주기도 하고 동료들 사이에 공동의 목표를 세워주기도 한다. "사람들이 지치는 건 일을 감당하는 데 필요한, 이른바 결합조직이 없어서예요." 페트리글리에리가 디지털 전환에 관해 이렇게 말했다. "더는 비공식적 관계가 없어요. 공식적 관계만 남았어요. 별도의 공간이 없어요." '생산적인' 일만 중요해진 것이다.

코로나19 범유행 초반에는 생산성이 향상된다는 긍정적 신호가 나오기도 했지만 시간이 갈수록 상황이 복잡해졌다. 2021년 7월에 시카고대학교가 아시아의 한 대형 IT 서비스 회사에서 진행한 연구에서는 재택근무로 전환하자 생산성이 눈에 띄게 떨어졌다는 결과가 나왔다. 이 회사의 직원들은 업무 시간이 길어졌지만 그 시간에 실제로 수행한 업무량은 감소했다고 보고했다. 정작 업무를 처리하는 시간은 줄어들고, 회의 일정을 통보받고 메시지에 답하는 시간은 늘어났다. 회사 내부든 외부든 소통하는 사람이 줄어들고 이런 소통 시간조차 점차 감소했다. 자녀를 둔 직원들이 (당연하게도) 가장 힘들어했고, 입사한 지 얼마 안 된 직원들도 그동안 축적된 사회자본이 적은 탓에 역시나 가장 힘든 시간을 보냈다. 이 연구를 진행한 마이클 깁스Michael Gibbs와 프리드리크 멘겔Friederike Mengel, 크리스토프 시엠로스Christoph Siemroth는 이렇게 적었다. "[재택근무가] 현대적인 직장 생활의 풍경일 것 같지만 대면 소통의 일부 요소는 가상으로 넘어가지 못한다. …… 이런 요소로 협업과 코칭의 질과 함께 즉흥적으로 사람들을 만날 때 발생하는 '생산적 우연'을 꼽을 수 있다."

두 달 후 10여 명의 연구자가 마이크로소프트의 직원 6만 명 이상을 대상으로 재택근무의 영향을 조사한 대규모 연구를 〈인간 행동의 본질Nature of Human Behaviour〉에 발표했다. 이 연구에서는 재택근무로 전환하면 사업 부문 간 연결이 끊기고 협업이 줄어드는 것으로 나타났다. "우리는 직원들의 협업과 소통 면에서 관찰된 효과가 생산성과 장기적으로는 혁신에 영향을 미칠 것으로 예상한다." 이어서 주의를 촉구했다. "그런데도 많은 기업들이 단기간의 데이터만 보고 영구 재택근무로 전환하려 한다." (트위터, 쇼피파이Shopify, 페이스북, 네이션와이드Nationwide, 그리고 물론 마이크로소프트처럼) 재택근무를 정착시키기로 결정한 기업들은 "직원들이 협업하고 정보를 교환하기 어렵게 만들어 스스로 불리한 상황으로 걸어 들어갈 수 있다."

이 연구 결과는 언론에서 충격적인 현상으로 보도되었다. 그런데 과연 놀랄 일인가? 지난 20년 동안 수많은 기업이 재택근무로 전환하려고 했고, 그중에는 IBM과 야후Yahoo!도 있었다. 그리고 대부분 완전 재택근무 정책을 포기했다. 광대역 인터넷만 연결되어 있다면 재택근무를 위한 기술이 어느 정도 갖춰진 셈인데도 완전 재택근무를 채택한 기업은 소프트웨어 분야에서도 극소수에 불과하다. 한편 코로나19 범유행 중 재택근무로 전환한 기업들도 디지털에 굴복하면서 부채가 계속 쌓이고 있다. 여기서 부채란 기업이 하는 일 이상으로 그 기업의 가치를 높여주는 재능과 창조성, 아이디어, 문화, 사람들 사이의 연결이라는 빚이다.

일의 디지털 미래가 완전히 실패한 것이 놀라운 결과는 아니다. 그보다는 모든 사람을 사무실에서 집으로 데려다놓고도 업무 방식에 차이가 없을 거라고 순진하게 믿은 것이 더 놀랍다.

더 똑똑하게, 더 생산적이고 의미 있게

그래서 일의 미래가 어떻다는 건가?

일이 디지털화될 거라고 예상한다면 미래에 대비해 자녀에게 피셔프라이스의 홈오피스 장난감(플라스틱 노트북, 전화기, 헤드셋, 테이크아웃 커피컵, 스크린에 붙이는 섬유 스프레드시트)을 사줄 것이다. 이 장난감의 마케팅 자료에는 "보고서는 오늘 오전에 마감해야 해. 낮잠을 자고 나서 길 건너의 개와 통화해야 해!"라고 쓰여 있다. 혹은 원격 근무의 문제점은 해결될 것이고 더 발전한 형태의 디지털 기술이 나오면 직원들이 가득한 사무실을 그리워하는 사람들과 세탁실의 사무용 책상 사이의 불쾌한 골짜기를 가상현실 VR이 메워줄 거라는 희망적인 전망에 동의할 수도 있다. 2016년에 나도 이런 미래의 맛보기를 체험했다. 텍사스주 오스틴에서 열린 사우스 바이 사우스웨스트South by Southwest 인터렉티브 페스티벌에 가서 VR 헤드셋을 쓰고 기업용 소프트웨어 업체인 SAP의 '디지털 회의실'에 들어갔을 때였다. 가상의 초록색 화면 세 개가 나타나고 곧이어 막대그래프와 원그래프, 기타 분석 도구가 뜨자 회사 대표가 내게 손을 뻗어 아무 스프레드시트나 잡아당겨보라고 했다. SAP는 현실의 회의보다 더 지루한 VR 체험을 기적적으로 만들어냈다.

그래도 걱정할 건 없다. 이제부터 페이스북이 문제를 바로잡아줄 테니. 2021년 여름에 마크 저커버그는 페이스북이 새로 출시한 VR 회의용 호라이즌 워크룸Horizon Workrooms 플랫폼을 공개하면서 이렇게 말했다. "앞으로 5년 뒤 사람들은 원하는 곳에 살면서 원하는 곳에서 일할 수 있게 됩니다. 그러면서도 함께 있는 것처럼 느낄 수 있습니다." 호라이즌 워크룸은 원격 회의를 재미있고 신선하게 해석하여 역동적인 팔 동작과 표정을 장착한 VR 만화 아바타를 제공한다. 이 해석이 어찌나 재미있고 신선한지 〈비즈니스 인사이더Business Inside〉에서는 "혐오스러운 직원 감시의 디스토피아"라고 평하고 기업이 직원들의 키보드 터치 하나하나까지 감시하는 추세를 가속화하기 위해 개발된 기술이라고 비난했다. 마크 릿슨Mark Ritson은 〈마케팅 위크Marketing Week〉에서 호라이즌 워크룸이 "역겹기 짝이 없다"고 표현하고, 대학 시절에 LSD를 꽤 복용했는데도 "워크룸이 선보이는 무균의 호기심 어린 소시오패스적 환경보다 덜 흥미롭거나 더 섬뜩한 것은 상상하기" 어렵다고 일갈했다.

한편 원격 근무의 디지털 미래를 조심스럽게 옹호하는 사람들은 혼합형 근무 환경을 제안한다. 집에서도 일하고 사무실이나 공유 공간에서도 일하고, 그 사이의 어디에선가도 일할 수 있다는 것이다. 집에서 일하는 것이 최적인 업무는 집에서 하고(개별 업무, 이메일, 간단한 회의) 협업을 하려면 사무실에 나갈 수도 있다는 것이다. 정기적으로 브레인스토밍 시간과 팀 단합대회를 마련하면 일상의 부족한 연결감을 확보하고 사회자본을 축적할 수 있다는 것이다. 앞서 워런 허친슨의 ELSE가

런던의 새로 설계된 사무실로 돌아가면서 시도한 방식이다. 모든 직원이 목요일에는 스튜디오에 나와서 함께 근무한다. 그날은 큰 그림을 그리는 회의에 참석하고 동료들과 함께 점심을 먹으면서 팀워크를 다진다. 직원들은 일주일에 하루 더 출근해서 일하고 나머지 사흘은 사무실이든 집이든 배든 어디든 원하는 곳에서 일할 수 있다.

"저는 사람들이 일하고 싶을 때, 그러니까 기분 좋게 일할 수 있을 때 일하기를 바랍니다." 허친슨은 말했다. 그러면서도 그는 혼합형 근무 방식도 하나의 실험일 뿐이라서 조화로운 균형을 이룰 수도 있지만 그만큼 "자동차 충돌 사고"와 같은 혼란을 초래할 수도 있다는 점을 잘 안다. 현실에서 혼합형 근무는 악몽이 될 수도 있다. 어느 팀이나 어느 직원을 어느 요일에 사무실로 불러야 할까? 그리고 직원이 수백 명, 수천 명인 기업은 고사하고, 스물다섯 명인 업체라도 일정을 어떻게 조율할 수 있을까? 혼합형 근무 방식은 자유와 의외의 재미를 약속하지만 제대로 작동하려면 사람들이 일정한 시간과 공간 속에서 완벽한 동작을 수행하도록 안무를 짜는, 고도로 계획적이고 거의 불가능에 가까운 발레 공연과 같아야 한다. 지금까지는 매일 사무실에서 함께 근무하는 동안 인간관계의 아날로그적 마법이 자연스럽게 일어났지만 이제는 이런 마법을 일으키기 위해 각자가 큰 부담을 떠안고 한자리에 모여야 한다.

"사람들이 가까이 있으면 모든 일이 저절로 일어납니다." 도리 클라크가 말했다. "심각하게 고민할 게 없습니다. …… 그냥 가까이 있기만 해도 많은 문제가 해결되니까요. '중요한 사안'(회사의 전체 회의)을 위해 사람들을 한자리에 모아야 한다는 건 누구나 알아요. 최소한 이 정도 조건은 갖춰져야 해요. 그런데 가장 양질의 대화는 이렇게 지극히 평범한 순간에 나옵니다." 클라크가 말했다. "중요한 무언가를 깨닫기까지는 무수히 많은 평범한 순간이 필요해요." 이를테면 회의가 끝나고 각자 자기 물건을 정리하면서 나누는 2분간의 잡담, 하루 일과를 마치고 엘리베이터로 가는 시간, 퇴근 후 술자리에서 긴장을 푸는 시간이 필요하다. 관리자와 경영자는 최선의 물리적 소통 수단을 설계하고 싶어 하지만 이런 소통은 대부분 상사가 주관하는 줌 회식만큼이나 강제적이고 재미없게 느껴진다(맞다. 의무 참석이다). 소통을 의도적으로 계획할수록 그런 소통에서 중요한 무언가가 나올 가능성은 감소한다.

일의 미래에 대한 중요한 질문은 온라인으로 몇 시간 일하고 대면으로 몇 시간 일하느냐가 아니다. 코로나19 범유행으로 모두가 몇 달이나 몇 년씩 사무실을 떠나면서 일의 근간을 받쳐주던 세계가 무너졌다. 소통과 긍정적 관계의 구심점이던 사무실에는 사실 인간의 잠재력을 억압하는 측면이 없지 않았다. 사무실이야말로 뿌리 깊은 인종과 성별과 문화의 불평등을 악화시키는 공간이자 그 안에서 일하는 모두를 갉아먹는 스트레스의 원천이었다. 사무실은 여자들이 일상적으로 성추행과 성폭행을 당하는 공간이자, 소수집단이 모욕당하고 무시당하는 공간이자, 상사가 중세의 냉혹한 귀족처럼 부하직원들을 협박하고 그들의 명줄을 쥐고 흔들며 게임을 하던 공간이었다. 실제로 경영자나 상사가 "우리는 함께 있어야 하기" 때문에 사무실로 돌아가고 싶다고 할 때마다 사실은 부하직원들에 대한 실질적인 통제력을 되찾고 싶은(문자 그대로 직원들의 신체를 주어진 공간 안에서 관리하고 직원들이 얼마나 많은 시간 '일하는지' 감시하고 싶은) 노골적인 욕구를 드러내는 셈이다. 게다가 출퇴근길은 영감을 주기도 하지만 대개는 많은 시간과 에너지를 도로 위에 뿌리게 해서 온화한 업무 분위기를 조성하지 못하게 만들고 몸에도 해로울 수 있다.

가상의 원격 근무는 많은 사람이 오랫동안 미래의 희망적인 대안으로 그려온 근무 형태다. 그러다 코로나19 범유행으로 원격 근무로 넘어갔지만 결국에는 전면 원격 근무도 문제가 많은 것으로 드러났다. 집에서 일하면 피곤하고 지치는 데다 연결성과 생산성에도 타격을 입을 수 있다. 사무실에 이미 존재하던 불평등(여성, 소수집단, 이민자, 내향적인 사람 등)도 온라인에 고스란히 업로드되었다. 사무실에서 시시콜콜한 부분까지 통제하던 상사가 이제는 모니터 한구석에서 전날의 슬랙 스레드에 투자한 시간을 평가하면서 새로운 업무를 기관총처럼 난사한다.

일의 미래가 사무실인지 집인지를 따지느라 정작 우리가 마주할 일에 대한 더 크고 중요한 질문을 간과할 수 있다. "흔히 이진법의 답을 원해요." 허먼 밀러의 조지프 화이트의 말이다. "하지만 인간이 이진법이 아니니 이런 답이 정답일 리 없지요. 우리는 거대한 경험의 스펙트럼상에 존재해요." 일의 미래에 관한 더 진지한 대화에서는 도구가 중요한 관심사가 아니다. 줌이나 슬랙의 다음 버전과 같은 디지털 도구든, 허먼 밀러가 이번 기회에 발맞춰 내놓은 편안한 사무 가구와 하이브리드

회의실과 같은 아날로그 도구든 마찬가지다. 화이트는 말했다. "이보다 나은 과정이 필요해요. 우리는 이제껏 '일의 미래'를 차분하고 진지하게 고민해보지 않았습니다."

도구를 더 많이 도입하여 더 오래 일하고도 생산성이 떨어지는 방법을 고민하기보다는 정보 경제에서 생산성을 어떻게 측정할지 진지하게 고민해야 한다. 디지털 전환은 사람들이 더 많이 일하게 해주었을 뿐이다. 더 잘하는 것이 아니라 더 많이 일하게. 일의 미래는 이런 난관과 싸워야 한다. 그래야 고되고 단조로운 일에서 우리를 해방시켜준다던 약속, 말하자면 디지털이 목표로 세웠지만 결국 실패해온 약속에 더 다가설 수 있을 것이다. 더 똑똑하게, 더 생산적이고 의미 있게 정해진 시간 안에 일을 완수할 수 있는 미래. 칼 뉴포트Cal Newport는 '느린 생산성'과 같은 개념을 지지한다. '느린 생산성'이란 직원이 이전 업무를 모두 완료하면 관리자가 그다음 업무를 배정해주는 개념이다. 우리를 탈진시키는 현대적 디지털 멀티태스킹과는 정반대 개념이다. 일과 생활의 경계에 관한, 그리고 19세기에 나온 주 5일 40시간 노동 구조가 어쩌다 지금처럼 유연한 시간 관념이 필요한 지식 작업의 세계에서 혐오의 대상이 되었는지에 대해 진지하게 논의해야 한다. 21세기의 경영 방식과 좋은 일의 형태에 대해서도 진지하게 고찰해야 한다.

"그래서 사람들이 일의 인간적 의미를 묻기를 바랍니다." 지안피에로 페트리글리에리는 경영의 궁극적 역할은 사람들이 목표를 인식하고 더 큰 자유를 누리게 해주는 것에, 가령 아마존 물류창고의 일부 화이트칼라 직원이 키보드를 누르는 시간을 초 단위까지 세지 않게 해주는 것에 있다고 믿는다. 그럴 수 있다면 훌륭하다! 그럴 수 없다면 그 기업의 주요 접근 방식을 손봐야 한다. "인간의 경험에서 우연이 차지하는 비중은 얼마나 될까요?" 페트리글리에리가 물었다. "모든 것이 효율적이라면 인간과 기계는 뭐가 다를까요?"

일의 미래에 대한 구체적인 상상

이런 미래에 대한 한 가지 비전으로 2021년에 〈수제품의 구성: 일을 조직하기 위한 대안 모형Configurations of Craft: Alternative Models for Organizing Work〉이라는 논문에서 소개한 21세기 수제품 운동을 꼽을 수 있다. 원래의 수제품 운동은 19세기 후반에 집 안 세간이 산업화 방식으로 생산되는 것에 반기를 들면서 시작되었다. 이 운동은 실용적이면서도 철학적인 대안을 제시하며 당시 시장을 지배하던 대량생산 제품보다 수제품(도자기, 가구, 의류)에 높은 가치를 부여했다. 이 논문의 주요 저자로 케임브리지대학교에서 경영을 가르치고 이전에 수제맥주 운동을 연구한 네덜란드 학자 요쳄 크로젠Jochem Kroezen은 '수제품'이 현대 디지털 경제에 어떤 의미를 갖는지 알아보고 싶었다. 크로젠과 공저자들은 수제품을 "일에 대한 인문주의적 접근으로서 인간의 개입을 기계의 제어보다 중시하는 태도"로 정의하고 수제품이 일의 미래를 주도할 수 있다고 강조한다.

"사실 무슨 일이든 기계가 대신할 수 있습니다." 크로젠이 암스테르담 외곽의 3층 홈오피스에서 나와의 인터뷰 중에 말했다. 나는 우리 집 3층 홈오피스에 앉아 있었고, 우리 뒤로 양쪽 집 아이들이 해리 포터 옷을 입고 뛰어다녔다. "갈수록 로봇과 인공지능이 늘어납니다. 어떤 직업이든, 가령 판사부터 경찰까지 컴퓨터가 대신 일할 수 있습니다. 그러다 흥미로운 상황이 벌어지죠." 그가 이어서 말했다. "우리에게는 선택지가 주어집니다. 기술 결정론적 관점(디지털 미래가 마땅히 더 바람직하다는 관점) 말고 인간이 어느 지점에서 기계보다 가치를 더할 수 있는지 선택할 수 있습니다. 수제품이 일의 미래에 던지는 질문은 어떻게 하면 새로운 디지털 기술의 장점을 취하면서 인간의 일하는 경험과 그 경험의 장점을 끌어올릴 수 있느냐는 겁니다."

"우리에게는 인간이라는 요인을 제거할 능력이 있고, 처음에는 그 능력이 꽤 매력적으로 보입니다. 비효율적인 요소를 수량화할 수 있습니다. 그러나 얻는 게 있으면 잃는 것도 있게 마련이죠. 진지한 고민 없이 접근하면 맥주 업계의 '하이네켄화'처럼 잃는 것이 생깁니다." 크로젠은 하이네켄이 현대의 양조 기술을 선도하면서 대중의 입맛에 맞는 깔끔한 맛의 맥주를 대량생산하는 과정을 설명했다. 하지만 하이네켄의 성공으로 양조장들이 합병되고 맥주가 표준화되어 경쟁이 줄어들고 맛도 떨어지고 맥주를 마시는 즐거움도 서서히 줄어들었다. 수제맥주 운동은 20세기 말에 하이네켄화에 대한 반발로 시작되어 급성장했다. 이제는 모두가 깔끔한 하이네켄 캔맥주부터 작은 양조장에서 맥주 애호가들을 대상으로 주조하는 쿰쿰한 향의 트리플 IPA 병맥주까지 입맛

대로 골라 마실 수 있다. "수제품은 우리 사회가 어떤 모습이기를 원하는지에 대한 우리의 철학을 담고 있습니다. 우리는 전반적으로 숙련되고 다재다능한 인간을 원할까요?" 크로젠이 물었다. "아니면 우리가 큰 의미를 두지 않는 편리한 삶을 원할까요?"

수제품은 현대적인 디지털의 일과 양립할 수 없는 것이 아니다. 크로젠은 수제품이 대개 디지털의 일을 더 개선한다고 말했다. 그러면서 애자일Agile 소프트웨어 운동을 언급했다. 애자일 운동은 2001년에 선언문을 발표하면서 이전 시대의 동직길드에 기반해 "프로세스나 도구보다는 개인이나 상호작용"과 같은 질적이고 인문주의적인 원칙을 중요한 이상으로 채택했다. 그러면 소프트웨어 엔지니어들이 더 나은 소프트웨어와 더 가치 있는 작업을 해내고 각자의 조건에서 필요한 작업을 성취할 수 있다. 나아가 소프트웨어를 더 생산적으로 만드는 프로세스가 만들어지면서 프로그래머들이 각자의 기술에 적합한 방식으로 소프트웨어를 개발할 수 있다. 소프트웨어를 제때 배달하기만 하면 아무도 프로그래머가 언제, 어디서, 어떻게 프로그램을 만드는지 신경 쓰지 않는다. 프로그래머가 받는 보수만큼 일해줄 거라는 신뢰가 있는 것이다. 일하는 모두가 원하는 방식이다. 말하자면 자기 일을 자유롭게 하면서 언제, 어디서, 어떻게 일하든 최선을 다하고 정당한 보상을 받기를 원하는 것이다. 단순하고도 매우 효율적인 방식이다. 일의 미래를 구축하려면 인간의 기술에 대한 투자를 두 배로 늘려야지, 계속 더 디지털화하고 자동화할 필요는 없다고 크로젠은 말했다. "우리는 이제 기술로 효율성을 추구할 지점은 어디인지, 인간의 손길이 중요하고 시간을 최대한 많이 투자해야 할 지점은 어디인지 결정할 수 있습니다."

어쩌면 누구나 수제품의 관점으로 일을 생각해야 할 수도 있다. 모두가 장인처럼 나무를 깎아야 한다는 의미가 아니라 각자의 고유한 기술과 경험과 재능을 각자의 일에 투입해야 한다는 뜻이다. 햄버거를 뒤집든 햄버거 체인점의 앱을 개발하는 디지털 설계 회사를 운영하든 마찬가지다. 일은 단지 돈벌이를 위해 매일 더 신속히, 더 효율적으로 해치우는 업무만을 의미하지 않는다. 일도 대다수 사람이 잘 해내면 큰 자부심을 느끼는 인간 경험의 중심이다. 일은 좌절감을 안겨주기도 한다. 힘들고 불평등하고 부당하고 대개는 지루하다. 하지만 한편으로 일은 한 개인인 우리에게 영향을 미친다. 일은 성취감과 기쁨을 주고 우정과 인간관계를 쌓게 해주고 우리 정체성의 필수적인 부분을 이룬다.

사실 나는 이제껏 원격으로 일해왔고, 앞으로도 같은 방식으로 일할 것이다. 내 일의 여러 부분은 디지털로, 이를테면 이메일이나 전화 통화나 마이크로소프트 워드에 입력하는 방식으로 진행될 것이다. 하지만 내가 내 일에서 정말로 사랑하는 부분은, 그러니까 내게 가장 큰 기쁨과 만족감을 안겨주고 내 일을 잘하게 해주는 부분은 아날로그적이다. 이를테면 새로운 장소를 여행하고 나로서는 상상도 하지 못할 처지에 놓인 사람들을 직접 만나서 대화를 나눈다. 누군가의 집에서 환대받고 그들의 인생 이야기를 듣는다. 가상으로 읽거나 얻을 수 없는 정보를 직접 만지고 냄새를 맡고 맛을 본다. 작가들과 점심을 먹거나 편집자와 출판사 사람들을 만나서 책을 어떻게 진행할지 끊임없이 논의한다. 그리고 이런 아날로그적 개념에 대해 강의하고 청중의 얼굴을 보면서 내 얘기가 어떻게 받아들여지는지 살핀다.

지난 1년 반 동안은 원격으로만 일했기에 이런 아날로그적인 영역을 전혀 접하지 못했다. 온라인에서 명석한 사람들과 200회 이상 인터뷰를 했다. 그리고 배운 점도 있었다. 많이 읽었다. 하지만 보지는 못했다. 느끼지도 못했다. 지각하지도 관찰하지도 못했다. 그저 말하고 키보드를 두드리고 지쳐갔다. 갈수록 내 일이 작고 초라하게 느껴졌다. 수제품과는 거리가 멀었다. 그저 일로만 느껴졌다. 일의 미래에는 내가 좀 더 유연해지고 시간을 더 많이 갖기를 바란다. 의미도 있고 보람도 있으면서 아이들을 학교에서 데려오거나 바닷가 별장에서 이 책을 교정할 시간은 날 정도의 일을 원한다. 월요일부터 금요일까지 매일 아침 9시부터 오후 5시까지 탑 안의 책상 앞에서 족쇄가 채워진 것처럼 일하고 싶지는 않다. 그렇다고 날마다 우리 집의 이 책상 앞에 똑같은 운동복 바지를 입고 앉아서 끝없이 이어지는 회의와 통화에 로그인과 로그아웃을 반복하고 싶지도 않다. 기술적으로는 이런 미래가 가능하지만 내가 원하는 일의 미래는 나를 더 인간으로 느끼게 해주어야지, 인간에서 더 멀어지게 해서는 안 된다.

2장

화요일

학교

**정보가 지식이 되는 순간,
지식이 정보로 전락하는 순간**

미래가 사람들에게 무엇을 요구할지 잘 생각해보세요. 인공지능이 우리 삶에 무엇을 해줄지 생각해보고. 그러면 우리에게는 어떤 자질이 필요할지 생각해보세요. 네 살짜리 자녀가 있다면 아이는 우리가 뭘 좋아하는지 시시콜콜 물어볼 겁니다. 아이는 탐색하고 위험을 무릅쓰려고 해요. 미래에 필요한 자질이 이런 거라고 보신다면 아이에게 기존 사고방식을 가르치기보다는 이런 자질을 기르고 유지하게 할 방법을 찾아야겠죠. 여기에 미래가 있습니다.

"오늘 학교 가는 날이에요, 주말이에요?" 아들이 이렇게 물으면서 닌자고 레고 알람이 울리기 한 시간 전, 아직 캄캄한 어둠 속에서 우리 이불 속으로 파고든다.

"학교." 내가 웅얼거린다.

"진짜 학교?" 아들이 묻는다.

이게 문제다. 앞으로 한 시간 안에 아들과 딸을 침대에서 끌어내 욕실로 들여보내고 옷을 갈아입히고 아래층으로 함께 내려가 아침을 먹인 다음 밖으로 데리고 나가 교차로 일곱 개를 안전하게 건너고 어차피 손도 안 댈 점심 도시락으로 빵빵한 가방을 메게 하고 학교 운동장으로 들여보낼 것인가?

아니면 온종일 집에서 이런저런 장치 앞에 앉아서 불안정한 인터넷 연결과 산만해지는 집중력과 야외 활동 시간을 두고 벌이는 한바탕 소동과 쓸데없이 부서지는 가구와 교육 기술 전문가들이 '가상 학교'라고 부르는, 정신을 파괴할 만큼 지루한 시간으로 이루어진 지옥을 견뎌야 할까?

교육도 디지털 미래에 동참해야 합니다

학교의 미래가 디지털로 가는 것은 확실해 보였다. 모든 지역의 모든 학교에 다니는 모든 학년의 학생들이 온라인으로 옮겨가고 있었다. 사실 19세기 이래로 학교는 거의 바뀌지 않았다. 학생들은 여전히 낡은 교실에 앉아 오래전에 제작된 교과서를 보면서 수업을 들었다. 교사는 노동조합과 행정가들에게 과잉보호를 받으며 변화나 혁신에 반발하는 것으로 악명 높았다. 이렇게 딱딱하게 굳어버린 학교 제도는 불평등하고 지나치게 편향되었다. 학교는 학생들이 21세기의 도전과 디지털 경제에 적응할 수 있도록 제대로 준비시키지 못했다.

원격 디지털 학습이 모든 것을 바람직한 방향으로 이끌어갈 수 있을 것 같았다. 학생들이 학교와 교실, 암기 수업과 수업 일정, 인쇄물과 낡은 교과서에서 벗어나 저마다 원하는 시간과 장소에서 원하는 내용을 공부하면서 각자의 관심사와 필요에 따라 교과과정을 조율할 수 있을 것 같았다. 교사들도 교실에서 해방되어 학생들의 행동을 감독하거나 매번 똑같은 낡은 수업 내용을 전달하는 시간을 줄이고 인공지능의 도움으로 각 학생에게 맞는 교육 내용을 구성하는 데 집중할 수 있을 것 같았다. 게임과 모션 캡처, 가상현실, 기타 대화형 플랫폼 덕분에 아무리 지루한 과목이라도 재미있게 공부할 수 있을 것 같았다. 작가이자 과학기술 연구자인 비벡 와드와Vivek Wadhwa는 2018년에 〈워싱턴포스트Washington Post〉에 실린 "교육의 미래는 가상이다"라는 제목의 사설에서 이렇게 예견했다. "[AI 교육용 소프트웨어가] 고급 센서로 학생들의 동공 크기와 안구 운동과 목소리의 미세한 변화를 포착해서 정서 상태와 수업 내용에 대한 이해도를 기록한다." 많은 사람이 세계적 대전환에 가까운 변화를 예견했다. 가난한 지역(그리고 아프리카!) 학생들이 아이비리그 대학에 다니는 학생들과 같은 강의실에서 수업을 받을 수 있게 될 것 같았다.

규모와 시설이 갖춰지고 자동화가 적절히 이루어지면 누구나 원격 디지털 교육을 통해 실리콘밸리 최고의 기업들과 같은 혁신과 효율성을 체험하는 새로운 시대가 도래할 것 같았다. 그리고 이런 디지털 미래에 동참하지 못하면 한 세대 전체가 뒤처지고 지적으로 성장하지 못할 것 같았다. 2019년 말 브루킹스 연구소는 "에드테크Ed-Tech(교육 Education과 기술Technology의 합성어로 교육과 정보통신기술을 결합한 산업-옮긴이)가 어떻게 교육의 도약적 발전을 가능하게 해주는가How Ed-Tech Can Help Leapfrog Progress in Education"라는 보고서에서 "교육 부문이 현재 상태로 남는다면 2030년에는 전 세계 아동과 청소년의 절반이 미래에 필요한 수준의 중등 교육을 받지 못할 것이다. 이처럼 우울한 전망을 바꾸려면 신속하고 비선형적인 진보 …… 도약을 이루어야 한다"고 지적했다. 디지털 학습은 신속히 달성하기 위해 노력할 가치가 있는 미래였다. "기술을 잘 활용하면 교육의 효율성을 높이고 더 넓은 지역사회에 교육의 혜택을 제공하고 모든 아동과 청소년이 미래 준비에 필요한 양질의 교육을 받게 할 수 있다."

1년 반 뒤 우리 집 아이들이 코로나19 범유행 시기에 세 번째로 학교에서 집으로 돌아오고 다시 원격 수업을 시작할 즈음 나의 유치원 친구인 대니얼 스타인버그가 우리가 12학년(우리나라 고3에 해당한다-옮긴이)이던 1997년에 나온 만화책《아치Archie》의 사진을 보내주었다. 이 만화책의 "서기 2021년 고등학교의 베티" 편에서는 초현대적인 베티가 부모님과 아침을 먹고 있고 모두가 어깨가 넓은 점프슈트를 입고 있었다.

"베티, 학교가 곧 시작해!" 베티의 엄마가 커피를 더 따르며 말한다.

"괜찮아요, 엄마! 30초나 남았잖아요!" 베티가 말한다.

"요새 애들은 참 팔자 편해! 집에서 학교에 다닐 수 있으니!" 베티의 아버지가 말한다. "무거운 책가방 메고 학교에 가지 않아도 되고 …… 날씨 걱정 안 해도 되고!"

"저기요, 여러분!" 베티가 컴퓨터 앞에 앉아 있고 비디오카메라가 베티를 향해 있다. "곧 수업 시작해요!"

내가 그렇게 화가 나지 않았다면 더 크게 웃었을 것이다.

충격과 공포의 가상 학교

학교만큼 디지털 미래의 유토피아적 이상과 아날로그의 현실이 강렬하게 충돌한 곳도 없었다. 2020년 3월 셋째 주, 전 세계의 많은 학생이 집에서 컴퓨터로 수업받을 방법을 찾아야 했다. 일부 국가나 지역이나 교실이나 가정에서는 성공하기도 했지만 내가 접한 모든 기사와 내가 인터뷰한 모든 사람의 경험담과 내가 직접 우리 동네 및 우리 집에서 겪은 경험에 비춰보면 완전한 재앙에 가까웠다. 한마디로 최악이었다.

'원격 수업'이 시작되고 처음 석 달간은 매일 이메일로 학생들에게 과제를 내주었다. 1학년이던 내 딸은 숙제를 해야 할 동기를 얻지 못했다. 그래서 날마다 나와의 갈등이 커졌다. 나는 애원하거나 간청하거나 윽박지르거나 달래서 겨우 딸을 의자에 앉히고 같이 수학 공부를 하거나 고작 몇 글자를 적게 했다. 그해 가을에 마스크와 사회적 거리두기와 아이들의 손가락이 빨개질 정도로 다량의 손세정제와 함께 대면 수업이 재개되었지만 6주 후 크리스마스 휴가가 끝나고 학교는 다시 문을 닫았다. 마침내 우리는 본격적으로 디지털 수업의 약속된 미래를 체험하게 되었다.

2학년에 올라간 딸은 처음에는 꽤 잘 적응했다. 오전 9시에 방에 들어가서 오후 3시 15분에 먹을 것과 사소한 질문들에 대한 답을 찾으러 튀어나왔다. 하지만 네 살이던 아들은 달랐다. 유치원에도 거의 다녀보지 못한 터라 아들의 주의력은 그 조그만 몸의 방광만큼 작았다. 같은 반의 모든 아이처럼 내 아들에게도 항상 어른의 감독과 지지가 필요했다. 그 어른의 역할을 해야 할 나는 아들의 학교에서 빌려온 아이패드를 들고 소파에 앉아 날마다 온종일 아들과 붙어 지냈다. 아들의 담임교사인 C와 M선생님은 훌륭했다. 매일 아침 로그인해서 늘 같은 수준의 활기를 아이들에게 불어넣었다. 아이들의 질문에도 일일이 답해주었다. 아이들의 이름을 하나하나 불러주었다. 두 선생님은 열정적으로 이야기를 읽어주고 누가 정답을 말하면 열심히 칭찬해주었다. 교사들은 그 작은 화면으로도 매의 눈으로 무엇 하나 놓치지 않았다. 어느 날은 M선생님이 "그 장난감에 목이 막히기 전에 입에서 꺼내렴"이라고 말하는 소리를 듣고 고개를 들어보니 내 아들이 닌자고 레고 인형의 머리를 바닥에 뱉어냈다. 아들은 아이패드 수업으로 마름모와 꼭짓점에 관해 배웠고 읽기와 산수를 더 잘하게 되었으며 이제 자기 이름도 쓸 수 있게 되었다. 그리고 장난감을 자랑하고 주말에 가족과 뭘 했는지 말했다.

가혹하게도 가상 학교는 날마다 더 힘들어졌다. 누구도 그곳에 머물고 싶어 하지 않았다. 내 아들이나 딸도, 선생님도, 당연히 학부모들도. 날마다 지옥의 의식을 치르는 느낌이었다. 아침마다 눈을 뜨고 현실에서 펼쳐지는 공포와 직면했다. 아침을 먹는다. 아이패드를 켜고 구글 클래스룸에 로그인한다. C선생님의 활기찬 인사와 작은 상자 속의 얼굴로 출석을 확인하는 소리와 작은 스피커에서 울려대는 캐나다 국가 〈오 캐나다〉를 듣는다. 그다음은 …… 전쟁이다. 아이가 아이패드에서 다른 앱을 열려고 화면을 눌러댄다. 셀카를 찍거나 장난감 사진을 찍는다. 화면을 계속 눌러댄다. 자기 엉덩이에 대한 프리스타일 랩이 보이스노트에 녹음된다. C선생님이 펭귄에 대해 열심히 설명하는데 갑자기 로그아웃해버린다. 5분 정도 조용해서 눈을 들어보면 아들이 바지를 발목까지 내리고 바닥에 누워 있다.

"어서 바지 올려, 당장!"

"에이, 아빠." 아이가 눈을 부라린다. 갭 매장의 청소년 알바생이 상사한테 스웨터 한 더미를 개어놓으라는 지시를 받았을 때처럼. "아빠 너무해!"

이것이 나만의 경험이기를 바라지만 당장 아이패드 화면만 봐도 집집마다 지루해진 아이들이 똑같은 아수라장을 만드는 광경을 볼 수 있었다. 아이들이 이불 속으로, 책상 밑으로 숨는다. 짜증을 내거나 계속 울거나 그냥 꼼짝 않고 쳐다보기만 한다. 위에서 뛰어내리고 발길질을 한다. 선생님 말은 듣지도 않고 그냥 장난감을 가지고 놀거나 비디오게임을 한다. 어느 날은 눈을 들어보니 아들이 파란색 사인펜으로 얼굴과 팔에 잔뜩 낙서해놓았다. 또 아들이 자꾸만 자기 머리카락을 자르려고 해서 가위를 숨겨야 한 적도 있다. 또 한번은 욕실에서 물소리가 나서 위층으로 뛰어올라 가보니 아들이 옷을 다 벗고 세면대 앞에서 다 젖은 채로 노래를 부르고 있었다. "나는 고추다! 나는 고추다! 나는 고추다!"

몇 주가 지나고 몇 달이 흐르는 사이 우리의 영웅적인 선생님들을 제외하고는 모두가 무신경해졌다. 아이들이 잘 나타나지 않고 며칠씩 수업을 빼먹었다. 우리 딸도 숙제를 후다닥 해놓고 온종일 《해리 포터》를 읽거나 유튜브로 해리 포터 영화를 보았고, 딸의 반 친구들은 마인크래프트 게임을 하거나 스포츠 하이라이트를 보았다. 모두가 해야 할 일을 하면서 견디기는 하지만 공부는 뒷전이고 아이와 학부모와 교사 모두 그저 학교가 다시 문을 열 때까지 버티기 위해 안간힘을 썼다(토론토에서는 2021년 9월까지 학교 문이 열리지 않았고, 세계에서 가장 긴 등교 중단 사례 중 하나가 되었다).

가상 학교는 최악이었다. 학생에게도. 학부모에게도. 교사에게도. 초등학교나 중학교나 고등학교에 다니는 자녀를 둔 모든 사람에게도. 내가 정기적으로 지도하는 대학생들에게도. 지역 커뮤니티 칼리지(전문대학) 학생들과 예일대학교 학생들에게도. 디지털 교육의 글로벌 실험은 끔찍한 악몽이 되었다.

나는 《아날로그의 반격》에서 이미 디지털 '에드테크'의 약속된 미래와 거듭된 실패를 다룬 터라 가상 학교가 시작되었을 때 일말의 희망도 품지 않았다. 하지만 학교의 디지털 미래를 예견하고 지지하는 사람들에게는 코로나19 범유행이 뜻하지 않은 깨달음을 주었다. 그리고 디지털 교육의 실패 원인을 상황의 시급함이나 미비한 기술력이나 비숙련 교사의 부실한 수업 탓으로 돌릴 수는 없었다. 세계 최고의 학교와 교육계의 가장 낙관적인 지성들이 최선을 다했지만 결과적으로 모두에게 암울한 경험으로 남았다.

"0에서 100까지 완벽하게 비교하고 분석해야 명확히 이해할 수 있습니다." 세계의 교육 데이터를 추적하는 경제협력개발기구OECD 교육국장 안드레아스 슐라이허Andreas Schleicher의 말이다. 나는 2021년 3월 말에 그를 인터뷰했는데, 하필 그날은 우리 집 아이들이 이후 6개월간 누리지 못할 종일 대면 수업의 마지막 날이었다. "학교에서 기술을 더 보강한다고 해도 교육의 질이 향상되지 않는다는 점은 이미 밝혀졌습니다. 그리고 이제는 그 이유를 압니다.”

이유는 무엇일까? 디지털 교육의 미래 비전에서 무엇이 잘못되었을까? 자료와 증거를 중시하는 두 분야인 교육과 기술이 어째서 실패를 예견하지 못했을까? 가상 학교의 끔찍한 경험을 통해 우리는 어떻게 학습해야 하는지를 배웠을까? 그리고 이런 깨달음이 더 나은 학교의 미래에 어떤 도움이 될까?

화면 너머 세상의 불편한 진실

가상 학교는 학생의 수행 평가를 위한 거의 모든 기준(읽기와 수학 과목의 학업 성취도, 학생과 교사의 참여도, 시험 점수, 평가)에서 낙제점을 받았다. 학생들은 수업에 온전히 참여하지 못했고 적게 배웠으며 성적도 떨어지고 디지털 수업보다 아날로그 대면 수업을 압도적으로 선호했다. 하지만 디지털 학교의 가장 심각한 폐해는 개인적이고 정서적인 영역에서 나타났다. 전 세계의 학생들이 지독히 비참해한 것이다.

“학생들은 그냥 그만두기로 결심했어요.” 텍사스주립대학교 학교심리학 교수이자 아동심리학자인 존 래서Jon Lasser 박사의 말이다. 래서는 5세부터 25세까지의 학생들에게 디지털 교육으로 나타난 모든 종류의 불만족을 확인했다. “학생들이 흥미를 잃었어요. 줌 온라인 수업에 실망했어요. 환멸을 느꼈어요. 그래서 우울감이 커졌어요. 지독한 좌절감에 빠졌어요. 교사도 좌절하기는 마찬가지였고요. 학생들이 이탈하는 게 보였으니까요." 래서가 말했다. "저 역시 동기가 충만하고 책임감이 강한 대학원생 제자들마저 심각하게 우울해하는 모습을 지켜봤습니다."

어른들이 재택근무로 스트레스를 받고 불안해하는 모습을 보는 것도 힘든 일이다. 그런데 아이들이 동기를 얻지 못하고 밤에 자려 하지 않고 화면을 들여다봐야 할 새로운 하루를 견디지 못하고 우리 앞에서 울음을 터뜨리는 모습을 보는 것은 차원이 다른 고통이었다. 아이들은 그저 학교에 가서 친구들을 만나 장난을 치고 서로 밀고 당기며 공을 차고 숙제를 하고 싶어 할 뿐이었다. 국립학교정신건강연구소National Center for School Mental Health의 공동소장이자 메릴랜드대학교 의과대학 교수인 새런 후버Sharon Hoover 박사는 이렇게 말했다. "많은 학생이 정신 건강 문제를 더 많이 겪었습니다. …… 대다수 학생에게서 불안과 우울, 슬픔, 스트레스가 상승했습니다." 모든 학생이 가상 학교에서 이런 상태를 겪는 것은 아니다. 일부 학생들, 특히 사회적으로나 교육적으로 어려움을 겪는 학생과 자폐스펙트럼을 보이는 학생들은 복잡한 사회적 관계가 펼쳐지는 교실보다는 원격 수업에서 스트레스를 덜 받았다. 하지만 이런 좋은 사례보다 안 좋은 사례가 압도적으로 많았다.

강단에 선 사람들은 학생들을 위해 최선을 다한다. 하지만 내가 인터뷰한 교수뿐 아니라 초등학교부터 대학교까지 학생들을 가르치는 친구와 친척들을 비롯해 내가 만나본 사람들은 하나같이 원격 수업이 얼마나 실망스러운지 토로했다. 물론 멀리 떨어진 학교로 등교하지 않아도 되는 건 편리했다. 게다가 원격 수업만의 장점도 있었다. 영상 자료를 더 손쉽게 보여주고(소프트웨어가 제대로 작동한다면) 즉석에서 피드백을 입력할 수도 있고(누가 답변한다면), 일부 학생은 대면 수업보다 온라인 수업에 더 열심히 참여했다. 하지만 대다수는 온라인에 머무는 하루하루를 실패라고 느꼈고 하나 둘씩 수업에서 빠져나갔다. 뉴욕시립대학교에서 역사를 가르치고 뉴욕의 한 공립고등학교에서 컴퓨터과학을 가르치는 조지프 프루시Joseph Frusci는 내게 일정 수의 학생은 이내 "술독에 빠진다"고 말했다. 대개는 충분히 동기부여가 되지 않고 추가로 도움이 필요한 학생들이었다. "이런 학생들은 마음이 더 떠나요. 카메라가 꺼져요. 그냥 자리를 떠요. 아마 가상 교실에서 3분 거리에 있겠죠." 그리고 이렇게 말했다. "실제 학교 교실이라면 간단히 카메라를 꺼버리고 자리를 뜰 수는 없어요. 뭐 창밖을 내다보거나 휴대전화를 들여다보기는 하겠지만요. 하지만 집에 있으면 학생들의 주의를 빼앗는 요소가 훨씬 많아요."

프루시가 경제적, 문화적 배경이 제각각인 고등학생들에게서 발견한 가장 큰 문제는 접근성이었다. 디지털 학습의 거창한 약속에는 컴퓨터와 인터넷 접근성이라는 전제가 깔려 있다. 코로나19 범유행 초반에 뉴욕의 학교들이 온라인 수업을 시작할 즈음 뉴욕시 공립학교의 3분의 1이 수업에 필요한 기술에 접근할 수 없었다. 우리 집처럼 웬만큼 갖춰진 집에서도 학교에서 아이패드와 노트북을 빌리고 인터넷 요금제를 업그레이드하고 500달러짜리 와이파이 라우터를 새로 사야 했다. 그래야 4인 가족이 온종일 화상 전화를 연결할 수 있었다. 우리보다 상황이 좋지 않은 가정에서는 얼마나 스트레스가 컸을지 짐작이 간다.

원격 디지털 학습은 원래 부유한 학생 및 학교와 가난한 학생 및 학교의 격차를 고르게 다져준다고 약속했지만 현실에서는 정반대의 상황이 펼쳐졌다. "얼마나 많은 학생과 교사가 온라인에 들어갈 수 없는지 드러났어요." 프루시가 말했다. "불평등이 가속화됐죠." 이유는 자명하기도 하고 복잡 미묘하기도 했다. 부는 항상 교육이나 문맹 수준과 상관관계가 있었다. 컴퓨터와 인터넷에 들어가는 비용. 돈이 많을수록 장비의 성능과 인터넷 연결이 향상된다. 하지만 디지털 학습의 가장 두드러진 불평등은 기술에 대한 접근성과는 크게 상관이 없었다.

아이들은 집에 혼자 둘 수 없다. 내 아들과 같은 아이가 온라인으로 학습하려면 누가 옆에서 끊임없이 봐줘야 했다. 아이를 맡길 형편이 되는 부모는 외부의 도움을 받을 수 있지만 대다수 가정은 그럴 형편이 되지 않았다. 결국 한쪽 부모가 희생해서 재택근무와 가상 수업 사이를 곡예하듯이 오가거나, 아니면 직업을 지키든 자녀를 공부시키든 둘 중 하나만 선택해야 했다. 나는 2020년 내내 책을 쓰고 있었고, 우리는 외부의 도움을 전혀 받을 수 없었다. 그래서 그해 내가 원격 수업 지도를 맡아서 아이들의 아이패드와 노트북을 마련하고 프린터를 수리하고 인터넷 연결을 복구하고 아이들을 집 밖으로 끌고 다니고 오악사칸의 지친 노점상처럼 쉴 새 없이 케사디야를 던지며 아내가 일을 무사히 마칠 수 있도록 지원했다. 내가 이렇게 할 수 있었던 건 우리 가족이 쓸 돈을 모아둔 데다 내게는 상사도 없고 당장 급한 마감도 없고 이 책을 쓰는 일 말고는 실질적으로 책임질 일도 없어서였다. 하지만 대다수 가정은 나와 같은 상황이 아니었다. 부모가 이전과 같이 거의 중단 없이 전업으로 근무하면서 온종일 온갖 업무 전화를 처리하는 사이 아이들은 그 옆에서 공부해야 했다. 그나마 이런 집들은 견딜 만했다. 사실 자녀를 교외나 심지어 다른 나라로 몇 달씩 보내야 했던 의사와 경찰과 건설 노동자들도 있었다. 또 애초에 가상 수업이 불가능해서 자녀의 학교 교육을 아예 중단한 가정도 있었다. 우리와 친한 어느 부부는 어느 날 온종일 업무 전화를 받다가 아래층으로 내려와서야 여섯 살짜리 딸이 집을 나간 걸 알았다고 했다(다행히 아이는 놀이터에 있었다).

가상 학교의 화면 너머에는 현실의 아날로그 환경이 펼쳐진다. 집은 학교가 아니고 수업에는 조용하고 안전한 공간이 필요하다. 많은 아이, 특히 저소득층 아이들은 이런 호사를 누리지 못한다. 친척 집에서 지내거나 공공주택에서 몇 세대가 모여 살며 방 하나를 여럿이 같이 써야 해서 홈오피스도 만들기 어렵고 수업을 들을 공간도 없었다. 우리 집 아이들이 다니는 학교는 전형적인 도시 공립학교라서 소득과 배경이 다양한 계층이 섞여 있었다. 부모 모두 기술 기업 경영자이고 200만 달러짜리 저택에 살면서 차고에 빈티지 페라리를 세워둔 가정이 있는가 하면 공공주택에서 푸드뱅크에 의지해 살아가는 한 부모 가정도 있었다. 안타깝게도 불우한 환경의 아이들이 가상 학교에서 가장 먼저 사라졌다. 카메라를 끈 아이들이다. 이런 아이들은 부모가 생계를 유지하느라 가상 수업에 필요한 장치를 마련해주지 못해서 온라인 교육의 혜택을 누리지 못했다.

코로나19 범유행은 우리 사회의 X레이가 되어 특히 학교의 실상을 여실히 드러냈다. "많은 학생이 온라인에 들어가지도 못했습니다. 연결성과 접근성의 불평등 때문이죠." 후버 박사가 미국 전역에서 수집한 자료를 근거로 말했다. "이런 학생들은 사실 학교 공부만 놓친 게 아니라 사회적 관계도 놓쳤습니다. 아이들의 세계가 훨씬 좁아지고 훨씬 혼란스러워졌습니다. 아동학대와 방임과 가정폭력이 증가했습니다. [이것이] 온라인에 접속하지 못해 학교교육에서 소외된 아이들에게 가장 해로운 부분입니다." 새러 머보시Sarah Mervosh는 2021년 여름에 진행하던 연구를 〈뉴욕타임스〉에 요약 소개하면서 "교육 격차가 크게 벌어졌다"고 했다. 머보시는 미국 전역에서 인종적, 경제적 불평등이 가상 학습에 의해 더 심화되었고, 흑인과 라틴계와 저소득층 학생들이 많이 뒤처졌다고 밝혔다. "코로나19로 이런 불편한 측면이 드러나기 전에는 우리 사회에 이런 면이 있는 줄도 몰랐습니다." 뉴욕 바너드칼리지의 디지털인문연구소를 운영하는 카이아마 글로버Kaiama Glover 교수의 말이다. "하지만 이런 불평등은 이전에도 존재했고 당장 개선해야 한다는 목소리도 있었으며", 디지털 학습이 의도했든 아니든 이런 불평등을 악화시킨다는 증거도 이미 있었다.

교과 내용 이상의 교육

현재의 에드테크에 대한 열광적인 분위기는 2005년경에 시작되었다. SNS가 부상하고 스마트폰이 출현하던 폭발력 있는 시기였다. 기술 발전으로 사회의 모든 영역(친구, 연애, 언론, 관리 방식)이 급격히 변화했고, 다음으로 정복할 영역이 교육이라는 시각은 (순진하긴 했지만) 공정해 보였다.

MIT 티칭시스템랩의 저스틴 라이시Justin Reich 소장은 이렇게 지적했다. "교육제도에 좌절감을 느낄 이유는 충분했습니다." 라이시는 학습의 미래를 설계하는 일을 책임지고 있었지만 에드테크 유토피아주의에 회의적인 입장을 보인 인물로 유명하다. 그의 저서 《언택트 교육의 미래》에는 학교를 변화시키려던 디지털 기술에 대한 실망감이 시간 순으로 기록되어 있다. "세계는 빠르게 변화하는데 학교는 느리게 변화하는 것처럼 보이고 학교에서 아이들을 준비시키는 방식과 아이들이 살아갈 미래 사이의 격차가 크다는 생각에서 끊임없이 불안감이 엄습한다." 하지만 교육은 음악 파일이나 기계 장치처럼 간단히 디지털화하고 자동화하고 개선할 수 있는 분야가 아니다. 교육은 제도와 개인, 목표, 관계자, 장려책, 목적으로 구성된 방대한 연결망으로서 정치학, 경제학, 사회학 등 현대 사회에서 인간의 삶을 구성하는 모든 복잡다단한 측면과 불가분의 관계를 맺는다. "학교는 서로 경쟁하는 다양한 기능들의 놀라운 조합이 일어나는 곳이다. 이를테면 학교에서는 신발 끈 묶는 법, 애국자가 되는 법, 드럼 치는 법, 성관계를 갖지 않거나 적절한 방식으로 갖는 법, 다항수열 등을 가르친다. 모든 학교가 이 모든 기능 사이에서 세심하게 균형을 잡으려 한다. 그래서 그중 일부를 바꾸려 하면 균형이 깨진다."

나는 오래전부터 기술이 교육을 변화시키려다 계속 실패하는 현실에 대해 다수의 전문가와 대화를 나누었는데, 그 중에 래리 큐번Larry Cuban이 있다. 1930년대에 피츠버그에서 태어난 큐번은 도심의 학교에서 역사를 가르치면서 흑인이 대다수인 학생 구성을 고려해 교과과정을 수정했다. 나중에는 버지니아주 알링턴에서 교육감으로 일하다가 스탠퍼드대학교 교수로 이직했고 이후 교육의 역사와 특히 기술의 역할에 주목했다. 잠시 에드테크를 지지하기도 했지만 이후 누구보다도 에드테크에 비판적인 입장으로 돌아섰다. 2015년에 디지털 기술이 교육을 변화시키는 데 실패한 현실에 관해 인터뷰하면서 큐번은 지극히 단순하고 아름다워 보이던 시절에 관해 들려주었고, 그로 인해 학교를 보는 내 관점도 달라졌다. 큐번은 교육이란 학생과 교사, 학생과 학생 등 학교 공동체의 모든 당사자 사이의 관계라고 말했다. 이런 관계 안에서 정보(사실과 숫자)가 지식이 된다고 했다. 기술적 해결책은 이런 관계를 고려하지 않기에 항상 실패로 돌아가는 거라고 했다.

"제가 올해 배운 게 있습니다. 원격 교육은 학부모들이 바라는 학교 교육의 흐릿한 버전이라는 겁니다." 코로나19가 터지고 1년쯤 지났을 때 큐번이 내게 한 말이다. "매우 흐릿하고 피상적인 버전입니다." 아무리 돈을 많이 들여도, 소프트웨어 개발자들이 아무리 유능해도, 구글 클래스룸에서 기술을 능숙하게 다루는 (내 딸의) 창의적인 I선생님이나 줌 또는 VR 헤드셋을 실험하는 다른 선생님들이 아무리 다양한 디지털 기능을 사용해도 우리가 본 현실은 19세기의 통신 강좌나 배우 샐리 스트러더스가 홈쇼핑에서 광고하던 VCR 수리법의 수준에서 크게 벗어나지 않았다. 그래서 10여 년 전에 MOOC(대규모 개방형 온라인 교육 과정) 운동이 스탠퍼드대학교 같은 곳의 지원을 받고도 완전히 실패로 돌아간 것이다. 그래서 혼자 책을 읽거나 영상을 보면서 독학하는 것이 그렇게 어려운 것이다. 그래서 올해 모든 학생과 학부모가 온라인 수업이 실제 교실의 아날로그 수업과는 비교도 되지 않는다는 것을 곧바로 깨달은 것이다. 쿠번은 유치원 교실에서는 교사가 아이들을 많이 만져준다는 점을 지적했다. 아이들을 달래거나 싸움을 말리거나 위로하기 위해 만져주고, 어떤 개념을 설명할 때 어떻게 느껴지거나 어떤 소리가 나야 하는지 직접 보여주기 위해서도 만져준다(예를 들어 숫자 세는 법을 가르치기 위해 손을 세 번 건드려주는 식이다). "하지만 화면에는 이런 게 완전히 빠져 있어요." 쿠번이 말했다. "이런 게 학습을 위한 관계의 핵심이죠. 아이가 집에 있으면 아무리 울어도 교사가 손을 뻗어 아이를 만져줄 수 없어요. 관계 안에서 정보가 지식이 됩니다." 이어서 이렇게 말했다. "결국 디지털 교육에서 결여된 것도 바로 보살핌입니다. 모니터에서는 이런 걸 얻을 수 없어요. 불가능해요." 아들의 온라인 수업을 참관한 몇 달 동안 작은 사각형의 아이패드 화면 속에서 네 살짜리 아이가 울자 C선생님이 두 팔을 뻗어 안아주고 싶어 하지만 어쩔 수 없이 말로

만 달래주던 모습을 보는 것만큼 가슴 아픈 일도 없었다.

보살핌은 교사들이 학생들과의 관계를 정의하는 말이다. 교사는 이렇게 보살피는 마음을 저마다의 방식으로 표현할 수 있다. 누군가는 따스하고 다정하고 재미있게 표현하고, 누군가는 정중하고 진지하면서도 참을성 있게 표현한다. 하지만 어느 교사나 보살펴주고 싶은 마음은 같다. 쿠번의 스탠퍼드대학교 동료인 데이비드 라바리David Labaree는 내게 교육 분야에서 디지털 미래의 문제점은 무엇보다도 지나치게 과목의 내용에만 치중하는 점이라고 말했다. 컴퓨터는 갖가지 새롭고 혁신적인 방식으로 내용을 전달할 수 있지만 사실상 '교과서로 돌아가는' 암기 교육일 뿐이다. 디지털 교육은 학교를 해체해서 수학, 과학, 읽기, 쓰기, 공학 등 실질적인 과목만 남긴다. 컴퓨터는 일방적 정보 흐름을 선호한다. 교사에게서 학생에게로 정보가 흐르고, 학생은 와이파이 신호의 반대편에서 들어오는 정보를 이해해야 한다. 디지털 교육은 정보를 전달하기 위해 설계된 시스템이지 학습을 위한 시스템이 아니다. 디지털 미래 교육의 테크노-유토피아주의는 여러 요소에서 동력을 얻는다. 이를테면 광학기술과 뒤처진다는 두려움, 탐욕, 비용 절감과 효율성을 추구하려는 동기, 교직원노동조합의 협상력에 대한 정치화된 혐오가 작용한다. 하지만 쿠번은 교육의 디지털 미래를 밀어붙이기 어려운 이유는 사회에서 교육의 지위를 확보하는 원대한 목표를 달성하는 데 디지털이 가장 효과적인 방법이라는 증거가 없기 때문이라고 지적했다.

"학생이 학습하려면 우선 교사가 교실에서 학생과 개인적이고 특별한 관계를 만들어야 한다. 이런 관계가 없다면 학생들은 학교가 원하는 만큼 학습하지 못한다." 라바리가 몇 년 전에 쓴 글이다. "외과의는 수술 중 환자가 마취 상태일 때 병을 잘 치료할 수 있고 변호사는 의뢰인이 재판 중에 입을 다물고 있을 때 제대로 변호할 수 있지만, 교사가 제대로 가르치려면 학생들의 적극적 협조가 필요하다."

개인이 시민으로 성장해나가는 공간

라바리는 교육의 디지털 미래는 공립학교의 목적을 정면으로 거스른다고 말한다. "[학교는] 우리를 국가라는 더 큰 조직의 일부로 느끼게 해주는 행동 규범을 통해 구축된 공동체이자 방식이에요." 이어서 이렇게 말했다. "학교는 이런 방면으로 뛰어납니다. 공동체에 속한 사람들이 화합하고 공통의 경험을 얻고 공통의 가치관을 형성하게 해주죠." 나도 우리 집 아이들의 학교에서 이런 측면을 직접 확인했다. 이민자 가정이 많은 학교였다. 이민자 가정의 아이들은 첫해에는 스페인어나 중국어나 타갈로그어로만 말하다가 매일 쉬는 시간마다, 교사가 다른 아이들 무리로 데려다줄 때마다 빠르게 캐나다인이 되어갔다.

교육철학의 선구자 존 듀이John Dewey는 《민주주의와 교육》이라는 획기적인 저서에서 "사회는 생명체만큼 전승을 통해 존재한다. 이런 전승의 과정을 통해 행동과 생각과 느낌의 습관이 나이 든 사람에게서 어린 사람에게로 전해진다." 듀이는 학교와 같은 기관의 궁극적 가치는 사회화에 있다고 보았다. 학교는 규범을 정립하고 사회의 규칙과 기대를 교육한다. 사회에서 허용되는 언어부터 위생 기준까지, 집단에서 언어적·신체적으로 말하고 소통하는 방식부터 도시·주·국가·세계에서 집단으로서 책임 지는 방식까지 가르친다. 가령 쓰레기 버리는 법을 가르치거나 회의 중에 돌아가며 말하는 법을 가르치거나 인권과 자유의 가치를 가르칠 수 있다.

"학교라는 물리적 공간은 우리가 처음으로 사회의 다양성을 접하는 곳입니다." OECD의 안드레아스 슐라이허가 말했다. 세계에서 가장 중요한 교육 전문가로 손꼽히는 슐라이허는 학교라는 물리적이고 민주적인 공간은 개인의 삶에서 다른 무엇과도 대체할 수 없는 곳이라고 규정한다. 교실 하나짜리 오두막 학교에 다니든 캠퍼스가 사방으로 뻗어나가는 대학교에 다니든 학교의 영향력은 동등하다. 학교의 주요 역할은 언제나 한 개인이 시민으로 성장하는 데 중요한 배경이 되어주는 것이다. "학교에 입학하는 순간 세계가 더 크게 확장하는 공간에 들어서는 셈입니다."

학교는 교사가 학생들에게 교과과정의 사실과 정보만을 가르치는 공간이 아니다. 실제로 배움은 학교의 물리적 공간 전체에서 일어난다. 버스를 타거나 걸어서 학교로 가는 길에 눈에 보이는 모든 장면, 머릿속에 떠오르는 질문과 답변, 친구와 나누는 대화에서 배움이 일어난다. 운동장에서 술래잡기나 농구를 하는 시간과 점심시간, 담배를 빌리는 순간, 방과 후에 싸움이 벌어지는 순간, 키스하고 애무하는 시간에도 배움이 일어난다. 복도에서 사회 질서가 명료해지고, 우정과 갈등과 정체성과 자기 몸에 대해 알아가는 사이 배움이 일어난다. 기숙사와 생활관에서, 캠퍼스 안의 바와 파티에서, 하키 경기장과 수영장 탈의실에서, 운동장과 관중석과 무대 뒤에서 배움이 일어난다. 그리고 교실에서 배움이 일어난다. 칠판 앞에서만이 아니라 뒷자리에서도. 책상과 책상 사이에서 쪽지가 오가고 한가하게 낙서를 하는 동안 삶에 대한 더 깊은 이해가 생긴다.

"학교의 물질성에는 뭔가가 있습니다." 데이비드 라바리가 말했다.

학교에는 어떤 냄새가 있습니다. …… 사물함 앞에는 오렌지 껍질과 달걀 샐러드 냄새가 납니다. 분필. 종소리와 복도의 소리와 교실의 소리와 쉬는 시간의 소리. 때로는 교실이 감옥처럼 느껴지기도 하지만 어떤 때는 아늑한 고치처럼 느껴지기도 합니다. 교실에는 우리 25명만 있습니다. 모두가 서로를 알고, 한 해 동안 계속 그렇게 지낼 겁니다. 교실은 조금 느긋하게 풀어져서 경계심을 조금 내려놓고 만족스러운 분위기의 공동체에 속하는 느낌을 가질 수 있는 공간입니다. …… 나는 책에 나오는 개념이나 이야기를 탐색하거나 가지고 놀 수 있습니다. 이것은 강력한 요소입니다. 이런 물질성이 학교의 중요한 일면입니다. 난방이 안 되는 아파트에서 남의 휴대전화를 들고 앉아서 수업을 받으려고 해봐야 학교의 이런 물질성에는 조금도 근접할 수 없습니다.

만화책《아치》의 베티는 베로니카와 저그헤드, 아치를 비롯한 친구들과 리버데일 고등학교 박물관에 다녀온 뒤로 학생식당과 교실이 있는 "유서 깊고 낡은 고등학교"에 다니던 시절로 돌아가고 싶어 한다. 학교에서 이런 아날로그 공간을 걷어내면 교과과정만 앙상하게 남는다. 사실과 수치, 수업, 과제, 시험, 평가 …… **무엇보다도 숙제**만 남는다. 메마르고 따분하다. 실제 학교에 비하면 더더욱 그렇다. 유치원은 안전한 육아 공간에서 놀이를 통해 기본적인 사회적 소통을 가르치도록 설계된 곳이다. 하지만 디지털 유치원은 놀이와 정반대 개념이다. 화상 전화가 끝도 없이 이어지고 간간이 쿠키 몬스터Cookie Monster(〈세서미 스트리트〉 원년 멤버-옮긴이) 뮤직비디오가 나온다. 지난 10년간 에드테크 지지자들은 학교의 더 강력한 디지털 미래를 예측하면서 컴퓨터 중심 기술이 다음 세대에게 필수 도구라고 주장했다. 하지만 다들 보았듯이 아이들을 온종일 인터넷 세상에 풀어놓자 100만 명의 스티브 잡스로 성장해서 미래를 코딩하는 것이 아니라 포트나이트Fortnite 게임과 SNS에 빠지고 무작위로 뜨는 틱톡 영상이나 보았다. 어느 날 내 아들이 거실 테이블 아래로 들어가 아이패드를 보면서 떠드는 소리가 들렸다. 아들이 "닌자고 사진. 사진! 닌자고 사진!"이라고 외치자 결국 아이패드에 카이와 콜을 비롯해 아들이 찾던 플라스틱 레고 영웅들의 근사한 사진이 떴다. 내 아들은 이렇게 시리Siri를 구글 이미지와 결합하는 능력을 키우는 식으로 미래에 더 잘 대비할 수 있을까? 아닐 것이다.

운동장, 공원, 푸드뱅크, 병원, 어린이집

학교는 또한 교육적 역할을 넘어서 공동체에 기여한다. 초등학교는 동네 운동장이자 공원일 뿐만 아니라 푸드뱅크와 병원이 되기도 한다. 초등학교는 코로나19가 발생하면서 전 세계의 모든 부모가 깨달은 것처럼 어른들이 밖에 나가 일할 수 있게 해주는 어린이집이기도 했다. 고등학교는 지역사회의 스포츠 시설이자 동네 극장이자 심리상담소다. 대학 캠퍼스는 인근 지역에 경제적, 문화적 엔진의 기능을 하고 전 세계에 영향을 미칠 연구의 산실이기도 하다. 가령 대학은 생명을 살리는 백신을 앞장서서 연구한다. 우리 집 아이들의 학교에는 어린이집, 이민자 지원 기관, 신입생 학부모를 위한 무료 프로그램, 제2 언어로서의 영어 수업이 있다. "우리는 학교가 일종의 주민센터라는 점을 자주 망각합니다." 존 래서가 말했다. "학교는 아이들에게 밥을 먹이고 양육하는 공간입니다. 아이들이 안전하게 머물면서 자원을 공급받는 공간입니다. 상당수의 아이, 특히 빈곤층 아이일수록 집에 많은 것이 갖춰지지 않았습니다."

나는 코로나19를 거치고서야 우리 가족과 지역사회를 연결해주는 학교의 역할을 온전히 이해했다. 두 번째 원격 수업 기간인 1월의 매섭게 추운 날 C선생님이 이야기 시간에 읽어준 책에 따르면 살아 있는 모든 생명체에게는 공기, 음식, 물, 햇빛, 그리고 당연히 공동체, 즉 "우리와 가까이 있는 사람들"이 필요하다. 나는 집에서 시들어가는 화면 속의 작은 얼굴들을 보면서 가슴 아프게도 이 말이 진실이라는 것을 깨달았다. 사실 나는 아이들을 학교에 데려다주는 과정을 진지하게 생각한 적이 없었다. 하지만 2020년 가을에 대면 수업이 진행되던 소중한 몇 달 동안 아침마다 아이들을 학교에 데려다주는 일과는 내 삶에서 가장 중요한 사회적 시간이었다. 9월의 어느 화창한 아침, 7개월 만에 처음으로 우리 동네는 아이들을 학교에 데려다주느라 허둥대는 가족들로 북적였다. 전에는 등교 시간이 정신없이 서두르는 시간이었다. 학부모나 보호자들이 수업종이 울리기 전에 아이들을 정문으로 들여보내고 급히 출근하는 시간이었다. 이번에는 달랐다.

우리는 학교의 새로운 규정에 맞게 준비해왔다. 증상 체크리스트, 코로나 음성 확인서, 마스크 착용 규정, 작동하지 않는 앱까지 준비했다. 그보다도 이제는 아이를 학교 건물 외부의 운동장에 내려주어야 했다. 복잡한 복도에서 우왕좌왕하던 시간이 갑자기 넓은 운동장에서 마을 장터처럼 북적거리며 가벼운 대화를 나누는 시간이 되었다. 첫날 학교 운동장에 들어서자 아이들은 책가방을 벗어 던지고 목줄 풀린 강아지처럼 친구들과 빙글빙글 돌면서 어지러이 뛰어다녔다. 급히 출근해야 하는 부모가 없어서 우리 부부도 오랜만에 다른 어른들과 느긋하게 담소를 나눴다. 지옥 같던 봄, 달콤한 방종의 여름, 늘어가는 확진자 수, 그리고 10월에 다시 대면 수업이 취소될 가능성에 관해 이야기하고, 더불어 먹지 않은 점심과 이른 기상에 대한 부모로서의 조바심을 공감하고, 디즈니의 〈디센던츠2〉와 〈디센던츠3〉 중에 어느 쪽이 영화적으로 더 우수한 작품인지에 대해 감상을 나눴다.

우리 집 아이들이 다니는 학교는 비밀의 공간이 되었다. 학부모들은 학교 건물 안으로 들어갈 수 없고 교실 안의 상황에 대한 일말의 힌트마저 썩 미덥지 않은 정보원에게서 나온 것뿐이었다. (오늘은 뭘 배웠니? "넌자요." 어떤 책을 읽었어? "넌자요." 속옷은 어디 있어?? "말했잖아요. …… 넌자요!") 대신 학교 운동장이 자녀의 학교생활에 관해 들을 수 있는 공간이 되었다. 예전에는 학부모가 아이들의 담임교사와 1년에 몇 번 정도만 대화를 나눌 수 있었다. 이제는 교사와 교장이 매일 아침 운동장에 직접 나왔고, 모두가 열심히 참여했다. 나는 딸이 물리학을 좋아한다는 것을 알게 되었고 아들의 별명이 '후추통'인 것도 알게 되었다. M선생님(자메이카 출신)이 아들을 화장실에 데려가려 할 때 강하게 거부해서 붙여준 별명이라고 했다.

우리의 일상과 인간관계가 빠르고 자연스럽게 자리를 잡아갔다. 나는 매번 같은 방향에서 학교 운동장으로 들어가면서 입구 쪽에 서 있는 할머니 할아버지들에게 포르투갈어와 중국어로 인사를 건넸다. 이어서 교장과 인사하고 딸과 같은 반 아이들에게 인사를 건네고 매번 같은 학부모 세 명과 둥그렇게 둘러섰다. 앤드루하고는 근사한 운동복 바지에 관해 이야기하고 타마라와는 뉴스에 관해, 라이언과는 그가 동네에서 최근에 발견한 크루아상에 관해 이야기했다. 8시 45분에 아이들이 교실로 들어가면 나는 아들을 데리고 유치원으로 이동해서 거기서도 학부모들과 이야기를 나누고 C선생님과 M선생님에게서 전날 교실에서 있었던 특이한 행동에 관해 전해 들었다.

전에는 다른 학부모들과는 복도에서 스치거나 가끔 생일파티 또는 체육관에서 열리는 크리스마스 콘서트에서 만나 몇 마디 나누었을 뿐이다. 이제는 매일 아이들을 학교에 데려다주면서 농담하거나 질문하거나 인사를 나누면서 유대감을 쌓았다. 우리는 모두 공동체를 이루는 보이지 않는 행동에 참여했고, 지금이야말로 공동체와 연결된 끈이 그 어느 때보다 중요한 시기, 혹은 공동체와 연결되기 어려운 시기였다. 우리 아이들은 빠르게 변화하는 지역에 위치한 작은 학교에 다녔다. 내 딸이 이 학교에 3년 가까이 다니던 중 코로나19가 터졌고, 나는 학부모 중 몇 사람하고 눈인사만 하던 정도였다. 이제는 코로나19 덕분에 매일 아침 공동체가 조금씩 더 형체를 갖춰갔다. 11월의 어느 날 나는 교장과 대화하다가 많은 가정이 경제적으로 어려운 처지에 놓여 있다는 말을 들었다. 근처의 다른 학부모가 기부금을 조성해보자고 제안했고, 일주일 만에 교장이 필요한 가정에 수천 달러어치의 식료품 상품권을 직접 나눠주었다.

이제 여러분도 각자의 지역사회와 삶의 기반이 되는 관계를 떠올려보라. 아마 상당 부분이 학교와 연결되어 있을 것이다. 학교 교실과 주변의 아날로그 환경(학교 운동장과 놀이터와 대학 도서관)에서 형성된 유대는 평생 이어지고 다음 세대로도 이어진다. 나는 지금도 유치원부터 대학까지 학교에서 만난 친구들과 연락하고 지낸다. 우리 가족이 동네에서 알고 지내는 거의 모든 가족이 학교를 매개로 만난 사이다. 우리에게 학교는 고향 같은 곳이다. 학교는 우리의 사회적 연결망과 직업적

인맥을 형성해줄 뿐만 아니라 우리가 현재 사는 지역에 동질감과 공동체 의식을 느끼게 해주는 곳이다. 그래서 "어디서 학교에 다니셨어요?"와 같은 질문이 그렇게 강력한 것이다. 이 질문을 통해 당신이 속한 공동체가 드러난다. 반면에 온라인에서는 이런 공동체가 형성되지 않는다. 하버드 학생들이 다른 대학의 학생들보다 정보를 더 많이 얻거나 사실에 더 수월하게 접근할 수 있는 것은 아니다. 하버드의 중요한 가치는 함께 공부하는 사람들에 있다. 그래서 그 눈꼴사나운 하버드 맨투맨을 입는 것이 강의에서 배우는 그 어떤 지식보다 평생 회원의 자격을 더 강렬하게 상징하는 것이다. 어디 가서 당신이 "보스턴에서 온라인 학교"에 다녔다고 말하면 그런 이미지를 얻지 못한다.

교사의 빈자리

"아이들에게 학교는 뭘까요?" 오타와대학교에서 민주주의와 교육을 가르치는 조엘 웨스트하이머Joel Westheimer가 말했다. "학교는 역사나 수학 수업이 아니에요. 그보다 학교는 복도이고 쉬는 시간의 소통이에요. 수업 시작 전과 방과 후예요. 삶과 소통의 중재자예요. 학교의 이런 측면에 대해 더 진지하게 고민해야 해요." 하지만 지난 수십 년간 우리는 정반대로 해왔다. 관계보다 정보에 집중했다. 연극과 미술과 음악 수업을 줄이고 수학과 과학 그리고 역사의 사실적 지식에 치중했다. 사회적, 정서적 진실보다는 필수적인 사실을 암기하는 능력을 교육의 중심에 놓고 이를 측정하는 표준화된 시험을 실시했다. 표준화된 시험이 측정 가능한 결과를 제공하기는 했지만 이제는 교육제도가 표준화된 시험에 지배당하는 꼴이 되었다. 특히 미국의 많은 학교가 "시험에 필요한" 만큼만 가르친다. 하지만 미국의 교육제도가 어린 국민을 한 인간으로 길러서 민주주의를 정립하려던 존 듀이의 고전적 목표에서 멀어지고 수량화가 가능한 점수를 올리는 데만 급급할수록 교육의 성과는 더 악화되었다. 미국 학생들은 OECD 국제학업성취도평가Programme for International Student Assessment(PISA)와 같은 지표에서 중간 수준을 차지한다. "미국은 현재 산업화된 세계에서 최악의 교육을 받은 노동력을 보유하고 있다." 2021년 봄, 미국의 대다수 학생이 집에서 온라인 수업을 받으려고 안간힘을 쓰던 시기에 〈에듀케이션 위크Education Week〉의 한 기사는 이렇게 개탄했다.

사실 래리 쿠번을 비롯한 여러 사람이 오래전부터 학습은 아날로그 학교에서 직접 대면하는 관계를 통해 발생하는 정서적, 사회적 행위라고 주장했다. 학습은 교사가 주도한다. 교사가 학생들이 얻지 못하는 정보를 얻을 수 있어서가 아니라 교사가 학생들과의 정서적 관계를 지휘할 수 있고 이것이 학습을 촉진하기 때문이다. 코로나19 범유행 중 나는 우리 집 아이들의 담임교사들이 몇 개월에 걸쳐서 이런 관계를 유지하려고 얼마나 노력하는지 지켜보았다. C선생님은 크고 힘 있는 목소리로 학생 하나하나를 호명하고 만우절에는 특별히 게 의상을 입고 나타나 아이들에게 큰 웃음을 선사했다. 연극 교사인 L선생님은 모 윌렘스Mo Willems의 동화책을 꽥꽥거리는 목소리로 읽어주어 그 어떤 만화 교육 영상보다도 아이들의 관심을 끌었다. 내 딸의 교사인 I선생님은 대화형 퀴즈 게임을 만들어서 학생들에게 사회 연구에 대한 흥미를 끌어내고 학생들의 질문에 일일이 답해주었다. 학생들이 "I선생님? I선생님? I선생님?" 하고 불러대서 어느 학부모가 고맙게도 자식의 아이패드 마이크를 꺼주었을 정도다. 교사마다 각자의 방식대로 이런 관계를 형성하고 유지하지만 결국 학습은 학생들과의 정서적 교감에서 나왔다.

당신이 이제껏 만난 선생님들을 떠올려보라. 좋은 선생님, 나쁜 선생님, 중간 어디쯤의 선생님. 좋은 선생님은 과목을 더 잘 가르쳐서 좋은 선생님으로 기억하는가? 나쁜 선생님은 그분이 가르쳐준 지식이 마음에 들지 않아서 나쁜 선생님으로 떠올랐는가? 물론 아닐 것이다. 내가 학교에서 만난 훌륭한 선생님들을 돌아보면(레비트 선생님, 램 선생님, 버넌 선생님, 도언 선생님, 트로이와 베이텔 교수님 등), 그분들이 나를 어떻게 한 인간으로 대해주고 내가 그 과목에 **관심**을 갖게 만들어주었는지가 떠오른다. 내가 교실에서 24명 중 한 명이었든, 수백 명이 빼곡히 들어찬 대강당에서 익명의 한 학생이었든 마찬가지다. 또 내 기억에서 지워진 선생님은 그분이 설령 스키 교사였다고 해도 내게는 지루하게 느껴졌을 것이다. 학생과 관계를 형성해서 수업에 관심을 갖도록 이끌어주지 못한 선생님들일 것이다.

코로나19 범유행 중 우리는 원격 디지털 학교로 인해 교육에서 사실만 남고 정서적 관계는 급속히 사라지는 현상을 목격했다. 정계와 언론은 학습 격차를 우려하지만 사실 이건 중요한 문제가 아니다. 실제로는 온라인 교육에 의한 정서적 격차가 중요한 문제일 수 있다. 국립학교정신건강연구소의 새런 후버 박사는 코로나19 초기에 원격 수업이 미국의 학생들에게 미친 영향을 연구했다. 그 결과 학생들의 자아 인식과 사회 인식, 긍정적인 사회적·정서적 기능에서 큰 격차가 벌어지는 것이 확인됐다. "사회적, 정서적 학습을 학업 지도보다 우선시해야 합니다." 후버가 말했다. "소홀해진 사회적 학습에 주목하지 않으면 발달이 뒤처진 아이들이 양산될 수 있습니다." 이런 정서적 격차로 인해 전 세계 학생들의 학습 동기가 줄어든 것이다. 그래서 많은 학생이 교육제도에서 사라지고, 아무리 자금을 투입하고 최선의 온라인 수업을 설계해도 대다수 학생이 교육과정을 완수하지 못하는 것이다. 그래서 우리 아들이 아이패드에 로그인할 때가 되면 "거절!"을 외치기 시작한 것이다. 몇 달 전에 같은 선생님과 친구들이 있는 학교로 뛰어가던 아이가 말이다. 또 그래서 내 딸이 어느 밤에 침대에서 울면서 온라인 수업은 "과제만 내주고 [보통 학교의] 재미는 하나도 주지 않아서" 싫다고 하소연한 것이다. 이렇게 개인적 관계가 부재해서 온라인에서는 교사의 권위가 사라지고 학습을 지탱하는 정서적 유대도 사라진다. 한마디로 비인격적이다.

"인상적이게도 대다수가 인간 접촉의 가치를 명확히 이해하고 있습니다." 20년 이상 온라인 학습을 연구한 전前 국제바칼로레아 사무총장 시바 쿠마리Siva Kumari의 말이다. "교사의 역할과 교사의 가치(혹은 가치의 부재)를 외면해서는 안 됩니다." 쿠마리는 전 세계 디지털 학교의 전반적인 경험이 "처참한 수준"이라고 단언했을 뿐 아니라 코로나19 상황을 기회 삼아 미래를 위해 정말로 중요한 것이 무엇인지 배우고 다시 고민해야 한다고 했다. 쿠마리는 여전히 디지털 기술의 잠재력을 믿지만 교육의 미래는 단순히 최신 발명품을 도입하거나 더 많은 아이에게 디지털 장비를 제공하는 문제가 아니라고 말한다. 오히려 교육의 미래는 정서와 관계가 학습에 더 깊이 스며들게 하고 이런 능력을 전면에 내세우는 데 달려 있다.

"제가 생각하는 완벽한 세계에서는 교사의 역할이 치료자로 완전히 바뀝니다. 교사는 아이의 자존감을 지켜주고 교과 내용과 기술을 학습하게 해주며 이런 측면을 중심으로 교육제도 전반을 재정비하는 사람입니다." 쿠마리가 휴스턴의 자택에서 내게 말했다. 학습에 대한 정서적 접근은 미래를 위해 반드시 필요하다. "인간은 원래 집단으로 모이기 좋아하는 종입니다. 우리는 함께 있고 싶어 합니다. 대화하고 소통해야 합니다. 이것이 곧 우리 종이고 우리의 방식입니다. 이렇게 소통하는 능력이 무엇보다도 중요해질 것입니다. 디지털 기술이 더 중요해질 미래에 우리는 어떻게 인간성을 지키면서 서로 연결될까요?"

정서와 학습 그리고 뇌

답은 정서 학습에서 찾을 수 있다. 하지만 정서 학습은 온라인 학습으로 전환하는 사이 사실상 소실되었다. 보스턴 아동병원과 하버드 의과대학의 마이클 리치Michael Rich 박사는 미국의 대다수 학생이 가상 학교에서 주요 과목(수학, 과학, 영어)을 학습하고 성적이 향상되는 사이 학부모의 3분의 1은 자녀의 사회적, 정서적 학습이 벼랑에서 떨어졌다고 보고한 점을 언급했다. 나도 우리 집 아이들에게서 이런 측면을 보았다. 딸은 독서에 빠져들었고 아들은 이제 내게 식물이 어떻게 숨 쉬는지 말해줄 수 있지만 두 아이 모두 다른 아이들과 대화하는 법을 잊고 더 자주 싸웠다. 또 온라인 학교가 지루하게 이어지는 동안 선생님들의 말을 들으려 하지 않았다.

리치는 수십 년 전부터 미디어 소비가 아이들에게 미치는 영향을 알아보기 위해 처음에는 텔레비전으로, 현재는 디지털 장치로 연구한다. 그는 내게 정서 학습의 하락이 심각한 결과를 낳았다고 말했다. "아이들이 공감 능력(흔히 '소프트 스킬soft skill'이라고 부르는 능력)을 기르지 못합니다." 그는 디지털에 많이 노출된 아이들이 불안과 허무주의, 여러 반사회적 행동을 보인다고 지적했다. 그리고 정서 학습은 다른 사람들 앞에서 긍정적으로 행동하는 법을 알려주기에, 현실 세계의 사회적 맥락과 불가분의 관계라고 설명했다. "온라인에서는 제약이 훨씬 큽니다. 본래 디지털 세계에서는 주어진 과제에 정형화된 방식으로 접근하니까요. 그래서 삶의 가변성을 이해하는 능력이 떨어지는 것 같습니다. 이런 능력을 기르지 못해요. 이런 건 디지털로 변환되지 않으니까요." 리치가 말했다. "아날로그의 역할은 창조성과 공감을 장려하고 길러주고 찬양하는 거예요. 이 두 가지는 디지털 세계로 온전히 변환되지 않는 것 같습니다. 자동화하고 프로그램화할 수 없어요. 그리고 저는 창조성과 공감이야말로 지극히 아날로그적인 속성이라고 생각해요. 이 두 가지는 주는 사람과 받는 사람에게 의존하거든요."

정서 학습이 생뚱맞게 들린다면 평소 우리가 학습할 때 정서가 중심에 있다는 점을 간과해서다. 서던캘리포니아대학교에서 학습을 연구하는 신경과학자 메리 헬렌 이모디노-양Mary Helen Immordino-Yang은 이렇게 말했다. "인간은 적응력이 뛰어납니다. 인간에게는 사회적 욕구가 있어요. 사회적 소통과 진지한 사회적 관계가 없다면 뇌가 제대로 발달하지 못합니다." 신경과학 연구에서는 우리가 충분히 관심을 가져야 학습이 일어난다는 점이 입증되었다. "학교가 학생들에게 동기를 불어넣고 깊이 이해하게 해주고 이해를 현실 세계의 능력으로 바꿔줄 수 있다는 희망을 품으려면(모두 의미 있는 학습의 주요 특징으로서, 정보를 얻고 능력을 갖추고 성찰할 줄 아는 윤리적 성인을 길러내는 데 중요한 요소다) 무엇보다도 교육에서 학습의 정서적 측면을 활용할 방법을 찾아야 한다." 이모디노-양은 2016년 저서 《정서와 학습 그리고 뇌》에 이렇게 썼다.

과학적으로는 정서와 학습이 불가분의 관계라는 것이 충분히 입증되었다. 학교의 주요 임무는 학생들이 정서 능력을 기르고 학습에 관심을 갖도록 보살펴주는 것이다. 학교가 본연의 임무를 다하지 않으면, 다시 말해서 교육이 표준화된 시험이나 디지털 전달을 위해 정보를 암기하는 수준으로 더 축소된다면 모든 정보가 학생들의 귀로 들어가지 않을 것이고 또 학생들이 나중에 현실 세계로 나갈 때 전혀 도움이 되지 않는 정보가 될 것이다. "학교교육을 바라보는 관점에 코페르니쿠스적 전환이 필요해요." 이모디노-양이 말했다. 고등학교 과학 시간에 배웠듯이 코페르니쿠스 이전에 인간은 지구를 우주의 중심에 놓고 화성이 왜 '틀린' 방향으로 도는지 알아내려고 했다. 그러다 코페르니쿠스가 모형을 바꿔서 중심에 태양을 놓자 모든 것이 맞아떨어졌다.

"이것이 제가 생각하는 교육입니다." 이모디노-양이 말했다. 이어서 지금은 학업 능력과 교과목을 교육이라는 우주의 중심에 놓아서 정서는 어쩌다 한 번 궤도로 들어오는 먼 행성처럼 보인다고 지적했다. "그래서 현재 **사회적 정서 학습, 투지**grit, **인내심, 성장 마음가짐**과 같은 '해결책'을 찾아내려 하지만 결국에는 다시 지구가 중심에 있는 모형으로 돌아갑니다." 정서 학습, 곧 대다수 학교에서 거의 다루지 않는 학습은 부차적으로 제시될 뿐이고 정식 교과과정과는 별도로 한 시간짜리 세미나나 수업으로 조금씩 나뉘어 진행된다. 당신의 자녀가 일일 공감 수업을 듣거나 따돌림에 관한 수업에 참석할 수는 있지만 이런 수업은 대체로 수박 겉핥기식일 뿐이다. 이모디노-양은 정서 학습을 교육 경험의 전반적인 구조 안에 통합시켜야 한다고 강조한다. 유치원부터 대학원까지, 날마다, 과목과 상관없이 더 깊숙이 통합해야 한다는 것이다.

교육제도를 일단 그 안에 속한 사람들의 주관적 경험을 중심으로 설계한다면 나머지는 그 경험을 중심으로 돌아갑니다. 예를 들어 어느 지역의 아이들이 모두 철분 결핍이라면 우선 아이들에게 철분 영양제를 나눠주고 그다음에 철분이 결핍된 원인을 파악해서 바로잡으려 합니다.

현재 우리가 시도하는 해결책은 다 철분 영양제 같은 겁니다. 학교교육이 불균형해서 다른 걸로 보충하려는 겁니다. 이제는 아이들의 경험을 중심에 두는 쪽으로 생각을 바꿔야 합니다. 코로나19 범유행 중에 이런 생각의 전환이 중요하다는 점이 드러났지만 어디서도, 심지어 기존의 학교에서도 전환하려고 시도하지 않았습니다. 이제 이해하는 방식과 가르치는 방식에 결함이 있다는 사실이 여실히 드러났습니다. 결함이 없었다면 온라인으로도 충분히 잘 돌아갔을 겁니다.

정서 학습을 효과적으로 진행하려면 교육을 바라보는 관점에 변화가 필요하다. 현재의 학습은 우리가 추구한 결과다. 말하자면 지식을 암기하는 능력을 수량화 가능한 측정치(표준화된 시험 점수)로 측정한 결과다. 하지만 정서 학습 모형에서는 인간 발달이 결과이고 학습은 결과를 얻기 위한 수단일 뿐이다. 내가 정서 학습 모형이 현실에서 어떻게 표현되는지 묻자, 이모디노-양은 자신의 딸을 예로 들었다. 몇 년 전에 10학년이던 딸이 교환학생으로 덴마크에 갔다. 그리고 학생들이 학교에 모여 살면서 민주주의에서 사는 것이 어떤 의미인지를 배우는 몰입형 학습 체험 프로그램에 1년간 참가했다. 학생들이 음식을 직접 해 먹고, 교장부터 경비원까지 학교의 모든 어른이 화장실 청소법과 같은 실질적인 기술을 가르쳐주는 교사가 되었다(그래요, 학부모님들, 덴마크에는 꿈이 살아 있습니다!). 이모디노-양의 딸은 다양한 과목을 공부하고 시민권에 관한 희곡을 직접 써서 연출했다. 이 희곡에는 다양한 과목과 용례에서 습득한 지식이 담겼다. 시험은 선택이었다. 물리학 시험은 석 달 간 다른 학생과 짝이 되어 함께 공부하면서 서로에게 가르치는 과정이었다. 시험 당일에 두 학생이 모자에서 시험 주제(예, 중력의 법칙)를 골라 교사와 지역사회 대표로 구성된 심사위원들 앞에서 그 주제를 가르쳤고, 심사위원들은 두 학생에게 수행이 어땠고 어느 부분을 개선하면 좋을지에 대해 건설적인 평가를 해주었다.

"물리학을 알려면 물리학을 이해하고 남에게 가르쳐보고 주장을 펼치고 함께 공부할 방법을 찾아야 해요. …… 거기서는 이런 방법으로 물리학을 하는 겁니다!!!" 이모디노-양은 이런 교육 방법의 효과에 진심으로 감탄했다. "어떤 시험이 훌륭한 물리학자가 될 학생을 더 잘 예측할까요? 이런 방법일까요? 아니면 표준화된 물리학 시험일까요?"

세계적으로 전인 교육을 실시하는 예가 많다. 대표적으로 몬테소리 학교와 발도르프 학교가 있다. 그리고 나날이 커지는 숲 학교 운동forest school movement에서는 자연의 아날로그 경험을 모든 교과목과 연결하고 학생의 발달과도 연결한다. 이들 사례는 모두 완전한 학습 환경을 중심으로 구축되었다. 말하자면 학생들의 인간적인 발달을 도모하기 위해 기술과 정보를 가르기는 하지만 고정된 환경과 구체적인 교과과정을 통해 사실과 정보를 주입하는 것이 아니라 학생 스스로 큰 프로젝트와 열린 탐구 수업을 주도하게 하는 것이다. 교사가 성적을 매기고 평가할 때도 시험보다는 주로 학습의 포트폴리오를 점검하거나 포괄적이고 장기적인 프로젝트의 수행을 기준으로 삼는다.

기계가 대신할 수 없는 인간의 자질

그래서 학교의 미래는 어떤가?

에드테크 전도사, 실리콘밸리의 리더들, 공교육제도를 해체하고 싶다고 밝힌 정치인들의 발언을 들어보면 교육의 미래는 여전히 디지털과 가상 세계로 향하는 듯하다. 코로나19 범유행으로 이미 이런 미래로 가는 방법이 입증되었고, 앞으로 기술과 교수법의 발전으로 분명 더 좋아질 거라고 했다. 코로나19 범유행 중 랜드연구소RAND Corporation에서 실시한 설문 조사에 따르면 미국 내 모든 학군의 5분의 1이 원격 수업을 영구 정착시키기로 계획했다. 일부 학군에서는 이미 의무 조항으로 정했다. 정치인과 행정가들에게는 비용 절감과 규모의 경제와 허울 좋은 혁신이 매력적으로 보여서 하루아침에 디지털 학교를 포기할 수 없을 것이다.

하지만 지금의 교육을 발전시켜온 사람들, 특히 가장 선진적인 교육 기술을 개발하려고 평생 노력해온 사람들은 코로나19 범유행을 계기로 미래에 대한 소중한 교훈을 얻고 경각심을 느꼈다. 그중 한 사람이 유니버시티칼리지런던에서 학습자 중심 설계를 가르치고 교육용 인공지능을 개발하는 세계적인 연구자 로즈 러킨Rose Luckin이다. 러킨은 교육에서 기술의 역할을 명확히 설명하는 일을 사명으로 삼았다. 교사들에게 기술이 교육 분야에서 어떻게 작동하는지 알려주고, 에드테크 기업가와 개발자들에게는 투명성을 유지하고 사실에 기반한 증거를 제시해서 그들이 만든 광고에 스스로 포로가 되지 않도록 도와주려 한다.

"저는 기술이 주도하는 학교의 미래를 그리지 않습니다." 러킨이 말했다. "기술은 **줄어들고** 인간의 소통은 늘어나는 미래, 기술 덕분에 소통이 더 풍성해지고 발전하는 미래를 그립니다." 인공지능은 교사가 학생들을 평가하거나 교과과정을 조정하는 데 도움이 될 수 있다. 따라서 채점 시간을 줄이고 학생 지도 시간을 늘려야만 인공지능의 도움이 의미 있을 것이다. "학교에서는 사람이 중요해요." 러킨이 말했다. "인간 요인이 중요하지 않다고 생각한다면 그야말로 미친 짓이에요. 사람들에게 권한을 부여하고 더 많이 참여하게 하는 식으로 교육에서 해결되지 않은 문제를 해결해야 합니다. 우리는 아직 전인 교육의 길을 찾지 못했습니다. 학교를 넘어서 학생의 요구를 해결하고 한 인간으로 길러내는 데 일조해야 합니다."

교육의 미래에는 물론 디지털 기술을 학교교육에 더 많이 접목시킬 테지만 바라건대 한계가 있을 것이다. 지난 10년 동안 노트북과 태블릿이 널리 보급되면서 많은 학교와 학군이 학생과 전자 장치를 '일대일' 비율로 맞추는 데 주력했다. 막대한 비용을 쏟아붓고도 학생들의 학습 면에서 측정 가능한 성과를 얻지 못했다. 마이클 리치는 내게 이제는 연구 결과를 근거로 학교에서 전자 장치를 늘리기보다는 줄여야 한다고 강조했다. "학생 두세 명당 전자 장치 한 대가 더 효과적이라는 결과가 나왔습니다." 두세 명이 전자 장치를 함께 쓰다 보면 정서적 유대가 생기고 직접 만나서 아이디어를 나누게 되고 아이디어에 대한 자신의 해석과 접근 방식을 설명하거나 옹호해야 하기 때문이다. 그러면 호기심과 관심이 생기고 학생들이 함께 더 많이 배울 수 있다. "백지장도 맞들면 낫다."

학교의 미래는 실리콘밸리에서 약속하는 것만큼 신속하고 파격적으로 달라지지 않는다. 학교는 블록버스터 영화가 아니고 에드테크는 넷플릭스가 아니다. "학교는 10만 개의 다른 학교들과 손을 맞잡고 한 번에 한 걸음씩 내딛고 교사와 가족들과 함께 역량을 쌓아가며 앞으로 나가는 식으로 발전할 겁니다." MIT의 저스틴 라이시가 말했다. 라이시는 이제 기대 수준을 낮추어 마법 같은 해결책을 찾지 말고 서서히 굳건히 땜질하면서 한 세대의 학생들에게 영향을 미쳐온 방식을 수용해야 한다고 믿는다. 그러려면 교실 밖의 학습 환경, 곧 공원과 자연 그리고 현장학습에서 더 많이 실험해야 한다. 교사가 권한을 갖고 최선의 방법으로 가르칠 수 있게 해준다면 학생의 학업 성취도가 향상될 뿐 아니라 교사직 자체도 지적으로 도전할 만하고 장래성이 있는 매력적인 직업으로서 더 많은 인재를 끌어들일 것이다. 지금처럼 교수법과 교육 내용에 변화의 여지가 거의 없다고 알려진 직업이 아니다. "요즘처럼 교육 개혁에 대해 부정적인 시각이 팽배한 시기야말로 개혁의 고삐를 늦출 기회입니다." 조엘 웨스트하이머의 말이다. "가장 큰 깨달음은 교육이 중요한 일이고 교사가 핵심이라는 점입니다. 이런 교훈은 금방 사라지지 않습니다. 아이들에게 무엇이 필요한지 보여주는 것은 표준화된 시험 점수가 아닙니다. 아이들에게 무엇이 필요한지는 교사가 말해줍니다."

무엇보다도 학교의 미래는 더 정서적이고 사회적이어야 하고, 우리가 서로를 인간으로 이해하기 위한 능력을 길러주는 데 집중해야 한다. "사실 이런 사회적, 정서적 능력은 늘 중요했습니다." OECD의 안드레아스 슐라이허가 말했다. "미래에는 더 중요해질 겁니다. 우리가 가르치는 교과목은 간단히 디지털화할 수 있습니다. 하지만 우리는 인공지능을 보면서 무엇이 우리를 인간으로 만들어주는지 진지하게 고민하게 됩니다. 곧바로 정서 능력이 중요하다는 사실을 깨닫습니다. 이것을 흔히 소프트 스킬이라고 하지만 잘못된 용어입니다. 제 생각에는 이제는 과학이나 수학이 소프트 스킬입니다." 그리고 그는 디지털 기술이 복잡한 계산이나 컴퓨터 프로그래밍 같은 작업을 빠르게 자동화했고, 소프트웨어가 발전하면서 앞으로 이 과정은 더 쉬워질 거라고 말했다. 학생들에게 정말로 필요한 능력이자 우리 모두에게 필요한 능력은 용기와 리더십과 공감 같은 정서 능력이다. 이런 능력이 있어야 변화무쌍한 세계에서 어떤 새로운 기술이 나와서 새로운 난관을 제시하든 잘 적응할 수 있다.

　　나는 슐라이허에게 그가 구상하는 교육의 미래가 과거로, 한 세기 전에 존 듀이가 제시한 교육으로 돌아가자는 의미인지 물었다. "우리의 목표가 창의력을 기르고 회복력을 키우고 풍성한 자원과 상상력을 갖추는 거라면 유치원이 훌륭한 예입니다. 유치원이 학교에서 배울 수 있는 것보다 학교가 유치원에서 배울 게 더 많습니다." 이어서 그는 중국과 덴마크와 에스토니아처럼 교육 수준이 최상급인 국가들에서 유치원은 교과목 학습을 덜 강조하면서 수학과 읽기 교육을 초등학교 1학년까지 미루고 창의성의 토대를 다지기 위해 사회적, 정서적 학습에 집중한다고 지적했다. "미래가 사람들에게 무엇을 요구할지 잘 생각해보세요." 그가 말했다. "인공지능이 우리 삶에 무엇을 해줄지 생각해보고, 그러면 우리에게는 어떤 자질이 필요할지 생각해보세요. 네 살짜리 자녀가 있다면 아이는 우리가 뭘 좋아하는지 시시콜콜 물어볼 겁니다. 아이는 탐색하고 위험을 무릅쓰려고 해요. 아이는 회복력을 자연히 갖추고 있어요. 미래에는 이런 자질이 필요하다고 본다면 아이에게 기존 사고방식을 가르치기보다는 이런 자질을 기르고 유지하게 할 방법을 찾아야겠죠. 여기에 미래가 있습니다."

핀란드 교육의 목표

운이 좋다면 학교의 미래는 핀란드와 같을 것이다. 교육의 세계에서 북구의 이 작은 나라만큼 존경받는, 혹은 신화화된 곳도 없다. 핀란드의 교육제도는 OECD의 PISA 시험과 같은 국제 평가에서 돈과 자원과 첨단 기술이 풍부한 다른 국가들을 자주 뛰어넘는다. 미국이나 일본의 신문에는 "왜 핀란드의 교육제도가 세계 최고인가"라는 제목의 기사가 한 달이 멀다 하고 실렸고, 이들 기사는 핀란드 교육의 기적을 파헤치려고 시도한다. 그리고 이들 기사는 1994년부터 1999년까지 핀란드 교육부 장관을 역임하고 2016년부터 2021년까지 핀란드 국가교육위원회의 의장을 지낸 올리페카 하이노넨Olli-Pekka Heinonen의 말을 자주 인용한다.

하이노넨은 헬싱키의 자택에서 나와 인터뷰했다. 몇 주 전에 시바 쿠마리로부터 국제바칼로레아 사무총장직을 이어받은 그는 핀란드의 교육제도와 나머지 세계의 교육제도를 가르는 결정적인 차이를 이렇게 요약했다. 핀란드 학생들은 학과목 학습을 늦게, 주로 초등학교 1학년부터 시작하고 숙제도 훨씬 적으며 표준화된 시험도 치르지 않는다. 하지만 핀란드 교육이 성공한 진짜 이유는(사실 핀란드인들은 이런 이유를 알아보려 하지도 않고 관심도 없다고 하이노넨은 말했다), 교육의 역할에 대한 더 큰 철학으로 요약된다. 교육은 핀란드의 근간으로서 평생 호기심 있고 지적이고 책임감 있는 인간을 길러내는 데 중점을 둔다. 핀란드 사람들은 성인이 되고도 무료로 제공되는 교육과정을 통해 학업을 이어간다. 이런 과정은 직업과 연관되지 않고 직업 훈련의 필수조건도 아니다. 철저히 학문에 대한 관심을 이어나가게 해주는 과정이다. 하이노넨도 지역 문화회관에서 트럼펫을 가르쳤다.

"법률에 명시된 핀란드 교육제도의 목적은 아이가 인간성을 기르고 사회에서 존중받고 윤리적인 의사 결정권자로 성장하도록 지원하는 것입니다." 하이노넨이 말했다. 핀란드의 교육제도는 다른 사람들에게 가치를 부여하고 사람들과 관계를 맺고 지역사회에서 건강한 의사결정을 내리고 합리적으로 행동하도록 가르치는 데 중점을 둔다. "이것이 우리가 도달하려는 목표입니다. 온라인에서 이렇게 한다는 건 어불성설이죠."

하이노넨은 영국이나 미국 같은 국가들이 교육에 어떻게 잘못 접근하고 이들 국가가 핀란드의 교육에서 무엇을 배울 수 있느냐는 질문을 자주 받는다. 숙제를 줄이고 표준화된 시험을 없애고 교실 밖에서 보내는 시간을 늘리는 정도의 실질적인 방안을 넘어서 세계가 핀란드 교육에서 배우려면 근본적인 철학의 변화가 필요하다. 핀란드 교육제도의 기둥은 신뢰다. "핀란드에서는 교사들에게 자율권을 많이 줍니다." 하이노넨이 말했다. "이런 질문을 자주 받습니다. '교사가 잘하고 있는지 어떻게 평가합니까?' 글쎄요, 저희는 평가하지 않습니다. 교사들을 신뢰하니까요. 그리고 저희는 학생들도 신뢰합니다. 학생들이 교사에게 무엇을 모르는지 말할 수 있을 거라고 믿을 만큼요. 모든 학습은 이런 상호 신뢰에서 출발합니다."

이런 신뢰가 확장되어 학생들이 학습을 좋아하고 교육을 자신의 인간성 일부로 보도록 장려할 수 있다. 자연히 하이노넨이 말하는 '심화 학습deep learning'으로 이어질 것이다. 심화 학습은 교육이 단순히 암기를 넘어설 때 나타난다. 지식을 암기하기보다 그 지식으로 무엇을 할지 통찰하는 과정이 더 중요하다. 이것이 메리 헬렌 이모디노-양이 설명한 정서 학습, 곧 학생들이 학습 **과정**에 관심을 갖는 학습이다. 하이노넨은 심화 학습이 일어나면 수학, 과학, 읽기, 쓰기와 같은 주요 학과목의 학습도 더 효과적으로 일어난다고 말했다. 다른 국가의 학생들에 비해 핀란드 학생들은 이런 과목에 시간을 훨씬 적게 들이고 기술도 훨씬 적게 사용한다. 교육의 사회적, 정서적 측면에 집중하자 다른 학과목도 더 효과적으로 학습하게 된 것이다. "인간 존재와 사회적 능력을 강조하면서 학습의 즐거움을 끌어올릴 수 있다면 지식과 기술을 학습하는 방식에도 강력한 효과를 낼 수 있습니다."

하이노넨은 교육의 미래가 디지털이라는 개념에 반박한다. 디지털 교육은 이미 가장 필요한 순간에 제 기능을 발휘하지 못했다는 것이다. "코로나19 범유행을 거치면서 교육과 안녕감의 연결성이 드러났습니다." 이어서 코로나19 범유행으로 학교가 학생들을 비롯해 지역민들을 위해 더 회복력 있는 지역사회를 만들고 발전시켜야 한다는 시급한 요구가 주어졌다고 지적했다. "안녕감이 없다면 학습이 일어나지 않습니다. 그리고 안녕감은 디지털로 만들어낼 수 없습니다." 미래에는 교육을 좁은 의미로만 보고 특정 결과(높은 GDP나 고용이나 더 많은 컴퓨터 프로그래머)를 얻기 위한 수단으로 간주하는 태도를 버려야 한다. 사회의 가장 큰 난관은 기술적인 문제가 아니라 "인간으로서 사고방식을 바꿔야만 해결되는 적응의 문제"이기 때문이다. 가령 기후변화와 경제적 불평등, 인종차별을 비롯한 공동체 차원의 문제가 있다. "이것이 바로 학교의 본분입니다. 그리고 이것이 바로 제가 앞으로 연구 인생을 쏟아붓고 싶은 거대한 가능성입니다. 우리 앞에 놓인 원대한 과제이지만…… 이런 과제 중에서 어느 하나도 기술만으로는 해결되지 않습니다. 우리와 우리의 인간적 성장에 관한 것이기 때문입니다."

9월에 뵙겠습니다

2021년 6월 말에 찾아온 원격 학교의 마지막 날, 우리도 막바지에 이르렀다. 학부모들이 떠났고, 아이들 절반이 오전에 출석했다가 사라졌다. 교사들의 목소리에도 지친 기색이 역력했다. 디지털 학교는 우리 중 누구도 맞이하고 싶은 미래가 아니었고, 우리는 어서 이 악몽이 끝나고 학교가 다시 대면 수업으로 돌아갈 날만 기다렸다. 물론 우리 집 아이들은 분수와 펭귄, 태양 에너지, 뺄셈을 배웠다. 딸은 이제 해리 포터 시리즈를 일주일에 100쪽씩 읽어치우고, 아들은 이제 고양이 피트 시리즈를 혼자 읽을 수 있다.

학교에서 빌려온 아이패드를 창밖으로 던져버리고 싶었던 만큼 감사한 마음도 컸다. 비록 음질이 떨어지는 버전일지라도 우리 집 아이들이 계속 배울 수 있어서 감사했다. 아이들이 그렇게라도 선생님과 친구들과 연결되어서 감사했다. 나도 매일 투덜대기는 했지만 아이들의 수업을 참관한 시간에 감사했다. 무엇보다도 우리 아이들의 인생에서 이렇게 짧은 시간이나마 아이들이 받는 교육의 한 단면을 옆에서 지켜볼 수 있어서 감사했다.

마지막 날에 C선생님과 M선생님이 '굿바이 슬라이드쇼'를 보여주었을 때 나도 모르게 눈물이 났다. 실제 유치원 교실에서 함께 보낸 몇 달간의 사진과 온라인 수업 중에 찍은 스크린샷을 모은 슬라이드쇼였다. 슬라이드쇼는 '프렌즈Friends'(C선생님이 좋아하는 시트콤 제목이다)를 주제로 했고, 아이들은 화면에 뜬 자기 얼굴을 보면서 신나 했다. 아이들이 한 명씩 돌아가며 마이크를 켜고 선생님에게 고마웠던 점을 말한 다음 반 친구들에게 여름방학 동안 잘 지내라고 인사했다.

"좋아, 에즈라." C선생님이 내 아들을 불렀다. "네 차례야!"

아들이 소파에서 일어나 마이크 아이콘을 누르고 카메라를 보았다.

"제가 감사한 건…… 제가 감사한 건…… 제가 감사한 건……." 아들은 더듬더듬 할 말을 찾았다.

"좋아, 아가, 그냥 느끼는 대로 말하면 돼." C선생님이 말했다.

"카카! 푸푸!" 아들이 소리를 지르며 소파에서 뒹굴고 웃음을 터뜨렸다. 나는 어깨를 으쓱하고는 마이크와 아이패드를 끄고 아들을 붙잡아 곧장 학교로 데려갔다. 우리는 벨을 누르고 기다렸다. 마스크를 쓰고 나온 교장에게 아이패드를 건넸다.

"그동안 다 감사했습니다." 나는 교장에게 감사의 마음을 전했다. "9월에 뵙겠습니다!"

3장

[수요일]

쇼핑

**아마존은 가장 싸게 팔 수 있지만
그 이상은 할 수 없다**

아마존은 모든 물건을 가장 싸게 팔 수 있다. 그런데 그 이상은 할 수 없다. 우리에게 조언이나 농담을 건네지 못하고, 계산대 앞에서 시시덕거리지도 못한다. 우리에게 새로운 아이디어를 주지도 못하고, 우리를 창조성이나 의외성에 노출시키지도 못한다. 신비감도 우연한 발견도 없다. 검색하고 발견하고 클릭할 뿐이다. 클릭, 기다림, 물건 수령.

일주일의 한가운데, 수요일이다.

잠이 깬다. 씻는다. 이를 닦는다. 옷을 입는다. 커피를 마신다.

아, 안 돼. 커피가 떨어졌다! 우유도, 빵도, 아이들의 점심 도시락으로 싸줄 냉동 치킨너겟도.

어쩌지?

급히 외투를 입고 부츠를 신고 빗속으로 뛰어나가 가까운 슈퍼마켓으로 가서 카트에 생필품을 정신없이 집어 담고(계산대로 가는 동안에도 손에 집히는 대로 집어넣고) 다시 집으로 뛰어올까?

아니면 휴대전화를 들어 몇 번 터치하고는 남은 하루를 느긋하게 보낼까? 초인종이 울리면 다 해결되잖아!

봉쇄령 이후 펼쳐진 세상

내가 태어나기 몇 달 전인 1979년 그날, 영국의 발명가 마이클 앨드

리치Michael Aldrich는 TV를 개조해 원시적인 형태의 인터넷 상거래를 시작했다. 이후 전자상거래e-commerce는 실리콘밸리의 벤처 투자자 마크 앤드리센Mark Andreessen의 악명 높은 표현처럼 아날로그 상거래를 조금씩 "점심밥으로 먹어치우고" 있다. 해가 가고 클릭이 쌓이고 판매가 누적되는 사이 전자상거래는 세계 경제에서 사람들이 물건을 사고파는 모든 부문에서 무섭게 성장해왔다. 서점을 교두보로 시작된 전자상거래의 침공이 모든 소매 부문(의류, 사치품, 자동차, 안경, 중고품, 식료품, 음식, 총기와 마약류까지)으로 확산되는 사이 사람들은 점점 더 물건을 사기 위해 어딘가로 가지 않고 간편하게 손가락으로 클릭을 했다. 이런 디지털 미래로의 전환은 누구도 소외시키지 않고 해마다 조금씩 우리 지갑의 또 한 구석으로 손을 뻗었다.

상거래의 미래는 비교적 안정적으로 다가오고 있었다. 당장 대혼란이 일어날 거라던 애초의 예상과 달리 전자상거래는 우리가 감당할 수 있을 만한 속도로 성장해왔다. 그러다 코로나19가 터졌다. 하루아침에 온라인 상거래가 우리의 생명줄이 되었다. 처음 비보가 날아온 곳은 중국의 우한이었다. 수백만 명이 격리되었지만 알리바바나 핀듀오듀오 같은 중국의 전자상거래 대기업들 덕분에 생필품(식품, 물, 약)을 집으로 배달받을 수 있었다. 코로나19 바이러스가 퍼져나가는 사이 클릭에도 가속도가 붙었다. 아마존 매출이 폭발적으로 증가해서 한 주의 매출 증가율이 이전 몇 년을 다 합친 증가율에 도달했고, 일본의 라쿠텐 같은 세계적인 전자상거래 기업들도 마찬가지였다. 전자상거래 기반을 제대로 마련하지 못한 기업들도 동아줄을 붙잡으려고 뛰어드는 사이 나이키처럼 이미 전자상거래 기반이 탄탄한 기업들은 앞으로 몇 년간은 기대하지 못할 만큼 온라인 매출의 성장률을 기록했다. 일부 소매 부문(운동복 바지와 직소 퍼즐)이 코로나19 격리 생활에서 발생한 갑작스러운 수요로 급성장하는 사이, 전에는 치질 연고(의약품)나 양말(생필품)이나 팔라펠(음식 배달)을 온라인으로 구매할 생각을 해본 적이 없는 새로운 인구가 대거 전자상거래로 유입되었다. 디지털 상거래의 미래를 예견한 사람들은 코로나19 범유행 초반에 각종 매체에 나와서 10년치 발전이 눈 깜빡할 사이에 일어났다고 신나게 떠들었다. 그들은 케이블방송 뉴스와 SNS와 끝없이 쏟아지는 업종별 출판물과 웨비나(인터넷 세미나)에서 승리를 외치며 이제는 할머니들도 온라인으로 식료품을 주문할 수 있게 되었으니 슈퍼마켓으로 돌아갈 날은 오지 않을 거라고 장담했다.

군이 통계치를 들여다봐야만 변화를 감지할 수 있는 것은 아니었다. 창밖으로 인적이 사라진 거리를 내다보면 알 수 있었다. 거리에 사람들이 사라지고 배달기사들의 함대만 늘어났다. UPS, FedEx, DHL 트럭뿐 아니라 급속히 확장하는 제3자 물류 업체들의 탑차, 식료품 체인점의 냉동 트럭, 안전 조끼를 입고 혼다 시빅을 몰며 아마존 상자를 배달하는 배달원들의 그림자 군단, 헬멧을 뒤로 쓰고 전기자전거로 보행로를 달리며 우리의 점심이 담긴 커다란 보온 또는 보냉 배낭을 짊어진 젊은 이민자 청년 무리도 빼놓을 수 없다.

딩동! 팟타이가 왔습니다.

딩동! 원하시는 책이 왔습니다.

딩동! 정기구독 커피가 왔습니다.

딩동! 드디어 해리 포터 레고 세트가 왔습니다.

딩동, 딩동, 온종일 딩동! 미래가 댁의 문 앞에 왔습니다.

우리 가족도 장모님의 호숫가 집에 격리된 채 화면을 터치하며 신나게 주문했다. 화상통화와 인터뷰를 위한 USB 마이크 두 개, 오락용 피아노 키보드, 퍼즐과 컬러링북 대여섯 권, 아이들의 등산화와 방수 바지, 몬트리올에서 온 냉동 베이글 100개(유대인의 비상식량), HP 잉크 카트리지 두 개와 인쇄용지 500매, 와인 두 상자. 참, 식료품으로 소 한 마리 분량의 우유와 냉동고를 가득 채울 여러 부위의 고기, 각종 채소, 치리오스 시리얼과 쿠키 몇 상자, 밀가루와 이스트는 최대한 많이. 어떤 물건은 곧바로 도착했고(딩동! "빨리 왔다"), 어떤 물건은 몇 주나 걸려서 도착했다(딩동! "키보드를 누가 주문했더라?"). 배달 상자가 쌓이고, VISA 카드 명세서가 늘어났다. 그래도 우리는 안전하게 잘 먹고 오락도 즐기면서 그럭저럭 만족했다.

그러다 상거래의 디지털 미래와 그로 인한 현실이 서서히 드러나기 시작했다. 언론에서는 시내 중심가와 쇼핑몰에서 급속히 진행되는 소매업의 종말을 다루었다. 파산하거나 폐업한 업체에 관한 소식이 하루가 멀다 하고 들려왔다. 글로벌 체인점과 전국 체인점은 물론이고, 지역에서 사랑받던 업체도 마찬가지였다. 이런 소식은 지역신문에 기사로 실리기도 하고 폐업한 업체의 주인이 SNS에 올리기도 했다. 매달 폐업하는 업체나 정부 보조금을 받든 못 받든 올해 안에 사라질 것으로 예상되는 업체의 수치가 나왔지만 그 수치가 무서울 정도로 커서 언뜻 다가오지 않았다. 마치 먼 나라에서 일어난 전쟁의 사상자 수치를 보도하는 뉴스처럼 들렸다. 무시무시했다. 끔찍했다. 하지만 우리가 뭘 할 수 있었을까? **클릭! 클릭! 클릭!**

나는 인근 업체들을 지원하기 위해 나름대로 최선을 다했다. 우리 집 근처에서 더 탬퍼드 프레스라는 작은 카페를 운영하는 케이틀린에게 매주 전화로 원두를 주문하면서 200달러를 선입금했다. 내 북토크를 주관해준 토론토의 근사한 타이프 서점에서 상품권을 구입했고, 우리가 지내던 소도시 손버리의 멋진 서점인 제시카의 북누크에서도 과하다 싶을 만큼 책과 퍼즐을 잔뜩 주문했다. 시내에 사는 친구들에게 생일선물로 내 단골 음식점에서 식사를 배달시켜주고 와인 수입상인 옛 이웃에게 와인을 주문했다. 하지만 첫 번째 봉쇄령이 해제되고 한 달 만에 처음으로 조심스럽게 집을 나서자 세상의 현실이 고스란히 눈에 들어왔다. 2월에만 해도 오프라인 상거래로 북적이던 상업 지구 전체가 이제는 버려져 삭막하고 음산했고, 창문에 먼지가 덮이거나 갈색 종이가 붙어 있었다. 음식점도 방치되었다. 소도시든 대도시든 동네든 하룻밤 만에 상거래가 싹 사라졌다. 그사이 배달 트럭과 차와 자전거와 스쿠터가 쌩하고 지나갔다.

클릭, 기다림, 물건 수령, 끝

상업의 미래가 도래했고 덕분에 우리는 살아남았다. 뭐든 온라인으로 구할 수 있어서 우리는 집 안에 안전하게 머무를 수 있었다. 굶어 죽기는커녕 아직 도착하지 않은 운동복 바지가 꽉 끼지는 않을지 걱정할 만큼 잘 지냈다. 하지만 산책하러 나가서 새로이 장례식 장막 같은 갈색 종이가 창문에 붙어있는 상점이나 음식점 앞을 지날 때마다 공허감이 커졌다. 상거래의 디지털 전환은 예상보다 순조롭게 일어났지만 기저의 무수한 문제가 드러났다. 상거래의 디지털 전환이 지역 업체와 우리 경제에, 디지털 미래를 우리 집 문 앞에 가져다놓기 위해 밤낮으로 뛰어다니는 사람들에게, 그리고 아날로그 상점과 음식점이 생각보다 더 단단히 연결된 문화에 초래한 비용은 얼마나 될까? 그 비용은 돈이나 인간의 삶과 건강으로 측정되기도 하지만 상거래의 더 큰 경제적 역할로도 측정된다. 말하자면 상거래가 소비자와 업체에, 요리사와 손님과 식료품점 주인과 매주 장을 보는 고객에게, 의류 디자이너와 그들의 작품을 입어주는 소비자에게, 자전거매장 주인과 자전거를 타는 고객에게 수행하는 역할 말이다.

상거래의 디지털 전환 이면에서 우리가 만들고 싶은 미래에 대해 더 큰 질문이 떠올랐다. 디지털 상거래가 아날로그 상거래를 대체해야 할까? 디지털 상거래가 아날로그 상거래를 파괴하거나 적대적인 입장에 서야 할까? 아니면 디지털 상거래가 지역사회에서 일정한 역할을 해서 더 발전적인 미래, 말하자면 온라인과 오프라인 두 세계의 장점을 누리는 미래를 구축할 수 있을까?

디지털 상거래를 논할 때 흔히 아마존을 예로 든다. 하지만 아마존 외에도 거대 전자상거래 기업들이 있다. 중국의 핀듀오듀오와 같은 기업, 월마트와 테스코 같은 미국 소매업체, 갭이나 애플 같은 글로벌 브랜드, 이베이 · 크레이그스리스트Craigslist · 메르카도리브레Mercado Libre 같은 마켓플레이스, 집에서 부업으로 하는 거래부터 올버즈Allbirds와 와비파커Warby Parker 같은 수십억 달러 규모의 기업에 이르기까지 다양한 개인 스토어와 소비자 직접 판매D2C 업체가 있다. 그러나 어느 곳도 디지털 상거래 시장에 대한 지배력과 상상력 면에서는 제프 베저스의 원클릭 파워하우스, 곧 아마존을 멀리서라도 뒤따라가지 못한다. 아마존은 베저스가 구상하는 디지털 상거래의 미래에 맞게 궁극적인 **만물상**으로서, 수프부터 견과류까지, 수프를 끓일 냄비부터 견과류를 수확할 트랙터까지 모든 물건을 한자리에서 파는 원스톱 상점이 되었다. 거래가 가능한 물건이기만 하면 아마존에서 최저가로 최대한 빠르고 손쉽게 구할 수 있다.

2021년 현재, 아마존의 매출은 미국의 모든 전자상거래 매출의 40퍼센트 이상을 차지한다. 이는 미국의 전체 소매 매출의 약 7퍼센트에 해당하고 월마트가 온라인과 오프라인 양쪽에서 올린 매출과 맞먹는다. 아마존의 추천 알고리즘과 상품평, 상품 선별, 매입, 입고, 배송 물류, 광고, 마케팅 역량은 범접할 수 없는 수준이다. 아마존은 과감한 최저가 보장제와 편의성, 앞서가는 원클릭 구매(아마존이 특허를 받은 프로세스다),

무료배송과 무료반품, 자동 재주문(예를 들어 최근에 모두가 탐내던 화장지), 구독 서비스 모형(아마존 프라임)이라는 새로운 기준을 제시했다. 하지만 회원들을 붙잡아두기 위해 상품가격을 할인해주는 아마존 프라임 탓에 오히려 아마존 전체의 수익이 정체되었다.

아마존에서 모든 물건을 구매할 수 있게 된 건 수년 전부터지만 코로나19 범유행 초반에 아날로그 오프라인 상거래에 봉쇄령이 떨어지면서 수백만 명의 소비자가 난생처음 아마존을 제대로 받아들이게 되었다. 온라인으로 물건을 사본 적이 없는 사람도 아마존에서 물건을 구매하기 시작했고, 기존 아마존 프라임 구독자들은 더 많이 구입했다. 마침내 베저스의 꿈이 현실이 되었다. 하지만 클릭 수가 급증하고 초인종 소리가 자주 울려대고 거리마다 배달 트럭의 엔진이 회전수를 올리는 사이 상거래의 디지털 미래의 한계도 여실히 드러났다. 이제 온라인에서 모든 것을 주문할 수 있게 되었지만 주문할 때마다 검색하고 비교하고 클릭하고 한참 배송을 기다려야 했다. 몇 시간 만에 오는 물건도 있지만 몇 주씩 걸리는 물건도 있었다. 빈 상자를 폐기하는 일도 많은 사람에게 전업 직업이 되었다. 슬슬 걸으며 물건을 둘러보던 활동이 생략되었다. 주문한 바나나가 딱딱하고 퍼렇게 설익은 채 오거나 갈변해서 짓뭉개진 채 왔다.

"어떤 면에서 전자상거래는 참 별로예요. 그중에 어떤 건 바로잡을 수 있지만 어떤 건 그럴 수 없어요." 상거래 분석가 제이슨 골드버그Jason Goldberg의 말이다. 리테일기크Retailgeek라는 사이트를 운영하는 골드버그는 온라인 상거래의 성장이 쇼핑에 거대한 구조적 변화를 일으킬 거라고 내다본다. 하지만 코로나19 범유행 초반의 엄청난 성장은 특수한 상황 덕분이었다. 2020년 1월에 북미 전체 소매 매출의 11퍼센트가 온라인에서 일어났다. 코로나19가 정점에 이른 첫 번째 봄에는 이 수치가 16퍼센트로 상승했다. 하지만 2021년 중반부터 대다수 오프라인 매장이 영업을 재개하면서 이 수치는 13퍼센트로 내려앉았다. "언론에 나와 떠들던 사람들은 우리가 10분 만에 10년의 진보를 이루었다고 큰소리쳤습니다." 골드버그가 말했다. "2퍼센트 증가한 게 그렇게 큰소리칠 일인가요?" 미국 통계국 자료에 따르면 실제로 2021년 미국의 오프라인 소매 매출은 전자상거래 매출보다 더 빠르게 성장했다.

골드버그는 규제가 완화되고 오프라인 쇼핑이 재개되면서 인상적인 장면이 나타났다고 지적했다. 바로 인파가 몰려서 시끌벅적한 쇼핑몰과 할인매장이다. 토론토에서도 2021년 봄에 두 번째 봉쇄령 이후 소매점이 다시 문을 연 첫날 나는 사람들로 북적이는 거리를 걸으며 아무 가게에나 들어가 온갖 물건을 둘러보았다. 꽃, 수제비누, 한정판 운동화, 장신구, 빵, 웨딩드레스, 철물, 책 등. 토론토 최대의 레코드점인 소닉붐 앞에는 매장에 들어가기 위해 100명 이상이 건물을 에워싸고 길게 줄을 섰다. 매년 열리는 레코드점의 날 기념행사에 참석해 한정판 발매 레코드에 그사이 살찐 손가락을 대보고 싶어서 모여든 것이다. 골드버그는 코로나19가 아날로그 상거래의 종말을 불러온 것이 아니라 아날로그 상거래의 진정한 가치와 함께 디지털 상거래가 아날로그 상거래를 대체하지 못하게 될 이유를 드러냈다고 보았다. 쇼핑은 단순한 구매 행위를 넘어서는 풍성한 인간 활동이다. 쇼핑은 우리에게 오락이자 운동이자 사교활동이다. 쇼핑은 지역사회의 경제적 삶을 눈으로 보고 몸으로 느낄 수 있게 해준다. 거리나 골목을 걸으면서 만지고 듣고 보고 맛볼 수 있다.

아마존은 모든 물건을 가장 싸게 팔 수 있다. 그런데 그 이상은 할 수 없다. 우리에게 조언이나 농담을 건네지 못하고, 계산대 앞에서 시시덕거리지도 못한다. 우리에게 새로운 아이디어를 주지도 못하고, 우리를 창조성이나 의외성에 노출시키지도 못한다. 아마존에는 신비감도 우연한 발견도 없다. 공동체 의식도 개성도 없다. 검색하고 발견하고 클릭할 뿐이다. 대다수 상품이 거의 완벽하고 딱히 하자도 없지만 대체로 재미도 없다. 아마존에서 구매는 거래일 뿐이다. 2020년 봄에 나는 아마존에서 캠핑용 에어매트리스와 발포고무 서핑보드, 가스레인지용 배기팬 필터, 그 외에도 여러 가지 물건을 주문했다. 그중에는 큰 즐거움을 선사한 물건도 있고(서핑보드) 적절한 기능을 갖춘 물건도 있지만(필터) 구매 과정 자체는 내게 아무런 의미가 없었다. 클릭. 기다림. 물건 수령.

소통은 자동화되지 않는다

댈러스의 소매 컨설턴트이자《놀라운 소매Remarkable Retail》의 저자인 스티브 드니스Steve Dennis는 우리가 상거래 진화의 전환점에 서 있지만 대다수 전문가가 떠드는 것처럼 디지털 상거래만이 답은 아니라고 말했다. "20년 전에는 월마트가 중요했습니다. …… 그보다 더 나은 게 뭐가 있었겠어요? 이후 아마존이 나왔습니다. 역시나 그보다 더 나은 게 뭐가 있었겠어요? 앞으로 또 다른 모형이 출현할 수 있어요. 그리고 이런 식으로 소매가 집중되는 현상이 그리 바람직하지 않을 수도 있어요. 아마존과 월마트는 저렴한 가격과 효율성 면에서는 훌륭해도 단점도 많습니다." 드니스는 아마존이 더는 시장점유율을 높이지 못할 거라고 전망했다. 실제로 그는 추가 반대 방향으로 흔들릴 시기가 무르익었다고 생각한다. "사람들은 문 앞에 쌓여가는 택배 상자 이상의 무언가를 갈망할 겁니다."

우리가 그 이상으로 원하는 것 중 하나가 실제 인간의 도움이다. 아마존에서 저렴한 서핑보드를 구입하면서 내 안에 잠자고 있던 서핑을 향한 열정이 깨어났다. 남미의 바닷가에 살던 20대부터 갖게 된 열정이다. 이제 오대호 근처에 사는 40대의 나는 여기서도 파도타기가 가능하다는 것을 알게 되었다. 몇 년 동안 패들보드에 서서 흙탕물 같은 파도를 몇 번 타보기는 했지만 토론토 인근에서도 사람들이 서핑을 한다는 말을 듣고는 점점 더 타보고 싶어졌다. 몇 달 동안 집 안에서 가을과 겨울을 넘기며 그나마 산책으로 숨통을 트던 나는 패들보드를 시작했다. 10월 말에 처음으로 패들보드를 타러 나가서 뇌가 쪼개질 듯한 추위를 체험하고 당장 더 좋은 서핑복이 필요하다는 것을 절감했다. 그래서 온라인에서 검색하고 또 검색하면서 브랜드와 사이즈와 상품평을 샅샅

이 뒤지며 정보의 바다에 빠져 죽을 지경이 되었다. 그러다 우리 동네의 서프 온타리오라는 매장에 전화해서 마이크와 통화했다. 그가 전화로 내게 딱 맞는 두께감과 사이즈의 서핑복을 추천해주었고, 한겨울의 얼음장 같은 파도에 빠져도 괜찮은 부츠와 장갑도 추천해주었다. 최종 구매는 온라인으로 진행했지만(토론토에는 아직 오프라인 매장이 열리지 않던 시기였다) 물건을 집으로 배송받지는 않았다. 어느 날 호숫가로 가는 길에 서프 온타리오 앞에서 서핑복을 직접 받기로 했다. 마스크를 쓴 얼굴로 마이크를 직접 만나 도와줘서 고맙다고 말하고 싶어서였다. 나는 약 1킬로그램 무게의 비싼 네오프렌 서핑복만 산 것이 아니라 전문가의 조언과 우리 지역의 서핑 공동체로 들어가는 출입증을 얻은 셈이었다.

"고객들은 어쩔 수 없이 온라인에서 모든 쇼핑을 하지만 이런 변화가 고착되지는 않을 겁니다." 뉴욕의 소매업 분석가 레베카 콘드랏Rebekah Kondrat의 말이다. 전에 애플과 와비파커 같은 기업에서 일하면서 디지털과 오프라인 상거래를 아우르던 사람이다. 콘드랏은 온라인에서 시작해서 오프라인 매장으로 옮겨간 D2C 브랜드에서 일하면서 소비자의 삶에서 아날로그 상거래의 막강한 지위를 보았다. "우리가 생존에 필요한 물건만 쇼핑한다면 오프라인 매장이 없는 미래가 올 수도 있겠죠. 필요한 게 그게 다라면요. 하지만 '리테일 테라피Retail Therapy'라는 용어가 나온 데는 그만한 이유가 있어요. 이런 현상이 5년에서 20년까지 이어질 겁니다. 매장의 형식이 바뀌고 일부 기술도 변화하겠지만 리테일에는 이렇게 만져보고 해보고 즐거움을 얻는 요소가 계속 존재할 테고, 무엇보다도 인간의 소통이라는 요인은 크게 달라지지 않을 겁니다."

콘드랏은 소매업의 디지털 미래가 올 거라고 보면서도 기술은 주로 배경에 물러나 있을 거라고 믿는다. 기술이 전면에 나설 때마다 우리의 경험이 축소된다. 콘드랏은 애플 매장에서 고객이 판매원과 애기하려면 아이패드에 정보부터 입력해야 하는 상황을 보았다. "사람들이 가치 있는 소통을 자꾸 자동화하려고 합니다." 하지만 인간을 디지털 프로세스로 대체하면 상황이 나빠지는 경우가 많다. 디지털 기술의 진정한 가치는 무대 뒤에, 재고 관리에, 그리고 내가 서핑복을 구매하러 나가기 전에 서프 온타리오 같은 매장에서 내 사이즈로 정확히 어떤 서핑복을 갖추고 있는지 알아볼 수 있는 시스템에 있다. 전문가들은 흔히 아날로그 상거래의 미래는 아마존 같은 온라인 쇼핑몰과는 차별화되고 과장된 감각 체험을 제공하는 것에 있다고 보지만, 사실 이런 시각도 우리가 진정으로 원하는 것이 무엇인지를 잘못 이해했다고 콘드랏은 지적한다. 모든 의류매장이 그 안에 카페나 미용실을 갖춰야 할까? 아니다. 모든 의류매장이 콘드랏의 말처럼 "아이스크림 박물관 분위기"로 꾸며지거나 매주 금요일에 이벤트를 진행해야 할까? 아닐 것이다. 코로나19 범유행으로 우리는 아날로그 쇼핑 경험의 풍성함을 알아보게 되었다. "이미 가진 것을 재발견하는 겁니다." 콘드랏이 말했다. "이미 존재하는 소매업 환경을 다시 구현하는 겁니다. 여기에 불필요한 요소를 덧붙일 필요가 없어요. 훌륭한 서비스와 상품만 있으면 사람들이 구매할 겁니다."

그래도 아마존은 멈추지 않을 것이다. 제프 베저스는 아마존의 성공으로 세계 최고의 부자가 되었다. 2021년 7월에 그는 자신의 블루오리진 우주선을 타고 우주로 날아가며 농담처럼 아마존 고객들에게 '우주선 탑승 요금을 내주셔서 감사하다'고 말했다. 지상의 누구에게 던지는 농담이었는지는 모호했다. 아마존이 무자비하게 파괴하는 소매업 환경에서 살아남으려고 발버둥치거나 이미 폐업한 무수한 소매업체들을 향한 농담이었을 것이다. 아니면 산악자전거 부품 전문업체처럼 중국 업체들의 저가 물량 공세에 시달리고 가짜 상품평으로 평판이 깎이고 아마존의 전체 공급망 통제로 배송비와 배송 시간이 치솟은 탓에 아마존과 사이가 틀어진 업체들을 향한 농담이었을 수도 있다. 아니면 독일의 버켄스탁Birkenstock 샌들부터 오브 글로브Ove Glove 내열장갑까지, 아마존에서 짝퉁 상품과 경쟁해야 하는 제조업체나 상품 디자이너들을 향한 농담이었을 수도 있다. 오브 글로브 내열장갑은 바로 옆에 진열된 내열성 없는 싸구려 짝퉁 내열장갑으로 인해 소비자들이 화상을 입는 사례를 지켜봐야 했다. 아니면 아마존 베이직Amazon Basics과 같은 아마존의 자사 브랜드가 똑같이 복제해서 판매하는 상품의 기존 제조업체를 향한 농담이었을 수도 있다. 일례로 아마존 베이직은 피크 디자인Peak Design이라는 업체의 상품을 한 땀 한 땀 똑같이 베낀 허리 배낭을 판매하고, 현재 아마존 사이트에서는 아마존 베이직의 허리 배낭이 피크 디자인의 상품보다 더 많이 노출된다.

아니면 납세자들을 향한 농담이었을 수도 있다. 아마존은 거의 모든 차원에서 세금을 최대한 회피하면서도 심지어 아마존의 사무실과 물류창고가 위치한 지역에서 막대한 보조금과 세금 우대 혜택까지 요구하기 때문이다. 아니면 아마존의 물류창고와 물류 직원들을 향한 농담이었을 수도 있다. 베저스의 카드보드 제국에서 짐수레를 끄는 말에 해당하는 육체노동 직원들은 알고리즘에 의해 생산성에 대한 요구가 기하급수적으로 상승하고 컴퓨터로 해고되는 디지털 디스토피아에서 장시간 고된 육체노동에 시달린다. 아마존의 열악한 노동 조건을 폭로하는 기사에서는 사무직 직원이 실수하면 동료들에게 공개적으로 질책을 당하고, 암에 걸리거나 임신하면 해고당하는 가혹한 기업 문화부터, 부상과 탈진이 만연하고, 직원들이 그야말로 화장실까지 걸어갈 시간이 없어서 한구석에서 소변을 보고, 물건을 수거하는 사람들이 진통제를 사탕처럼 입에 달고 살고, 더위가 심한 계절에는 파리처럼 픽픽 쓰러지는 사람들을 실어 나르기 위해 구급차가 항시 대기하는 대형 물류창고의 치명적인 근무 조건에 이르기까지 아마존의 모든 실상을 낱낱이 파헤쳤다. 아마존 물류창고에서는 코로나19 확진과 입원, 심지어 사망 사례까지 무수히 발생했다. 보건 당국이 토론토 외곽 최대 규모의 아마존 물류창고를 폐쇄한 사례도 있다. 직원들이 인근 지역사회에까지 바이러스를 전파하고 있어서였다.

아마존이 구상하는 디지털 상거래의 미래에 발생하는 인적 비용은 제프 베저스가 자신의 쾌락을 위해 직원과 공급업체와 기타 당사자들에게 고통을 전가해서 발행한 것이 아니다. 그보다는 베저스의 자유주의적 세계관과 그 세계관이 정당화해주는 디지털 자본주의, 말하자면 상거래는 제로섬 게임이라는 관점에서 초래되는 필연적인 결과다. 이런 제로섬 게임에는 승자와 패자가 있다. 공유가 없다. 타협이 없다. 중간 지대가 없다. 클릭부터 배송까지 모든 활동에서 아마존은 어떤 비용을 치르든 결국에는 승자가 된다. 그래서 온라인 상거래를 시작하려는 누구든(상품을 판매하려는 개별 업체든, 고객층을 다변화하려는 서프 온타리오 같은 소매업체든, 나이키 같은 대규모 글로벌 브랜드든) 냉혹한 현실에 부딪힌다. 아마존이 정한 규칙에 따라 사업과 지역사회와 세계에 대한 비용을 떠안든지, 아니면 디지털 상거래의 미래에 도태되든지 둘 중 하나다. 혐오하는 상대의 세계에 합류하여 스스로 죽음의 씨앗을 심든지, 아니면 소매업 종말의 황무지에서 장렬히 전사하든지 둘 중 하나라는 뜻이다. 선택은 각자의 몫이다.

그런데 다른 길이 있다면 어떨까? 상거래 미래의 기회는 최신 디지털 기술과 아날로그 오프라인 매장의 물질성 사이에서 균형을 잡는 곳에 있다. 그러면 소비자는 모든 편의와 엄선된 상품과 필요한 선택을 누리면서도 오프라인 매장과 음식점이 지역사회에 가져다주는 혜택뿐만 아니라 온라인 쇼핑에서 놓치기 쉬운 실질적이고 인간적인 소통과 즐거움까지 누릴 수 있다. 아마존의 대안을 마련해서 전자상거래가 애초에 내세운 약속을 지킬 수 있다면, 다시 말해 제로섬 게임이 아니라 함께 윈윈하는 상황을 만들 수 있다면 어떨까? 로컬**이면서** 글로벌인 방법이다. 클릭**도** 하고 오프라인 매장**에도** 가는 방법이다. 디지털 기술이 아날로그 상거래의 근간인 매장과 음식점을 몰아내는 것이 아니라 지원할 수 있다면 어떨까?

아마존은 알고리즘, 여기는 공간으로 느껴져요

나의 코로나19 경험은 《사장의 탄생》이 출간되기 몇 주 전에 시작되었다. 이 책은 실리콘밸리의 영웅적인 스타트업들의 신화를 넘어서 기업가 정신에 주목하고 경제를 움직이는 일상의 중소 규모 업체의 사장들을 다루었다. 뉴욕의 카페 주인과 캘리포니아의 카우보이, 뉴올리언스의 미용사와 시리아 난민 가족의 바클라바 가게를 다루었다. 원래는 이 책을 독립서점에서 판매할 계획이었지만 코로나19로 세상이 폐쇄되자 내 선택지도 줄었다. 어느 날 나는 독립서점의 온라인 판매를 지원하는 북샵Bookshop이라는 신규 업체에 관한 기사를 보았다. 북샵은 코로나19가 미국을 강타하기 불과 몇 달 전에 설립되었다. 이후 코로나19로 지역 서점들이 문을 닫고 사람들이 집에서 점점 더 지루해하면서 독립서점의 책을 온라인으로 구매하려는 수요가 치솟았다. 누가 감히 아마존이 창조하고 여전히 지배하는 시장에서 아마존에 도전장을 내밀 수 있었을까?

북샵은 브루클린에서 독립 출판사를 운영하고 선구적인 문학 웹사이트 일렉트릭 리터러처Electric Literature를 만든 앤디 헌터Andy Hunter의 작품이다. "사람들은 집에 머물면서 온라인으로 물건을 사고 가상공간에서 사람들과 소통합니다. …… 하지만 SNS의 익명성과 존재의 분열과 특유의 과격한 성격이 결합하면 …… 건강하지 않습니다." 이어서 헌터는 서점과 음식점과 독립 업체들이 문을 닫으면서 도시와 마을이 황폐해지고, 사회의 자동화와 외로움, 사회적 부패, 한 번에 아마존 택배 상자 한 개만큼 시민 의식이 줄어드는 현상을 지적했다. "제가 구상하는 미래에는 이런 현상을 의식적으로 거부해야 합니다." 헌터가 말했다.

이런 상황을 막기 위해 두 가지 선택지가 있었다. 하나는 디지털의 힘을 무시하고 아마존을 외면하고 구매를 거부하고 저항을 하고 대세를 거스르는 방법이다. 다른 하나는 더 나은 디지털 대안을 마련해서 아날로그 서점을 지원하는 미래를 만들어나가는 것이다. "기술을 거부하지 않고 적극 활용하여 우리가 사랑하는 것을 더욱 강화하는 방법이죠." 헌터가 말했다.

이런 메시지를 내보내면서 문화와 우리가 사랑하는 것들을 지키기 위해 싸워야 해요. 서점과 서점의 경험을 지켜내자는 겁니다. 서점이 지금과 같은 문화의 안식처로 남기를 바란다면 전자상거래에 뛰어들어야 합니다. 아마존이 책 사업을 연간 6퍼센트씩 꾸준히 키우고 전자상거래가 계속 성장한다면 2025년에는 서점을 운영하는 것이 불가능해질 겁니다. 저희 북샵은 집에서 책을 배송받고 싶어 하는 사람들을 대상으로 아마존의 영역을 빼앗아 오려 합니다. 사람들에게 자신의 가치관에 맞는 방법을 제안한다면 다들 그렇게 편리하지 않아도 받아들일 겁니다. 아마존의 쇼핑 경험에 거의 근접할 정도로 쉽고 싸고 빠르다면 그렇게 할 겁니다.

온라인에서 처음 책을 판매한 기업이 아마존은 아니었다. 이미 여러 해 전부터 오리건주 포틀랜드의 파월스Powell's 서점과 같은 독립서점이 미국 전역에서 크게 성공했다. 헌터는 2012년에 이미 투자자들에게 그의 사업 구상을 설명했다. 지역사회와의 연결과 개인화, 미국 전역 수천 개의 독립서점을 토대로 디지털 상거래의 규모와 금액을 키우자는 구상이었다. 서점들은 대개 온라인 쇼핑 서비스를 제공하지 않았다. 일부 온라인 쇼핑을 제공하는 서점들은 큰 비용을 치르며 자체 웹사이트를 구축하고 운영하며 배송까지 처리해야 했다. 북샵의 해법은 단순했다. 독립서점을 위한 중앙화된 전자상거래 사이트를 구축하고 어떤 서점이든 쉽게 참여하게 하는 것이다. 북샵이 출판사와 유통업체와 협력하여 홍보, 주문, 물류, 심지어 창고 관리까지 해결해주자, 어느 서점이든 규모나 위치에 상관없이 간단하고 저렴하게 각자의 입맛에 맞는 온라인 서점을 차릴 수 있게 되었다. 독립서점은 북샵에 들어가 한 시간도 안 걸려서 비용을 거의 들이지 않고 페이지를 설정하고 책 판매를 시작할 수 있었다. 어떤 서점의 북샵 페이지에서 책을 주문하면 북샵 창고에 보관된 책이 곧바로 소비자에게 배송되고 서점은 판매 수익의 일부를 가져갔다. 고객은 아마존 못지않은 서비스와 가격을 누렸다. 서점은 충실한 고객들에게 서비스를 제공하면서도 자체 사이트를 구축하지 않아도 되고 매일 수십 권씩 책을 포장하고 배송하는 업무를 하지 않아도 되었다.

북샵은 2020년 1월에 설립되었다. 코로나19가 시작되고 6주가 지난 시점이었다. 이때 이미 독립서점 1000여 곳과 계약했고, 도서관, 출판사, 팟캐스트, 뉴욕타임스 북리뷰와 같은 도서 문화계의 거물들과도 관계를 맺었다. 헌터는 애초에 아마존을 도서 분야 전자상거래의 권좌에서 끌어내릴 야심이 없었다. 북샵은 코끼리 앞에 선 개미일 뿐이었다. 현재 아마존에서 매일 책을 사는 수백만 명의 소비자가 아마존을 버리고 더 나은 스토리가 있는 곳을 찾아가지는 않을 것이다. 다만 헌터는 시장에는 다양한 상거래가 발생할 여지가 있다고 믿었다. 독립서점은 지난 10년간 대형 창고형 상점과 아마존 앞에서 좌절을 딛고 일어나 안정적으로 성장해왔고, 코로나19가 극심하던 시기에도 잘 버텼다. 모두 독자 덕분이었다. 독자들은 그들이 책을 사는 서점만큼이나 독립적이고 강인한 정신의 소유자들로서 공동체가 책의 세계에서 차지하는 지위에 가치를 두었다. 아마존이 만든 세계 이전으로 돌아갈 방법은 없지만 의식 있는 책(혹은 음식, 의류, 서핑복) 소비자가 충분히 존재하므로 미래에는 한 유형의 매장에서만 물건을 구매하는 단일한 문화에 대한 반발로서 대안 문화에도 기회가 많아질 것이다. "아마존은 알고리즘으로 느껴져요." 헌터가 말했다. "하지만 여기는 공간으로 느껴지죠."

책에서 통했다면 다른 분야에서도 통할 수 있지 않을까? 하와이 출신으로 현재 마이애미에 살고 있는 항공우주 엔지니어 너바 부르시코 Nirva Boursiquot도 같은 생각이었다. 부르시코는 오랫동안 미국 국방부와 보잉과 에어버스에서 공급망 관리를 맡으면서 젊은 흑인 여자로서 백인 남성이 압도적으로 많은 업계에서 받아야 했던 평가에 지쳤다. 부르시코는 (특히 2020년 여름에 '흑인의 생명도 소중하다' 시위가 일어난 이후) 물류 분야의 전문성을 살려서 흑인 기업들을 도와줄 기회를 발견했다. "'흑인 소유 업체'라고 하면 어떤 의미일까요?" 부르시코는 이렇게 물으면서 흑인 업체에 거는 기대에는 양면성이 있다고 지적했다. 흑인 업체에서 물건을 사면 뿌듯하기는 하지만 대신 대다수가 영세 업체라서 가격이 높고 배송이 느릴 거라고 예상한다. 소비자는 흑인 업체의 물건을 사는 대가로 이런 단점을 감수하거나 아니면 그냥 아마존이나 월마트로 발걸음을 돌렸다. "왜 그래야 하죠?" 부르시코가 물었다. "우리도 주문 후 24시간 안에 배송합시다. 똑똑한 조달 계획을 세우자고요." 부르시코는 킨포크Kinfolk라는 마켓플레이스를 구축하고 흑인 독립 업체에서 24시간 만에 물건을 전달받아 배송할 수 있는 창고를 지었다. 소프트웨어를 업그레이드하고 공급망 문제를 바로잡았다. 주로 흑인이 디자인하고 생산하는 가정 생필품에 주력했다. 흑인 업체의 상거래를 최대한 현대적이고 효율적이고 경쟁적으로 되살렸다. "사람들은 상상하지도 못한 업계에서 아쉬운 마음 없이 흑인의 물건을 사고 있어요! 세제, 섬유유연제, 건조기볼. 우리는 프록터앤갬블과 경쟁하고 있습니다." 부르시코는 흑인 상거래의 미래는 언제나처럼 지역사회와 연계될 것으로 내다보았다. 지역에 뿌리를 내리고 지역에 봉사하며 지역사회를 함께 구축하는 제조업체와 상점을 기반에 둔다는 것이다. 디지털 기술의 역할은 이런 뿌리를 잘라내는 것이 아니라 더 튼튼하게 키우는 것이라고 했다.

다른 함수

이전에는 특히 소규모 업체는 아마존과 경쟁하는 것이 불가능해 보였지만 몇 년 사이 한 기업이 아마존의 불패 신화를 조금씩 갉아먹기 시작하면서 온라인 상거래의 대안 미래가 임박했다는 것을 입증했다. 바로 쇼피파이Shopify의 이야기다. 캐나다 전자상거래 소프트웨어 플랫폼인 쇼피파이는 전 세계에서 100만 개 이상의 웹 기반 매장에 동력을 공급한다. 쇼피파이는 2006년에 오타와에서 설립되었다. 컴퓨터 프로그래머인 토비아스 뤼트케Tobias Lütke가 온라인으로 스노보드를 팔려다가 시중의 전자상거래 소프트웨어가 성에 차지 않아 직접 만든 것이다. 현재 쇼피파이는 캐나다에서 가장 가치 있는 기업으로 아마존의 약 10분의 1에 해당하는 기업 가치를 갖는다. 무엇보다도 쇼피파이는 디지털 상거래의 대안 미래를 창조하면서 규모를 키웠다는 점에서 의미가 있다. 쇼피파이의 대안 미래란 오프라인 매장의 소매업체가 고객과 상품을 계속 통제하면서도 아마존의 서비스에 버금가는 수준의 서비스를 제공하는 미래다.

쇼피파이는 직접 상품을 판매하는 것이 아니라 누구나 몇 단계만 거치면 온라인 스토어를 열고 상품이나 서비스를 판매할 수 있게 해주는 소프트웨어를 판다. 지불 기업인 스트라이프Stripe와 스퀘어Square, 웹사이트 플랫폼인 고대디GoDaddy와 스퀘어스페이스Squarespace 등 소매 고객에게 서비스를 제공하는 디지털 기술기업들처럼, 쇼피파이도 벤더들에게 구독 서비스를 판매하거나 매출의 일부를 수수료로 받는 식으로 수익을 올린다. 그리고 코로나19 이전부터 온라인으로만 사업을 시작하는 업체들을 상대로 서서히 성장하고 있었다. 쇼피파이의 초창기 고객 중에 내 친구 제이미 해리스가 있다. 그는 토론토 교외에서 유대교 성인식 바르미츠바에 쓰이는 전통 머리띠를 만드는 일부터 시작해서 '디스 이즈 제이This Is J'라는 대나무 직물 잠옷과 캐주얼복을 생산하는 기업으로 성장해 북미 전역에서 판매했다. 해리스는 2005년 즈음 나탈리 포트만과 브리트니 스피어스 같은 유명인들이 전통 머리띠를 알아봐준 이후로 온라인 매장을 구축하려고 했다. 그리고 쇼피파이가 생기자 체험판을 써보았다. "내 첫 맥북으로 당장 쇼피파이에 머리띠를 올렸어요. 그게 제 사업이 성장하게 된 두 가지 중대한 계기 중 하나가 되었죠." 해리스가 말했다. "쇼피파이에서는 상품 관련 내용을 우리가 통제할 수 있어요." 코로나19로 잠옷 주문량이 폭증하자 해리스의 사업도 거침없이 성장했다.

쇼피파이는 코로나19 범유행 중에 극적으로 변모했다. 봉쇄령으로 거리의 상점이 문을 닫으면서 세계적으로 온라인 소매 수요가 생겼기 때문이다. 전에는 주로 디스 이즈 J와 같은 대형 온라인 업체를 기반으로 성장했지만, 이제는 업계에서 살아남기 위해 이미 온라인으로 넘어갔던 오프라인 소매점들이 쇼피파이에서 새로 계정을 만들고 있었다. "그래서 우리는 모든 계획을 버리고 당장 실질적으로 도움이 될 만한 일부터 시작했습니다." 토론토의 쇼피파이 제품 담당 부사장 댄 드보Dan Debow의 말이다. 쇼피파이는 서점과 음식점, 맥주 양조장, 자동차 부품 공급업체, 가라테 학원, 서핑 매장을 끌어들이며 신속히 팀을 확장하고는 아날로그를 지향하는 고객층을 위한 제품과 기능을 공개했다. 그중에는 온라인으로 주문하고 매장에서 물건을 찾아가는 서비스와 배송과 물류 해결책, 물건을 배달할 장소를 조율하는 기능, 소매점을 위한 매장 위치 데이터, 고객 서비스 채팅 포털, 사업자들을 위한 신용 대출 등이 있었다. 2021년에 쇼피파이는 신규 고객의 경우 첫 100만 달러의 수익을 올릴 때까지 판매 수수료를 면제해준다고 발표했다.

"때로는 없어져봐야 소중함을 깨닫습니다." 드보가 말했다. "거리를 걷다 보면 우리와 연결된 사람들에 의해 도시와 동네가 더 좋아지는 것을 알게 됩니다. 상점은 그저 물건을 찾아가는 유통 거점이 아닙니다. 사람들과 상거래의 이야기는 그 동네의 이야기입니다. 그 모든 선량한 세서미 스트리트와 제인 제이콥스Jane Jacobs(지역사회, 도시계획, 도시의 쇠퇴에 대해 관심을 쏟은 저술가이자 사회운동가, 언론인, 도시계획가-옮긴이)의 이야기입니다. 그러다 어느 날 갑자기 이런 게 사라지니까 뭔가 잃어버린 느낌이 드는 겁니다." 드보는 우리 집에서 3킬로미터쯤 떨어진 곳에 산다. 우리는 최근의 암울한 시간에 관해 이야기하면서 동네에서 살아

남지 못한 상점과 사라질 위험에 놓인 음식점에 얽힌 추억을 나누었다. 특히 우리 도시의 황폐한 거리를 걸으면서 빈 진열창과 판자로 유리창을 덮은 가게들이 가득한 디스토피아적 미래를 보는 심경을 나누었다. 그건 쇼피파이가 만드는 미래의 모습이 결코 아니라고 드보는 말했다. 쇼피파이의 미래에는 누구나 물건을 온라인으로 판매할 수 있지만 오프라인으로 직접 판매할 수도 있다. 쇼피파이는 윈윈 모형을 구축하는 데 주력했다. 그들의 고객인 오프라인 기업가들이 수익을 내야만 그들도 돈을 버는 시스템이다. 쇼피파이는 대립 관계를 만들지 않고 디지털 기술을 협조적으로 활용하여 아날로그 상거래를 더 강화한다. 이를테면 내가 쇼피파이에서 동네 상점의 물건을 살 때마다(서프 온타리오에서 서핑복, 나의 고등학교 동창이 운영하는 남성복 매장 로스트 앤 파운드에서 운동화, 어수선한 동네 서점 플라잉북스에서 아일랜드공화국군인 IRA의 역사서《세이 나싱Say Nothing》, 동네 약국 겸 화장품 매장에서 KN95 어린이 마스크) 우리 동네의 업체들과 그 이면의 사람들을 도와서 온라인과 오프라인에서 미래를 구축하는 셈이다.

"소매업을 생각하는 사람Retail Minded"이라는 블로그에서 독립 소매업체의 연대기를 기록하는 콜로라도의 작가이자 비즈니스 컨설턴트인 니콜 레일Nicole Reyhle은 내게 쇼피파이의 정신은 소규모 업체를 지원한다고 명시하는 점에서 아마존의 정신과 다르다고 말했다. 레일은 오래전부터 쇼피파이에 관심을 가졌다. 그러다 코로나19가 터졌을 때 어린 딸이 쓴 책을 판매하려고 쇼피파이에 매장을 열면서 쇼피파이의 역할을 직접 체험하게 되었다. "쇼피파이는 소규모 사업체에도 세상을 향한 큰 길 하나를 뚫어주고 싶어 했어요." 레일이 말했다. "반면에 아마존은 자기네가 세상에서 유일한 대로가 되고 싶어 했고요."

쇼피파이는 완벽과는 거리가 멀고, 다른 대형 기술기업처럼 비판도 많이 받았다. 소매업체로부터는 특정 기능과 가격 정책, 그리고 다른 소프트웨어와의 호환성에 대해, 개발자로부터는 자꾸만 바뀌는 플랫폼 규정과 통제에 대해, 고객으로부터는 서비스 품질에 대해 비판받았다. 하지만 아마존에 비하면 비판의 수위가 양호한 편이었다. 다만 시간이 지나고 투자자의 압박과 경쟁이 쇼피파이의 행동에 영향을 미치면 사정이 달라질 수 있다. 그래도 아직까지는 쇼피파이가 당신의 신발 판매에 도움을 준다고 해서 누군가가 죽어나가지는 않는다.

"우리의 비결은 사업자들과 보조를 맞추는 것입니다." 드보가 말했다. "우리는 그들이나 우리의 생태계나 우리의 개발자들에게 적대적이지 않습니다. 우리는 플랫폼 기업입니다. 사람들이 각자의 사업을 구축하는 플랫폼이요. 이것이 우리의 성공이고, 분명 효과가 있습니다! 사업자들과 보조를 맞추는 방법이 효과를 내고 있습니다. 사업자들이 우리보다 돈을 더 많이 법니다. 분명 효과가 있어요!" 이것이 쇼피파이의 장기 전략이었다. 사업자들이 공동체를 이루어 플랫폼을 구축하는 방식이다. 사업자들의 이익을 최우선에 두고 그다음에 분기별 수익을 올리려는 투자자들의 요구를 수용한다면 장기적으로 모두에게 이득이 돌아갈 것이다. 쇼피파이 소프트웨어에 이렇게 명시된 것은 아니다. 업계에서 명시하는 것도 아니다. 쇼피파이가 애초에 운영체제에 집어넣은 상거래의 미래에 관한 철학에서 나온 결정이다. "'어떻게 하면 사업자들을 쥐어짜서 세제 한 상자를 제일 싸게 판매할 수 있을까?'에 몰두한다면 우리는 다른 결정을 내릴 겁니다." 드보가 말했다. "그냥 다른 목표, 다른 목적 함수입니다."

쇼피파이 경영진은 아마존이라는 이름을 자주 언급하지 않았지만 제프 베저스의 제국이 그들의 표적인 것은 분명했다. 뤼트케와 쇼피파이의 대표 할리 핀켈스테인Harley Finkelstein도 인터뷰에서 자기네가 "저항세력을 무장시킨다"고 자주 말했고, 실제로 (소매업체와 고객, 개발자, 주식 분석가를 대상으로) 아마존과 쇼피파이를 비교한 자료가 넘쳐났다. 나는 드보에게 전자상거래 세계에서 아마존이 정해놓은 기대치에 대해, 소비자를 위해 그 기대치를 바꾸려고 시도할 때의 난관에 대해 물었다. "아마존은 하나의 매장과 하나의 장소에서 물건을 사는 모형으로, 최저가와 품질에 집착해요." 드보가 말했다. "많은 사람에게, 시장의 많은 영역에 통하는 논리죠. 하지만 이런 모형만 존재하는 세상이라면 사람들이 살고 싶은 좋은 세상은 아니에요. 어떤 기술이 통용될 때는 특정 양상을 띱니다. '사고 싶은 책을 빠르게 구할 수 있다'와 '책을 다양하게 갖추지 않은 서점에도 갈 수 있다' 중에서 선택하는 거라면 선택이 단순해지겠죠."

하지만 세상의 위대한 사건은 양자택일로 일어나지 않는다. **모두가 모든** 물건을 제일 크고 제일 싸다는 이유로 아마존이나 월마트나 코스트코에서 사는 것은 아니다. 사람들은 여러 이유로 온갖 유형의 매장에서 물건을 사고 그 매장에 동질감을 느낀다. 새로운 물건을 발견하고 알아보고 싶어 한다. 새로운 장소에 가서 즐거움을 느끼고 싶어 한다. 사람들과 대화를 나누고 자기를 다른 사람으로 상상하고 싶어 한다. 어떤 공간에 속하고 그 공간이 발전하도록 응원하고 싶어 한다. 사람들은 이런 것들을 원한다. **또** 1.5미터의 파도가 다가오고 수온이 0도를 겨우 넘을 거라는 기상예보를 듣고는 두툼한 서핑 장갑을 사고 싶어 하지만 파도가 금방 사라질 수도 있으니 물건이 이틀 만에 배송되기를 기다릴 수는 없다! 사람들은 물건의 가격을 알고 싶어 하고, **또** 주문한 물건이 언제 도착할지도 알고 싶어 한다. **또** 언제든 원하면 이런 정보를 알 수 있기를 바란다.

"중요한 건 **또**입니다." 드보가 말했다. 쇼피파이는 '카테고리 킬러(백화점이나 슈퍼마켓 등과 달리 상품 분야별로 전문 매장을 특화해 상품을 판매하는 소매점-옮긴이)'를 자처하며 시장을 파멸적으로 굴복시키지 않았다. 쇼피파이는 아마존과 경쟁하면서도 **또** 상점 주인과 소매업체에 충실할 수 있다. 고객들은 한결같고 환상적인 온라인 쇼핑 경험을 누리면서 **또** 오프라인 사업체를 지원할 수 있다. 상거래의 아날로그와 디지털 미래를 창조하면서 **또** 불가피하게 편리함을 포기해야 한다고 알려진 것과 달리 사람들과 경제와 지역사회에 큰 비용을 치르게 하지 않을 수 있다. 북미 인구의 10퍼센트 이상이 이미 쇼피파이 기반의 매장을 통해 온라인으로 물건을 샀다. 드보는 이것을 전자상거래 2.0 버전이라고 일컬었다. 우리가 디지털 상거래를 바라보는 관점이 하향식의 슈퍼스토어 모형에서 소규모 매장도 전국 체인점만큼 복잡한 도구를 사용할 수 있는 탈중앙화 마켓플레이스 모형으로 진화했다는 의미다.

드보는 미래에 대해 나와 대화하면서 20세기 중반의 작가이자 철학자 마셜 매클루언Marshall McLuhan을 언급했다. 토론토 드보의 자택에서 조금만 내려가면 매클루언의 옛집이 나왔다. 매클루언은 두 가지 미래를 거론했다. 하나는 기술로 인해 세상이 가장 기본적이고 효율적인 상태로 축소되는 미래이고, 다른 하나는 기술로 인해 경험이 더 풍성해지는 미래다. 상거래의 미래에는 한 가지 버전만 있었다. 아마존이 제시한 버전으로서 환원주의의 팽창으로 우리가 변기물을 내리기도 전에 드론이 더 빠르고 더 싸게 화장지를 배달해주는 미래다. 하지만 드보는 쇼피파이는 그런 미래에는 관심이 없고, 마찬가지로 아마존에도 관심이 없다고 말했다. "우리가 보기에 그것은 미래의 한 가지 이야기일 뿐입니다." 그가 말했다. "아무도 실현되기를 바라지 않는 이야기죠."

배달앱의 포로가 되어버린 사람들

코로나19 범유행으로 세상이 갑자기 멈추기 전이던 화요일 저녁에 음식점에서 먹은 마지막 식사가 또렷이 기억난다. 그날 나는 친구 브라이언과 스티브를 이스라엘 레스토랑 패럴렐에서 만났다. 해외에서 수입한 대형 돌바퀴로 수제 타히니(참깨를 곱게 갈아 만든 중동식 페이스트-옮긴이)를 만드는 이 식당은 드보의 집에서 도보로 10분 거리에 있었다.

그날도 왁자지껄하고 떠들썩한 분위기였다. 차고를 개조한 식당에서 연인과 친구들이 다닥다닥 붙어 앉아 파슬리를 뿌린 골든 팔라펠과 부드럽게 구운 다진 양고기를 먹는 동안 인디록 음악과 요란한 웃음소리가 배경에 깔렸다. 나는 감기 기운이 있었다. 그래도 우리는 이런 순간이 다시 오기까지 긴 시간이 걸릴 것을 예감한 사람들처럼 실컷 먹고 마셨다.

소매점들이 코로나19로 인한 쇼핑 규제와 아마존과의 경쟁으로 핵겨울을 맞았다면 음식점들은 소행성과 정면으로 충돌했다. 패럴렐 같은 외식업체는 어디 숨을 데가 없었다. 외식은 실용적이지 않은 수준이 아니라 아예 불법이었으니 말이다. 음식점은 최고의 요리사와 지배인, 뛰어난 명성, 충실한 단골을 확보하고 은행에 현금을 쌓아두어도 손님들에게 요리를 대접할 길이 없다면 죽음을 맞을 수 밖에 없었다. 유일한 생존 방법은 전부 포장과 배달로 전환하는 것이었고, 대다수 음식점에 이 방법은 곧 한 가지 결과를 의미했다. 제3자 배달앱에 굴복하는 것이다.

음식점 배달업은 새로운 분야가 아니었다. 음식점이 처음 생긴 이래 배달은 늘 있었지만 최근까지도 포장과 배달은 각 가정의 주방 서랍에 메뉴판 홍보지가 잔뜩 쌓일 정도로 손님과 음식점 사이의 직접 관계를 기반으로 했다. 그러다 10년 전쯤부터 음식 배달을 디지털 기술로 현대화하고 간소화하는 신규 기업이 증가했다. 이들 기업은 중앙의 웹 인터페이스에 메뉴를 업로드하고 표준화하고 고객의 지불 정보를 저장해서 거래를 수월하게 만들고, 스마트폰의 GPS 기술을 이용해서 프리랜서 배달기사를 자동으로 배정하고 추적하고 비용을 지급했다. 배달기사들은 보온 또는 보냉 배낭에 쌀국수나 치즈버거나 프랑스 음식이 담긴 플라스틱 용기를 넣고 바퀴 달린 교통수단을 타고 세계의 도시를 누볐다. 그럽헙Grubhub, 도어대시DoorDash, 딜리버루Deliveroo, 우버이츠Uber Eats 같은 세계적인 배달앱 업체가 이 시장을 개척했을지 몰라도 모든 국가와 도시에서 사실상 비슷한 방식으로 운영되는 자체 배달업체가 우후죽순으로 생겼다.

배달앱이 약속하는 디지털 미래는 단순명료했다. 소비자는 먹고 싶은 음식을 원하는 순간에 먹어야 하고 별다른 어려움 없이 주문할 수 있어야 한다는 것이다. 음식점들은 새로운 고객층에 접근하면서도 자체적으로 배달 시스템을 구축하거나 운영할 필요가 없었다. 배달기사들은 유연한 근무 방식으로, 일하고 싶을 때 일하면서 수입을 올릴 수 있었다. 그러다 배달앱 개발자와 투자자들이 우리 집 앞으로 배달되는 샌드위치와 파스타와 스시에서 떼어가는 수수료율이 급격히 상승했다. 기술·외식업 분석가들은 외식 업계의 미래에서 배달앱의 비중이 커지면서 점점 많은 사람이 외식보다는 배달받아 먹는 쪽을 선택할 거라고 지적했다. 미래에는 소비자만 케이크를 주문해 소파에 앉아 먹을 수 있어서 좋은 게 아니라 모두가 이 방식으로 더 잘살게 될 거라고 했다.

코로나19가 배달앱에 강력한 동력을 공급했다. 배달앱의 주문량이 몇 주 사이 두세 배 증가했다. 그사이 집 밖으로 나가지 못하는 시민들은 새로 붙인 요리 취미에도 시들해지고 천연발효종을 만들려다 실패하고는 그냥 배달앱을 열고 선택의 세계를 스크롤하면서 밤마다 음식을 주문했다. 배달앱 업체들은 소비자들에게 지역 음식점을 살리자며 마케팅 공세를 펼치면서 거부하기 힘든 할인과 각종 혜택을 제안했다(다음번 주문에는 10달러 할인! 무료배송!). 슈퍼볼 광고를 띄우고 우리가 좋아할 만한 모든 유명인의 입맛을 보여주는 광고판으로 도시들을 덮었다(다나 카비Dana Carvey! 시몬 바일스Simone Biles! 존 햄Jon Hamm!). 하지만 식탁에 검은 플라스틱 용기가 쌓여가고 고전을 면치 못하는 음식점들이 정신없이 햄버거와 프라이드치킨을 만들어 배달기사들에게 전달하는 사이 더없이 행복해 보이던 디지털 미래에 금이 가기 시작하고 틈새가 크게 벌어졌다.

사실 배달앱으로 모두가 더 잘살게 된 것은 아니다. 실제로 대다수 음식점은 더 어려워졌다. 배달앱 업체들이 떼어가는 수수료가 가파르게 상승해서 심하게는 주문 한 건에 40퍼센트까지 떼어갔다. 음식점이 힘들게 요리해서 내보낸 모든 음식에 높은 수수료를 책정해서 정작 음식점에는 이익이 얼마 돌아가지 않거나 손해를 보기도 했다. "배달앱으로 음식을 만드는 과정이 저렴해지는 것은 아니다." 코리 민츠Corey Mintz가 외식 산업의 미래를 다룬 저서《다음 저녁식사The Next Supper》에서 지적했다. "음식을 배달하는 과정도 저렴해지지 않는다. 그저 판매하는 과정만 편리해질 뿐이다."

설상가상 음식점들은 얼마 안 가서 배달앱 업체들이 벌이는 갖가지 수상한 수작을 알게 되었다. 어떤 배달앱은 서비스 계약을 하지 않은 음식점의 메뉴를 자기네 플랫폼에 올리고 주문이 들어올 때마다 그 음식점에 수수료를 청구했다. 또 어떤 배달앱은 앱에서 발생한 거래의 통화 요금을 음식점에 청구하거나, 음식점 상호명으로 구글 애드워즈Google AdWords를 구입하고 가짜 웹사이트를 만들어서, 가령 소비자가 '데이비즈 델리'를 검색해 맨 위에 뜬 링크를 클릭하면 데이비즈 델리의 사이트가 아니라 자기네 앱으로 연결되게 해놓았다(그리고 음식점에는 클릭마다 요금을 청구했다). 게다가 주문한 음식이 배달될 때마다 불만이 쌓여갔다. 음식이 식었다거나 감자가 오지 않았다거나 배달기사가 앱에서 약속한 시간보다 한 시간이나 늦게 왔다는 식이었다. 환불금이나 할인 혜택은 배달앱 업체가 아니라 음식점으로 자동 청구되었다. 사실 글씨가 빼곡히 적힌 계약서에는 배달앱 업체에 책임이 없고 모든 비용은 음식점에 청구된다고 명시되어 있었다. 나는 어느 배달앱 직원들이 경쟁 배달앱에 올라간 음식점에 주문을 잔뜩 넣었다가 20분 만에 취소해서 그 음식점이 그 앱을 떠나게 만든다는 이야기를 직접 들었다. 음식점은 장난 주문으로 10인분이나 만들었다가 전부 폐기하고 그 비용도 직접 부담하지만 배달앱 업체는 전혀 신경 쓰지 않는 듯했다. 배달앱 업체는 경쟁 업체와 전쟁 중이었고, 음식점은 부수적 피해를 입었을 뿐이니까.

그리고 유령 주방도 있었다. 지도에는 음식점의 위치가 존재하지 않는 가상 음식점이 어느 날 배달앱에 불쑥 나타난다. 유령 주방은 주로 배달앱 업체나 그 업체의 법적 자회사 소유로 운영되고, 배달앱의 고객 거래 데이터베이스에서 추출한 정보를 바탕으로 탄생한다. 고객 정보에서 사각형의 바삭하고 두툼한 디트로이트식 피자나 비리아 타코처럼 해당 시장에서 유행하는 메뉴를 추린다. 그러면 고객이 다음번에 원하는 음식점에 주문하려고 할 때 '디트로이트 유령 피자'나 '엘 메요르 비리야'라는 음식점에 주문해보라고 추천을 띄우고 배고픈 사람이 거부하기 힘든 할인 혜택도 함께 제공한다. 기본적으로 유령 주방은 잘나가는 음식점의 비법 소스를 빼돌리는 것이나 마찬가지다. 배달앱에서 고객 정보를 빼돌려서 자기네가 직접 경쟁 음식점을 만드는 것이기 때문이다. 일부 배달앱은 주차장에 푸드트럭을 세워놓고 유령 주방으로 들어오는 주문을 처리했다. 다른 앱들은 유명한 음식점에서 요리사들을 빼돌려서 성공한 메뉴를 복제했다. 유령 주방의 목표는 아마존의 목표와 다르지 않다. 독점 정보를 이용해 인기 제품을 훔쳐서 파는 것이다. 상거래 게임에서 무슨 수를 써서라도 이기겠다는 의미다.

DC(미국의 컬럼비아 특별구-옮긴이)에서 음식점 종업원이자 저널리스트로 일하면서 요리사 남편과 결혼한 모린 타시크는 내게 모든 배달앱의 각본이 똑같다고 말했다. "일단 시장에 진입해서 그 구역을 범람시키고 수십억 달러로 산업을 파괴하는 등 '무슨 수를 써서라도' 자기 몫을 확실히 챙겨가요." 무엇보다도 수많은 음식점이 코로나19 범유행 중 궁지에 몰려서 계약했다가 결국에는 남는 게 없는 장사가 되는 것이 가장 우울한 측면이라고 했다. 매일 수백만 건의 주문, 뛰어난 기술력, 아이비리그 출신 엔지니어와 MBA 취득자로 가득한 사무실, 배달앱 업체의 확장과 운영 자금으로 들어간 수십억 달러의 벤처 자금, 게다가 몇 달간 직접 만들어 먹는 방법 외에 유일한 대안이 배달앱밖에 없어서 그야말로 배달앱의 포로가 되어버린 고객들에도 불구하고 배달앱 업체 중 어느 한 곳도 수익을 내지 못했다. 단 한 곳도. "이건 측정이 가능한 사업이 아니에요. 확장성이 없어요. 그래서 실패하는 거예요. 이처럼 확장성 없는 구體경제 산업을 파괴하는 식으로는 수익을 내지 못해요. 이익이 날 구멍이 없거든요." 타시크가 말했다. "인터넷이 경기장을 평평하게 다져주고 세상을 더 좋은 곳으로 만들어줄 방법은 많아요. 그런데 여기는 그 반대예요."

보호를 명목으로 갈취하는 마피아처럼

코로나19 이전부터 배달앱을 이용한 사람들에게는 새로울 것이 없는 상황이었다. 시카고 외곽에서 라 프린시팔이라는 멕시코 음식점을 운영하는 에릭 영은 그럽헙 같은 초창기의 가장 큰 배달앱들이 시카고의 외식 업계를 배후에서 조종하는 과정을 지켜보았다. 영은 처음부터 부당한 거래를 알아챘지만 동업자가 배달을 시작해보자고 해서 마지못해 계약했다. "형편없었죠." 영이 말했다. 수수료가 비쌌다. 배달앱 업체가 음식점 주인과 고객 양쪽에 제안하는 서비스가 형편없었다. 무엇보다도 배달앱 업체가 라 프린시팔과 고객들 사이에 항상 끼어들어서 고객과 고객의 주소, 고객이 주문한 음식에 관한 정보를 음식점에는 감추고 나아가 이 정보를 이용해 고객에게 다른 경쟁 음식점들을 홍보했다. 그 사이 라 프린시팔은 아무것도 몰랐다. "갑자기 그 사람들이 더는 우리 고객이 아니게 됩니다." 영이 말했다. "우리는 남들의 기반 시설과 플랫폼에 완전히 의존하게 되고 거기서 빠져나올 수 없어요."

영은 결국 배달앱을 삭제하고 매장 손님만 받는 동네 음식점으로서 라 프린시팔 본연의 자세로 돌아갔다. 그러다 코로나19가 터지면서 하는 수 없이 다시 배달을 시작해야 했지만 여전히 배달을 싫어했다.

음식은 포장하면 무조건 뭉개져요. 배달하는 동안 온기가 30퍼센트나 빠져나가요. 게다가 상차림과 분위기도 잃어요. 저희는 타코를 조그만 종이 접시에 담아서 팔아요. 생존 방식이죠. 저도 음식을 포장해서 집에 가져와보면 참 당혹스러워요. 다 그런 거죠. 목적을 달성하기 위한 훌륭한 수단이고 앞으로는 디지털이 음식을 테이크아웃하는 방법이 될 수도 있겠죠. …… 그래도, 윽, 끔찍해요. '레스토랑'이라는 말은 원래 영혼을 되살리는 곳이라는 말에서 나왔어요. 동네 사람들이 모이는 곳이죠. 배달앱으로 주문해서는 이런 걸 얻지 못해요. 편리하기는 하죠. 코로나19 범유행 중 저희는 7시 반에 문을 닫았어요. …… 그저 생존을 위한 식사예요.

영은 이제 캡틴Captain이라는 새 플랫폼에서 라 프린시팔의 배달 서비스를 시작했다. 그나마 공정할 거라고 기대했기 때문이다. 캡틴은 마이크 손더스Mike Saunders가 만든 배달앱이다. 손더스는 1997년에 온라인 음식점 상거래 업계에 뛰어들어 필라델피아의 대학에서 닷메뉴 Dotmenu를 만들었고 이후 캠퍼스푸드Campusfood라는 웹사이트를 만들었다. 캠퍼스푸드는 지역 음식점들의 메뉴를 디지털화한 마켓플레이스였다. 고객이 캠퍼스푸드에서 음식을 주문하면 캠퍼스푸드가 주문 내역을 팩스로 음식점에 보내주고 음식점이 직접 배달했다. 캠퍼스푸드는 이후 올메뉴스Allmenus로 진화했고, 이 사이트에는 전국 단위의 메뉴가 올라왔다. 초창기 배달앱이 스마트폰의 성장과 함께 가파르게 성장하는 사이 벤처 투자자들이 올메뉴스를 비롯해 다수의 배달업체를 인수하기 시작했다. 2011년에 올메뉴스는 그럽헙이라는 이름으로 합병되고, 2014년에 그럽헙은 주식시장에 상장되었다.

"고객을 음식점으로 끌어들이기 위한 더 투명한 모형이 음식점에 많은 가치를 부여했습니다." 손더스가 말했다. "하지만 사람들은 이제 소파에 앉아 햄버거를 배달받는 것에 익숙해졌고, 여기에는 값싼 벤처캐피털 자금이 투입되었습니다. 하지만 음식 장사를 하는 사람들에게는 지속성 없는 모형이었어요." 손더스는 그러다 전환점이 왔다고 했다. 배달앱 업체들은 음식점들이 배달앱에 전적으로 의존해서 빠져나가지 못하게 만들고 주문이 발생할 때마다 모든 이익을 가져가며 수수료율을 대폭 인상하고 고객 정보를 독점해서 성공한다는 사실을 깨달은 것이다.

배달앱 업체들은 음식점 위에 군림하면서 사업을 구축했을 뿐, 음식점과 함께 사업을 해나간 것이 아닙니다. 음식점이 상품화됐습니다. 그러면 약속을 깨는 게 아니냐고 할 수 있겠죠. 처음에 시작할 때 동업자로 홍보했으니까요. 음식점은 브랜드를 제공했고, 배달앱 업체는 고객을 연결해주었습니다. 그렇게 모두를 위해 더 큰 가치를 창출할 수 있었어요. 그러다 어느 시점부터 배달앱 업체는 음식점에 고객을 숨길 수 있다는 사실을 깨달았습니다. 더 혁신하지 않고 고객 정보를 숨기는 방식으로 통행료 징수인 노릇을 하는 거죠. 그러니 고객 정보를 음식점과 공유할 이유가 없습니다. 음식점은 그냥 우버Uber의 기사가 되는 거죠.

배달앱은 개인정보 보호라는 명목으로 음식점과 고객 사이에서 중개인 노릇을 하면서 음식점 주인들에게는 그저 음식을 판매하게 해주는 것만으로 점차 높은 수수료를 청구했다. 마피아가 유사한 사업 모형을 운영하면서 '보호'해준다는 명목으로 갈취하는 것처럼.

손더스는 2015년에 그럽헙을 떠난 이후 다시 돌아갈 계획이 없었다. 하지만 불만에 찬 음식점 주인들은 그가 아직 그럽헙에 있는 줄 알고 그에게 전화해서 분통을 터뜨렸다. 손더스는 그럽헙에서 퇴사한 다른 동료들에게서도 같은 경험담을 들었다. 그래서 2018년에 동료들을 모아 음식점의 디지털 상거래를 위한 더 나은 미래, 아날로그 오프라인 음식점의 이익을 전면에 내세우는 미래를 만들기로 했다. 이렇게 탄생한 캡틴은 개별 음식점들을 위한 온라인 마케팅과 고객 유지 전략에 집중하고는 음식점들이 그럽헙과 도어대시 같은 배달앱을 통해 온라인 주문을 받으면서도 높은 수수료를 내거나 고객 정보를 완전히 넘기지 않도록 도와주는 소프트웨어를 개발했다. 사실 라 프린시팔과 같은 음식점에 주문하는 고객들은 이 음식점이 캡틴의 소프트웨어를 이용하는지 알지도 못하고 관심도 없다. 고객들은 그저 그럽헙보다 저렴하게 타코를 배달받고 거래와 홍보 그리고 주문에서 발생하는 문제에 대해 음식점으로부터 직접 설명을 들을 수 있기를 바랄 뿐이다. 코로나19가 터지고 1년쯤 지나서 캡틴은 미국 전역의 30개 주 이상으로 사업을 확장하면서 음식점 1000곳 이상을 끌어들였다. "어느 쪽에 설지 선택해야 합니다." 그러면서 손더스는 시카고에서 그의 동네와 같은 지역사회에서 음식점은 주민들이 모이는 구심점이 되고 이제 교회나 볼링장이나 회관보다 더 중요해졌다고 했다. 그리고 상거래의 미래는 가치 창출에 있지, 가치 유지에 있지 않다고 말했다. 손더스는 그들의 편에 서고 싶다고 했다. 배달앱에서 투자 수익을 챙겨가는 국부펀드의 편에 서고 싶지는 않다고 했다. "제가 세 블록 떨어진 곳에 있던 배달기사에게 햄버거를 배달받으면서 왜 배달비의 20퍼센트를 캘리포니아에 있는 기업에 내야 하죠?" 손더스가 말했다. "신뢰가 충분히 쌓인다면 중개인이 끼어들 이유가 없습니다."

캡틴의 초창기 고객 중에 1990년 시카고에서 문을 연 코스타리카 음식점 이라주가 있었다. 이라주의 2대 주인인 헨리 서더스는 손더스와 그의 동업자를 올메뉴스 시절에 처음 만났다. 올메뉴스에서 팩스로 주문서를 보내주던 시절이었다. 서더스는 음식점에도 디지털 잠재력이 있다고 확신하고(구글의 광고 서비스를 선전하는 광고에서 그의 이름을 볼 수 있다) 온라인 배달 게임에 적극적으로 뛰어들어 몸집을 키우면서 이라주의 성공을 그럽헙의 공으로 돌리고 하루 최대 200건 이상의 주문을 받기도 했다.

"주문이 치솟았어요." 그러다 그럽헙이 결국 탐욕스러워졌다. "엄청 탐욕스러웠어요." 플랫폼의 수수료가 순식간에 두 배로 뛰더니 점점 더 오르며 배달 주문으로 발생하는 수익을 쥐어짰다. "사실상 배달업체를 위해 공짜로 음식을 만들어주는 셈이에요." 서더스가 어이없다는 듯 웃음을 터뜨렸다. 원래 입이 마르도록 배달앱을 칭찬하던 그였지만 결국에는 모두 버리고 캡틴의 편으로 돌아섰다. 음식 배달의 미래가 어떨 것 같으냐는 내 질문에 그는 이렇게 말했다. "제가 보기에 배달앱은 계속 살아남을 거예요." 배달앱이 소비자에게 심어준 습관, 음식점의 영업을 쉽게 해주는 편의성, 폭넓은 소비자층에 접근할 수 있는 잠재력, 이런 장점은 어디 가지 않기 때문이다. 그렇다고 미래에는 음식점의 음식이 모두를 잘살게 해줄 거라는 보장이 없다. "대안이 있습니다." 서더스가 말했다. "대립하지 않고 협력하는 플랫폼을 제공할 방법이 있어요."

밴처캐피털은 음식점에 관심 없어요

디지털 음식점 상거래의 미래에 관해 내가 본 가장 유망한 사례는 로코Loco.Coop다. 로코는 미국의 여러 도시에서 음식점들이 직접 소유하고 운영하는 제3자 배달앱 소프트웨어 플랫폼이다. 로코도 처음에는 당혹감에서 출발했다. 로코의 설립자 존 스웰Jon Sewell은 병원에서 행정 직으로 오래 일하다 은퇴하고 아이오와시티에서 칼조네라는 음식점을 차렸다. 그러다 그럽헙이 오더업Oder Up이라는 지역 배달업체를 인수하면서 어떤 상황이 펼쳐지는지 목격했다. 배달료가 하루아침에 15퍼센트에서 30퍼센트로 두 배나 뛰고 지역 서비스 직원이 원격 콜센터로 바뀌었다. 그러자 고객들의 불만이 폭주했다. 그럽헙은 지역 음식점들에 두 달 안에 새 계약서에 서명하지 않으면 고객들을 차단하겠다고 통보했다.

평생 다양한 병원과 의료인들 사이에서 협력적인 벤처 사업을 추진해온 스웰은 더 나은 방법을 알았다. 사실 배달앱이 사용하는 기술은 새로운 것이 아니고 대개 화이트 라벨링(상품을 만드는 회사는 따로 있고 유통과 판매를 맡은 회사가 자사의 브랜드를 붙여 판매하는 행위-옮긴이) 소프트웨어가 사용되었다. 게다가 음식점 고객 중에는 단골도 있었다. "그래서 제가 그랬죠. '그럼, 이 친구들이 우리에게 제공하는 서비스 중에 우리가 복제하지 못할 게 없다. [우리 플랫폼이] 손익분기점을 넘길 만큼 음식점을 확보할 수만 있다면'이라고요." 스웰이 말했다. "저는 이걸 공익 사업처럼 제안했습니다. 음식점 업주를 한자리에 모으고 저마다 스스로 운명을 개척해나가게 해주는 겁니다. 농부가 곡물 저장고의 한 구역을 소유하는 방식으로. 우리는 음식점에도 중요한 기반 시설이 필요하지만 이걸 서부 해안과 시카고의 벤처캐피털을 등에 업은 IT 기업들에 맡길 수는 없다고 생각했어요."

한 도시의 로코 가맹점은 그 지역의 독립 음식점들이 80퍼센트 이상의 지분을 소유한다. 이들은 협동조합 형식으로 지분을 함께 사들여서 로코의 소프트웨어 플랫폼에 접근할 수 있다. 음식점이 인터페이스를 통제하고 고객 정보를 보관하면서 자기네 음식점에 주문하는 고객에게 직접 광고할 수 있다. 수수료는 다른 배달앱의 절반 수준이다. 수수료는 주문 한 건당 15퍼센트부터 시작하지만 주문 수량에 따라 7퍼센트까지 내려갈 수도 있다. 그리고 협동조합에서는 수익이 나면 수익금을 재투자하거나 회원들에게 나눠주었다. 이렇게 음식점 한 곳이 연간 1만 달러에서 10만 달러까지 절약할 수 있다. 음식점의 존폐를 판가름할 수 있는 금액이다. 스웰은 배달앱을 지역 협동조합 모형으로 바꾸면 지역의 외식 경제에서 얻은 수수료와 수익으로 수백만 달러를 보유할 수 있다고 내다보았다. 내가 스웰과 인터뷰한 2021년 초에 로코는 이미 녹스빌, 내슈빌, 오마하, 리치몬드, 라스베이거스, 탬파만에서 가맹점을 확보했다. 게다가 북미 전역과 런던, 두바이, 스리랑카에서도 음식점 주인들이 로코에 관심을 보이기 시작했다. "배달앱은 기본적으로 독립 음식점들의 기반을 침해하는 아마존 방식을 따릅니다. 그래서 음식점들과 협력하면서 사업을 하려면 대형 체인점이나 기술 기반의 음식 제공업체나 가능한 규모로 일해야 합니다." 스웰이 말했다. "그러면 지역의 문화가 지워지겠죠. 저는 그저 지역 음식점들을 살리고 싶습니다.

음식점은 모든 도시와 국가에서 문화적으로 가장 중요한 요소니까요."

콜로라도주 포트콜린스에서 '빅 시티 부리토'라는 음식점을 경영하는 로리 캐드웰은 코로나19가 터지기 몇 달 전에 그럽헙에서 노코노시 Noco.Nosh(스웰이 공동으로 설립한 이 지역 로코의 전신)로 옮겼다. 봉쇄 기간에 빅 시티 부리토의 배달 매출은 치솟았고, 캐드웰의 수익도 치솟았다. "음식점들이 왜 대형 배달앱을 이용하는지 이해가 안 가요." 그러면서 캐드웰은 자기가 이상주의자도 아니고 이타적인 동기에서 배달앱을 옮긴 것도 아니라고 했다. "저는 지역사회에는 관심도 없어요. 그냥 살아남고 싶었을 뿐이에요. 그리고 돈을 벌었어요. 우리는 노코노시에서 지분을 받았어요. 코로나19로 수혜를 보았죠."

라스베이거스에서 로코가 확장할 수 있었던 데에는 남편과 함께 '타코태리언'이라는 채식주의 멕시코 식당을 운영하던 크리스틴 코럴의 공이 컸다. 코로나19가 터졌을 때 코럴은 라스베이거스 시정부와 협력하여 샌프란시스코, 뉴욕, 시애틀 같은 도시의 방식으로 제3자 배달앱 수수료의 한도를 정했다. "코로나19 이전에도 배달앱에는 문제가 많았습니다." 코럴이 말했다. "그러다 다들 '됐어, 더는 이따위 앱을 못 참겠어!'라고 생각했어요." 수수료 외에도 배달앱이 음식점들을 살린다는 주장 자체가 사기라서(음식점 정보를 빼내고 유령 주방을 만들어 경쟁하는 행태) 코럴은 바람직한 대안을 찾기 시작했다. 로코가 라스베이거스에 진출해서 모든 준비를 마치자 코럴은 태블릿에서 다른 배달앱은 휴지통에 버리기로 했다. 나는 코럴에게 대다수 배달앱이 똑같이 잘못된 모형을 답습하는 마당에 무슨 이유에서 로코는 제대로 작동할 거라고 믿었는지 물었다. 그러자 코럴은 배달앱을 이용하는 음식점들이 직접 그 앱을 소유하고 운영하기 때문이라고 했다. "그 사업을 실제로 운영하는 사람들이 기술을 관리해야 해요." 코럴이 말했다. "현재는 벤처캐피털 사람들이 음식 배달 사업을 운영해요. 실제로 음식점을 운영하는 사람들에게 운영을 맡긴다면 디지털 기술이 제 역할을 할 수 있어요. 우버이츠는 단발성 판매에 관심이 많아요. 저희는 평생 고객에게 관심이 많죠."

상거래의 디지털 미래에 대한 처음의 약속을 상기하면 완벽히 맞는 말이었다. 컴퓨터와 인터넷은 원래 수단을 민주화해서 중소업체에도 대기업만큼 힘을 실어주도록 설계되었다. 따라서 디지털 상거래에서는 누구나 무엇이든 판매하고 평등한 경기장에서 경쟁할 수 있어야 했다. 하지만 시장이 통합되고 아마존과 우버, 그럽헙 같은 기업들이 상거래의 제로섬 게임을 펼치면서 점차 저울이 기울고 아날로그가 디지털에 굴종하게 되었다. 그래서 로코와 캡틴은 디지털 도구와 더 나아가 소프트웨어 플랫폼의 소유권을 소규모 상점과 음식점에 돌려주어 다시 균형을 바로잡고 새로운 미래를 제시하고자 했다.

"단순히 거대하고 악랄한 기업들의 이야기가 아닙니다." 콜로라도대학교 미디어학과 교수이고 플랫폼 협동조합의 미래를 다룬《모든 것을 모두에게Everything for Everyone》의 저자 네이선 슈나이더Nathan Schneider의 말이다.

시스템과 로직, 그리고 벤처캐피털을 등에 업은 스타트업 모형은 우리를 문제로 몰아넣고 그 문제에서 빠져나오지 못할 것처럼 만듭니다. 사실 전자상거래 플랫폼을 지역에서 통제하는 방식으로 구축할 수도 있고, 아니면 중앙에서 통제하는 방식으로 구축할 수도 있었습니다. 그런데 우리는 그렇게 하지 않았습니다. 현재의 금융과 정치 모형으로 인해 중앙화된 소유권과 통제를 장려하는 형태로 진화한 겁니다. 별것 아닌 차이로 보일 수 있지만 언제든 그 결과로 드러납니다. 우리의 투자 생태계는 파멸을 우선에 둡니다. 더 나은 대안이 있는데도요.

다수의 배달앱 업체가 처음에는 소규모 사업체들을 지원한다는 건강한 목표를 세웠을지 몰라도 벤처캐피털이 들어오거나 월스트리트의 투자자들이 분기별 성과를 내놓으라고 압박할 때마다 지속가능성이 없는 성장주기로 들어가서 실제로 성장을 주도한 당사자(음식점 주인과 요리사, 상점 주인, 제품 설계자, 배달기사, 창고 노동자)들과 성장의 결실을 나눠먹을 수 없게 된다.

"전자상거래가 작동하는 방식은 다양합니다." 슈나이더가 말했다. "그런데 지금 통하는 방식이 전체를 대체하고 있습니다. 그들은 때로는 친근한 얼굴로 다가가서 사람들을 자기네 생태계로 끌어들이지만, 목표는 오직 그들이 관심 있는 시장의 모든 사람을 굴복시키는 것입니다." 슈나이더의 말을 듣자 〈데몰리션 맨〉에서 내가 좋아하는 장면이 떠올랐다. 이 영화에서 미래의 유일한 음식점은 패스트푸드 대전에서 살아남은 타코벨이다. 현재 배달업체들이 '타코벨'이 되기 위해 음식점의 정보를 빼돌리고 자체 브랜드를 만들어 어떻게든 경쟁 업체들을 몰아내고 시장을 장악하려 한다. 따라서 배달앱은 아마존과 다르지 않다. 둘 다 고장 난 시스템에서 발생하는 증상이고, 이제 그들이 설파하는 파멸의 시기가 다가왔다.

아마존이나 우버 같은 기업의 규모와 위력과 금융자산만 보더라도 대안의 미래를 상상하는 것이 불가능해 보인다. 그래도 슈나이더는 다른 미래가 이미 존재한다고 말했다. 세계 경제 중심부의 현대적인 거대 산업인 농업에서 이미 협동조합(지역 곡물 저장고부터 돼지고기 마케팅 위원회까지)이 소규모 농부들 수천 명과 함께 규모의 위험과 보상을 나누면서 장기간의 안정성을 보장하고 더 공정하게 사업을 운영할 방법을 제공한다는 것이다. 세계적으로 성공한 협동조합은행과 신용협동조합뿐 아니라 보험회사와 연금기금도 있다. 아웃도어 장비의 메카인 REI나 ACE 하드웨어 체인과 같은 소매업체들은 회원들이 직접 소유하는 업체로서, 아마존이나 홈디포 같은 업체들과 직접 경쟁하는 엄선된 제품과 가격과 서비스를 제공한다. "우선 우리가 모든 것을 독점하고 중앙화해서 시장을 통제하겠다고 말하는 방법이 있습니다." 슈나이더가 말했다. "다음으로 우리가 중요한 부분만 중앙화하고 각 지역에서 최대한 많은 부분을 통제할 수 있게 해주는 방법도 있습니다."

이들 협동조합 스타트업 중 어느 한 곳도 당장 아마존이나 그럽헙을 끌어내리지 못하겠지만 틈새시장을 넓혀서 서핑보드를 주문하든 타코를 주문하든 온라인 상거래에 한 가지 선택지만 존재한다는 사고방식을 조금씩 무너뜨릴 수 있다. 존 스웰이 로코에 바라는 궁극적인 목표는 배달 소프트웨어를 다른 소매업으로도 확장해서 같은 디지털 도구를 제공하여 현재 로코의 음식점들이 공유하는 혜택을 누리게 해주는 것이다.

모두가 편리함의 극단을 맛봤습니다

"자연은 모든 것을 위해 효율성을 극대화하는 곳이 아닙니다." 펠릭스 웨스Felix Weth가 말했다. 그는 베를린에서 지역 상점과 자전거 배달원을 연계해주는 지역 상거래 플랫폼인 페어몬도Fairmondo를 설립했다. 페어몬도의 목표는 아마존과 같은 규모와 효율성이 아니다. 오히려 정반대라고 웨스는 말했다. "자연이 아름다운 건 비효율적인 과정 덕입니다. 가게 주인은 실제로 시간을 들여 진열창을 꾸미거나 매장에서 쇼핑하는 손님들에게 관심을 갖습니다. 전혀 효율적이지 않은 방식인데도. 그래서 장사가 아름다워지는 겁니다. 온라인에서는 언제나 과정을 최적화할 수 있으니 모든 과정을 간소화하려는 경향이 있습니다. 베를린이 좋은 예입니다. 많은 사람이 화사함과 다양성과 창조성을 찾아 여기로 옵니다. 다들 여기서 가치를 발견합니다." 전자상거래도 아날로그 세계만큼이나 창조적으로 지역색과 개성을 유지할 수 있다. 기술이 아름다운 비효율성을 완전히 파괴하는 것이 아니라 자율권을 준다는 뜻이다. 웨스는 이렇게 말한다.

사람들은 디지털 유토피아에서 살았고, 그 세계는 그리 만족감을 주지 못했습니다. 상점이 문을 닫았습니다. 사람들은 거리를 걸으며 봉쇄된 마을과 도시를 보면서 어쩌면 이곳은 그들이 살고 싶은 세계가 아닐 수 있다는 사실을 깨달았습니다. 세상이 완전히 온라인으로 전환할 때 벌어질 수 있는 상황을 미리 생생히 맛본 겁니다. 디지털의 약속 전체가 공허하고 우리에게 익숙한 현실만큼 충만하지 않은 것으로 드러난 겁니다. 많은 사람이 비슷한 느낌을 받았을 겁니다. 모호한 느낌일 수 있어요. …… 하지만 더 인간적이거나 현실적인 방식으로 구현해야 한다는 주장이 설득력을 얻을 수 있습니다.

이것은 코로나19가 극성이던 몇 달 동안 클릭만 하면 배달 트럭이 오고 초인종이 울리고 택배 상자와 포장 용기가 쌓이던 시기에 우리가 얻은 교훈일 수 있다. 우리는 계속 서핑보드 왁스를 사고 스파게티를 먹기는 했지만 이런 것에 따라오는 모든 것을 놓쳤다. 상점이나 음식점으로 걸어가는 길, 지난주의 파도 상태에 관한 대화, 가게 주인이 성심껏 선정한 매장 안의 음악과 디자인과 분위기, 방금 요리한 파스타가 주방에서 나와 군침을 흘리는 우리 입으로 들어오는 장면과 냄새, 그밖에도 상거래를 상품이나 서비스를 최대한 빠르고 값싸게 교환하는 거래 이상의 무언가로 만들어주는 온갖 요소들.

"온라인 쇼핑을 사랑하는 사람에 관한 글을 읽은 적이 있어요. 그 사람은 '난 뭘 사든 집에서 나갈 필요가 없어'라고 말했어요." 존 스웰이 말했다. "글쎄요, 사회로서는 바람직해 보이지 않습니다. 이런 게 절 움직이게 만들어요." 그가 말했다. "모두가 편리함의 극단을 맛봤습니다. 이제는 다들 여기에 이르기까지 우리가 무엇을 포기했는지 생각해요. 그래서 추를 되돌리기 위해 무엇이 필요한지 고민하죠."

4장

목요일

도시 생활

스마트시티와 숲속도서관

도시의 미래는 디지털 유토피아주의를 통해 도시를 완전히 뒤엎어서 더 이상 쓸
모없는 곳으로 만드는 방식이 아니라 언제나 도시를 위대하게 만들어주던 아날
로그적 요소에 집중하는 데서 나온다. 주택 공급 기회, 경제와 문화의 다양성, 활
기찬 공공장소, 뒤죽박죽인 인간군상 말이다.

할 일이 많은 오늘, 이제 시내로 나가야 한다.

시내는 어떤 모습일까? 사무실 건물과 상점이 아직 거의 비어 있을까? 이제 다들 재택근무와 온라인 쇼핑으로 완전히 넘어가 이전의 용도가 폐기되었을까? 당신은 지금 도시에 있기는 한가? 창밖으로 드넓은 풍경이 펼쳐지는 숲속 집에서 도시에 살던 시절을 돌아보며 혐오감이나 경외감 속에서 도시를 과거에 인간들이 서로 붙어살던 시대의 유적쯤으로 생각할 날이 올까?

아니면 도시가 디지털 기술을 통해 기초부터 새롭게 창조될까? 당신은 도시의 거리에서 자율주행 전기차에 깨끗한 전기를 충전하고 스트리밍 데이터 흐름이 운 좋은 시민들을 위해 일상의 모든 순간을 개인화하고 최적화해주는 스마트 캠퍼스와 혁신 구역을 유유히 지나갈 것인가?

인간 없는 도시

도시가 완전히 달라졌다. 도시가 죽었다. 도시는 디지털 기술로 모든 서비스와 기능과 시민을 연결해주는 무오류의 살아 있는 컴퓨터다. 도시는 1980년대 디트로이트처럼 여기저기 벽돌이 쌓여 있고 빈 사무실 건물이 널려 있는 쓰레기장이다. 더럽다. 위험하다. 버려졌다. 파괴되었다.

도시의 미래는 〈데몰리션 맨〉에 나오는 지상에 뜬 번쩍거리는 디지털 도시 '샌앤젤레스'처럼 미니멀리스트의 미학과 자율주행 전기차, 거친 욕설과 불법적인 섹스, 널찍한 공원과 효율적인 고속도로로 연결된 고층건물 단지로 이루어진 곳일까? 아니면 로스앤젤레스의 폐허 아래 건설된 황량한 아날로그 지하세계처럼 연료를 많이 잡아먹는 올즈모빌(2004년 단종된 제너럴모터스의 자동차 브랜드-옮긴이)과 말을 상스럽게 하고 수염을 덥수룩하게 기른 반역자들과 석쇠 구이 쥐 햄버거가 있는 곳일까?

도시의 미래에 대한 이런 이전의 테크노 유토피아적 비전은 지난 세기에 공상과학 작가와 건축가, 도시 설계자, 발명가의 끊임없이 진보하는 기술과 상상력에서 동력을 얻어 발전했다. 도시의 테크노 유토피아적 미래는 주로 미래 도시, 데이터에 기반한 도시, 스마트시티, 디지털 시티라고 불린다. 한편 동전의 이면인 디스토피아적 미래는 퇴락해가는 도시 정글을 의미한다. 코로나19는 미래에 대한 두 가지 비전 모두에 관심을 집중시켰다. 일과 학교와 상거래가 온라인으로 넘어가는 사이 우리는 도시의 운명에 직면해야 했다. 부자들이 별장이나 집안 소유의 아파트나 방 네 개에 잔디밭까지 있는 교외의 타운하우스로 피신하자, 도시가 존재하는 목적 자체에 의문이 생겼다. 과연 우리에게 도시가 필요한가? 도시는 디지털 미래에 적응하고 우리 손안의 스마트폰만큼 스마트해질까? 아니면 도시 자체가 시대착오적인 개념이 되고 폐가처럼 서서히 쇠락할까?

물론 둘 다 틀렸다. 도시는 코로나19 범유행 중에 죽지 않았다. 도시의 존립에 대한 우려도 2차 봉쇄령이 풀리고 갑자기 모두가 일상으로 돌아가자 이내 수그러들었다. 하지만 코로나19 초기의 몇 주와 몇 달 동안 전 세계가 도시의 운명에 대해 두려움에 사로잡힌 것을 보면 우리가 도시가 무엇이고 도시의 미래에 무엇이 필요한지에 대해 근본적으로 오해하고 있었다는 사실을 알 수 있다.

2020년 봄의 몇 달이 전 세계 도시인들에게 얼마나 심각한 상황이었는지 금방 잊을 수 있다. 코로나19 바이러스가 처음에는 느리게, 그러다 점차 빠르게 확산되는 사이 역사상 최초로 도시의 삶을 정의하는 물리적 공간과 활동이 멈춰버렸다. 처음에는 우한에서, 나중에는 세계 여러 도시에서 날아든 드론 영상에는 인적이 사라진 도시의 황량한 풍경만 담겨 있었다. 거리가 텅 비었다. 도심과 상업 지구가 쥐 죽은 듯 조용했다. 음식점, 상점, 헬스장, 영화관, 사무실 건물, 도서관, 이 모든 곳에 어둠이 내렸다. 자동차는 주차장에 서 있었다. 버스 한 대가 다니기는 하지만 승객이 없었다. 자연이 도시 정글로 진입했다. 런던에 여우가 급증하고, 밴쿠버에는 코요테 떼가 어슬렁거리고, 양 떼가 웨일스의 도시 광장을 점령했다.

나는 토론토에서 북쪽으로 두 시간 거리에 있는 장모님의 시골집 전망창으로 드넓은 휴런호를 내다보면서 앞으로 도시의 삶이 어떻게 될지 그려보았다. 시골집의 생활은 물론 편안했다. 뒷문으로 나가서 채 1분도 안 가면 나오는 시원하고 맑은 호수로 뛰어들어 서핑도 하고 수영도 하고 패들보드도 타면서 놀다가 늘 따뜻하게 대기 중인 온수 욕조에서 몸을 녹일 수 있었다. 끝없이 이어지는 등산로와 스키 언덕, 자전거 타기 좋은 시골길, 달고 시원한 시골 공기. 게다가 낯선 사람의 위험한 호흡으로부터 안전했다. 사람보다 새가 더 많이 보이고 새소리가 더 많이 들렸다. 이 집은 우리 가족이 휴가 때마다 놀러와 여유롭게 쉬던 곳이다. 휴가지가 삶의 터전이 된다면 어떨까? 내 주위에도 도시에서 벗어날 형편이 되는 사람은 다들 급히 도시를 떠났다. 친척 집에서 지내거나 휴가지에서 집을 빌리거나 돈이 많은 사람은 별장을 새로 샀다. 이참에 아예 시골로 내려가기로 결정하고는 도시의 집을 팔고 휴스턴밸리나 타호호 주변이나 우루과이의 시골이나 콘월 해안의 학교로 자녀들을 전학시켰다는 친구나 친척들 소식도 심심찮게 들렸다. 부동산 입찰 경쟁도 뉴욕이나 파리나 서울의 비싼 아파트로부터 광란의 무리와 멀리 떨어진 지역으로 옮겨갔다.

"빽빽하게 모여 살던 삶은 끝났다." 에밀리 배저Emily Badger는 〈뉴욕타임스〉에 지금의 추세를 고찰한 기사를 실었다. "교외와 소도시로의 탈출이 이어질 것이다. 교통 체계가 무용해질 것이다. 정원과 홈오피스의 매력이 번잡한 도시 공간들에 대한 요구를 압도할 것이다. 그리고 대도시가 경제적 힘을 갖게 해주는 대면 소통도 이제 줌으로 대체될 것이다. 코로나19 범유행은 도시의 종말과 다름없는 상태를 예고했다. 전문가와 트윗과 신문에서 때로 노골적인 쌤통의 심리로 예견하던 미래가 곧 올 거라고 예고한 것이다." 도시의 죽음을 부르짖는 목소리에는 도시가 처음 발생한 때부터 존재해온 정치적, 도덕적 색채의 반도시주의 정서가 깔려 있었다. 어떤 사람들은 도시를 물리적으로나 도덕적으로 불결한 장소, 악덕과 유혹으로 흥청거리는 타락의 장소, 인종과 성별이 혼재된 장소, 몸과 마음의 질병이 움트는 장소로 보았다. 세계적으로 도시가 시골보다 진보적인 경향이 있지만 코로나19 범유행 중에는 진보적인 도시민조차 도시의 종말에 관한 서사를 믿고 전염병뿐 아니라 치솟는 부동산 가격, 무너지는 기반 시설, 노숙자, 범죄를 피해 뉴햄프셔의 엑세터와 같은 한적한 지방으로 건전하고 감당할 수 있는 삶의 양식을 찾아 떠났다. 엑세터에서 뉴욕의 본사와 전화로 업무를 처리하면서 짬짬이 텃밭에서 유기농 채소를 키울 수 있었다.

봄이 오자 확진자 수가 감소하고 도시도 겨우내 잠든 나무처럼 갑자기 활기를 되찾았다. 우리도 콩 통조림과 밀가루와 LOL 인형과 레고 상자를 차에 잔뜩 싣고 토론토를 떠난 지 10주 만에 다시 우리 집으로 돌아갔다. 나는 당장 우리 집 포치에 서서 큰소리로 이웃들을 부르고 집 앞을 지나는 사람들과 대화를 나누었다. 산책하러 나가서 동네 풍경과 냄새에 감탄했다. 음식점과 상점들이 저마다의 상상력을 발휘하여 가게 앞 거리의 작은 공간에 활기를 불어넣으며 좁은 벤치를 내다 놓거나 재미난 손글씨로 쓴 간판을 세우거나 포장 주문용 창문의 작은 틈새로 드레이크의 음악이 꽝꽝 울려 퍼지게 했다. 모든 카페가 사교의 중심지가 되었다. 손님들이 함께 어울리면서 마스크를 내리고 커피를 마시며 담소를 나누었다.

아이들이 뒷길에서 스쿠터와 자전거를 타고 다녔고, 부모들은 포치나 현관 앞 계단이나 뒷마당에서 맥주잔을 부딪치고 와인을 마셨다. 공원은 소풍과 야외 모임과 댄스파티와 운동 수업으로 북적였다. 사람들은 온종일 어디로든 걸어 다녔다. 한 시간 안에 이전 석 달 동안보다 더 많은 말소리를 들었다. 전차 문이 열릴 때 울리는 벨소리가 교향곡처럼 들렸다. 폭스바겐의 고성능 스피커에서 울려 퍼지는 EDM의 쿵쾅거리는 베이스음이 내 귀에는 베토벤 교향곡 5번처럼 들렸다. 강아지들이 여기저기서 꽃처럼 나타났고, 내 딸은 길 가다가 강아지를 만나면 신나서 꺅 소리를 질렀다. 귀가 축 늘어진 카바푸종(카발리에종과 푸들종을 교배한 혼합종-옮긴이) 강아지 아치는 처음 나타난 날부터 우리 동네의 새 마스코트가 되었고, 우리는 아치의 주인인 피븐과 마이크라는 젊은 연인과 금방 친해졌다. 아치 덕분에 우리 동네 사람 절반이 두 사람의 집 뒷마당에서 열린 그들의 결혼식에 참석해 축하해주었다.

나는 평생 도시에서 살았다. 토론토, 몬트리올, 부에노스아이레스, 리우데자네이루, 뉴욕, 그리고 다시 토론토. 도시의 북적거림, 거리에서 마주치는 낯선 사람과 친구들, 흥미롭고 다채로운 민족과 문화의 만화경, 함께 사는 공간에서 어우러진 세계 각국의 음식 냄새. **'와, 이런 게 정말 그리웠어.'** 나는 생각했다. 이제 집에 왔다.

도시의 승리

"도시로 돌아간다는 것은 도시의 소음이 살아난다는 의미 같아요." 세계의 도시주의를 강력히 옹호하는 잡지이자 미디어 기업인 모노클 Monocle의 설립자 타일러 브륄레Tyler Brûlé의 말이다. "지난 1년간 도시는 무섭게 정적에 휩싸였어요." 2021년 초에 브륄레가 한 말이다. "도시 환경에서는 그런 정적이 다소 섬뜩해요. …… 도시에는 사운드트랙이 필요해요. 그게 우리가 도시를 사랑하는 이유예요." 나른한 도시 위니펙 출신인 브륄레는 언제까지나 그 도시의 사람이다. 나와 인터뷰할 때는 마침 오스트리아의 알프스에 있었지만 최근 (몇 달 만에 처음으로) 헬싱키, 런던, 취리히, 파리, 그 외에도 여러 나라의 수도를 돌아다닌 경험에 들떠 있었다. 그는 도시란 경제적, 문화적 창조물 이상이라면서 감각적인 경험을 주는 공간이라고 말했다. 우리는 도시의 마찰과 삐걱거림과 에너지를 가장 물리적이고 아날로그적 의미에서 경험한다. 우리는 도시로 가면서 평화와 고요를 찾지 않는다. 소리를 찾는다.

도시에 다시 생기를 불어넣는 요소들은 영원불변하다. 사람과 문화, 다양성, 새로움, 이 모든 것에 스며드는 활기찬 에너지가 도시에 생기를 불어넣는다. "이렇게 사람들이 도시에 모여서 진보하는 것이 전염병의 범유행이나 악성 전염병이나 풍토병보다 훨씬 강력합니다." 《신창조 계급》과 《도시는 왜 불평등한가》의 저자로 토론토에 거주하는 리처드 플로리다Richard Florida의 말이다. 플로리다는 40년간 도시를 연구하면 서 전염병의 범유행이나 여러 생물학적 재난으로 도시의 성장 곡선이 심각하게 느려진 예는 본 적이 없다고 말했다. 사실상 도시를 위대하게 만드는 요소는 상점, 음식점, 회사와 거기서 구할 수 있는 일자리가 아 니다.

"도시를 위대하게 만드는 요소는 아날로그입니다." 플로리다가 말했 다. "토머스 프리드먼의 책 제목처럼 모든 사람이 '세계는 평평하다'고," 어디에 사는지는 중요하지 않다고 믿고 싶어 한다. "모든 기술이, 전보 부터 전화와 인터넷까지 이렇게 만들어주겠다고 약속하지만 사람들은 항상 도시로 모여듭니다. 세계를 둘러보면 도시화의 속도는 계속 유지 됩니다." 코로나19 범유행과 기술의 발전으로 세계의 도시 생활이 돌 이킬 수 없을 만큼 축소되었을까? "말도 안 됩니다." 도시는 근본적으로 지적 능력의 임계 질량을 보유해서 사람들이 단지 물리적으로 가까이 있기만 해도 자연히 아이디어와 혁신과 에너지가 일어난다. 플로리다 는 이것을 '인적자본의 외부 경제external economy of human economy'라고 일 컫는다. 플로리다는 사람들에게는, 특히 인맥을 만들고 경력을 쌓고 무 엇보다도 음식점과 바와 헬스장을 비롯한 여러 장소에서 짝을 만나 생 물 존재로서의 숙명을 다해야 하는(자식을 낳아야 하는) 젊은 사람들에게 는 더더욱 도시가 필요하다고 말했다.

그래서 우리가 깨달은 것처럼 교외와 언덕으로의 대탈출이 도시의 미래가 아니라면 무엇이 도시의 미래일까? 코로나19가 터지기 전인 2020년 이전에 도시가 안고 있던 문제에 직면해보자. 도시의 삶이 확장하고 향상되면 어떤 모습이고 디지털 기술은 그 안에서 어떤 역할을 할까?

"도시는 다양한 사람이 모여서 다양한 일을 하는 곳입니다." 토론토대학교 도시대학원의 공학 교수로서 도시의 기반 시설과 사회의 관계를 연구하는 쇼샤나 색스Shoshanna Saxe의 말이다(나처럼 성의 발음 때문에 고달픈 사람이다). "사람들이 밀집해서 한 가지 일을 하는 곳도 있을 수 있습니다." 금광이나 군기지나 교외의 기업 부지처럼. "하지만 그런 곳은 도시가 아닙니다. …… 도시의 많은 기본 요소는 중심지의 상업 지구와 같은 중요한 부분이 제대로 작동하지 않아도 계속 존재하고 작동합니다." 코로나19 범유행 중 토론토 도심의 사무실은 내내 닫혀 있었지만 시민들은 계속 공원에도 가고 동네에서 산책도 했다. 사람들은 공공장소에서 음악을 듣고 친구나 낯선 사람들과 대화하는 것을 멈춘 적이 없다. 새로운 상점과 음식점에 관한 기사를 보고 어떻게든 직접 가서 먹어보려 했다. "사실 도심의 상업 지구가 중요하지만 그것만이 우리를 정의하는 것은 아닙니다." 색스의 말이다.

도시의 기반 시설을 주로 연구하는 색스(나와는 몇 블록 떨어진 동네에서 자랐다)는 도시의 물리적 환경은 도시의 골조라고 했다. 사람들 사이의 소통을 촉진하는 시스템이라는 것이다. 도시를 이루는 모든 요소(크고 작은 길과 보행로, 공원과 도서관과 경찰서, 지하철과 하수구와 케이블과 전선)는 리처드 스캐리Richard Scarry의 그림책에 나오는 톱니 하나하나보다 중요하다. 기반 시설은 그 자체로 도시에서 펼쳐지는 이야기에 영향을 주는 중요한 요소다. 기반 시설만으로는 도시의 요구를 채워주지 못하지만 도시에서 일어나는 모든 일을 가능하게 해줄 수는 있다. 스마트시티는 도시의 기반 시설을 디지털화하는 것이 미래의 답이라고 말하지만 코로나19 범유행으로 인해 도시 생활의 중심에 있는 아날로그적 요소에 관한 더 깊은 진실이 드러났다.

스마트시티가 도시의 미래다

스마트시티의 기원은 1930년대에 자동차와 모더니즘 디자인이 흥하던 시대로 거슬러 올라간다. 프랭크 로이드 라이트Frank Lloyd Wright와 르코르뷔지에Le Corbusier 같은 전설적인 건축가들이 미래에 대한 획기적인 비전을 제시한 시대이기도 하다. 라이트의 '평원도시Broadacre City'와 코르뷔지에의 '빛나는 도시Radiant City', 이후 도시의 넓은 구역을 거대한 유리 구조물로 덮으려는 버크민스터 풀러Buckminster Fuller의 무모한 계획은 미래주의적 기술 유토피아의 경이였다. 건축가의 비전에는 각자의 미학이 담겨 있지만 고층건물과 넓은 대로와 고속도로, 날아다니는 기계와 유선형 동체, 깔끔하게 손질된 잔디밭과 충분한 주차공간 같은 일부 특징은 모두에게서 발견되었다. 이후 스마트시티 설계는 점차 디지털화되면서도 상당히 이상주의적이었다. 스마트시티는 교통과 오염부터 경제적 기회와 시민의 안전까지 도시의 모든 골치 아픈 문제를 해결하겠다고 약속한다. 최신 디지털 기술(컴퓨터와 스마트폰, 카메라와 센서, 하늘을 나는 로봇과 자율주행차)을 이용하고 방대한 데이터를 컴퓨터의 중앙 뇌에 입력해서 통계와 기계 학습을 통해 모든 도시가 직면하는 난제를 해결하겠다는 것이다.

스마트시티는 더 깨끗하고 안전하고 민주적이고 평등할 뿐 아니라 디지털 혁신을 통해 경제와 일자리와 투자를 끌어오겠다고 약속했다. 칭찬받는 사례들도 있다. 황폐하고 거칠고 범죄가 만연하던 1980년대 뉴욕에서 마이크 블룸버그의 주도하에 기술 관료와 과두제 집권층에 우호적인 안전한 뉴욕으로 변모한 사례도 있고, 공공서비스가 시계처럼 정확히 돌아가는 싱가포르나 로봇에게 법적 권리를 부여하는 서울이나 르코르뷔지에의 구상에 가장 가까운 두바이 같은 사례도 있다. 지난 10년 동안 세계 각지의 시정부들은 스마트시티 시류에 올라타서 새로운 데이터 거버넌스 사업(데이터베이스를 효과적으로 관리하기 위한 체계-옮긴이), 첨단 블록체인 실험, 기술 스타트업 기업들을 유치하기 위한 디지털 혁신 지구와 함께 와이파이 키오스크, 무인 쓰레기 수거 차량, 높이 센서가 장착된 공원 벤치, 하늘을 날아다니며 군중 감시부터 피자 배달까지 다양한 역할을 수행하는 특수 드론 부대 등 언론에 발표하기 좋은 시범 사업에 관해 떠들었다. 이런 계획들은 무모할 정도로 낙관적이고 희망적이며 행복한 도시 생활을 선보였다. 그리고 여기에는 다양한 인종의 자전거 타는 사람, 조깅하는 사람, 유모차를 미는 젊은 엄마들이 로봇이나 센서와 함께 수풀이 우거진 거리를 걸으며 함께 어우러져 행복하게 살아가는 도시 풍경이 담겨 있다. 이 모든 설명이 디즈니월드의 미래 도시 앱콧Epcot에서 놀이기구를 타는 것처럼 들린다면, 사실 그게 핵심이다.

"스마트시티가 더 행복한 도시다." 딜로이트의 글로벌 스마트시티 리더인 미겔 에이라스 안투네스Miguel Eiras Antunes가 작년에 이 회사의 홈페이지에 자랑하듯이 게시한 글이다. "스마트시티는 데이터와 디지털 기술을 활용하여 삶의 질을 높여준다. 안전한 거리부터 초록의 공간까지, 합리적인 통근길부터 예술과 문화의 접근성까지, 스마트시티는 도시 생활의 최고 장점을 강화하고 도시 생활의 혼돈을 최소화하는 환경을 조성한다."

일부 국가는 맨바닥에서 새로 짓는 스마트시티를 제시했다. 일례로 사우디아라비아가 홍해 해안에 건설하려는 디지털 시티 네옴 NEOM(New Enterprise Operating Model)시티는 최신 디지털 기술로 에너지와 물 사용부터 교육과 관광, 스포츠에 이르기까지 삶의 모든 측면에서 "지속 가능한 삶의 새로운 모형"을 제공하여 사막의 모래밭에서 "인간 진보의 속도"를 끌어올리겠다고 약속했다. 인공지능과 로봇이 네옴시티의 모든 것을 보강할 것이고, 획기적인 노동권으로 보호받는 건설 인력이 최신 건축 자재로 번쩍거리는 고층건물을 건설할 것이다! 여기서는 사우디아라비아의 왕자 무함마드 빈 살만이 비판 세력을 숙청하고 예멘의 도시들을 초토화시키고 그곳의 주민들을 굶주리게 만든 직후에 네옴시티의 아이디어를 냈다는 사실이나 사우디아라비아의 기존 도시가 세계에서 가장 지속 가능하지 않고 사람들이 살기에 적합하지 않다는 사실은 잠시 배제하기로 하자. 어쨌든 과거는 과거니까. 네옴시티는 미래이고 이 도시에는 로봇이 있다!

토론토는 2017년에 사이드워크랩스Sidewalk Labs가 미개발지인 호숫가 동쪽을 따라 스마트 지구를 개발하는 사업을 따냈을 때 디지털 도시의 미래를 보았다. 사이드워크랩스는 구글의 모회사 알파벳Alphabet의 사업부이고 뉴욕 블룸버그 시장 밑에서 부시장을 지낸 댄 닥터로프Dan Doctoroff가 CEO다. 닥터로프는 구글이 인터넷을 탈바꿈시킨 기술과 기본적으로 같은 기술을 이용하여 도시를 변모시키려 했다. 최신 기술로 모든 사물과 사람을 연결하고 사람들의 일상 활동에서 발생하는 개인 데이터를 활용하여 표적 광고를 내보내어 자금을 마련할 계획이었다. "여러 기술을 조합해서 신중히 적용하고 통합하면 도시 생활의 거의 모든 차원에서 삶의 질을 바꿀 수 있다." 닥터로프가 컨설턴트 회사 맥킨지McKinsey와 파트너십을 발표한 후 맥킨지의 웹사이트에 올라온 글이다. "우리는 다양한 기술(자율주행차량, 모듈형 주택, 새로운 기반 시설 체계)을 구현하여 생활비를 15퍼센트 줄일 수 있다고 확신한다. 새로운 이동 서비스와 급진적인 용도 혼합 개발로 집을 직장 근처로 끌어와서 시민들에게 하루 한 시간을 되돌려줄 수 있다." 캐나다의 쥐스탱 트뤼도 수상을 비롯해 모든 정부 부처의 단체장들이 참석한 스마트시티 출범 행사에서 사이드워크 토론토는 새로운 유형의 용도 혼합 도시 공동체를 건설하고 디지털 기술로 "사람 중심의 동네"를 조성하겠다고 약속했다. 도로는 자율주행차량에 맞게 최적화되고, 쓰레기는 지하에서 자동으로 수거될 것이다. 또한 디지털 센서가 모든 활동을 포착해서 데이터를 수집하면 사이드워크랩스가 이 데이터를 처리해서 시민들에게 더 나은 해결책을 내놓을 것이다. 북미 도시 생활의 영원한 들러리를 자처하는 토론토에 사이드워크 토론토는 디지털 수호천사의 키스와도 같았다.

쇼샤나 색스는 처음부터 사이드워크랩스에 회의적인 입장이었지만 이 프로젝트가 지역 정치인과 기업인과 그밖에 들뜬 시민들에게 매력적으로 보일 거라는 점은 이해했다. 색스는 사람들이 스마트시티에 끌리는 이유는 도시를 개선시킬 쉽고 빠른 길을 원하기 때문이라고 말한다. 과거에는 기술이 도시의 시급한 문제에 대한 획기적인 해결책을 내놓았다. 실내 화장실은 하수도에서 발생하는 콜레라 같은 전염병을 막아주었다. 냉장고는 도시에서 쇼핑하고 요리하고 식사하는 방식을 바꿔놓았다. 전등이 도시의 경제와 문화의 시간표를 완전히 바꿔놓았고, 지하철과 전차는 각기 다른 마을들을 더 큰 도시 공동체로 통합시켰다.

"새로운 기술적 해법을 혁신하는 것이 다른 많은 방법보다 정치적으로는 훨씬 수월한 길입니다." 색스가 말했다. 모든 도시가 안고 있는 난제(빈곤, 불평등, 노숙자, 교육, 교통, 이동)에 대한 정치적 해법은 논쟁을 초래하므로 합의에 이르기 어렵고 또 결과가 나오기까지 수십 년이 걸릴 수 있다. 한편 주택 보급처럼, 연구에 몇 년씩 걸리고, 정치적으로 치열한 토론을 거쳐야 하고, 구역 변경부터 세금 감면과 보조금 지원과 아파트 건설까지 복합적인 정책 개입이 필요하지만 꼭 성공한다는 보장이 없고, 누군가는 반드시 불만을 터뜨리게 되는 문제도 있다. 그리고 한편으로는 기술로 모든 문제를 해결할 수도 있다. 색스는 농담처럼 이렇게 말했다. "아, 걱정하지 마세요. 기술을 드릴게요!'라고 하면 사람들은 '아, 고마워요! 받을게요'라고 하겠죠. 힘든 과정을 거치지 않아도 되거든요. …… 하던 일을 계속하면서 멋진 새 기술을 끼워 넣으면 되니까 얼마나 좋아요! 자율주행차량이 왜 그렇게 매력적일까요? 운전을 멈추지 않아도 되거든요. 도로를 다시 깔지 않아도 되거든요. 정부는 돈을 한 푼도 들이지 않아도 돼요. 그래도 사람들은 계속 운전할 수 있고, 정부는 '보세요, 모든 문제가 나아졌어요!'라고 큰소리칠 수 있어요."

도시의 미래를 사이드워크 토론토와 같은 디지털 프로젝트로 한정할 때의 근본적인 문제는 발명과 혁신을 혼동한다는 점이다. "발명은 새로운 기술입니다. 혁신은 일상적이지 않은 관행이고요." 색스가 말했다. "두 가지 개념이 뒤엉킨 것 같아요. 사람들이 도시의 혁신이라고 말하는 것이 종종 발명을 의미할 때가 있어요. …… 기술적인 것, 주로 앱이나 실리콘밸리의 기본 모형을 의미하는 겁니다. 혁신을 실리콘밸리에 떠넘기는 태도입니다. 이건 거짓이고 파멸이에요! 사실 앱이나 실리콘밸리와 무관한 혁신적 아이디어가 엄청, 엄청 많아요."

삼청공원 숲속도서관

도시의 진정한 혁신은 아날로그적이기 쉽고 대체로 그렇다. 나는 몇 년 전에 처음 서울을 방문하면서 내 책의 편집자인 강태영과 함께 청와대 근처 산자락에 자리한 삼청공원을 산책했다. "저건 뭔가요?" 나는 우거진 나무들 아래에 벽돌과 목재로 지어진 아담하고 아름다운 현대식 건물을 가리켰다. "아, 저거요? 숲속도서관이에요." 정갈한 실내 장식에 연노란색의 부드러운 합판을 댄 도서관은 장서를 적당히 갖추고 한가운데에 카페까지 있었다. 그리고 조그만 테라스가 공원 쪽으로 열려 있었다. 클래식 음악이 잔잔히 흐르고 손님들이 창가 자리에 기대앉아 책을 읽고 있었다. 이 창가 자리에서는 커피를 마시고 치즈케이크를 먹으면서 창밖으로 단풍이 물드는 풍경을 감상할 수 있었다. 서울은 최신 기술이 구석구석 뻗어 있는 도시다. 또 휴대전화 보급률이 세계 최고 수준이고 지구상 어디든 뚫고 들어가는 초고속 데이터 통신망을 갖춘 세계 최고의 디지털 도시를 자처하는 도시이기도 하다. 삼청공원 숲속도서관은 이런 서울의 위상에 해독제 역할을 했다.

공원에 공공도서관을 짓는다는 강렬하고 단순한 아이디어가 서울에 다녀온 후 내 머릿속에 단단히 박혔다. 신선하기는 하지만 역사상 어느 시기에든 나왔을 수 있는 아이디어였다. 공원과 주변 환경을 개선하는 혁신적인 시도이면서도 새로운 기술이 필요하지 않았다. 1년 후 나는 신문에 기고한 글에서 이 숲속도서관에 관해 언급했고, 이후 숲속도서관 두 곳을 더 설계한 건축가 이소진으로부터 직접 이메일을 받았다.

놀랍게도 내 기사 덕분에 이소진은 서울시로부터 숲속도서관을 더 지어달라는 의뢰를 받았다고 했다. 이소진은 외교관의 딸로 세계 여러 나라에서 성장기를 보내다가 2006년에 서울로 돌아와 한 국가와 도시가 혁신적인 디지털 기술의 세계적 리더로 변신하는 과정을 지켜보았다. 마침 서울시는 새로운 도시화 방법을 모색하던 중이었다. 과거 전쟁과 가난과 군사정권을 거치고 수십 년 만에 급속히 성장하면서 크고 빠르게 건물을 세우는 데 급급해서 삭막한 콘크리트 건물만 우후죽순으로 뻗어나간 도시가 되었다.

"1960년대와 1970년대부터 대한민국은 경제의 기초를 다지고 도시의 기반 시설을 재건하는 데만 주력했습니다." 조지아공과대학교와 MIT에서 스마트시티의 역사를 연구하는 한국인 학자 양차미의 말이다. "그동안 우리는 경제성장에 몰두하느라 삶의 질을 포기해야 했습니다." 지난 20년 동안 성숙한 민주주의와 높은 경제적 감수성 덕분에 이제 서울은 시민의 욕구에 관심을 갖기 시작했다. 서울은 산책로와 교외 자연산림공원(무료 운동 시설과 해먹까지) 같은 공공장소에 중점을 두었고, 삼청공원 숲속도서관 사업이 그 성과였다.

숲속도서관 건물은 원래 매점이었다가 몇 년째 방치된 공간이었다. 그러다 지역 주민회에서 이소진에게 그 공간을 활용할 방법을 문의했다. "그분들은 조그만 카페를 짓고 싶어 하셨어요. 책도 읽을 수 있는 공간이요. 아이들이 방과 후에 책을 읽는 동안 엄마들은 카페에서 일할 수 있는 일종의 어린이집 기능을 하는 공간을 원하셨어요." 이소진이 서울의 스튜디오에서 말했다. "저는 공간을 조금 너 넓혀서 아이들을 실내에 가두지 않고 모두에게 열린 공간을 만들어보면 어떻겠냐고 제 안했어요. 건축에 과하게 힘을 주지 않으면서 공원이 도서관 안으로 들어오게 하고 싶었어요. 중요한 건 공원과 도서관의 관계였어요. 소박한 사업이었어요. 제가 한 일은 숲속에 작은 배경을 만드는 일이었어요."

이소진은 기본 건축 자재로 목재를 선택했다. 나무는 한국의 전통 가옥에 많이 쓰이던 자재였지만 특히 공공건물에서는 철근과 콘크리트에 밀려나 있었다. 숲속도서관이 문을 열자 주민들과 다른 건축가들이 이소진의 설계에 감탄하며 쉴 새 없이 맹렬히 돌아가는 디지털 도시에서 아날로그의 평온이 깃든 치유의 휴식처로 반겼다. 이소진은 자신을 혁신적인 사람이라고 생각해본 적이 없지만 이제는 자신이 직접 설계한 건축물을 보면서 혁신이란 말이 서울과 같은 도시의 미래에 갖는 의미를 더 깊이 이해하게 되었다고 했다. "혁신은 남들에게 영향을 미치는 거예요. …… 제가 제 건축에서 시도하는 것이기도 하고요. 대단한 건 아니지만 그 결과는 삶의 질을 높여주는 좋은 선례로 여겨지죠. 사람들에게 이로운 일을 하는 거예요."

나는 기사에서 이소진의 도서관을 소개하면서 가만히 돌아보면 혁신인 사례로 들었다. 말하자면 이미 존재하지만 새로운 맥락에서 보아야 의미가 생기는 아이디어와 도구를 통해 세계가 더 느리고 더 따뜻하고 더 지속적으로 개선되는 현상 말이다.《혁신의 착각The Innovation Delusion》의 공저자들로, 각각 기술 분야와 역사 분야의 교수인 리 빈셀

Lee Vinsel과 앤드루 러셀Andrew Russell은 오늘날 혁신은 디지털을 기본 해결책으로 보는 방식을 일컫는 용어로 축소되었다고 지적했다. "우리가 혁신 그 자체를 목적으로 정하는 이유는 혁신은 좋은 것이라는 인식 때문입니다." 빈셀이 말했다. 하지만 크랙 코카인(흡연 형태의 강력한 코카인-옮긴이)도 혁신이고, 오피오이드(아편성 진통제-옮긴이) 위기를 낳은 옥시코틴도 혁신이었다. "오사마 빈 라덴은 기업가였고, 알카에다는 조직적 혁신이었어요." 러셀이 말했다. 디지털 기술을 논할 때는 혁신의 신화가 특히 더 과열되었다. 혁신에만 몰두하느라 새로운 장치나 아이디어로 인한 문제는 간과했다. 그리고 우리가 해결해야 할 현실의 문제에 집중하지 못했다. 마이크 블룸버그의 뉴욕에서 시행한 사업과 같은 기술 관료적 도시 미화 계획은 도시에 거주하는 사람들에게 가격을 매겨서 '발전'이라는 허울 좋은 명분으로 덜 부유한 주민들을 쫓아내고 도시(맨해튼, 토론토, 런던, 기타 주요 도시)를 세계적인 부동산 투자자 계급을 위한 무균의 안전한 안식처로 변모시키려 했다.

"아날로그란 어떤 문제를 느리거나 단순하거나 오래된 방식으로 풀어야 잘 풀린다는 것을 알아채는 겁니다." 바너드칼리지의 연극과 교수 샌드러 골드마크Sandra Goldmark의 말이다. 골드마크는 뉴욕에서 전자제품 수리점을 운영해본 경험을 살려서 물건(깨진 전등부터 우리의 지구까지)을 고치는 것을 주제로 《고쳐 쓰기Fixation》를 집필했다. "우리 사회는 오랫동안 새로운 혁신만 중시했습니다." 아날로그적 혁신은 향수에 젖는 개념이 아니다. 미래에 집중하는 해결책이다. 다만 유토피아로 가는 과정을 발명하는 기술 중심의 미래가 아니라 우리가 살아온 곳과 우리가 얻은 교훈과 우리가 정말로 살고 싶은 삶의 방식을 반영하는 인간 중심의 미래, 다시 말해 도시의 미래를 위한 약속을 지키는 미래에 집중하는 것이다. 이를테면 누군가가 자율주행차를 위한 동네를 만들겠다고 약속한다는 이유로 그 아래에서 무너지는 도로나 자금 부족으로 신호 체계를 개선하지 못한 탓에 승객을 잔뜩 실은 지하철이 터널에 갇히는 상황을 모른 척해서는 안 된다.

"발명은 아이디어일 뿐입니다. 하지만 혁신은 사람들의 삶을 적극적으로 변화시킵니다." 버지니아공대에서 설계를 가르치는 브룩 케네디 Brook Kennedy의 말이다. 케네디는 세그웨이 전동스쿠터는 발명이지만 용도가 명확하지 않다고 했다. 알렉사Alexa나 구글홈Google Home 같은 스마트 홈 스피커는 재미있는 크리스마스 선물이 될지언정 집을 변화시키지는 못한다. 전자레인지는 요리하는 방식을 바꿔놓을 듯했지만 실상은 남은 음식을 데우거나 팝콘을 튀기는 용도로 사용된다. 혁신의 영향은 심오하지만 발명품의 새로움은 사람들을 취하게 한다. 미국인들은 포장만 바뀌었을지라도 새롭고 번쩍이면 좋아한다. "북미인들이 타르틴의 빵에 대해 말할 때와 비슷해요." 케네디가 껍질이 딱딱하고 풍미가 좋은 천연발효종 빵으로 유명한 샌프란시스코의 빵집 타르틴을 예로 들었다. "정말 웃기죠. 프랑스 사람들은 원래부터 이런 식으로 빵을 만들면서도 깊이 생각해본 적이 없거든요. 한 1000년 동안이나!"

빵은 새로운 기술의 발명과 가만히 돌아보면 혁신인 것의 차이를 보여주는 완벽한 예다. 빵은 수천 년 전부터 자연발효 효모로 만들었다. 그러다 19세기에 상업용 효모가 발명되면서 빵 만드는 과정이 쉬워지고 예측 가능해진 대신 풍미가 떨어졌다. 식품 과학과 제빵 기술도 발전하면서 빵 발명이 정점에 이르렀다. 얇게 자르고 많이 넣어 포장하는 흰 식빵인 원더브레드Wonder Bread가 그 결실이다. 이 식빵은 부드럽고 달콤한 데다 몇 주 동안 보존되었다! 게다가 해독 불가능한 21가지 성분표가 포장에 붙어 있었다. 그리스식 결혼식보다도 음절이 많은 화학물질과 보존제와 다량의 설탕과 소금이 들어갔다. 식빵 자체의 영양가가 낮아서 소화를 돕기 위해 비타민과 섬유질을 반죽에 첨가해야 했다. 그래서 사람들이 변비에 잘 걸리고 비만이 되고, 결국에는 당뇨병과 같은 만성 질환에 시달렸다. 별다른 풍미가 없고 그저 빵을 연상시키는 정도의 맛이 났다. 식품이라기보다는 기술의 산물이었다. 우리는 이 식빵에 마가린을 듬뿍 발라 먹었다. 마가린 또한 공장에서 식물성 기름에 수소를 넣어 경화 처리해서 만들어낸 것으로 버터보다 심장에 좋다고 홍보된(알고 보니 심장병의 원인으로 드러난) 상품이었다. 냠냠.

당뇨병을 유발하는 곤죽 원더브레드 샌드위치에 대한 혁신적인 해결책은 기술로 더 좋은 빵을 발명하는 것이 아니었다. 오히려 전통적인 제빵법, 말하자면 북미 사람들이 한동안 폐기했다가 재발견한 방법으로 돌아가는 것이었다. 1970년대에 로스앤젤레스의 라 브레아 베이커리La Brea Bakery 같은 선구자들이 천연발효종을 현대적으로 재해석했고, 일부 도시에서는 이런 빵이 장인이 운영하는 고급 빵집에서 점차 슈퍼마켓으로 퍼져나갔다. 원더브레드의 초현대적인 전분에 비하면 천연 발효종 빵은 처음 한입 먹으면 딱딱하고 시큼하고 폭신하고 쫄깃했다. **'이런 빵이 어디 있다 이제 왔지?'** 코로나19가 터진 후 수많은 가정에서 천연발효종 빵을 만드는 유익한 혁신을 스스로 발견했다.

신호등의 도시에서 15분 도시로

도시에서는 자동차가 우리의 원더브레드, 그러니까 구원을 약속하면서 재난을 안겨주는 기술의 발명품이다. 자동차가 대량생산된 지 몇십 년 만에 세계의 도시가 변형되었다. 자동차는 대중에게 편리하고 무한한 이동성을 약속하면서 자동차의 요구에 맞게 도시 풍경을 바꿔놓았다. 도로와 주차장, 차고, 주유소, 정비소, 고속도로, 신호등, 신호체계, 표지판, 교통법규와 시행령이 필요해졌다. 파리와 멕시코시티, 상하이, 샌프란시스코 같은 오래된 도시에서는 이미 고착된 풍경 속에 자동차를 억지로 집어넣기 위해 도로를 확장하거나 밀집 지역을 관통하는 고속도로를 건설하거나 건물을 허물어 주차장을 만들어야 했다. 올랜도와 로스앤젤레스와 브라질리아 같은 새로운 도시에서는 처음부터 자동차 중심으로 기반 시설을 설계해서 건물이 밀집한 중심지와 교외의 개발 구역을 넓은 대로와 고속도로로 연결한 다음 르코르뷔지에의 유토피아처럼 빛나는 도시를 연상시키는 도시를 조성했다. 20세기 후반부터 특히 북미에서는 모든 것이 자동차에 맞게 설계되고 건설되었다. 사무실과 학교, 주택, 공원, 음식점, 동네 전체, 심지어 음식과 음료를 준비하고 포장하는 것까지 …… 모든 경제와 문화가 자동차 중심이었다.

그 결과 오늘날 전 세계에서 총체적 난국이 펼쳐졌다. 세계 대부분의 지역에서 교통사고가 사고사의 주요 원인이고 미국에서는 55세 이하 인구의 주요 사망 원인이다. 코로나19 범유행 중 미국의 보행자 사망자 수가 10년 만에 최고 수준으로 치솟아 2021년 한 해 동안에만 20퍼센트나 증가했다. 이는 약물 남용과 같은 또 다른 공중보건의 위기와 대등한 수준이었다. 교통사고로 인한 부상 외에도 자동차가 건강에 미치는 장기적인 영향으로는 대기오염으로 인한 호흡기 질환과 매주 몇 시간씩 차에 앉아 있느라 생기는 각종 질환(허리 통증과 관절 통증, 스트레스와 불안, 비만, 당뇨병, 심장질환)이 있다. 나아가 엔진을 돌리기 위해 각종 화석연료를 태우면서 발생하는 파국적인 기후 위기는 말할 것도 없다(미국의 휴스턴과 피닉스 같은 자동차 중심 도시의 시민들은 파리나 도쿄나 홍콩 같은 보행자 중심 도시의 시민들보다 탄소를 여섯 배나 더 많이 배출한다). 자동차의 자연스러운 부산물인 교통량으로 인해 도시마다 버려지는 시간과 자원이 매년 수십억 달러에 이르고, 자동차 중심 생활로 인한 사회적 소외는 개인의 정신 건강과 사회 통합을 위협한다.

분명히 말해두지만 나는 자동차를 소유하고 가까운 거리든 먼 거리든 자주 차를 탄다. 어릴 때부터 운전했고, 운전을 즐길 때도 많다. 하지만 자동차가 도시 생활의 암적인 요소라는 점도 잘 안다. 자동차는 도시의 삶을 역행하고 도시 사람들과 대립한다. 토론토의 끝없는 교통 체증 탓에 자전거를 타면 더 빨리 갈 수 있는 곳을 한 시간 만에 가거나 교차로에서 우리 아이들이 차에 치이지 않도록 손을 꽉 붙잡을 때마다 자동차와 도시의 대립을 이미 충분히 알았다. 그리고 미국에서도 알았다. 교외의 모텔에서 음식점까지 걸어가려다가 고속도로를 밟지 않고는 걸을 만한 길이 없어서 다시 모텔로 돌아와 차에 타면서 깨달았다. 다른 나라들에서 심각한 자동차 대기오염으로 그야말로 숨이 턱턱 막힐 때도 깨달았다. 자동차는 도시를 더 위험하고 덜 친근하게 만든다는 사실을. 자동차는 도시를 인간의 신체에 노골적으로 해로운 도시로 바꿔 놓았다.

자동차를 위한 미래 도시와 인간을 위한 미래 도시 사이에 치열한 논쟁이 일어난 대표적인 예가 있다. 바로 뉴욕의 자칭 '건축의 대가'로서 도시의 기반 시설을 관리하는 시나 주 당국 위에 군림하는 로버트 모지스Robert Moses와 뉴욕 그리니치빌리지의 건축 평론가이자 작가인 제인 제이콥스Jane Jacobs의 대립이다. 모지스는 도시의 미래를 자동차에 걸고 수십 년 동안 자동차를 중심으로 뉴욕을 재건하면서 도시의 노동자들이 급속히 뻗어 나가던 교외의 집에서 도시로 출근하고 다시 도시에서 집으로 퇴근할 수 있도록 고속도로와 대로, 다리와 터널을 건설하도록 단호히 밀어붙였다. 지하철과 기차와 대중교통 사업에 들어갈 자금을 줄이고 사우스브롱크스처럼 활기차고 걷기 좋은 동네를 없애고 교각을 일부러 낮게 지어 그 아래로 버스가 통과하지 못하게 해서 사우스브롱크스의 가난한 흑인들이 롱아일랜드의 해수욕장으로 넘어가기 어렵게 만들었다. 많은 사람이 뉴욕이 1950년대부터 수십 년에 걸쳐 경제적, 사회적으로 추락한 책임을 모지스에게 물었다. 많은 산업과 가정이 모지스가 고속도로로 연결한 교외로 떠나는 바람에 뉴욕이 쇠락했다는 것이다. 하지만 세계의 도시들이 모지스의 각본에 따라 도시의 고동치는 심장부를 관통하는 대로와 고속도로를 건설했다.

한편 제이콥스는 사람들이 걷거나 지하철을 이용하는 조용한 주택가에서 살았다. 그러다 뉴욕시 교통부가 모지스의 조언에 따라 주차장을 확보하기 위해 인도를 3미터쯤 잘라내겠다고 발표하자 반대 시위를 조직해서 이 계획을 무산시켰다. 모지스가 맨해튼의 심장부를 지나 워싱턴스퀘어 공원을 관통하는 고속도로를 제안하자 제이콥스는 더 크게 반발했고, 이 사업 역시 무산되었다. 이후 제이콥스는 토론토로 이주해서 스파다이나 고속도로라는 유사한 도로 확장 사업도 무산시켰다. 이 사업이 진행되었다면 토론토 시내의 번화가가 파괴되었을 것이다. 모지스는 로버트 카로Robert Caro가 쓴 전기 《파워 브로커》 덕분에 도시의 미래에 대한 파괴적이고 시대착오적인 비전으로 비난과 불명예를 얻었다. 반면에 제이콥스는 1961년에 출간된 저서 《미국 대도시의 죽음과 삶The Death and Life of Great American Cities》에서 혁신을 다루며 도시의 수호성인으로 등극했다. 제이콥스가 말하는 혁신은 보행로를 넓히고 공공의 공간을 늘리고 대중교통을 개선하고 공원의 용도를 다변화하고 보행자와 자전거 타는 사람에게 중점을 두는 방식이었다. 한마디로 자동차를 줄이고 사람을 늘리자는 제안이었다.

제이콥스의 아이디어는 도시계획에서 가장 진보적인 개념이지만

1960년대에도 새로운 개념은 아니었다. 그 아이디어는 도시계획에서 일종의 '천연발효종'으로 회귀하자는 제안이었다. 미국인들이 유럽에 처음 가보고 아름다운 광장과 거리의 카페가 얼마나 많은지, 도시에서 걷는 게 얼마나 기분 좋은지, 로마에서 운전하는 것이 얼마나 쓸모없는 짓인지를 직접 보고 감탄한 경험에서 나온 것이다. "제인 제이콥스는 가장 현대적이에요!" 뉴욕의 저널리스트이자 도시 평론가인 로베르타 그라츠Roberta Gratz의 말이다. 그라츠는 저서 《고담시를 위한 전투The Battle for Gotham》에서 모지스와 자신의 친구인 제이콥스의 대립을 연대기로 기록했다. "지금 정말 많은 도시가 모지스의 흔적을 지우기 위해 돈을 퍼붓고 있어요. 재미있지 않습니까?" 그라츠가 물었다. "고속도로 무너뜨리기. 동네를 다시 통합하기. 교통 체계를 재건하기. 쇼핑몰 대신 거리를 개방하기. 사람들이 거주하는 시내를 재건하기."

그라츠는 뉴욕에서 모지스가 건설한 웨스트사이드 고가도로를 철거하는 사업에 관여했다. 현재 이 도로는 대로로 바뀌고 양옆에 자전거 도로와 강변 공원이 늘어서 있다. 서울에서는 청계천을 덮은 고가도로를 철거하고 개천을 재정비하여 보행자 거리와 자전거 도로를 조성해서 도심에 8킬로미터 길이의 산책로와 공원을 만들었다. 애틀랜타와 로체스터, 샌프란시스코, 밀워키, 포틀랜드는 도시의 삶을 복원하기 위해 불과 수십 년 전에 건설된 도심 고속도로를 철거했다. 보고타와 상파울루, 도쿄, 멕시코, 하이델베르크, 스톡홀름, 몬트리올, 시드니, 텔아비브 같은 도시는 차량 통행을 가로막거나 교통량을 제한하여 걷기와 자전거 타기를 장려했다. 2023년에 베를린 시민들은 도심에서 자동차 통행을 금지하는 국민투표를 실시할 예정이다. 최근에 파리의 안 이달고Anne Hidalgo 시장은 신호등의 도시를 '15분 도시'로 탈바꿈시켰다. 파리 시민이 필요한 모든 것(직장, 학교, 바게트)에 15분 정도 걷거나 자전거를 타면 닿을 수 있도록 파리를 바꿔놓은 것이다. 보행자 친화적인 도시의 대표 주자인 암스테르담과 코펜하겐도 원래는 자동차 중심 도시였다가 몇십 년 전에 변화를 결정한 것이다. 세계 각지에서 벌어지는 자동차 중심 도시의 대대적인 해체 작업은 제이콥스의 혁신적인 아이디어를 미래로 가져와 가시적이고 지속적인 효과를 내고 있다.

이들 도시에서 나타난 변화는 실로 굉장하다. 이들 도시는 시민과 관광객과 산업 모두에 더 안전하고 깨끗하고 우호적이고 매력적인 도시가 되었다. 덴마크의 건축가 얀 겔Jan Gehl이 말하듯이 도시계획의 모든 주요 목표(활기찬 도시, 안전성, 지속 가능성, 건강)는 더 많은 사람이 걷고 자전거를 타되, 운전은 줄이는 방식으로 더 강화된다. 도시계획 연구자이자 부동산 개발업자이자 《도시계획의 선택권The Option of Urbanism》의 저자로서 현재 워싱턴 D.C.에 사는 크리스토퍼 린버거Christopher Leinberger는 이렇게 말했다. "우리는 걸을 수 있는 도시 환경에서 더 혁신적이고 더 생산적이 됩니다." 걷기 좋은 도시와 걷기 좋은 구역은 자동차 중심의 교외 지역보다 투자 가치가 높다. 이런 지역일수록 경제성장이 빠르고 부동산 가치도 빠르게 상승한다. "이제는 걷기 좋은 도시에서 돈이 벌립니다. 차가 다니기 좋은 교외 지역을 너무 많이 지었습니다." 비결은 무엇일까? "사람들과의 접근성이 중요합니다." 린버거가 말했다. 도시가 조밀할수록 걷기 좋고 보행자와 자전거에 친화적인 공간이 된다. 이런 공간에서 사람들은 더 많이 소통하고 대면으로 아이디어를 나누고 관계를 맺고 혁신과 성장을 주도할 수 있다. 덕분에 걷기 좋은 도시가 가장 좋은 도시의 미래로서 계속 남는 것이다. 지난 반세기 동안 교외의 자동차 중심 도시는 일탈, 말하자면 도시 진화의 잘못된 출구였다. "8000년 전 세계 제일의 도시였던 예리코와 다르지 않습니다." 린버거가 말했다. "같은 원리예요."

지난 몇십 년 동안 도시를 걷기 좋고 활기찬 곳으로 되돌린 변화는 분명 아날로그적인 것이었다. 10년 전 상상력이 풍부하고 과감한 뉴욕시 교통부 장관 자넷 사딕-칸Janette Sadik-Khan은 저렴한 옥외 가구와 대형 화분을 거리에 내놓고 도로에 알록달록하게 페인트를 칠해서 헤럴드스퀘어와 타임스스퀘어 같은 공간에 '전략적 도시 개입'을 시도했다. 처음에는 협소한 보행로와 삼각형의 자투리 공간을 보행자와 옥외에서 식사하는 사람들에게 돌려주고, 그러다 결국에는 교차로와 한 블록 전체를 보행자들에게 돌려주었다. 뉴욕시는 몇 년 만에 자전거 도로 수백 킬로미터를 놓아서 맨해튼 미드타운의 심장부에서 퀸즈의 자메이카베이까지 연장했다. 1960년대에 암스테르담에서 처음 출현한 자전거 공유 제도는 현재 스마트폰을 통해 이용자를 추적하고 요금을 청구하는 방식으로 수많은 사람들을 자전거로 끌어들인다.

수십 년간 지지부진하게 자동차 중심 도시로 남아 있던 토론토도 최근 몇 년 사이 소규모의 자전거 도로망을 더 공격적으로 확장하기 시작했다. 토론토의 시내 중심부는 (주로 제인 제이콥스 덕분에) 언제나 걷기 좋은 공간이었지만 좁은 길과 전차 선로와 강력한 자동차 문화로 인해 자전거를 타는 게 위험했다. 하지만 자전거 도로를 새로 정비하면서 더 많은 사람이 자전거를 타고 길에 나서기 시작했다. 지난 10년 사이 토론토에서 통근용이든 여가용이든 일상의 교통수단으로든, 전반적으로 자전거 이용률이 증가했다. 특히 자전거 전용 도로가 생기면서 증가 추세가 가팔라졌다. 자전거 도로를 만들면 사람들이 자전거를 탄다는 뜻이다.

이런 혁신 중 어느 것 하나도 아무런 진통이나 반발 없이 나오지는 않았다. 이들 도시의 자전거 도로와 보행자 구역은 교외로 출퇴근하는 사람들, 택시와 배달 트럭 운전사, 그리고 주차장을 없애면 매출이 떨어질까 염려하는 자영업자들에게 반발을 샀다. 게다가 파리 시민들은 최근에 시내에 자전거가 급증하면서 아수라장이 되었다고 불평한다. 자전거를 타는 사람들이 빨간불에 보행자나 차량을 아랑곳하지 않고 출발하는 바람에 충돌 사고가 증가한 탓이다. 지난 10년 동안 뉴욕에 가본 사람이라면 자전거 도로가 보행자에게 가장 위험한 길임을 알 것이다. 이제 음식 배달기사의 아우토반이 되어버린 자전거 도로에서 배달기사들이 전기자전거를 타고 시속 40킬로미터로 역주행하기 때문이다. 그럼에도 거의 모든 도시에서 자전거 도로는 인기가 많고, 단점보다 장점이 훨씬 크다.

코로나19가 시작되고 얼마 안 가서 절박한 상황에 몰린 전 세계 도시들이 극적인 조치를 단행했다. 자전거를 타는 사람과 보행자를 위해 도로와 대로를 폐쇄하면서도 큰 혼란을 초래하지 않았다. 음식점과 술집이 인도에 테이블을 내놓고 주차장에 임시 야외석을 만들어(뉴욕에서만 주차장 1만 5000곳 이상이 음식점의 야외석이 되었다) 업계가 살아남을 수 있도록 도운 것이다. 음주 규정도 느슨하게 풀어서 사람들이 바에서 칵테일을 주문하거나 공원에서 와인을 마실 때 허가증이나 입장권을 내지 않도록 해주었다. 몇 달 전만 해도 상상하지 못할 조치였다. 도시들이 기술이 필요 없는 아이디어로 신속하고 과감하게 혁신하면서 이탈리아나 브라질 같은 나라에서는 예전부터 누려온 단순하고 문명화된 풍경을 수용한 것이다. 사실 북미 사람들은 이들 나라에 다녀오면 항상 "왜 여기서는 이런 걸 누릴 수 없을까요?"라고 물었다. 이제 여기서도 된다. 그러기 위해 명분이 필요했을 뿐이다.

토론토의 내 작은 보금자리에서 이 도시가 그렇게 빠르게 변모하는 모습을 지켜보면서도 믿기지 않았다. 호숫가 대로는 모지스 시대에 도심을 드나들도록 6차선으로 뚫렸지만 요즘 나는 주말마다 차량 통제 시간에 아이들을 데리고 이 도로에 자전거를 타러 간다. 이제는 음식점마다 야외석이 있고, 거리마다 먹고 마시며 행복해하는 사람들이 북적거린다. 토론토의 거리가 이렇게 활기를 띤 적도 없었다. 그래서 운전할 때 속도가 느려지고 주차공간을 찾는 것이 어려워졌을까? 물론이다. 하지만 그 대신 얻은 것이 더 가치가 있었다. 이런 변화가 암시하는 도시의 미래는 우리가 이전에 그리던 미래나 스마트시티의 디지털 유토피아주의자들이 약속한 미래보다 훨씬 나았다.

실제로 스마트한 도시

디지털 기술 중심의 사이드워크 토론토 계획을 비롯해 수많은 스마트시티 계획에서 자동차는 여전히 핵심 역할을 맡았다. 그 중심에 두 가지 기술이 있었다. 전기차와 자율주행차다. 자율주행 전기차가 오늘날 도시가 안고 있는 수많은 문제(대중교통, 쓰레기 수거, 탄소 배출, 교통 혼잡과 자동차 사고)의 해결책으로 제시되었다. 여기에 더해서 세계 여러 도시에서 이미 보행로를 어지럽히는 전기 스쿠터와 같은 디지털 이동 수단에 보조적인 역할을 맡기려 했다. 수많은 스마트시티 계획은 자동차를 대체하기보다 자동차의 진정한 잠재력을 활용하자고 제안했다. 2018년에 많은 도시가 우버와 리프트Lyft 같은 기업과 계약해서 개인 차량 공유 시스템을 도시의 교통 체계로 편입시켰다. 차량 공유가 교통 혼잡과 탄소 배출, 그 외에도 개인 소유 차량으로 인한 문제를 줄여줄 것이고 개인에게 돈을 주는 것이 버스 노선이나 지하철 노선을 늘리는 것보다 저렴할 거라는 약속이 널리 받아들여진 결과다. 실리콘밸리(무질서하게 뻗어 나가고 자동차가 중심이며 걷는 것이 불가능한 교외 지역) 같은 곳에 사는 사람들에게라면 이런 변화가 완벽하게 의미가 있었다. 하지만 샌프란시스코 같은 현실의 도시에 산다면 그렇지 않았다.

"무인 자동차와 전기차도 차는 차예요! 다 차라고요!" 사이드워크 토론토의 계획에 관해 대화를 나누던 중 로베르타 그라츠가 열을 내며 말했다. "교통량이 감소하지 않을 거예요. 오히려 더 늘어날 거예요." 연구에 따르면 이미 우버와 리프트를 비롯한 전 세계의 차량 공유 업체들과 함께 나타난 현상이다. 다음 승차 요청 알람이 울릴 때까지 모든 운전자가 빈 자가용을 몰고 돌아다니자 ('빈차 왕복') 그냥 개인 소유 차량이 돌아다닐 때보다 대기오염이 더 심해지고 도시가 더 혼잡해졌다. 차량 공유의 디지털 미래에는 도로에 차가 더 많이 돌아다니고, 내가 자주 본 모습에 따르면 이들 차량의 운전자들은 멍청한 로봇처럼 운전하고 있었다. 우버 기사가 혼잡한 도로에서 불법 U턴을 하거나 자전거 도로 한복판에서 멈춰버리거나 일방통행 도로에서 역주행하거나 스마트폰이 시키는 대로 공원의 잔디밭으로 돌진하는 (내가 가장 좋아하는 예다) 사례가 하루가 멀다 하고 속출했다. 자살행위다.

"'스마트시티'를 말하는 사람들은 실제로 스마트한(똑똑한) 도시가 어떤 도시인지 제대로 이해하지 못합니다." 그라츠가 말했다. "스마트시티는 혁신적인 새로운 기술을 개조해요. 그러면서 혁신적인 새로운 기술이 모든 것을 통제하게 놔두지 않습니다. 도시에서는 사람이 중요하고, 사람은 기술에 통제당하기를 원하지 않으니까요. 그래서 그 사람들은 기술을 스마트한 방식으로 이용해서 도시를 개선하기보다 그냥 기술로 도시를 창조하려고 했어요." 도시는 수많은 대립하는 이해관계를 가지고 수많은 일을 창조하는 수많은 사람으로 이루어졌다. 도시는 놀랍고 혼란스럽고 시끄럽고 냄새 나는 무작위적 공간이다. 이런 요소가 도시를 도시답게 만들어준다. 도시는 당국이나 부동산 개발업자나 기발한 기술회사가 하향식으로 만들어낼 수 없다. 도시는 통제와 표준화를 거부한다. 바로 디지털 스마트시티가 미래에 약속한 바로 그것을 거부하는 것이다. 청결. 질서. 논리.

양차미는 디지털 스마트시티의 역사를 연구한 논문에서 이런 도시들은 민주주의 이전 시대의 대한민국과 싱가포르, 두바이, 이집트, 사우디아라비아, 중국 같은 국가에서 권위주의 정부가 지원하는 모형이라고 지적했다. 〈데몰리션 맨〉의 샌앤젤레스는 겉으로는 화려해 보이지만 시민들이 키스하려면 허가증을 자동 발급받아야 하는 경찰국가다. 스마트시티는 감시와 수정과 개입의 도구를 도시의 기반 시설에 통합해서 국가에 통제력을 양도했다. 그라츠는 디지털 도시의 미래를 미리 보고 싶다면 중국을 보라고 했다. 중국은 세계에서 가장 앞서가는 디지털 감시 국가로서, 수많은 카메라와 스마트폰 앱, 빅데이터, 드론, 안면 인식 기술을 이용해 질서와 청결과 코로나19 통제, 그리고 무엇보다도 중국공산당에 대한 충성심을 유지하는 곳이다. "혁신이라면 우리 삶을 더 흥미롭거나 쉽게 만들어주어야지, 우리 삶을 통제해서는 안 됩니다." 그라츠가 말했다. "어떤 장소를 통제하려고 시도하면 도시로 발전시킬 수 없습니다."

초창기의 과장 광고를 넘어서서 디지털 스마트시티가 남긴 실질적인 유산이 무엇인지에 대해서는 커다란 의문 부호가 붙는다. 거의 모든 도시가 실패했거나 처음의 약속을 축소했거나 사람들이 모두 떠난 도시로 남았다. 대한민국의 인천국제공항 부근에 조성된 송도처럼 초창기 스마트시티 중 일부는 현재 썰렁하고 조용해서 주민들은 공공연하게 외로움을 토로한다. 인도의 돌레라와 같은 도시는 광고하고 투자를 받은 지 수 년이 지나도록 아직도 서류상에만 존재한다. 매사추세츠대학교 애머스트캠퍼스에서 도시 미래와 커뮤니케이션을 가르치는 버쿠 베이커트Burcu Baykurt는 최근의 저서《데이터 장치로서의 도시The City as Data Machine》에서 구글과 시스코가 2016년부터 캔자스시에서 추진한 스마트시티 프로젝트가 남긴 유산을 고찰했다. 이 프로젝트는 캔자스시 시내를 시험대 삼아 센서와 고사양 카메라, 공공 와이파이 네트워크, 디지털 키오스크를 이용해 도시의 모든 서비스를 연결하고 이 지역의 가난한 흑인과 라틴계 시민들을 위해 서비스를 개선하려고 시도했다. 데이터에 주차와 대중교통과 치안에 빈틈이 나타나면 시 공무원들이 더 빠르고 더 좋은 해결책을 찾아내게 했다. 베이커트는 3년 동안 이 프로젝트에 주목하면서 데이터 과학자와 통계학자들의 대규모 통제실에도 가보고 순찰차 뒷좌석에도 타보고 추운 날 버스정류장에서 버스를 기다려보는 등 온갖 일을 다 해보고는 스마트시티가 지상에 구현되면 어떤 모습일지 1열에서 관람했다.

"솔직히 말해서 달라진 것이 많지 않아요." 베이커트가 말했다. "과장 광고를 보고 많은 사람이 움직여요. 마치 변화가 일어날 것처럼 보이죠." 우선 성급히 선언문이 발표된다. 기사가 나온다. 정치인들이 공무원들과 함께 사진을 찍는다. 그러나 결국에는 데이터만 남는다. 엄청난 양의 데이터. 그리고 캔자스시 사례에서 데이터가 제시하는 해결책은 사실 실행 불가능하고 현실과 동떨어져서(버스와 경찰차보다 무인 자동차와 드론) 몇 년 후 이 프로젝트도 조용히 사장되었다. "당연한 말이지만 스마트시티는 다른 무엇보다도 기술 개발을 우선시합니다." 베이커트가 말했다. "문제를 바로잡으려 하고 중요한 질문의 답을 기술에서 찾으려 하지만 모든 선한 의도에도 불구하고 결국에는 보여주기식 홍보로 끝납니다. 그리고 문제에서 출발하는 예는 드물어요." 스마트시티는 대신 실제 문제를 탐색하면서 디지털 해결책을 제시한다. 예를 들어 오하이오주 콜럼버스에서 진행된 사이드워크랩스 프로그램은 흑인 거주 지역의 높은 영아 사망률의 해결책으로 무인 자동차와 차량 공유를 이용해 환자들이 병원에서 진료를 받게 해주는 방안을 제안했다. 그러나 제도적으로 대중교통과 교육과 임신 기간 서비스를 보완해서 취약 지역의 산모와 영아의 건강을 개선하는 방식이 아니었다. "기술은 이런 문제에 **하나의 답**이 될 수는 있어도 **정답**이 될 수는 없어요." 베이커트의 말이다. 이 말을 듣자 코로나19 초반에 각국 정부가 내놓은, 근접성에 기반한 감염자 동선 추적 앱이 생각났다. 실질적으로 바이러스의 확산을 조금 늦춰주는 정도 말고는 아무런 성과도 내지 못한 방법이었다.

사이드워크랩스는 토론토에서도 그리 멀리 가지 못했다. 수많은 프레젠테이션과 시연회를 열고 회의를 주최하고 개발지로 선정된 호숫가 구역에 사무소를 열었다. 하지만 2019년 중반에 이미 대중의 정서는 이 프로젝트에서 돌아섰다. 비판하는 쪽에서는 이 프로젝트가 현실적이지 않고 시에서 교통 체계와 기반 시설과 기타 주요 문제에 대해 이미 추진 중인 계획과 동떨어져 있다고 지적했다. 데이터를 처리하고 무수히 많은 센서를 업그레이드해야 할 텐데 그 비용은 누가 댈 것인가? 자율주행 쓰레기 수거 차량이 고장 나면 어떻게 할 것인가? 구글이 수리비를 낼까? 토론토의 납세자들이 낼까? 게다가 사생활 침해 문제는 어떻게 해결하고 사이드워크랩스(구글, 알파벳)가 걷어가려고 계획한 그 모든 구미 당기는 데이터의 소유권은 누가 가져갈 것인지에 대한 우려도 있었다. 무엇보다도 토론토 시민들은 왜 세계에서 가장 부유한 기업 중 하나가 토론토의 미개발 부동산 중에서도 가장 가치 있는 구역을 시장가보다 한참 싼 가격에 받아가려 하는지 의문을 제기했다. 이것은 어떤 미래인가? 결국 사이드워크랩스는 코로나19로 토론토가 봉쇄된 지 두 달 만에 토론토를 떠난다고 조용히 발표했다. 미래에 대한 그 모든 약속을 담았던 건물에는 최근에 버짓Budget 렌터카 업체가 들어섰다.

"사이드워크 토론토는 애초에 나쁜 아이디어였습니다." 쇼샤나 색스가 말했다. "사람이 사는 동네를 인터넷으로 지으면 안 되죠. 그래서 세계 어디서든 스마트시티 사업이 망하는 거고요. 우리가 도시에 요구하는 것이 있고, 인터넷에 요구하는 것이 따로 있어요. 두 가지는 같지 않습니다." 나는 토론토의 호숫가에서 시간을 많이 보냈다. 이곳은 과거에 대단한 인물들이 구상했다가 실패한 미래상이 전시된 생생한 증거다. 모지스 시대의 고속도로에 의해 도시와 단절되고, 켜켜이 들어선 20, 30층 높이의 콘도미니엄 건물에 의해 시야가 가로막혔다. 이런 콘도미니엄은 주민들에게 헬스장과 네일숍과 가끔 지나가는 지하철 이외에는 편의시설을 거의 제공하지 않는 주거단지였다. 게다가 호수 물은 20세기 대부분의 기간에 오염물질과 대장균 검사를 번번이 통과하지 못했다(그래도 나는 호수의 부두에서 항해 캠프를 하기는 했다). 1991년에 토론토는 이곳에 메이저리그 야구팀 블루제이스의 홈구장인 스카이돔을 지었다. 개폐식 지붕과 대형 스크린을 갖춘 메이저리그 최초의 초현대적인 경기장인 스카이돔은 주변 콘도미니엄 단지에 활기를 불어넣을 최신 기술의 개가로 기대되었지만 금세 거대한 콘크리트 알바트로스로 자라나 오랜 세월 텅텅 비어 있고(하긴, 최근까지도 블루제이스의 구장이긴 했지만) 팬들 사이에서는 메이저리그 최악의 경기장 중 하나로 꼽힌다.

그러다 최근 몇 년 사이 토론토의 호숫가가 개선되기 시작했다. 수처리 시설에 대규모로 투자하면서 호수의 물이 더 깨끗해졌다. 이 글을 쓰는 동안에도 고가도로의 일부를 허물고 그 아래에 상상력 넘치는 새로운 공원을 조성하고 있다. 자전거 도로를 넓히고, 축제와 콘서트, 푸드트럭, 설치미술, 농구장, 스케이트 링크를 늘렸다. 여름에 사람들이 호숫가로 찾아와 북적거리기는 하지만 아직도 주민들은 제대로 된 한 끼를 사 먹으려면 멀리까지 걸어야 한다. 호숫가에 새로 들어선 콘도미니엄은 훌륭한 편의시설과 최첨단 스마트홈 기술을 자랑하지만 걸어서 5분 거리에 편히 앉아서 햄버거와 맥주 한 잔을 즐길 곳이 없다면 도시에 산다고 볼 수 있을까? 이런 콘도미니엄 개발자들은 자신들이 지속 가능한 도시의 미래를 만들고 있다고 광고하면서도 여전히 르코르뷔지에의 빛나는 도시를 좇아 고속도로 옆 건물을 건설할 뿐이다.

도시에는 사람들이 일하고 거주하고 쇼핑하고 식사하고 서로 만나고 재미를 발견하고 운동도 하고 즐길 거리를 찾을 공간이 필요하다. 좋은 공립학교가 있어야 하고, 아이들과 교사들이 학교까지 안전하게 다닐 방법도 있어야 한다. 당연히 이 모든 것을 지원할 자금이 필요하다. "젠장, 이 공원에서 와이파이가 더 잘 터졌으면 좋겠다"고 말하는 사람은 아무도 없다. 하지만 작년 한 해 나는 이 공원에 화장실이 제대로 갖춰져서 내 아들이 또 수풀에 똥을 싸지 않아도 되면 좋겠다고 열 몇 번쯤 말했다. 또 쓰레기통에 센서를 달아달라고 요청하는 사람은 아무도 없다. 그저 쓰레기통을 더 자주 비워주기를, 쓰레기통 입구가 충분히 넓어서 커피를 마시고 빈 컵을 버리면서 개똥 봉지에 손이 닿을까 염려하지 않아도 되기를 바랄 뿐이다. 점심밥을 받으면서 인사 한마디 나눌 배달원을 원하지, 내 점심밥을 싣고 굴러오는 로봇을 원하지 않는다. 우리가 더 큰 공동체의 일부라는 느낌을 주는 카페를 원하지, 최근 근처에 오픈한 로봇 바리스타 카페를 원하지 않는다. 로봇 카페에서는 근사한 커피 자판기가 매장에서 제일 좋은 자리를 차지하고 있다. 나는 RFID(무선인식) 기술이 장착된 거리를 원하지 않는다. 나는 그저 제인 제이콥스가 활기찬 도시의 심장부에 "공공 정체성과 신뢰의 연결망"을 만들기 위한 열쇠라고 말하던 거리, 인간의 모든 활동이 벌어지는 거리를 원한다. 아이들이 뛰어놀고 친구들이 수다를 떨고 가게 주인들이 투덜대고 노인들이 밖에 나와 앉아 있고 음식점 손님들이 야외 테이블에 앉아 있고 자전거가 서 있고 동네 개들이 산책하는 거리.

우리가 머물고 싶은 곳

당신이 살았거나 가본 대도시들을 떠올려보라. 뉴욕과 시카고, 홍콩과 하노이, 멕시코와 카이로와 더반을 떠올려보라. 뭐가 생각나는가? 공원과 건축, 사람들과 시장, 제인 제이콥스의 웨스트빌리지처럼 마법 같은 동네의 시끌벅적한 거리에서 걷는 장면일 것이다. 디지털 기술은 도시를 위대하거나 기억에 남을 곳으로 만들어주지 않는다. 누구도 "최근에 피렌체에 다녀왔는데 거기 드론이 대단했어요!"라고 말하지 않는다. 스마트시티의 미래는 될 대로 되라고 해라. 나는 그저 도시에 사는 인간을 생각해주는 도시를 원한다.

도시는 불편하고 혼잡하고 시끄럽고 불쾌하다. 도시에는 지린내가 나기도 한다. 이것이 도시 생활의 현실이고 어떤 디지털 기술도 이런 것을 해결해주지 못한다. 평화롭고 한적하고 자연이 있고 삶의 속도가 다른 아름다운 소도시나 교외도 있다. 이런 곳에 살기로 선택해도 된다. 언젠가 나도 시골에 내려가 살 수도 있다. 다만 도시는 도시 정책을 다루는 저술가인 다이애나 린드Diana Lind가 '압축된 문화compressed culture'라고 일컬은 문화를 제공해야 한다. 말하자면 도시는 낯선 사람들이 서로 만나게 해주고 새로운 생각과 장소를 접하게 해준다. 세월이 흐르고 이런 조합이 쌓여서 도시의 고유한 역사와 건축이 된다. 이것이 파리를 파리로 만들어준다. 그리고 획일적이고 예측 가능하고 전형적인 상점과 쇼핑몰과 주택이 늘어선 교외에는 없는 것이다. 도시의 본질은 예측 불가능성에 있다. 도시의 영혼은 혼돈이다.

"저는 기술이 도시의 강점이 될 거라고 보지 않습니다." 린드가 필라델피아의 자택에서 내게 말했다. "도시가 본연의 모습으로 돌아가려면 사람들이 실제로 머물고 싶은 장소가 되어야 합니다. 어떤 식으로든 인터넷과 경쟁해야 합니다. 스마트시티는 도시가 더 원활하게 돌아가게 해준다는 약속을 잔뜩 늘어놓지만 그런 건 우리가 당면한 문제가 아닙니다." 도시를 위대하게 만들어주는 것은 특유의 비효율성과 마찰이다. 바로 여기서 인간의 창의적인 해결책이 나온다. 가령 코로나19 범유행 중 많은 도시가 시도해서 성공한 해법 가운데 주차장에 음식점의 야외석을 놓는 방법이 있다. 운전자들에게는 편리하지 않고 러시아워에 정체를 가중시키지만 도시에 사는 사람들의 전반적인 삶의 질을 높여준다. 도시의 미래는 디지털 유토피아주의를 통해 도시를 완전히 뒤엎어서 더 이상 쓸모없는 곳으로 만드는 방식이 아니라 언제나 도시를 위대하게 만들어주던 아날로그적 요소에 집중하는 데서 나온다. 주택 공급 기회, 경제와 문화의 다양성, 활기찬 공공장소, 뒤죽박죽인 인간군상 말이다.

여기 토론토에서 도시의 미래를 만들어나가려면 기술보다는 용기가 필요하다. "지금 만약 음식점 주인에게 센서를 잔뜩 달지, 아니면 야외석을 만들지 물으면 무슨 대답이 나올까요?" 색스가 말했다. 토론토가 당면한 지속적인 난제들, 이를테면 혼잡한 대중교통과 기후변화와 저·중 소득층을 위한 주택 공급과 같은 문제들에는 성가시고도 장기적인 투자가 필요하다. 하지만 누구도 비용을 대거나 건물을 짓는 노고를 떠맡으려 하지 않는다. 자전거 도로와 버스 노선과 골목의 과속 방지턱을 늘려야 하지만 일부 자동차 운전자들은 짜증을 낼 것이다. 또 구역제 규정을 완화해서 세계의 다른 도시들에 존재하는 저·중 소득자들을 위한 주거 형태(학교 인근에 점점 증가하는 가족들을 수용할 수 있는 월세 아파트)를 공급해야 하지만 일부 주택 소유자들은 분노할 것이다. 성장을 향한 열망과 젠트리피케이션에 의한 경제적, 문화적 불평등 사이에서 적절히 균형을 잡으면서 보다 세심한 정책을 마련해야 한다. 토론토 호숫가의 마지막 남은 구역을 매입하거나 몰수해서라도 반드시 공원을 조성해야 한다. 정신 건강 서비스를 확충해서 코로나19 범유행 중 토론토 전역의 공원에 텐트촌이 우후죽순 생겨날 만큼 심각한 노숙자 문제를 해결해야 하고, 경찰의 공무수행 방식을 철저히 점검해야 한다. 이 모든 문제를 해결하면서도 활기찬 경제와 안전한 동네와 시민 중심의 감각을 키워야 한다. 디지털 기술은 버스에 GPS 센서를 달아서 버스가 정류장에 정확히 몇 시에 도착하는지 알려주거나 자외선 기술로 하수를 처리하는 등 다양한 요구를 해결하는 데 도움을 줄 수 있지만 디지털 기술이 도시의 미래에 기반이 되어주지는 못한다. 더 좋은 도시로 거듭나려면 기술의 논리가 아니라 도시의 논리가 필요하다.

"2017년에는 모두가 '이게 10년 후 미래다. 모든 것이 스마트해질 것이다!'라고 말했어요." 색스가 말했다. "그런데 4년이 지난 지금 아무것도 스마트해지지 않았고, 우리에게는 여전히 해결해야 할 실질적인 문제가 있어요."

5장

금요일

문화 생활

우리가 놓친
가장 마법 같은 순간

문화는 감각적이다. 우리가 문화를 물리적으로 향유할 때는 모든 아날로그 감각을 동원한다. 공연을 볼 때 눈으로 보고 귀로 듣기만 하는 것이 아니라 그 공간의 냄새도 맡는다. 연주자의 땀 냄새가 객석의 냄새와 섞이고 팝콘과 흘린 맥주의 냄새 그리고 마리화나 연기와도 섞인다. 음악이 꽝꽝 울리거나 공연자가 무대 위에서 힘껏 착지할 때는 실제로 소리의 파동이 살갗을 때린다. 라이브 공연은 온몸으로 체험하는 문화다.

"신사 숙녀 여러분, 여러분의 왕 조지 3세입니다. 〈해밀턴Hamilton〉에 오신 것을 환영합니다. 지금부터 휴대전화와 모든 전자기기를 꺼주십시오. 사진과 영상 촬영도 모두 금지됩니다. 감사합니다. 그럼 공연을 즐겨주세요."

극장을 가득 메운 관객들이 기대감에 들떠 웅성거리는 사이 조명이 어두워진다. 오늘 밤이 왔다니 믿기지 않는다. 벨벳 좌석에 앉아 플라스틱 컵에 담긴 15달러짜리 피노 그리지오 와인과 10달러짜리 마카다미아 화이트초콜릿 쿠키를 무릎 위에 조심스럽게 올려놓는다. 무릎이 앞 좌석 등받이에 꽉 낀다. 몇 년 만에 이 공연표를 구하고 여기까지 오기 전에 급히 저녁을 먹고, 주차를 하고, 좌석에 끼어 앉고, 또 공연이 끝난 후에 어쩔 수 없이 술을 마시는 동안, 내내 이 대단한 작품이 내가 들인 비용만큼의 값어치를 하는지 궁금해한다.

아니면 다른 방법을 선택할 수도 있다. 편안한 운동복 바지를 입고 폭신한 소파로 가서 버터를 넣고 갓 튀겨낸 팝콘 한 대접을 무릎에 올리고는 매달 그 쿠키 가격만큼의 요금을 낸 디즈니+로 같은 공연을 볼 수도 있다. 린 마누엘 미란다Lin-Manuel Miranda가 나오는 오리지널 캐스팅 공연을 4K 울트라HD로 모든 표정과 섬세한 동작까지 놓치지 않고 볼 수 있다. 브로드웨이 최고의 공연이 집으로 들어온다.

4차 스트리밍 혁명

문화의 미래는 오래전부터 다가오고 있었다. 인류가 우리의 집단적 이야기를 예술로 해석하기 시작한 이래로 우리는 예술을 집 안으로 들여놓을 방법을 찾아왔다. 동굴벽화와 암각화, 회화와 조각, 인쇄물과 책, 축음기와 LP 음반, 영화와 사진, 테이프와 라디오, 텔레비전과 VCR, DVD, 스트리밍 서비스에 이르기까지. 모든 매체의 시대는 문화를 더 손쉽게 복제해서 더 널리 배포하겠다고 약속했고, 여러 면에서 이런 변화상에 따라 문화도 변형되었다. 지난 10년간 디지털 기술, 특히 음악과 TV와 영화를 집 안에 들여놓는 온라인 서비스가 우리 문화의 미래에 대한 궁극의 약속을 전하기 시작했다. "우리는 이미 요리에서, 노래에서 이런 일이 벌어지는 것을 보았습니다. 용접 기술까지 스트리밍하는 사람들이 있어요. 이 모든 일이 은유적 모닥불 옆에서 일어납니다." 스트리밍 동영상 게임 플랫폼인 트위치Twitch의 설립자 에멧 쉬어Emmett Shear가 2019년에 TED 강연에서 한 말이다. "앞으로 몇 년 동안 이런 모닥불이 수백만 개나 타오를 겁니다. 그리고 이 불가의 게임과 스트리밍과 소통 덕분에 미래의 방향타가 서로 원활하게 소통하고 공동체가 풍성하게 돌아가고 멀티플레이어가 활약하던 과거로 향하기 시작했습니다." 콘서트와 코미디쇼를 스트리밍으로 보고, 넷플릭스 시리즈가 영화관의 영화를 대신하고, 증강현실로 구현된 브로드웨이 공연이 기존의 무대를 압도할 것이다. "물론 파괴적 혁신이 일어나기 전에 늘 그렇듯이 경제적 피해에 관한 우려가 나타날 것이다." 언론 경영인 패리드 벤 아머Farid Ben Amor가 세계경제포럼에 기고한 글이다. 마침 같은 해에 출판물과 텔레비전, 비디오게임, 기타 가정용 오락기술이 출현하여 라이브 공연 예술을 대체했다. "하지만 연결성을 강화해서 물리적 환경을 극복하고 더 공감적 세계를 구축하는 방식으로 사회적 여파가 커지면 이런 우려도 결국 불식되거나 압도당할 것이다. 모두 4차 스트리밍 혁명과 함께 실현될 것이다."

코로나19 범유행 중 모두가 집에서 일한 것은 아니다. 모든 상점이나 학교가 문을 닫은 것도 아니다. 하지만 세계적으로 거의 예외 없이 모든 아날로그 문화가 온라인으로 옮겨갔다. 음악과 코미디, 연극, 미술, 무용까지, 모든 공연장에서 조명이 꺼졌다. 개인적으로 코로나19가 터질 즈음 가장 선명한 기억이 있다면 라이브 문화를 즐기던 마지막 사흘이다. 2020년 3월 9일 월요일에 나는 배드독Bad Dog이라는 즉흥극 극장에 갔다. 6개월 동안 매주 수업에 참가한 장소였다. 나는 평생 연기에 매혹당했다. 어릴 때 연극과 무용 수업을 들었고, 열네 살이던 1994년에 월든 어린이 캠프에서 만든 〈록키 호러 픽쳐 쇼The Rocky Horror Picture

Show)에서 트란실바니아의 트랜스베스타이트 프랑켄푸르트 배역을 따내면서 나 자신을 제대로 발견했다. 그렇게 망사 스타킹에 스틸레토를 신고 검정 브라에 레이스 팬티를 입고 자신만만하게 사춘기로 걸어 들어가는 사이 내 안에서 무대를 향한 갈망이 풀려났다. 고등학교를 졸업할 즈음 나는 모든 종류의 극에서 역할을 따내며 진정한 연극광이 되어 있었다.

하지만 내가 다니던 대학에는 연극 수업이 없었고, 나는 곧 무대를 과거로 남기기로 했다. 이후 20년이 흐르는 사이 내가 연극 무대에 가장 가까이 다가간 순간이 있었다. 바로 내가 이룬 작업에 대해 강연할 때였다. 나의 강연 인생은 2009년에 첫 책《델리 구하기》를 출간한 뒤각지의 유대교 회당과 주민센터를 돌면서 책을 홍보하며 시작되었다. 첫 주에 강연하던 어디선가, 그러니까 필라델피아에서 어떤 여자가 "생선은 어때요?"라고 물은 일과 애크런에서 어떤 부인이 내가 약혼했다는 말을 듣고 손녀의 전화번호를 내 손에 꼭 쥐여주면서 "혹시라도 일이 틀어질 수도 있으니까요"라고 말한 일 사이의 어디선가, 나는 내가 아직 무대를 사랑하는 것을 깨달았다.

지난 몇 년 동안 나는 무대를 사랑하는 마음을 강연자의 삶에 쏟았다. 세계의 청중에게 내 책과 관련 주제로 강연했다. 워싱턴주의 고등학교 체육관에서는 감자 농부들에게, 플로리다의 무도회장에서는 브로드웨이 극장주들에게, 심지어 나의 옛 여름 캠프에서 모닥불을 둘러싸고 모여 앉은 기술업계 종사자 10여 명에게도 강연했다. 나는 강연

에이전시를 통해 일하고 소득의 상당 부분을 강연으로 벌었지만 생물학적으로 전성기인 40대에 접어들면서 연기에 대한 나의 열망이 어디서 왔고 그것이 인간에 관해 무엇을 말해주는지 궁금해졌다. 그렇게 나는 이 질문, 언젠가 책에서 다루고 싶은 이 질문에 이끌려 우체국 위층에 있는 창문 하나 없는 그곳, 나 말고도 다른 부적응자 대여섯 명이 모여든 배드독 극장을 찾아간 것이다. 그리고 다들 2020년 3월 운명의 그 일주일이 다가올 무렵에는 즉흥극단에 녹아들었다.

그날 오후에 슬퍼 보일 정도로 냉소적인 강사 이튼은 우리가 한 번에 한 단어로 함께 이야기를 쌓아가도록 이끌어주었다. "상대를 생각해준다면서 쉬운 단어를 던지지 마세요." 이튼이 환기가 잘 안 되는 극장 안에서 기침을 하며 말했다. 그는 자기가 기침을 하는 건 얼마 전에 중국에서 들어온 박쥐 때문이 아니라 자녀들 때문이라고 했다. "여기서 친구 사귈 생각은 마세요. 즉흥극은 친구를 만드는 데 도움이 안 됩니다."

나는 마르크스주의 철학을 전공하는 박사과정생 댈러스와 짝이 되었다. 즉흥극의 비결에 관해 백과사전적 지식을 갖추고 그에 못지않은 연기력까지 겸비한 사람이었다. 우리가 마주 보고 서서 테니스공을 던지듯 서로에게 단어를 던지며 어린 소녀의 이야기를 쌓아갈 때 이튼이 "비틀기!"라고 외쳤다. 비틀기는 이야기가 예상치 못한 지점에서 반전되며 웃음을 터지게 하는 순간을 말한다. 내가 귀여운 아이 '크리스털'을 향한 갈망에 관해 이야기를 이어가는 사이 댈러스가 '메스(필로폰—옮긴이)'라는 단어를 던지며 어두운 비틀기에 시동을 걸었고, 우리는 ⟨새

서미 스트리트Sesame Street〉와 〈브레이킹 배드Breaking Bad〉가 뒤죽박죽된 이야기를 쌓아갔다. 그날 밤 우리 수업의 참가자들은 이전 강사이던 니콜 패스모어가 출연하는 공연을 보러 배드독에 다시 모였다. 지금도 그날 기우뚱한 좌석에 앉아 있을 때 손에 든 술잔의 무게와 웃느라 배가 아프던 감각이 떠오르고, 니콜과 다른 프로 배우들이 내게 질투심이 날 만큼 뛰어난 재능으로 장면 하나하나를 씹어 먹던 기억이 생생하다.

이튿날 밤에는 근처의 스탠딩 공연장 리드 팰리스의 문 앞에서 표를 샀다. 우리 지역에서 선풍적인 인기를 끈 '콰이어! 콰이어! 콰이어!Choir! Choir! Choir!'의 특별 모금 공연이었다. 2011년에 친구 사이인 노부 애딜먼Nobu Adilman과 데이비드 골드먼Daveed Goldman이 결성한 콰이어! 콰이어! 콰이어!는 매주 모여서 팝송을 따라 부르던 모임에서 세계를 돌며 공연하는 팀으로 발전하는 기적을 이뤄냈다. 애딜먼과 골드먼은 아마추어 수천 명이 뉴욕 카네기홀에 모여서 루퍼스 웨인라이트Rufus Wainwright 같은 전설적인 음악인들과 함께 노래하게 해주었다. 웨인라이트는 9·11 추모 박물관 개관 행사에서 유가족으로 이루어진 합창단과 함께 레너드 코헨Leonard Cohen의 "할렐루야Hallelujah"를 부르기도 했다. 내가 표를 산 리드 팰리스 합창 공연은 콰이어! 콰이어! 콰이어!가 불과 며칠 전까지도 매주 공연하던 동네 바인 클린턴 태번의 직원들을 위해 애들먼과 골드먼이 주최한 모금 행사였다. 주인이 폐업하기로 결정하면서 웨이터와 바텐더들이 일자리를 잃게 되었다. 그날 콰이어! 콰이어! 콰이어! 공연에는 500명 이상이 참가했고 그 중에는 히피 할머니와 할아버지, 전문 음악인, 중년의 힙스터, 청소년까지 포함되어 있었다. "사람들이 한 주 동안의 삶을 우리 합창단으로 가져옵니다." 애딜먼이 공연을 준비하는 무대 뒤의 작은 방에서 내게 말했다. "다들 행복과 슬픔과 문제를 안고 여기 와서 다 잊어버립니다. 그게 다예요. 그래서 저희가 아직 여기에 있는 거고요."

낡은 소파에 앉아 있던 골드먼이 동의하듯이 고개를 끄덕였다. "교회나 유대교 회당과 다르지 않습니다." 그가 말했다. "합창단은 우리를 편안하게 해주고 외로움을 덜어줍니다. 우리는 사람들이 느끼는 모든 정서를 끌어내고, 그렇게 관계가 형성되듯이 공동체 의식이 생깁니다. 어떤 분은 매주 오세요. 어떤 분은 한 번만 오시고요. 그래도 일단 이 공간에 들어서면 공유하는 체험을 얻어가요. 다른 공연장에서는 느껴보지 못하는 체험이죠."

"맞아요." 애딜먼이 공연을 준비하기 위해 일어서면서 말했다. "처음 오시는 분들은 여기서 어떤 체험을 하게 될지 몰라요."

나는 사람들 속으로 돌아가 맥주를 사고 가사가 적힌 종이를 받았다. 애딜먼과는 몇 년 전부터 알고 지냈지만 콰이어! 콰이어! 콰이어! 공연에 참가한 적은 없었다. 오늘 밤 부를 노래는 언제 들어도 영혼을 울리는 빌 위더스Bill Withers의 히트곡 "린 온 미Lean on Me"였다. 애딜먼과 골드먼은 큰 박수를 받으며 무대에 올라갔다. 그러고는 특유의 유머를 구사하며 메인 보컬과 합창단원이 주고받는 연습과 보컬 게임으로 분위기를 풀어주었다. 그리고 농담 몇 마디를 던지고 클린턴 태번의 직원들에게 그동안 고마웠다고 말한 후 참가자들을 높은 음역대와 중간 음역대와 낮은 음역대로 나누고 "린 온 미"의 각 부분을 가르치기 시작했다.

"섬, 타임스." 골드먼이 높은 음역대 사람들에게 이 구절을 불러주며 가사 한마디마다 음을 올렸다. 그리고 단조로운 음으로 "'섬타임스'가 아니에요"라고 노래했다.

"좀 더 **슈니치**해야 하지 않을까?" 애딜먼이 골드먼에게 물었다. **슈니치**는 그들이 만든 단어로 활기차게 노래한다는 의미다. "더 **슈니치**하게, 그럴까?"

노래가 서서히 하나로 모였다. 각 음역대가 화음을 내면서 "섬, 타임스 인 아워 라이브스"를 부르고 이어서 모두가 우렁차게 "린 온 미"라고 불렀다. 노래하는 사람들 속에서 내 목소리가 들릴 때마다 실제로 에너지의 파장이 발끝에서 척추를 타고 쭉 올라와 정수리를 간질이다가 마지막으로 목덜미의 털을 쭈뼛 서게 하는 느낌이 들었다. 노래의 마지막 소절에서 나는 가사지에서 눈을 들어 평생 잊지 못할 순간에 몰입한 얼굴들로 가득한 그 공간을 둘러보았다. 그날 밤에 차를 몰고 집으로 돌아오는 길에 나는 세상의 암울한 소식을 전하는 뉴스를 끄고 내내 빌 위더스의 "러블리 데이Lovely Day"를 목청껏 불렀다.

그리고 수요일 밤에 〈해밀턴〉을 보러 간 것이다. 우리는 이 공연을 보러 가도 괜찮을지 진지하게 의논했다. 하지만 토론토에서 초연되는 공연이고 장모님이 1년 전에 예매해둔 터였다. "지금이 아니면 언제 봐?" 아내와 아내의 사촌들이 서로에게 물었다. 다른 1000여 명의 관객과 함께 극장에 들어설 때 불안이 엄습하던 기억이 난다. 공기 중에 불안한 흥분과 진정한 공포가 섞여 있었다. 나는 팔꿈치로 문을 밀어서 열고 손바닥에 손세정제를 듬뿍 짜서 바르고 여름 캠프에서 만난 연극광들을 비롯해 마주치는 사람들과 주먹 악수를 나눴다. 우리는 좌석에 앉아 기다렸다. 누가 기침을 할 때마다 1200명의 공연 전 만찬이 위태위태해졌다.

이어서 조명이 켜지고 오케스트라 연주가 시작되면서 모두가 〈해밀턴〉의 마법에 빠져들었다. 사실 공연을 보기 전에는 광고를 완전히 믿지는 않았다. 음반을 들어보고 관람평을 읽어보고 동영상 클립도 보았다. 내 기준에서 가장 망한 무대인 〈반지의 제왕: 더 뮤지컬The Lord of the Rings: The Musical〉처럼 형편없는 공연은 아닐 거라고 추측하면서도 솔직히 〈해밀턴〉이라고 해봐야 얼마나 괜찮겠어?라고 생각했다. 하지만 첫 곡이 끝날 때 나는 완전히 얼어붙은 채로 힙합 비트와 최면을 거는 듯한 안무를 타고 18세기 뉴욕에 가 있었다. 24시간 전에 합창단과 함께 "린 온 미"를 노래할 때와 같은 전율이 일었다. "대박이다!" 나는 아내에게 속삭였다. 아내는 방해하지 말라며 나를 찰싹 때리고는 라파예트의 극적인 등장에 감탄했다.

이어서 중간 휴식 시간. 극장의 조명이 더 밝아지고 사람들이 더듬더듬 복도로 나오더니 휴대전화를 다시 켰다. 갑자기 웅성거리는 소리가 커지며 불안감이 더해졌다.

"들었어?"

"세상에."

"정말이야? 설마."

"NBA 시즌이 취소됐대."

"그게 말이 돼?"

"그게 무슨 뜻이야?"

"이제 우리 어쩌지?"

무대 위에서 2막이 시작되었을 때는 1막의 마법이 이미 풀려 있었다. 〈해밀턴〉은 물론 환상적이었다. 배우들도 훌륭했고, 음악은 지금도 내 머릿속에 남아 있다. 하지만 그 순간 극장 안의 모두는 곧 거대한 불운과 맞닥뜨려야 한다는 사실을 알았다. 우리는 극을 다 보고 활기차게 기립박수를 쳤지만 마음 한구석으로는 극장 밖으로 나갈 동선을 짜고 집에 콩 통조림이 얼마나 남았는지 헤아리면서 무대 위의 배우들이 서로 입맞춤하는 걸 불안하게 지켜보았다. 결국 〈해밀턴〉의 토론토 공연은 두 번의 저녁 공연으로 막을 내렸다.

사실 누가 관심이나 있겠어

그리고 몇 주 만에 모든 문화가 온라인으로 옮겨갔다. 뮤지션들, 엘튼 존Elton John과 앨리샤 키스Alicia Keys 같은 대스타부터 인스타그램에 유치원 음악 수업을 올렸다가 전 세계 수천 명의 어린이가 따라 부르는 모습을 지켜본 내 친구 앤드루 바달리까지, 모두가 집에서 콘서트를 열어 온라인으로 스트리밍했다. 셀레나 고메즈Selena Gomez와 에이미 슈머

Amy Schumer는 요리 쇼로 사람들을 끌어 모으고, 셰익스피어를 공연하던 배우들은 줌에서 셰익스피어의 위대한 작품을 낭독했다. 코미디언들이 하나둘씩 팟캐스트를 시작했고, 래퍼들은 트위치에서 비디오게임을 하고 포트나이트의 가상현실 세계에서 공연했다. 발레 댄서들은 아파트 베란다에서 피루엣을 선보이는 영상을 틱톡에 올렸다. 동화작가 모 윌렘스는 유튜브에서 아이들에게 그림 그리는 법을 가르쳤다. 박물관들은 모든 전시의 투어 영상을 제작해서 공개했다. 가수 에리카 바두Erykah Badu는 댈러스의 자택에 대형 스튜디오를 만들고 생중계 공연을 제작하면서 소품과 의상과 특수효과에 공을 들여 위대한 바두 자신만큼이나 이국적이고 아름다운 세상으로 팬들을 보내주었다.

이런 디지털 공연은 우리가 오래전부터 약속한 문화의 미래를 보여주었다. 우리는 이제 모든 유형의 공연을 원하는 방식으로 원하는 순간에 우리의 손바닥 안에서 볼 수 있게 되었다. 날것이고 사적이며 상상력이 풍부했다. 꾸미지 않았다. 값비싼 표도 필요 없었다. 지리적 한계도 없었다. 언제든 볼 수 있는 순수한 창조성이었다.

나 역시 코로나19 봉쇄령이 내려지고 한 달 만에 이런 추세에 뛰어들어 최근에 나온 책을 가지고 전 세계를 대상으로 대여섯 번의 가상 북토크를 진행했다. 일부는 브루클린의 그린라이트북스와 캔자스시 공립도서관과 같은 장소에서 취소된 책 홍보 행사를 디지털로 옮긴 것이었다. 나머지는 칠레의 대학생들을 대상으로 한 강의처럼 새로운 온라인 행사로서 성사된 것이었다. 이런 행사에는 대개 대면 행사보다 많은 사람이 모였고, 행사를 주관한 크라우드캐스트Crowdcast 같은 플랫폼은 강연자와 청중, 질문과 책 홍보 기사 사이에서 훌륭하게 균형을 잡아주었다. 나는 내 강연 에이전시가 첫 가상 기조연설을 예약하면서 제안한 금액에 놀랐다. 전에 대면 행사로 번 금액과 맞먹었다. 그냥 로그온해서 강연하고 몇 가지 질문에 답한 다음 로그오프하고 돈만 받으면 되었다. 새벽에 택시를 잡아타고 공항까지 달려가지 않아도 되었다. 샬럿 공항에서 항공편을 갈아타지 않아도 되었다. 퍽퍽한 치킨으로 점심을 때우지 않아도 되었다. 박수가 나오기까지 어색하게 서 있지 않아도 되었다. 쉽고 빠르고 효율적이고 매끄러웠다. 디지털 문화의 미래가 이미 와 있었고, 나는 그 열매를 따먹고 있었다.

그런데 내게는 다른 무언가도 명백해진 계기가 있었다. 봉쇄령이 내려지고 첫 토요일에 장모님 댁에 모두 모였을 때, 그러니까 우리가 〈해밀턴〉을 보고 며칠 뒤였다. 콰이어! 콰이어! 콰이어!가 페이스북 라이브 공연과 유튜브로 "에픽 소셜 디스턴 싱 얼롱Epic Social Distan-Sing-Along"을 스트리밍하기로 일정을 잡고 팬들에게 그 시간에 들어와 최고의 히트곡들을 함께 부르며 두려움을 떨쳐내자고 제안했다. "스탠드 바이 미Stand by Me," "유브 갓 어 프렌드You've Got a Friend," "스페이스 오디티Space Oddity," "위드 어 리틀 헬프 프럼 마이 프렌즈With a Little Help from My Friends," "위시 유 워 히어Wish You Were Here," 〈프렌즈〉의 주제곡, 그리고 "린 온 미" 같은 곡으로, 이미 전 세계의 병원 직원들이 불러서 코로나19의 성가가 된 곡들이었다. 몇 가지 기술적 결함이 발생한 후 애딜먼과 골드먼이 함께 소파에 앉은 모습으로 화면에 등장했다. 특유의 유머는 여전히 유쾌했고, 애들먼은 전 세계 수많은 시청자에게서 쏟아지는 댓글이나 요청을 놓치지 않았다. 하지만 몇 달 후 〈뉴욕타임스〉의 공연 평론가 로라 콜린스 휴스Laura Collins-Hughes가 디지털 공연이 불러온 슬픔에 관한 기사에도 썼듯이, 그날의 온라인 합창은 이후 "무심한 인터넷"에 올라온 다른 모든 공연처럼 "의도는 매우 훌륭하지만 즐거움은 매우 적은" 특징을 보여주었다. 나는 콰이어! 콰이어! 콰이어!와 함께 노래하려고 해보았다. 불과 며칠 전에 불렀던 것처럼 빌 위더스의 곡을 목청껏 부르고 아이들과 아내에게도 같이 부르자고 재촉했다. 하지만 다들 어깨를 으쓱이며 나가버렸다. 나 역시 노래를 따라 부르다 보니 잠깐 기운이 나는 것도 같았지만 두 번째 곡에서는 혼자 방에 앉아 TV를 보면서 노래하는 내 처지가 퍼뜩 와 닿았다. 그래서 그냥 TV를 껐다.

"사실 '누가 관심이나 있겠어?'라는 느낌이 있었어요." 두 달 뒤 애딜먼이 나와의 통화에서 한 말이다. "골드먼에게 '이런 걸 몇 번이나 더 할 수 있겠냐?'라고 물어봤어요. 두 번이나 할까 말까 하겠더군요. 부정적으로 말하려는 게 아니에요. 하지만 이런 상황에서는 우리가 이 일을 하는 근본적인 이유를 다시 찾아야 해요. 저도 솔직히 망할 컴퓨터 앞에서 노래하고 싶지 않거든요." 물론 온라인 생중계가 다른 따분한 나날보다는 재미있었다. 게다가 콰이어! 콰이어! 콰이어!는 현재 돈을 받고 가상 공연을 진행하고 있다. 그래도 화면에 대고 노래하고 눈앞에 보이지 않는 사람들에게, 얼굴을 본 적도 소리를 들은 적도 피드백을 받은 적도 없는 사람들에게 노래를 가르치는 일은 어떤가? "말도 안 되죠." 애딜먼이 말했다. 그는 모든 공연이 흥하고 쇠하는 일련의 과정을 놓쳤다. 말하자면 박수 소리가 잦아들다 사라지는 순간, 농담이 먹히거나 빗나가는 순간, 노래가 인기를 끌거나 시큰둥한 반응이 오는 순간, 열의에 찬 모든 사람의 영혼에서 현장의 에너지가 흘러나오고 들어가는 그 순간을 놓쳤다. 콰이어! 콰이어! 콰이어!는 온라인에서 더 많은 사람에게 전해질 수 있었다. 온라인 생중계가 증가하고 있었고, 지구상 구석구석의 어디서든 사람들이 공연을 보러 들어왔다. 하지만 그들은 그저 화면 위에 이름으로만 표시될 뿐, 청중 속 얼굴이 아니었다. 온라인에는 놀라움이 없었다. "저는 이렇게 일상에서 무작위성이 사라진 게 제일 안타까워요. 힘들어요." 애딜먼이 말했다. "엄청 우울하다는 뜻이에요."

코로나19 봉쇄령 중 밤에 아이들이 잠들고 아내가 와인과 마이클 코널리의 소설책을 들고 침대로 들어가면 나는 TV로 볼 수 있는 디지털 스트리밍 서비스를 끼고 살았다. 지난 몇 년간 나는 언젠가 몇 달간 통으로 시간이 나면 〈더 와이어The Wire〉나 〈브레이킹 배드〉를 정주행할 거라고 말했지만, 이제는 끝도 없이 주어진 선택지 앞에서 불안하고 불행하게 배회했다. 나는 수십 편의 프로그램과 특별 프로그램을 열어봤다가 거의 다 중간에 껐다. 그나마 끝까지 본 건 가볍고 유쾌한 〈시트 크릭Schitt's Creek〉 시리즈 하나였다. 에피소드 하나의 길이가 짧은 데다 캐나다 소도시 특유의 유머가 위안을 주어서였다. 다른 TV 프로그램과 영화도 즐기기는 했지만 예술가들(현대무용가, 재밌는 코미디언, 가수 브루스 스프링스틴)의 공연 예술을 온라인으로 보여주는 영상을 보면 매번 뭔가가 빠져 있다는 생각이 들었다.

그게 뭔지는 몇 달 후 〈해밀턴〉의 브로드웨이 공연 영상이 드디어 디즈니+에 올라왔을 때 알게 되었다. 작품은 훌륭했다. 돈도 들지 않았다. 하지만 운명의 그날 밤 〈해밀턴〉을 본 뒤로 사운드트랙을 가끔 조각조각 따라 불렀는데도 공연 영상이 시작된 지 2분 만에 나는 다른 영상을 찾아 배회하기 시작했다. 미란다나 출연진이나 작품 자체에는 아무런 문제가 없었다. 나는 다양한 뮤지컬 영화(〈사랑은 비를 타고Singing in the Rain〉, 〈애니Annie〉, 〈코러스라인A Chorus Line〉, 〈그리스Grease〉, 〈록키 호러 픽쳐 쇼〉, 〈페임 Fame〉)를 보면서 자랐고, 이런 작품은 우리 집 아이들에게 보여줘도 여전히 사랑받는다. 린 마누엘 미란다의 첫 뮤지컬 영화인 〈인 더 하이츠 In the Heights〉는 내가 2009년에 브로드웨이에서 본 오리지널 작품보다도 더 재미있었고, 우리 집에서도 지난여름에 하도 많이 봐서 아내가 차에서는 이 작품의 사운드트랙을 틀지 못하게 할 정도였다. 그런데 이번에 화면으로 〈해밀턴〉을 보자마자 무엇이 빠졌는지 명확히 알 수 있었다. 내가 무대로 보았을 때 경험한 마법이 모두 빠져 있었다.

내가 만난 예술가들도 모두 온라인으로 예술을 공연하거나 감상할 때 같은 불안감을 느꼈다고 했다. 다들 시도는 했다. 하지만 그 이상은 할 수 없었다. 돈도 제대로 벌리지 않았다. 열정을 유지하는 것도 힘들었다. 지루해졌다. "라이브 공연을 하면서 다른 어딘가로 보내진 기분이 드는 때와는 달라요." 미니애폴리스의 현대무용가 어맨더 삭스Amanda Sachs의 말이다. 삭스 역시 온라인으로는 무용 공연을 4분 이상 보는 게 불가능하다고 했다. 다음 탭과 알림이 떠서 클릭 한번으로 나가게 된다고 했다. 브루클린의 재즈 기타리스트 메리 할보르슨Mary Halvorson은 연주자가 누구든 더는 스트리밍 공연을 보기 힘들다고 말했다. "다들 끊임없이 공연하는 것 같지만 사실 아무도 즐거움을 느끼지 못해요." 어느 스탠드업 코미디언은 친구가 진행하는 팟캐스트의 새 에피소드를 들었냐는 물음에 거짓말로 둘러댔다고 했다. 마치 일처럼 느껴진다면서.

이런 공연 예술을 디지털로 스트리밍하는 것이 잘못되었다고 보는 이유는 무엇일까? 디지털 스트리밍에는 무엇이 빠져 있을까? 그리고 이런 현상이 문화의 미래에 대해 무슨 말을 해줄까?

모나리자와 눈을 마주친 순간

우선 문화는 감각적이다. 우리가 문화를 물리적으로 향유할 때는 모든 아날로그 감각을 동원한다. 공연을 볼 때 눈으로 보고 귀로 듣기만 하는 것이 아니라 그 공간의 냄새도 맡는다. 연주자의 땀 냄새가 객석의 냄새와 섞이고 팝콘과 맥주의 냄새 그리고 마리화나 연기와도 섞인다. 우리가 사람들 속에서 목청껏 노래를 따라 부를 때는 우리 자신의 맛도 느껴진다(목구멍 안쪽에서 느껴지는 비릿한 쇠 맛). 음악이 쾅쾅 울리거나 공연자가 무대 위에서 힘껏 착지할 때는 실제로 소리의 파동이 살갗을 때린다. 라이브 공연은 온몸으로 체험하는 문화다.

"그런데 지금은 몸의 감각이 없어요." 브로드웨이의 유명한 안무가 마크 키멜먼Marc Kimelman의 말이다. 그는 코로나19 봉쇄령 중 토론토의 부모님 집에서 인스타그램과 줌으로 춤을 가르치려고 시도했다. 그리고 세계 최고의 댄서들이 지난 몇 달간 얼마나 창의적으로 자신을 드러내며 온라인에서 동작의 한계를 밀어붙이는지 보면서 감탄했다. 하지만 춤이란 본래 신체 행위다. 그러니까 댄서가 3차원의 공간에서 그 안에 있는 사람들과의 관계 내에서 공연하는 것이다. 춤을 영상에 담아 온라인에 올리는 순간 3차원의 공간이 2차원으로 납작해진다. "그냥 이것저것 올리기는 해요. 현재 제가 받는 반응은 모두 인스타그램에 올라온 거고요." 키멜먼이 말했다. "고립감이 들어요. 화면을 끄는 순간 몹시 외로워져요."

내가 TV로 본 〈해밀턴〉에는 여느 디지털 공연과 마찬가지로 집이 아닌 다른 어딘가에서 예술을 체험할 때의 강렬한 감정이 빠져 있었다. 〈해밀턴〉이 초연될 때는 이미 노래든 영화든 코미디든 아무 때나 꺼내 볼 수 있는 시대였지만 극예술은 확고히 아날로그 영역에 남아 있었다. 이런 문화 현상을 체험하려면 여전히 밤마다 극장에 찾아가서 앉아 있는 운 좋은 수천 명 중 한 명이 되기 위해 백방으로 표를 구해야 했다. 내 친구들도 뉴욕에서 〈해밀턴〉이 초연되고 처음 몇 년간 이 공연을 보기 위해 온갖 시도를 다 해봤다. 어떤 팬들은 표를 사려고 몇 달씩 돈을 모았고, 어떤 가족은 2년 뒤의 원하는 날짜 앞뒤로 휴가 계획을 세웠다. 〈해밀턴〉을 보려면 그 공간에 직접 가야 했고, 디지털로는 대체할 수 없었다. 같은 이유에서 그저 〈모나리자〉 앞에 서기 위해 파리로 여행하는 사람들도 있다. 누구나 머릿속에 바로 떠올리고 인터넷에서 몇 초 만에 찾을 수 있는 작품인데도 말이다. 하지만 파리의 루브르박물관에서 〈모나리자〉 앞에 서서 모나리자와 눈을 마주치면서 그 강렬한 시선을 느끼는 물리적 체험은 어디 비견할 데가 없다. 비록 관광객들 틈에서 짧은 순간 끝나는 체험일지라도 말이다.

"실제 인간과 관계를 맺는 것과 온라인에 들어가서 포르노를 보는 것의 목적은 무엇일까요?" 뉴욕의 음반사 경영자인 무스 목사의 말이다. 그는 코로나19 범유행 기간에 미국 전역의 소극장과 바들을 모아 전국독립음악장소협회National Independent Venue Association를 결성해서 라이브 음악을 살리려고 노력했다. "차이가 있습니다! 차이가 없다고 말할 사람은 없어요. 헤드폰으로 듣는 것과 직접 듣는 것은 다릅니다. 콘서트장에서 좋아하는 곡에 맞춰 몸을 흔들며 목청껏 소리를 지르는 것과 거실에 앉아 발로 가볍게 박자를 맞추는 건 다르잖아요."

내게도 이런 차이가 처음으로 뚜렷이 느껴진 때가 있다. 우리 배드독 그룹이 인터넷에 즉흥극을 올리려고 한 때였다. 어느 밤, 우리는 모두 화상통화에 로그인하고 아무 일도 일어나지 않는 지루한 일상에 관해 간단히 대화를 나눈 후 본격적으로 즉흥극을 시작했다. 댈러스가 여러 가지 온라인 즉흥극을 찾아본 후 그나마 온라인에서 해볼 만한 게임과 연습 계획을 세웠다. 그는 두 사람이 원 안에서 마주 보고 서고 주위의 모든 사람이 '선더돔Thunderdome'이라는 구호를 반복해서 외치는 선더 돔 게임부터 하자고 제안했다. 누군가가 큰소리로 주제를 말하면("입에 들어가는 것들") 둘 중 한 사람이 말을 더듬거나 같은 말을 또 하거나 웃음을 터뜨릴 때까지 계속 단어와 구문을 주고받는다("칫솔", "감자튀김", "성기").

하지만 게임을 시작하자마자 나는 그런 경험의 빈곤함을 느꼈다. 긴장 감이 흐르지 않았다. 공간감도 없었다. 몇 제곱센티미터 넓이의 화면 안에서 보이고 들리는 것 이상이 없었다. 오프라인에서 함께 수업을 받을 때는 우선 신체적 단서를 해독하라고 배웠다. 다른 참가자들과 눈을 마주치고 서로의 신체 언어를 참조해 인물이나 줄거리를 제안했다. 진화의 과정에서 인간의 신체 행동에 대해 축적된 진화적 지식을 활용하여 누군 가가 어떤 장면에서 새로운 생각에 마음을 여는 정확한 순간과 성기에 관한 농담을 완벽하게 끼워 넣을 타이밍을 알아챘다. 하지만 온라인에 는 단어만 있었다. 재미있을 수는 있어도 진정한 재미는 아니었다.

그날 밤에는 문득 몇 달 전에 배드독에서 즉흥극 수업이 끝나고 강사인 니콜 패스모어와 함께 커피와 도넛을 먹으면서 나눈 대화가 떠올랐다. 패스모어는 20년 동안 즉흥극을 공연해왔다. 토론토의 여러 무대에 고정 출연자로 오르는 그는 아무 때나 기괴한 아기 목소리를 낼 수 있고 내가 본 모든 공연에서 항상 완벽한 연기를 보여주었다. 패스모어는 즉흥극 공연은 우리가 어린 시절 이후 그만둔 놀이의 형태이자 위기의 순간을 모면하는 방식이라고 보았다. 그래서 즉흥극은 "공유된 예측 불가능성"에 의존하고 같은 물리적 공간 안에서만 일어나는 현상이라고 했다. "그러니 즉흥극이 온라인에서 똑같이 펼쳐지지는 않겠죠." 그리고 패스모어는 최고의 TV 코미디쇼도 대본을 쓰고 리허설을 해서 미리 위험 요인을 제거한다고 설명했다. "하지만 즉흥극은 영상으로 옮겨지지 않아요. 영상은 녹화된 버전이에요. 이건 모든 라이브 공연에 똑같이 해당하는 말이에요. 우리는 현장에 있고 싶어 해요. 연결하고 싶어 해요. 우리 사이를 가로막는 유리판을 원하지 않아요!"

물론 공연을 온라인에 올리면 당장 위험성이 낮아질 수 있다. 위험성이란 문화를 아날로그 세계에서 구현할 때 예술가들이 감당해야 할 잠재적 비용을 의미한다. 아무도 찾아주지 않아 제작사가 손해를 볼까 두려운 마음. 혹은 관객들이 우리 작품에 박수를 치거나 웃어주거나 춤을 춰주지 않으면 어떡하나 두려운 마음. 혹은 관객들이 공연 중간에 나가거나 무대로 썩은 채소를 던질까 두려운 마음. 위험성은 모든 공연자가 느끼는 무대 공포와 불안감, 이를테면 대사를 잊어버리거나 끼어들 지점을 놓치거나 무대 조명 아래서 얼어붙을까 두려운 마음이다. 나는 청소년 시절에 올랐던 모든 연극 무대에서 이런 위험성을 느꼈고, 요즘도 강연하기 몇 시간 전부터, 연단으로 걸어가 객석에서 첫 웃음을 유도하고 다시 편안해지기 전까지 가슴이 답답하다.

공연자는 이런 위험성으로 인해 자기 자신과 예술을 한계까지 밀어붙여 두려움을 극복하려는 것이다. 위험성은 위대한 문화의 심장이자 영혼이다. 위험성이 도사리는 덕분에 공연자들이 무대에서 발산하는 그런 에너지가 생기는 것이다. 그런데 위험성을 제거하면 어떨까? 겉보기에는 크게 달라지지 않는다. 노래가 다 똑같이 들린다. 댄서가 동작을 제대로 해낸다. 코미디언이 재미있는 농담을 던진다. 그런데 뭔가가 빠져 있다. 나는 처음 온라인 강연을 하면서 뭔가가 빠져 있다는 것을 직감했다. 당시 내게 강연을 의뢰한 고객은 중서부 도시의 대규모 상공회의소였다. 코로나19가 터지기 직전에 내게 소규모 시상식에서 강연을 맡아달라고 의뢰했다가 행사를 온라인으로 옮기기로 한 것이다. 나는 셔츠와 재킷 차림으로 화면에 등장해 모든 것을 쏟아부을 준비를 마쳤다. 그러나 곧 알게 되었듯이 온라인 행사의 기술적 한계로 인해 아무도 볼 수 없고 아무와도 소통할 수 없었다. 나는 500명 이상에게 강연하기로 했지만 내 노트북 모니터에는 나밖에 보이지 않았다. 나 혼자 말하는 것이다.

'좋아.' 나는 속으로 말했다. '사람들이 가득 들어찬 강연장에서 말하는 것처럼 해보자.'

충분히 연습한 강연을 시작하고 처음 몇 마디 만에 나는 그 모든 상황의 부조리함에 서서히 잠식당했다. 나는 수백 명에게 연설하기로 했지만 그들이 누구이고 어떻게 생겼고 무엇보다도 그들이 어떤 반응을 보이는지 전혀 알 길이 없었다. 최선을 다해 강연을 진행하고 최고로 재미있는 농담을 던지고 극적인 순간에 잠시 말을 끊었다가 신중히 고른 이야기로 내 강연의 요지를 전달했다. 하지만 모든 것이 노트북의 텅 빈 공간으로 빨려 들어갔다. 사람들이 웃었을까? 하품했을까? 고개를 끄덕였을까? 전혀 알 길이 없고 10분쯤 지나자 나마저도 신경 쓰지 않게 되었다. 나도 온라인 강연을 들어본 적이 있었다. 그래서 심리적 장벽 자체는 높지 않았다. 그 사람들도 내 강연을 틀어놓고 세탁기를 돌리거나 자녀들이 가상 학교에 집중하게 하느라 바빴을 수 있었다. 대다수가 소리를 꺼놓았을 수도 있다. 대혼란이 펼쳐지지 않는 한, 내가 잘 해냈는지 망쳤는지 누가 알기나 할까? 아마 모를 것이다. 그리고 그런 현실을 정확히 보여주듯이 내가 강연을 마치자마자 모니터가 바로 꺼졌다.

연극을 특별하게 만들어주는 요소들

다들 이런 식이었을 것이다. 관심을 한 몸에 받다가 다음 순간에 혼자 정장 재킷 차림으로 얼간이처럼 모니터 앞에 앉아 있는 것이다. 이듬해에는 온라인 강연을 몇 번 더 하면서 채팅 기능으로 청중과 조금 더 소통할 수 있게 되었지만 이런 기능은 사소하게 느껴졌다. 한번은 마이크로소프트 직원들을 대상으로 강연하고 나서 15분 후 채팅창에서 강연이 시작됐느냐고 묻는 메시지를 발견했다. 화상회의 도구인 마이크로소프트 팀즈에 몇 가지 문제가 있었고(얄궂게도 마이크로소프트가 초대한 강연에서도), 그날 나는 강연 내내 혼자 떠든 것이었다. 다시 시작해주시겠습니까? 나는 물론 그렇게 하겠다고 답하면서 어떻게 누가 보든 안 보든 전혀 차이를 느낄 수 없었는지 의아해했다.

앞서 학교에서도 보았듯이 문화에서 빠진 요소는 관계였다. 나와 청중의 관계. 청중 사이의 관계. 모두가 같은 공간에 앉아 그 안에서 일어나는 상황을 함께 경험하면서 형성된 관계. 이것이 모든 위대한 공연 문화가 공유하는 예측 불가능성의 핵심이자 디지털 버전이 범접할 수 없는 특성이다. "관객은 즉흥극의 상대 연기자예요." 패스모어가 말했다. 관객은 암시와 단서를 줄 뿐 아니라 웃음과 무언의 에너지로 함께 공연을 빚어나간다. 관객은 위험성을 만들고 뿌린 대로 거둬간다. 하지만 온라인에는 이런 관계가 존재하지 않는다. 내가 강연에서 뭔가를 말했다. 당신은 집에서 반응했을 것이다. 하지만 우리 사이에는 아무것도 전달되지 않았다. 그리고 뮤지컬 〈코러스 라인〉에서 아이스크림콘의 정서적 본질을 알아채지 못하는 다이애나 모럴레스처럼 나는 노트북 앞에 앉을 때마다 내 영혼의 밑바닥까지 파고 들어가 보았지만 아무것도 느끼지 못했다.

"즉흥극 공연에는 무대에서만 벌어지는 뭔가가 있어요." 배우이자 코미디언인 미카엘라 왓킨스Michaela Watkins의 말이다. 왓킨스는 더 그라운딩스The Groundlings라는 즉흥극 극단의 단원이었다가 〈SNL〉, 〈트로피 와이프Trophy Wife〉, 〈캐주얼Casual〉, 〈더 유니콘The Unicorn〉 등 크게 인기를 끈 시리즈로 넘어갔다. "우리는 파티를 열고 농담을 던질 수 있어요. 그런데 우리가 이렇게 하는 건 모두 우리를 이런 무서운 자리로 밀어붙이는 관객을 위해서예요. 이 무서운 자리는 아직 결속력이 있어요. 누군가는 비행기에서 뛰어내리거나 높은 산을 올라요. 저는 즉흥극을 하죠. 엄청 재미도 있지만 짜릿한 전율을 주죠. 저는 안전망 없이 뛰어 내리는 걸 즐기는 법을 배웠어요." 왓킨스는 화면을 통해 수백만 명을 웃겼다. 한 공간에 있어본 적이 없는 사람들을 웃겼다. 이렇듯 코미디언 들은 찰리 채플린이 처음 카메라를 향해 우스꽝스러운 표정을 지은 이 래로 원격으로 웃음을 끌어내왔다고 치더라도 공연자와 관객 사이의 관계가 사라지고 모든 공연이 온라인으로 넘어가면 더 깊은 차원에서 무엇이 희생될지, 우리가 앞으로도 계속 그 길로 간다면 어떤 미래가 펼쳐질지 어렴풋이 짐작할 수 있다.

"스탠드업 코미디를 화면에 옮겨놓으면 뭔가가 빠져나가요." 관록 있 는 심야 스탠드업 코미디언이자 〈데일리 쇼Daily Show〉와 〈배롯2Barot2〉 의 작가이자 〈소프트 포커스Soft Focus〉의 크리에이터인 지나 프리드먼 Jena Friedman의 말이다. 프리드먼은 무대에서 나치와 캠퍼스 성폭행에 대한 농담을 거침없이 던진다. 관객은 한바탕 웃고 나서 괜히 찔리는 기분에 젖는다. 프리드먼은 또한 정치적 지뢰밭으로 깊숙이 들어가 방 향을 홱홱 틀면서 마이크에 대고 미국의 분열된 정치 지형에 대한 공 세를 퍼붓는다. 하지만 그는 이런 위험한 코미디는 라이브 공연장 안의 관계가 전제되어야 가능하다고 말했다. "제가 스탠드업 코미디를 좋아 하는 이유는 사람들에게 직접적으로 말할 수 있어서에요." 그리고 이렇 게 말했다. "이건 대화가 아니에요. 제가 농담을 던지면 사람들은 웃거 나 투덜대거나 나가버리죠. 사람들이 어떻게 생각하거나 느끼는지 바 로 감을 잡을 수 있는 민주적인 예술 형태예요."

프리드먼은 코로나19가 터지기 전 2019년의 마지막 투어 공연에서 버니 샌더스에 관한 농담을 던졌다가 샌더스 지지자에게서 야유를 받은 경험을 들려주었다. 프리드먼은 화가 나서 처음에는 그 샌더스 팬에게 모욕적인 말을 퍼붓다가 곧이어 능구렁이처럼 공연이 끝나면 그와 사귀게 될 것 같다는 농담으로 분위기를 풀었다. 그러자 화를 낸 관객도 웃고 객석에도 웃음이 퍼졌다. 하지만 나중에 호텔로 돌아가 인터넷을 켰다가 SNS에 그들의 설전이 찍힌 영상이 돌아다니는 것을 보았다. 그 영상을 둘러싼 온라인 논쟁이 점점 뜨거워지다가 광적으로 바뀌는 것도 목격했다. "공연장에서는 평화롭고 재미있는 경험이었어요." 하지만 배경 설정이 사라지자 두 사람의 언쟁을 문화적 창작으로 만들어준 관계도 사라졌다. "라이브 공연의 힘은 맥락과 어조와 그 자리에 같이 있는 사람들에게서 나와요." 프리드먼이 말했다. "같은 공간에서 서로의 얼굴을 보고 화면 너머로 숨지 않을 수 있어요. 거기서 공감이 나와요."

공감은 훌륭하고 강렬한 공연에 결정적인 요소이지만 온라인에서는 공감을 쌓는 것이 불가능하지는 않아도 매우 어렵다. 우선 온라인에는 창작자와 관객이 한 공간에서 주고받는 친밀감이 없다. 코미디언이 농담을 던지면 관객은 웃는다. 피아니스트가 정확한 음을 치면 수백 개의 머리가 깐닥거린다. 배우가 울음을 터뜨리면 관객도 눈시울을 적신다. "그 순간 우리는 이렇게 주고받는 행위 속에 있어요." 미시간대학교 예술학부에서 연극 연기와 연출을 가르치는 대니얼 캔터Daniel Cantor의 말이다. "이런 요소가 연극을 특별하게 만들어줘요. 관객이 집중하고 몰입하면 상황이 달라져요. 관객과 공연자 사이에 오가는 에너지의 흐름이 있어요." 관객은 주는 사람이자 받는 사람으로서 공연에 동력을 불어넣는다. "저는 관객의 분위기를 끊임없이 듣고 느끼고 알아채요." 캔터가 말했다. "객석 어디선가 좌석이 삐걱거리는 소리가 들리면 좀 더 속도를 높여야 한다는 걸 아는 식이죠. 에너지가 느껴져요. 분위기, 그러니까 [러시아의 연출가이자 작가인 콘스탄틴] 스타니슬랍스키가 **프라나**prana라고 일컬은 것을 느낄 수 있어요. 라이브 공연에서는 그게 느껴져요! 모든 예술가가 그걸 알아요." 캔터는 이런 집단 체험은 강렬할 수 있고, 반대로 위험할 수도 있다고 말했다. 열광적인 박수를 끌어내는 에너지가 폭동도 일으킬 수 있다. 무슨 일이든 일어날 수 있다. "인간은 진심으로 이런 걸 갈망해요. 자신의 주관성을 완전히 넘어서서 더 큰 의식으로 넘어갈 수 있어서인 것 같아요. 이런 게 공연자든 관객이든 영적으로 대담해지게 만들어요."

라이브 음악을 예로 들어보자. 소리를 녹음하기 시작한 지 한 세기도 더 되었고 조만간 콘서트가 사라질 거라는 예측은 오래전부터 나왔다. 그럼에도 음악인이 바로 눈앞에서 공연하는 장면을 보는 순간의 마법은 갈수록 강렬해지기만 하는 듯하다. 온라인 생중계 콘서트는 이런 간극을 메워주어 라이브 공연의 열기와 재능과 친밀감을 세계 어디든 팬들이 있는 곳으로 전달한다고 약속했다. 고성능 카메라, 간편한 편집 소프트웨어, 강력한 마이크, 나날이 빨라지는 인터넷 속도 덕분에 적당히 잘나가는 밴드도 예전에는 U2 같은 슈퍼스타나 가능하던 수준으로 온라인 공연을 생중계할 수 있게 되었다. 기술이 나날이 발전하고 VR 헤드셋과 라이브 채팅 등 예측하지 못한 신기술이 나오면서 이제 음악은 단순히 팬들의 집 안에 들어오기만 하는 것이 아니라 실제로 현실 체험에 **더 근접한** 방식으로 들어온다. 카니예 웨스트Kanye West의 콘서트가 열리는 거대한 경기장에 가면 무대와 수백 미터 떨어진 자리에서 수만 명의 다른 이지Yeezy(카니예 웨스트의 브랜드─옮긴이) 팬들과 함께 그를 볼 수 있다. 하지만 온라인에서 우리는 이지의 세계, 마이크 너머 그의 숨결이 생생하게 느껴지는 곳까지 다가갈 수 있다. 이것은 최고의 예술가들이 코로나19 범유행 중 온라인 생중계로 얻어낸 성과다. 아닌 게 아니라 에리카 바두의 거실에 와 있는 느낌을 받을 수 있다. 그러나 현실이 반드시 그런 것은 아니다. 사실 에리카 바두는 음악적으로나 시각적으로나 다른 영역에서나 독보적으로 다채로운 재능을 가진 사람이다 (부업으로 전문 조산사로 일하며 아기를 받기도 한다!). 에리카 바두의 온라인 생중계가 성공하는 이유는 에리카 바두이기 때문이다. 다른 대다수 음악가에게는 통하지 않는다.

"그런 식으로, 그런 형식으로 소통할 수 있는 사람은 매우 드물어요." 웬디 옹Wendy Ong의 말이다. 옹은 세계에서 가장 영향력 있는 음악 매니저 중 한 사람으로, 디디P. Diddy와 아웃캐스트Outkast를 발굴했고 현재는 두아리파Dua Lipa와 라나 델 레이Lana Del Rey 같은 팝스타들과 함께 일한다. "대다수 예술가는 그렇게 하기 어려워요. 그 자리까지 오르고, 온라인으로 팬들과 소통할 수 있기까지는 많은 경험이 필요해요." 아니면 이미 적극적으로 참여하려는 의지가 강한 팬 기반, 옹이 "기울어진 관객"이라고 부르는 기반이 있다면 가능하다. 적극적인 팬층은 바두와 같은 아티스트에게 정서적으로 강하게 연결되어 있기에 온라인에서 메워야 하는 정서적 간극이 넓지 않다. 옹에 따르면 코로나19 범유행 중 온라인 생중계로 성공한 공연은 콘서트라기보다는 완벽하게 제작된 TV 특별 프로그램에 가까웠다. 안무를 미리 다 짜놓고 특수 세트를 제작하고 숙련된 카메라 기사와 음향 기사, 감독, 프로듀서 수십 명이 철저한 리허설을 거쳐서 완벽하게 만들어낸 결과물이었다. 대다수 음악가와 밴드로서는 힘에 부치고 비용이 많이 드는 작업일 뿐 아니라 공연자가 아무리 의욕이 넘쳐도 그대로 따라 하기 어려운 작업이다. "솔직히 온라인 생중계 콘서트를 많이 보지는 못했지만 그나마 보면서도 거의 흥미를 느끼지 못했어요." 옹이 로스앤젤레스에서 내게 말했다. "힘들더군요. …… 제게는 그냥 대체 불가로 보였어요. 예술가가 실제로 공연하는 모습을 보는 경험과 컴퓨터로 무대 위의 예술가를 보는 경험은 비교가 불가능해요. 거의 성공하지 못해요. 온라인에서 팬 기반을 찾거나 다지는 것도 참 어렵고요. 자기를 잘 연출하거나 브랜드로 마케팅하는 능력이 웬만큼 뛰어나지 않다면요." 옹이 말했다. "그런 건 사실 예술가에게 작품의 영역이 아니에요."

저스틴 비버Justin Bieber나 드레이크Drake 같은 스타들은 온라인에 음악을 올리기만 해도 사람들이 알아서 찾아와줄 텐데도 여전히 하룻밤에 한 클럽에서 하나의 공연만 한다. 대다수 공연자에게 예술가로서 페르소나를 형성하는 길은 불편하고 번거롭고 경제적으로 불안정하기는 하지만 여전히 열려 있다. 코로나19 범유행 중 공연이 사라지면서 옹의 고객들, 특히 젊은 예술가들은 서서히 지쳐갔다.

모두에게 고문이었어요. 무대에 오르고 모두의 시선이 내게 쏠리는 순간의 마법이 있거든요. 이렇게 다른 버전의 자기가 되려면 온전히 깊숙이 파고들어야 해요. 많은 예술가가 다른 차원을 …… 정반대 측면의 자기를 그리워하는 것 같아요. 한 해 동안 그쪽 측면이 사라졌으니까요. 시상식에 내보낼 공연을 녹화할 때 얼핏 그런 측면이 나오기는 하지만 똑같지는 않죠. 팬들이 보는 다른 사람 …… 그 사람이 나오지는 않아요. 컴퓨터 화면에 보이는 그 사람 말고요.

인디팝 밴드인 피츠 앤드 더 탠트럼스Fitz and the Tantrums에서 노래하는 노엘 스커그스Noelle Scaggs도 같은 경험을 했다. 이 밴드의 히트곡이자 계속 귓전을 맴도는 곡인 "핸드클랩HandClap"과 "아웃 오브 마이 리그Out of My League"는 파티와 바에서, 광고나 경기장이나 신발 매장에서 무한 재생되어 우리의 머릿속에 박혔을 수 있다. 사실 스커그스는 코로나19 범유행 초반에 공연하지 못하고 강제로 쉬게 된 시간을 잘 활용하고 싶었다. 인생의 3분의 1 이상 쉴 새 없이 투어 공연을 하면서 많이 지친 상태였다. 내슈빌로 가서 애완견 두 마리와 은신하며 그동안 시간이 없어서 쓰지 못한 곡을 쓰고 싶었다. 줌 채팅도 끊고 여타의 온라인 업무도 다 끊고 펜을 꺼내서 …… 하지만 아무것도 하지 않았다. "그냥 멈춰버린 느낌이었어요." 스커그스가 토로했다. "세상과 단절되니까 곡을 쓰고 싶은 마음도 생기지 않더군요. 사람들을 보지 않았어요. 아무와도 말하지 않았어요. 예술을 창조하지도 않았어요. 그게 무척 슬퍼졌어요. 살아갈 수 없었어요. 어디도 갈 수 없었어요." 2020년 여름에 밴드와 함께하는 첫 라이브 공연인 사회적 거리두기 드라이브인 콘서트에서 스커그스는 듬성듬성 떨어진 차 속의 관객들을 향해 노래하면서 지난 몇 개월 동안 무엇이 그리웠는지 조금씩 깨달았다. "인간의 교류가 소중했어요." 스커그스가 말했다. 이런 교류가 더 자유로이 오갈수록, 사람들이 더 많이 참여하고 더 다닥다닥 붙어 앉을수록, 스커그스의 노래도 더 좋아졌다. "저는 힙합 아티스트처럼 공연해요. 부르면 응답하는 식으로. 저는 말 그대로 사람들의 눈을 하나하나 보면서 말을 걸 수 있어요. 그런데 이런 식으로 교류하지 못하게 되니까 실제로 제 공연에 영향을 받는 것 같더군요."

이런 디지털 시대의 경험은, 뭔가 주머니 속에 들어 있는 경험이에요. 항상 외롭죠. 온라인 생중계를 해보지만 거기에선 박수쳐주는 사람도 없고 에너지를 나눌 사람도 없어요. 함성도, 따라 부르는 목소리도, 무대 아래로 뛰어내리는 것도, 사람들 속으로 걸어가는 것도, 뭔가를 던지는 것도 없어요. 온라인 생중계에서는 이런 것 없이 그냥 전화기로 들어가 카메라에 대고 말할 뿐이에요. 아무도 없는 방에서 정서적 반응이 필요

한 공연을 해보지만 아무런 반응도 돌아오지 않아요. 그래서 이렇게 물어요. '대체 뭐 하는 짓이지?'

스커그스는 내게 디지털 공연과 아날로그 공연의 차이는 리허설과 실제 공연의 차이와 같다고 말했다. "리허설을 생각할 때는 공연의 모든 순간을 하나하나 떠올리게 돼요. 모든 요소를, 기술적인 측면을 보게 되죠." 음과 조명, 무대 신호, 댄스 스텝까지.

누구도 공연을 리허설로 생각하고 싶어 하지 않아요. 그러면 그 순간에서 완전히 벗어나니까요. 무대에서도 그게 보이고요! 제 목소리에도, 영혼과 감정과 열정을 담아 노래하는 능력에도 드러나요. 온라인에서 공연할 때 제 동작이 느려지면 꼭 리허설에서 동작을 조율한 느낌이 들어요. 우아함이 사라져요. 엄청 뻣뻣해져요. 그게 제 몸으로 드러나요. 하지만 앞에 관객이 있으면 그냥 생각에서 빠져나와요. 모든 에너지를 앞에 있는 사람들에게 쏟게 돼요. 전혀 다른 경험, 흔히 말하는 영혼이 깃든 동작이 나와요.

누군가가 거실에서 돈을 내고 피츠 앤드 더 탠트럼스의 공연을 보고 싶어 하고 실제로 즐거움을 얻는다면 스커그스는 기꺼이 공연할 수 있었다. 하지만 디지털은 실제 공연을 대체할 수 없었다. 금전적으로도 불가능했다(대형 스타를 제외하고 온라인으로 돈을 번 예술가는 드물었다). 게

다가 예술적으로도 불가능했다. 지금도 그렇고 앞으로도 그럴 것이다. "공감이야말로 라이브 공연의 비밀 병기예요." 스커그스가 말했다. "사람들이 무엇을 경험하든 그 경험에 공감하는 거예요." 스커그스에게 공감이란 여섯 번째 줄에 앉은 관객과 눈이 마주치고 그의 표정을 보고 그 순간이 그에게 어떤 의미인지 상상하고 그 에너지를 다시 자신의 공연으로 끌어와 정서적인 순간에 젖은 관객을 만난다는 의미였다. 10년 전에 피츠 앤드 더 탠트럼스 콘서트에서 처음 만난 사람과 기념일을 맞아 다시 공연장에 왔을까? 우리 밴드를 좋아했지만 최근에 세상을 떠난 사람을 추모하러 왔을까? 한 주를 힘들게 보내고 기분전환을 위해, 그러니까 노래를 따라 부르며 엉덩이를 들썩이고 몸을 흔들면서 다 흘려보내고 싶어서 왔을까? 온라인에서 관객은 그저 화면에 표시된 익명의 숫자에 불과했다. 하지만 무대에서는 "관객이 사람으로 보인다"고 스커그스는 말했다. 공감은 공연자에게 비밀 병기였고, 공감은 오직 라이브로만 가능했다.

혼자 웃거나 사랑하는 일은 드물다

오늘 함께 나누는 생생한 경험이 왜 필요한지 합리적으로 이해하기는 어렵다. 인류학(인간은 항상 모닥불 옆에 둘러앉아 이야기를 나눴다)이나 사회학(공동체의 의례와 경험은 사회를 결속시킨다)이나 과학(함께 모여서 장관을 감상할 때 엔도르핀이 분비된다)으로 이해해볼 수는 있다. 게다가 라이브 아날로그 문화가 가치를 지니는 데는 경제적, 정치적 이유도 있고(더

지털로 공연하면 라이브 공연으로 버는 금액의 극히 일부만 벌 수 있다), 미학적 이유도 있다(그냥 실물이 더 좋아 보인다). 하지만 내 생각에 아날로그 문화가 매력을 잃지 않는 이유, 녹음 매체가 출현한 지 1세기가 넘었는데도 그 매력이 계속 유지되는 이유는 여전히 수수께끼다. 어떤 공연을 보든 무언가가 벌어진다. 마법 같은 무언가. 그 무언가가 우리의 경험을 향상시킨다. 그 마법 같은 요소로 인해 사람들은 알리 웡Ali Wong의 선정적인 코미디 공연을 넷플릭스에서 볼 때보다 직접 스탠드업 코미디 클럽에서 볼 때 70퍼센트 더 웃는다. 그래서 펜웨이파크로 보스턴 레드삭스의 경기를 보러 가면 같은 경기를 대형 TV로 볼 때보다 다섯 배 더 크게 함성을 지르며 응원하고, 관중석에서 본 그 순간을 수십 년이 지난 지금도 세세하고 선명하게 기억하는 것이다. 나는 열 살에 뮤지컬 〈레미제라블〉을 보러 갔다가 마지막 장면에서 운 일을 생생히 기억하고, 9학년에 밥 딜런Bob Dylan 콘서트를 보러 갔다가 눈에 연기가 들어와 매웠던 기억도 여전히 간직한다. 아르헨티나 부에노스아이레스의 보카 주니어스 축구팀의 홈구장인 전설적인 라 봄보네라에서 관중이 일제히 뛰면서 분출하던 과격한 에너지가 지금도 느껴진다. 그날 관중은 경기가 끝날 때까지 경기장의 모든 사람의 모든 세포를 뒤흔들 만큼 으르렁거리며 상대 팀 선수에게 창녀의 아들이라고 욕했다.

"공유하는 순간의 느낌이란 게 있어요." 미국의 극작가 조너선 랜드Jonathan Rand의 말이다. 그는 해마다 전 세계에서 수많은 아마추어가 고등학교와 대학에서, 양로원에서, 군대에서 공연하는 작품들을 썼다.

공기 중에 흥분이 흐릅니다. 꼭 집어서 표현하기는 어렵지만 무대의 왼쪽에 앉았든 오른쪽에 앉았든 무대 위에 있든 두 번 다시 똑같이 재현할 수 없는 그 한순간을 위해 우리가 여기에 모였다는 느낌을 받습니다. 단 하루 저녁만을 위해. 이 작품이 1년 300일 동안 저녁에 공연된다고 해도 공연마다 다 다르거든요. 지극히 내밀한 뭔가…… 평생 한 번뿐인 그 순간에 그 자리의 모두가 공유하는 경험이 있어요. 그 경험에 대해 남들에게 말할 수는 있어도 온전히 전할 수는 없어요. 저는 첫 〈해밀턴〉 공연을 보고 집에 가서 아내에게 공연에 대해 말해주려 했지만 제대로 전달하지 못했어요.

랜드는 첫 희곡을 쓴 뒤로 내내 라이브 연극의 미래는 끝났다는 소리를 들어왔다. 연극은 제작비가 많이 들어가는 데다 요새는 TV가 꽤 잘 나오고 관객들은 그냥 집에 있을 것이며 젊은 세대는 디지털 콘텐츠에 관심이 많다고 했다. 이런 말도 들었다. "청소년들이 얼마나 틱톡을 끼고 사는지 보세요!" 하지만 랜드는 매년 희곡을 써냈고, 더 많은 희곡이 더 많은 관객에게 다가갔다. 주로 청소년이 청소년을 대상으로 무대에 올리는 작품이었다. 코로나19 이전 브로드웨이에서는 공연 티켓 판매 기록을 발표했고, 그때도 디지털 생중계가 가능했음에도 콘서트와 코미디쇼, 즉흥극 클럽, 스포츠 리그 등 라이브 공연은 호황이었다. "[코로나19는] 라이브 공연을 온라인 생중계로 대체할 수 있다는 생각…… 이런 생각이 그저 깨지기 쉬운 신화일 뿐이라는 사실을 명확히 보여주었습니다." 랜드가 말했다. 디지털 문화의 세계를 마음껏 누릴 수 있어도 아날로그 문화의 마법은 여전히 유효했다.

2020년 3월에 처음 온라인으로 공연을 생중계하고 며칠 만에 음악가들이 창가나 옥상으로 나오고, 배우들이 베란다에서 연극을 하고, 드래그퀸들이 집 앞에서 쇼를 하고, 교외의 무용학교들은 드라이브인 발표회를 열었다. 그리고 날이 풀리자 도시마다 야외에서 창의성과 문화가 폭발했다. 나는 여름 내내 광대, 셰익스피어 소네트, 형편없는 스탠드업 무대, 기상천외한 곡예 공연, 나무 아래에서 바흐를 연주하는 젊은 첼리스트를 보았다. 어느 재즈 사중주단은 볕 좋은 오후에 우리 동네 길모퉁이 공원으로 나와서 몇 시간 동안 연주하면서 단골 관객을 모았고, 그들의 모자에는 지폐와 동전이 가득 찼다.

뉴욕에서는 쿠바 출신의 재즈 연주자 조시 레빈Josh Levine이 5월 첫날에 센트럴파크를 강타했다. 그의 밴드가 산책로 한쪽에 악기를 설치한 지 한 시간 만에 악단 앞에 살사댄서 20여 명이 빙글빙글 돌면서 춤을 추고 수백 달러가 쌓였다. 내가 뉴욕 거리로 그렇게 많은 공연자들이 쏟아져 나오는 이유를 묻자 레빈은 스페인어로 **세 쿠라**se cura라고 답했다. '치유해주니까요'라는 뜻이었다. "그냥 연주가 아니라 치유의 과정이에요." 그가 말했다. "영혼에 좋거든요." 맞는 말이었다. 나 역시 센트럴파크를 지나면서 재즈 악단의 연주가 들리면 매번 그냥 풀밭에 주저앉아 그 선율에 젖어들었다. 장엄한 느낌이 들었다. 긴 겨울이 지나고 따스한 햇살이 처음으로 내 몸에 닿는 느낌, 내가 밤마다 듣던 재즈 음반 중 어느 하나도 전해주지 못한 느낌. **세 쿠라**. 나에게 필요한 것이었다.

인간에게는 공연을 보고 군중 속에 섞이고 거기서 일어나는 모든 것을 경험하고 싶은 본능적인 무언의 욕구가 있다. 프랑스의 사회학자 에밀 뒤르켐Émile Durkheim은 사람들이 특정 행위에 집단으로 동참할 때 생기는 마법 같은 현상을 '집단 열광collective effervescence'이라고 불렀다. 조직심리학자이자 작가인 애덤 그랜트Adam Grant는 코로나19가 시작되고 1년 후 〈뉴욕타임스〉에 기고한 글에서 집단 열광은 원래 집단으로 즐기던 활동(스탠드업 코미디, 라이브 음악, 스포츠, 종교 예배까지)을 집에서 혼자 해야 하는 시기에 모두가 빼앗겼다고 절감하는 구체적인 즐거움이라고 보았다. 우리가 문화에서 누리는 즐거움은 주로 사람들과 함께하는 데서 나온다. "혼자 있으면 우울하고 불안해질 수 있다. 반면 혼자 웃거나 혼자 사랑하는 일은 드물다." 그랜트는 이어서 이렇게 썼다. "함께 나누는 즐거움이 오래 간다."

코로나19 첫해의 6월이 다 지나가던 어느 날 저녁에 나는 즉흥극 모임 사람들을 공원에서 다시 만났다. 우리가 마지막으로 모인 지 석 달 이상 지났고, 처음에는 긴장이 흘렀다. 하지만 맥주를 홀짝이는 사이 해가 넘어가려 하자 (언제나 프로인) 댈러스가 '야옹 주석 게임'부터 해보자고 제안했다. 아주 단순한 게임이었다. 모두가 둥글게 선다. 내가 '주석'이라고 말하면 나와 눈이 마주친 사람이 '마오'라고 말해야 한다. 내가 '고양이'라고 말하면 상대는 '야옹'이라고 말한다. 내가 '음메'라고 말하면 상대는 '암소'라고 말한다. 점점 빠르게 계속 이어가면서 서로에게서 눈을 떼서는 안 된다. 누군가가 실수로 '고양이 음메'라고 하거나 '주석 야옹'이라고 하거나 다른 틀린 조합을 말할 때까지 계속한다. 이해했나?

처음에는 두 달 전 온라인으로 즉흥극을 시도했을 때만큼 어색했다. 때가 때이니만큼 누구도 오래 눈을 맞추는 것이 편치 않아 보였다. 그러다 똑똑한 영국인 작곡가 맬로리가 특유의 어색한 말투로 "주석 음메"라고 말하자, 조금씩 웃음이 터지기 시작하고 어색한 분위기가 완전히 풀렸다. 두 시간 후에도 우리는 그 자리에 서서 점점 더 복잡한 즉흥극 장면을 만들었다. 동네 애완견 주인들이 우리를 이상한 눈으로 쳐다보고 모기가 발목을 물어뜯어 배를 채우는 사이 우리는 저녁의 마지막 햇빛에 자줏빛으로 물드는 서로의 얼굴에서 표정을 읽어내려 했다. 공원이 살아 있는 느낌이었다. 우리도 살아 있는 느낌! 도시 전체가 본연의 모습으로 살아 있는 느낌이었다.

평생 잊지 못할 그날의 체험

"1년 동안 운동복 바지를 입고 지내는 것도 새로웠어요." 에어리얼 팰리츠Ariel Palitz의 말이다. 클럽을 오래 운영한 팰리츠는 뉴욕시의 밤문화정책실이라는 시장실 부속 기관의 책임자로서, 어둠이 내린 후 시작되는 콘서트, 연극, 예술 공연, 댄스파티 등의 문화 활동을 관리했다. "택시를 타지 않거나 외식을 하지 않거나 술을 사지 않으면 비용을 절감할 수 있어요. 하지만 우리는 사회적 존재예요. 사람들이 어울려 살지 않는 사회는 존재하지 않아요. 그리고 이번 코로나19는 사회적 존재로서 우리의 본질에 타격을 입혔어요. …… 우리의 사회적 삶을 강타했어요. 우리의 문화를 강타했어요." 뉴욕 시민들은 넷플릭스와 소파를 갖추고 먹거나 마시거나 피우는 모든 것을 집 앞으로 짧은 시간 안에 배달받을 수 있다. 하지만 남들처럼 뉴욕 시민들에게도 샤워하고 옷을 갈아입고 밖에 나가 사람들 눈에 띌 이유가 필요하다. 문화가 그 이유다. 박물관. 연극. 코미디 클럽과 콘서트. 영화와 춤. 스포츠와 교향곡. 뉴욕은 뉴올리언스와 도쿄, 베를린, 멕시코시티, 나이로비를 비롯한 대도시들처럼 문화와 문화를 창작하는 사람들을 중심으로 건설된 도시다. 물론 문화의 상당수가 가정에서 소비되기 위해 제작되고 녹화된다. 할리우드와 리우데자네이루는 TV의 나라가 되었다. 요하네스버그와 내슈빌에서 레코드판 긁히는 소리가 끊긴 것처럼. 그래도 이들 도시의 문화 심장은 밤마다 클럽과 극장에서, 공간이 크든 작든 화려하든 땀에 젖었든 사람들 앞에서 문화 활동이 벌어지는 곳이면 어디서든 가장 크고 가장 세게 박동한다.

"전부예요." 아날로그 문화가 뉴욕에 어떤 의미냐는 나의 질문에 대한 팰리츠의 대답이었다.

아날로그 문화는 영감을 줘요. 자극을 줘요. 각자 무슨 일로 먹고살든 박물관이나 콘서트에 가면 세상을 다르게 보고 창의적으로 살아가기 위한 영감을 얻어요. 마음에 자극을 받고 마음이 확장되죠. 삶의 중심이

잡혀요. 인간적인 사람이 되고, 나아가 삶은 마법과도 같고 신비하다는 걸 깨달아요. 문화는 우리의 연료 탱크에 든 연료예요. 모두가 여기 와서 문화를 창조해요. 여기 와서 문화를 즐겨요. 문화는 일상의 일부예요. 문화를 누릴 수 있다는 것을 알기만 해도 마음의 위안을 얻어요. 우리에게 선택지가 있다는 것을 알기만 해도요. 물이 없는 걸 알기 전에는 목마르지 않은 것처럼. 뉴욕의 즐거움은 어디서 올까요? 언제든 모든 것을 할 수 있다는 사실에서? 아니 그저 그 사실을 알기만 해도 돼요. 꼭 극장이나 박물관에 가지 않아도 그냥 길을 걷다 보면 음악과 예술에 둘러싸여요. 재미있어요. 즐거워요. 영감을 얻어요. 호기심이 동해요. 이런 이유로 우리는 뉴욕을 좋아해요. '오직 뉴욕에만'이라는 말이 여기서 나오니까요.

펠리츠는 뉴욕 라이브 문화의 미래를 낙관했다. 창작 활동이 왕성해지고 인간과 연결하려는 노력이 늘어가면서 예술의 르네상스가 일어날 거라고 했다. 그는 디지털 문화가 아무리 커져도 이런 추세는 꺾이지 않을 거라고 예상했다. "이런 라이브 문화를 디지털화하고 확대하고 돈벌이로 만들기 위한 도구가 출현하겠지만 디지털화할 **그것**이 없다면 디지털화할 이유도 없어요." 펠리츠는 매번 **그것**이라는 표현으로 정곡을 찔렀다. **그것**은 실체가 있다. 오리지널 아날로그 공연. 마법의 순간을 만들어내 운 좋게 **그것**을 체험한 사람들과 나누며, 그 자리에 없는 사람들이 맛이라도 볼 수 있도록 녹화해서 널리 퍼뜨리는 천

부적 재능. "**그것**이 없다면 디지털은 못 없는 망치에 불과해요. 쓸모없고 무의미하죠. 디지털은 절대로 우리를 대체하지 못해요. 절대로!" 팰리츠가 말했다. "콘서트장의 1열 …… 언제나 가까울수록 가치가 커져요. 집 안의 디지털 관람석과 발코니석에서 볼 수도 있지만 돈을 낸 만큼 얻어가는 법이죠."

팰리츠는 라이브 문화의 미래를 지키려면 장기간 **그것**을 지키기 위해 더 노력해야 한다고 경고했다. 공연할 장소를 지켜야 한다는 뜻이었다. 특히 저소득층, 인종차별에 노출된 청년층, 성소수자 집단, 이민자, 그밖에도 **그것**에, 곧 문화의 박동하는 심장에 동력을 불어넣는 아이디어를 내는 공동체에 속하지만 창작자로 살아남기 위해 고군분투하는 예술가들이 공연할 수 있는 장소를 지켜야 한다는 것이다. 뉴욕 같은 도시가 나날이 비싸지는 동안 누구나 뉴욕을 뉴욕답게 만들어주는 문화를 창조할 여유를 누릴 수 있어야 한다. 예술가들에게는 작품을 선보일 극장과 미술관만이 아니라 새로운 재능을 발굴하고 길러주는 주민 센터나 정식 기금이 조성된 공립학교의 음악·무용·연극 과정도 필요하다. 진정한 디스토피아적 미래는 돈 있는 사람만 라이브 문화를 직접 누릴 수 있고, 다른 사람들은 디지털 부스러기나 맛보는 세상일 것이다. 사실 이미 그쪽으로 가고 있다. 〈해밀턴〉 공연 티켓 두 장을 구하기 위해 주급보다 많은 돈을 내야 하는 사람이라면 이미 알 것이다. "미술을 창작하고 음악을 만들고 근사한 무언가를 창조하는 사람들이 범죄자로 보이지 않는 세상, 그들이 정당한 보상을 받아 가난하지 않은 세상을 만들어야 해요." 팰리츠는 사회가 창작자들을 구성원으로서 그 가치를 인정해주려면 아직 갈 길이 멀기는 하지만 변화가 이미 시작되었다고 느낀다.

코로나19 봉쇄 기간에 노엘 스커그스는 노래를 만드는 데는 애를 먹었을지 몰라도 '무대의 다각화Diversify the Stage'라는 조직을 결성하는 데는 성공했다. 이 단체는 교육과 전문 멘토 제도와 유급 수습생 제도를 활용하여 음악 산업에서 여전히 백인 남성 중심인 로드매니저, 조명 기사, 콘서트 기획자, 투어 공연 스태프와 같은 직종으로 유색인종과 여성과 성소수자와 장애인들을 더 많이 끌어들였다. 스커그스는 로스앤젤레스 인디힙합 세계의 중심지인 '더 루트 다운'처럼 지역사회 기반의 전설적인 공간에서 출발했다. 물론 모든 장르의 음악가가 온라인을 통해 트랙과 믹스테이프를 공유하거나 틱톡에서 영상을 교환할 수도 있다. 하지만 예술가들이 창조적인 관계를 맺고 서로 소통하면서 새로운 예술과 아이디어와 기회와 공동체를 만들려면 현실 세계의 거점이 필요하다. "예술가들에게는 환영받는 느낌이 필요해요." 스커그스의 말이다. "일상의 어려움에 서로 공감하는 동료들 사이에 섞여 있는 느낌이요."

공연자들은 다시 무대로 돌아오면서 그사이 상황이 완전히 변하고 관객과의 관계가 단절되지는 않았을까 겁을 먹었다. 그동안 온라인으로 공연을 많이 보던 사람들이 다시 공연장을 찾아줄까? 2020년 3월 셋째 주 이전처럼 공연을 보면서 웃거나 울거나 응원해줄까? 작년에 나도 노동절 직후 헝가리 부다페스트에서 미래에 관한 학술회의의 첫 대면 강연을 준비하면서 같은 불안감에 휩싸였다. 내가 아직 이런 일을 할 수 있을까?

헝가리로 떠나기 몇 주 전에 나는 경험 많은 배우이자 가수이자 카바레 공연자인 친구 린지 앨리에게 같은 질문을 던졌다. 앨리는 마침 코로나19 이후 처음으로 뉴욕 외곽의 한 와이너리의 야외무대에서 라이브 공연을 마친 터였다. 앨리는 미키마우스클럽에서 일을 시작한 이래 각종 공연장에서, 가령 극장과 유람선과 무대를 비롯해 상상할 수 있는 모든 장소에서 공연을 해왔다. 자전적 내용을 담은 앨리의 새 공연은 일거리 없이 지낸 지난 1년 반의 시간과 넉 달 전에 돌아가신 아버지의 죽음을 다루었다. "전 이 작품에 여러 층위의 구역질 나는 요소들을 담았어요." 앨리가 말했다. "몇 주가 지나고도 그 생각만 하면 폭풍 설사가 나왔죠."

앨리는 잘 해낼 수 있었을까? 제정신이 아니었을까? 앨리는 공연장을 가득 메운 사람들 앞에 서는 법을 기억했을까? 그리고 그 자리에 모인 사람들은 누군가가 공연하는 모습을 관람하는 법을 기억했을까? 사실 그동안 앨리에게도 선택지가 없었다. 온라인 공연에도 도전했다. 음악을 녹음하고 스트리밍하고 줌으로 희곡을 낭독하고 또 미키마우스클럽 팬들과의 온라인 채팅방을 열기도 했다. 하지만 다 실패했다. 앨리에게는 관객이 필요했다. "제가 하는 예술 형식에서는 무대 앞의 사람들이 중요해요." 앨리가 말했다. "제 작품은 수준 높은 순수 예술 연극이 아니에요. 그저 옛날식으로 이야기를 들려주는 거예요. 카바레예요. 저는 그저 '다음 곡은 콜 포터가 1952년에 만든 곡입니다'라고 말하려는 게 아니에요. 제 인생, 역병의 시대, 아버지를 떠나보내고 나이를 먹고 꿈을 이루지 못한 처지에 대해 들려주고 …… 그 이야기를 노래로 부르려는 거예요. 그런데 그거 알아요? 다시 무대에 오르니까 **정말 미치게 좋았어요!** 지금도 그날 밤을 생각하면 눈물이 날 것 같아요." 앨리가 전화기 너머에서 울먹이며 말을 이었다. "그분들은 저와 함께 있었어요. 그분들은 실제로 저랑 같이 있었어요! 다들 하루살이의 방귀 소리까지 들릴 만큼 집중해줬어요. 아버지가 돌아가신 이야기를 시작하자 다들 일어나 저를 응원해줬어요. 모두가 그 자리에 함께 있었어요! 평생 그날처럼 치유와 기쁨을 받은 극적 체험을 해본 적이 없었어요. 경이로웠죠."

부다페스트의 내 강연에서 눈물을 보인 사람은 없었다. 그래도 무대에 오르기 전에 고등학교 시절 이래로 가장 떨렸다. 〈해밀턴〉을 본 저녁 이후 처음으로 마스크 없이 사람들 속에 있으려니 마치 절벽에서 뛰어내리려는 것만 같았다. 조명 아래로 걸어 나가면서 배경의 양치류가 마리화나 재배장 같다고 우스갯소리를 던졌다. 긴장된 웃음이 잔잔히 퍼져나가는 소리를 들으면서 이제 다시 돌아온 것을 알았다. 어깨의 긴장이 풀리자 심호흡을 하고는 이후 40분간 청중 하나하나가 내 손바닥 안에서 놀게 했다. 강연이 끝나고 사람들이 다가와 질문하고 악수를 청하고 함께 셀카를 찍고 각자의 소감을 말해주자 나는 앨리의 말이 무슨 뜻인지 완벽히 이해할 수 있었다. 나는 내 일을 한 것이다. 나는 청중에게 정보와 약간의 재미를 제공하고 강연 주최 측을 만족시키면서 돈을 받았다. 무엇보다도 청중과 잠시나마 관계를 형성했다. 그들의 눈을 보고 신체 언어를 읽고 그들 한 사람 한 사람과 인간적인 차원에서 연결되었다. 그날 모두가 온라인 강연에서는 얻지 못하던 무언가를 안고 강연장을 나섰다.

"우리는 인간으로서 그렇게 태어났어요." 앨리가 말했다. "우리 안에서 그 부분을 끄집어내서 디지털화할 수는 없어요. 우리는 언제까지나 그 부분을 가지고 있을 거예요. 우리는 로봇이 아니니, 함께 모일 방법을 찾을 거예요. 이제 비상시에는 디지털 버전으로 모일 수 있는 것도 배웠고요. 또 어디서 박쥐가 천산갑을 먹는다면 세상 누구도 반기지 않을 겁니다. 더는 그렇게 살고 싶지 않으니까요."

6장

[토요일]
대화

화면에서 우리는
눈을 마주 볼 수 없다

대화의 상당 부분은 비언어적 차원에서 신체 언어와 표정과 심지어 냄새 같은 생체지표를 통해 일어난다. "찰나에 100만 가지가 소통됩니다. 작가님도 제 호흡이나 체온의 변화를 알아챌 수 있어요." (…) 그래서 모든 디지털 대화가 부족하게 느껴지는 것이다. 우리는 말을 할 수 있었다. 농담도 할 수 있었다. 표정도 짓고 이야기도 나눌 수 있었다. 하지만 똑같지 않았다. 당연했다.

숀은 오늘 밤 북클럽을 주관한다. 두 가지를 할 거라는 뜻이다. 난해한 공상과학소설에 관해 토론하기, 토론하면서 근사한 식사를 함께하기. 북클럽 회원 일곱 명이 안정적으로 돌아가면서 모임을 주관한다. 한두 달에 한 번씩 누군가의 집에 모여서 선정된 작품에 관해 토론한다. 술을 마시고 음식을 먹고 술을 더 마시고 대화를 더 많이 나눈다. 몇 시간이 휙 지나간다. 간간이 웃음이 터지고 다양한 소재가 윤활유가 되고 이따금 반짝거리는 통찰이 튀어나오다 보면 어느새 누군가가 시계를 보고 자정이 넘었다며 이제 집에 가자고 말한다. 선정된 도서가 매번 좋은 건 아니지만 늘 좋은 만남이 된다.

최근에 친구 하나가 자기네 북클럽에 관해 말해주었다. 온라인으로 만나고 전 세계에서 수십 명이 참가한다고 했다. 대화는 항상 이 모임을 만든 문학 교수가 주도한다고 했다. 그 친구는 책에 대한 교수의 통찰이 매번 얼마나 흥미로운지 감탄했다. 토론할 질문은 미리 정하고, 채팅방에서 자유로이 대화를 나눈다. 아무도 집에서 나올 필요가 없으니 아주 편리할 뿐 아니라 구성원의 나이나 경제적 배경도 다양했다. 북클럽을 키워서 사업으로 발전시키자는 말도 나왔다.

그만할까요?

약 50년 전에 네트워크로 연결된 컴퓨터의 이용자가 같은 실험실의 다른 컴퓨터 이용자에게 처음으로 메시지를 보내면서 대화의 디지털 미래가 탄생했다. 이미 편지와 전보와 전화가 사람들 사이의 거리를 없애서 서로 소통하게 해주었지만 지난 20년 이상은 디지털 기술 덕분에 누구와도 어디서든 즉시 소통할 수 있게 되었다. 이제 화상회의를 진행하거나 그룹 전체에 메시지를 보내거나 가상 아바타를 만들어 애니메이션 세계에서 채팅할 수도 있다. 페이스북이나 레딧에서 생각이 비슷한 사람들이 모여서 어떤 주제든 토론하기도 하고 트위터에서 세계적인 거대한 토론에 참여하면서 토론의 내용이 실시간으로 미치는 영향을 목격할 수도 있다.

디지털 대화는 코로나19가 처음 강타했을 때 우리의 생명줄이 되었다. 나는 밤마다 줌이나 페이스타임FaceTime이나 왓츠앱WhatsApp에서 전 세계의 친구들을 만났고, 다들 동시에 겪는 갑갑한 일상을 나누었다. 아내와 나는 가상에서 이런저런 친구들 모임을 갖기로 하고 일정을 조율했다. 나는 매주 줌 회의로 강연 에이전시와 소통하고 유대인 모임 '리부트Reboot'와도 자주 만났다. 그리고 옛 친구와 자주 길게 화상통화를 하면서 아이들 몰래 야금야금 술을 마시며 세상의 종말을 한탄했다. 그중에 몇몇은 매주 소통하는 친구들이었다. 그리고 오랜만에 연락이 닿은 친구도 있었다. 같이 게임도 했지만 대개는 그냥 대화를 나눴다. 하지만 3월의 처음 몇 주가 4월 말로 넘어가는 사이 이런 온라인의 대화도 달라지기 시작했다. 대화가 다 비슷하게 느껴지고 어떤 때는 일처럼 느껴지기도 했다. 오래전에 소식이 끊긴 친구와 한번 대화를 나눴는데 다시 대화할 필요가 있을까? 점차 줌 초대도 무시하기 시작했고, 내 전화를 받는 친구도 줄어들었다. 전화를 받아준다 해도 통화 시간이 짧아지고 대화의 깊이도 얕아지고 갈수록 한 말을 또 하게 되었다. 분명 뭔가가 빠져 있는데 정확히 뭔지는 몰랐다. 우리의 첫 가상 북클럽이 열리던 그날이 오기까지는.

우리 북클럽은 2015년에 시작되었다. 친구 벤과 내가 북클럽을 하는 아내들이 부럽다고 말하면서 시작되었다. 벤과 나는 책을 좋아했다. 우리는 술을 마시고 얘기하는 것도 좋아했다. 작가들이니까! 우리도 해보면 어떨까? 그래서 숀과 블레이크를 끌어들였고, 이후 몇 년에 걸쳐 제이크와 토비와 크리스도 들어왔다. 우리 모임에는 거창한 목표도 없고 규칙도 몇 가지 없었다. 주최자가 책을 고르고 장소를 정했다. 집에서 모인다면 음식을 준비했다. 다른 회원들은 선정된 책을 읽고 와서 그 책에 관해 토론하고 먹고 마셨다. 지금까지 우리는 다양한 분야의 책을 읽었다. 마이클 폴란Michael Pollan의 환각제에 관한《마음을 바꾸는 방법How to Change Your Mind》, 마샤 게센Masha Gessen이 블라디미르 푸틴의 러시아를 고찰한 《미래는 역사다The Future Is History》, 성별이 유동적인 공상과학소설, 한국인 페미니스트의 중편 소설, 만화 형식의 소설, 19세기의 북극 탐험 생존기, 그리고 더없이 지루했던 필립 로스Phillip Roth의 수필까지. 나는 필립 로스의 책을 제안한 죄로 두고두고 용서받지 못할 것이다.

코로나19가 터지기 전 마지막 북클럽에서 나는 내 죄를 만회할 생각으로 미국의 고전이자 우스꽝스러운 풍자소설인 존 케네디 툴John Kennedy Toole의 《바보들의 결탁A Confederacy of Dunces》을 선정했다. 뉴올리언스의 가장 지저분한 변두리를 배경으로 모두에게서 최악의 일면을 끌어내는 파괴적이고 뚱뚱하며 주인공답지 않은 주인공인 이그네이셔스 J. 라일리가 이끌어가는 이야기다. 이 책은 시대에 뒤떨어지고 정치적으로 올바르지 않으며 거의 모든 집단에 민주적으로 모욕을 주지만 기발하고 노골적으로 웃기다. 2020년 2월, 운명의 수레바퀴가 우리에게 불리하게 돌아가기 몇 주 전인 그날 밤에 나는 우리 집에서 북클럽을 열었다. 며칠 동안 이 책의 배경인 뉴올리언스를 주제로 메뉴를 준비했다(새우와 소시지 검보, 크로아상으로 감싼 프랑크푸르트 소시지, 바나나 포스터). 버번위스키가 넘쳐나고 마리화나가 성냥처럼 타들어가는 사이, 크리스가 이 책에서 가장 부조리한 대목을 낭독했고, 우리는 웃음을 터뜨렸다.

그리고 두 달 후 각자의 집에 격리된 우리는 줌에서 숀이 선정한 책으로 모임을 가졌다. 숀이 정한 책은 시간과 공간 여행을 다루고 외계인이 가져온 전염병으로 인류가 종말을 맞는 디스토피아 소설이었다.

(굳이 제목을 밝히고 싶지 않은) 이 책은 우리가 실제로 겪는 전염병 범유행보다 유일하게 더 심각한 내용이었다. 페이지마다 피와 고문, 불필요한 폭력, 전반적으로 비참한 정서가 넘쳐흘렀다. 분위기가 조금 가벼워지려나 싶으면 바로 누군가가 불필요하게 고통을 받으며 죽었고, 모두가 다시 길을 잃었다(몇몇 인물은 여러 번 죽었다). 그나마 우리는 같이 있었다. 휴대전화를 손에 들고 각자의 집 소파에 앉아 섬뜩할 정도의 선견지명으로 그 책을 고른 숀에게 거침없이 비난을 퍼부으면서. 우리는 되는 말 안 되는 말을 막 던지면서 그 책에 대해 토론했지만 북클럽의 마법도 우리의 관심을 한 시간 이상 잡아두지 못했다.

"그만할까요?" 벌써 세 명이 하품하는 것을 보고 숀이 말했다. 우리는 지쳤다. 이 불쾌한 책을 두고 다 웃었다. 이제 끝낼 때였다.

우리는 정서적인 사람들

무엇이 빠져 있었을까? 물론 맥락이 빠져 있었다. 대화가 자연스럽게 이어지게 해주는 음식과 술과 그밖에 자극이 될 만한 요소가 없었다. 하지만 다른 뭔가도 있었다. 온라인에서는 대화가 더 짧아서가 아니었다. 그냥 달랐다. 만족감을 주지 못하는 저음질 버전처럼 느껴졌다. 이런 진실은 전반적인 대화의 미래만이 아니라 그 미래에 의존하는 모든 것, 가령 일과 학교, 지역사회와 정치의 미래에 더 큰 함의를 가졌다. 디지털 통신과 SNS 플랫폼은 코로나19 범유행 중에 더 널리 퍼져나가면서 아날로그 대화, 그러니까 예전처럼 얼굴을 마주 보고 나누는 대화의 가치에 관해 무엇을 보여주었을까?

"저는 사람들이 줌에 그렇게 넌더리를 내는 게 좋은 신호라고 봐요." 저널리스트이자 라디오 진행자이자 《흥분하지 않고 우아하게 리드하는 말센스》를 비롯해 책 몇 권을 낸 작가 셀레스트 헤들리Celeste Headlee 의 말이다. "컴퓨터로 나누는 대화는 대화가 아니에요. 별별 부정적인 결과를 낳죠. 물론 장점도 몇 가지 있기는 하지만요." 멀리 있는 사람과 편리하게 대화할 수 있는 장점은 있다는 것이다. "하지만 단점도 있어요." 화상채팅이든 SNS든 꼬리에 꼬리를 무는 문자 메시지든 이메일이든, 모든 디지털 대화는 사람들에게서 어떤 행동을 끌어내는 경향이 있다고, 헤들리가 점점 증가하는 연구를 근거로 지적했다. 디지털 대화는 확신 편향을 강화하고 사람들을 극단으로 몰고 간다는 것이다. 그래서 의사소통의 오류가 생기고 사람들 사이의 갈등이 심해진다. 디지털 대화는 우리를 지루하게 만들고 맥락을 제거한다. 그리고 인간적인 행동을 비인간적으로 만든다. "우리는 디지털 장치로 소통하면 이런 일이 벌어진다는 것을 오래전부터 알았어요." 헤들리의 말이다. 코로나19 범유행이 이런 현상을 증폭시켰을 뿐이다.

왜일까?

이유는 주로 생물학에 있다. 인간은 오랜 시간에 걸쳐 단순한 유인원에서부터 지구상에서 가장 정교한 의사소통 능력을 가진 존재로 진화했다. 인간의 발성법은 매우 복잡하고 미묘하다. 그래서 친구가 "안녕" 하고 말할 때 우리는 이 한마디의 발성을 듣고 무슨 문제가 있는지 바로 알아챌 수 있다. 하지만 대화의 상당 부분은 비언어적 차원에서 신체 언어와 표정과 심지어 냄새 같은 생체지표를 통해 일어난다. "찰나에 100만 가지가 소통됩니다. 작가님도 제 호흡이나 체온의 변화를 알아챌 수 있어요." 헤들리가 전화기 너머에서 내게 말했다. 게다가 인류는 수천 년 전에 문자를, 수백 년 전에 인쇄술을, 100년 전에 전화를 발명했지만 디지털 문자와 영상은 불과 몇십 년 전에 나왔다. 그래도 갑자기 생물학적, 신체적, 물질적 아날로그 대화가 문자나 소리와 이미지로 대체될 수 있을 것만 같았다.

겉보기에는 문제가 없는 것 같았다. 나는 하루에도 몇 번씩 친구와 친척과 낯선 사람과 말하고 문자를 주고받고 이메일로 소통하고 통화하고 댓글을 달기도 하지만 딱히 부정적인 결과가 나오는 것 같지는 않다. 하지만 이 모든 디지털 소통 방식에는 얼굴을 마주 보고 나누는 대화에서만 온전히 전달되는 결정적 요소가 빠져 있다. 바로 정서다. "우리는 큰 뇌를 가진 원숭이예요." 헤들리가 말했다. "우리가 지구를 정복한 건 그만큼 똑똑해서가 아니에요. 우리는 그렇게 논리적인 사람들이 아닙니다. 논리적으로 사고하는 능력에 결함이 있어요. 우리는 정서적인 사람들이에요! 디지털 대화의 문제 중 하나는 정서가 걸러진다는 점이에요. 문자는 읽는 사람이 정서를 부여해요. 흔히 정서를 약점으로 생각하지만 우리 종에게 정서는 큰 강점이에요. 하지만 우리는 우리가 하는 말을 걸러서 디지털화할 때 의미의 상당 부분을 제거해요."

헤들리는 우리가 대화에서 의미를 끌어내는 세 영역을 꼽았다. 언어

(무슨 말을 하는지), 어조(어떻게 말하는지), 신체 언어(그 말을 하면서 어떻게 보이는지)다. 디지털 소통에서는 의미의 3분의 2가 제거된다. 아무리 훌륭한 화상회의에서도 의미가 3분의 1은 제거된다. 직접 눈을 마주 볼 수 없다. 그리고 미세하게라도 연결 상태가 지연되면 시간에 혼동이 생기는 데다. 또 시야도 제한되어 신체 언어를 지각하는 능력에도 제약이 생긴다. 디지털 처리 과정에서 발성도 미묘하게 달라지고 정서의 암시가 단순해진다. 신호가 강해 보여도 실제로는 약하다. 화상회의에서든 가족 채팅방에서든 장시간 온라인으로 '말'을 하려다 보면 느껴지는 피로감은 말의 내용과는 크게 상관이 없다. 우리의 뇌가 생략되고 혼동된 신호를 따라가려다 느끼는 피로감이다.

교장실에 불려가거나 직장 상사에게 호출당하거나 연인과 싸워본 사람이라면 알겠지만 "우리 대화를 나눠야 해"라는 말만큼 무서운 말도 없다. 온라인 대화는 대개 목적이 있고, 장소와 시간이 정해지고("8시부터 9시까지 줌으로 모입시다"), 주로 주제도 있다. 이것은 대문자 'C'의 **대화**Conversation다. 이런 대화는 아날로그 세계에서 대화를 나누는 주된 방식, 가령 사람들이 거리나 학교 운동장에서, 저녁을 먹거나 영화를 보기 위해 줄을 서서, 테니스 시합이 끝난 이후 등 갖가지 상황에서 스스럼없이 대화하는 방식과는 정반대다. 학교의 표면적인 목적은 학습이고, 테니스의 목적은 운동이고, 북클럽의 목적은 책에 대해 토론하는 것이다. 대화는 이 모든 것을 붙잡아주는 닻이다. 일상의 동떨어진 부분을, 한 번에 한 단어씩 이어주는 아날로그의 실이다.

그래서 모든 디지털 대화가 부족하게 느껴지는 것이다. 우리는 말을 할 수 있었다. 농담도 할 수 있었다. 표정도 짓고 이야기도 나눌 수 있었다. 하지만 똑같지 않았다. 당연했다. 가족과 멀리 떨어져 살아본 사람이라면 알 것이다. 나는 남아메리카에서 3년 가까이 살면서 거의 매일 부모님과 스카이프로 통화했지만 집에는 1년에 한 번, 한 달 동안 다녀갔다. 이 두 가지 경험은 비교가 불가능했다. 물리적 환경 때문만이 아니라(부모님의 냄새와 소리, 포옹, 미세한 신체 언어) 실제로 부모님과 같이 있으면 대화가 끊이지 않아서였다. 우리는 뭘 하든 늘 대화에 둘러싸였다. 아침을 먹으면서, 강아지를 산책시키면서, 슈퍼마켓에 가면서, 복도에 서서, 점심을 먹으면서, 밤늦게까지 줄곧 대화를 나눴다. 끊임없이 유기농의 대화를 나눴다. 어느 대화도 일정이나 종료 시간이 정해져 있지 않았고(어느 엄마도 자식에게 "11시 30분에 끝내겠다"고 말하지 않는다), 대화를 질질 끈다는 느낌이 든 적도 없었다.

"우리는 사회적 동물이에요." 심리학자이자 《빌리지 이펙트The Village Effect: How Face-to-Face Contact Can Make Us Healthier, Happier, and Smarter》의 저자 수전 핑커Susan Pinker의 말이다. 핑커는 내게 대화는 모든 인간관계를 이어주는 접착제라고 했다. 한마디로 친구는 우리가 대화를 나누는 상대이고 대화가 우정을 만들어준다는 뜻이다. 대화가 없다면 친구를 사귈 수 없다. 대화가 없다면 관계를 유지할 수 없다. 어떤 사람과의 대화를 즐길수록, 대화를 많이 나눌수록 그 사람과의 우정이 더 돈독해진다. 그리고 운이 좋다면 평생 최고의 대화를 나눌 사람과 같이 사는 것이 좋다. 코로나19 범유행은 아날로그 대화가 사라지면 어떤 미래가 펼쳐질지 보여주었다. 덕분에 우리는 얼마나 대화가 필요한지 깨달았다.

핑커는 몇 달간 온라인으로 북클럽에 참여하면서 디지털 경험이 실제 경험에 비해 얼마나 조악한지 깨달았다. 그래서 몬트리올의 추운 가을과 겨울에도 다시 밖에서 만나는 모임을 재개했다. 담요와 방한복을 뒤집어쓰고 차와 와인으로 무장하고 가열등과 모닥불 옆에 옹기종기 둘러앉아 그렇게 추워 죽겠는 날에도 직접 만나 대화에 열중하면서 무척 기뻐했다. "북클럽에 참석하든 친구들과 저녁 모임을 갖든," 대화를 나누는 거의 모든 사회적 상황에 참여한다면, "그것이 실제로 일어나는 일의 전체 형태이고, 우리는 그 전체를 느낍니다." 핑커의 말이다. "엔도르핀이 넘치고 도파민이 샘솟고 …… 우리에게는 이런 게 필요합니다! 인간은 누구나 이런 걸 필요로 하고, 누구나 기분 좋고 편안한 기분을 느끼고 싶어 합니다. …… 그런 기분이 들지 않는다면 매우 위험한 상태라는 뜻이에요."

5월 말에 우리 북클럽도 대면 모임을 재개했다. 우리는 제이크의 집 뒤뜰에서 술이 담긴 아이스박스와 유행병학자인 제이크의 형이 제공한 대형 손세정제 주위에 의자를 전략적으로 띄워놓고 둥글게 둘러앉았다. 그러고는 닭고기 육포를 뜯으며 JFK의 암살범 리 하비 오스월드의 삶을 소설로 재구성한 돈 드릴로Don DeLillo의 《리브라Libra》에 관해 대화를 나누었다. 플롯과 문체에 관해 얘기하다가, 아이들의 홈스쿨링에 대해, 우리 정부가 최근 코로나19 상황에서 갈팡질팡하는 행태에 대해 불만을 터뜨렸다. 대화가 느슨해지자 제이크가 각자 술을 들고 좀 걷자고 제안했다. 우리는 인적 없는 거리 한복판을 넓게 차지하고 걸으면서 드릴로 작품의 문체와 '비트 시beat poetry(비트 세대 작가들이 지하 클럽에서 시 낭송 공연을 하면서 발전한 시의 형태-옮긴이)'적 속도와 인물을 배치하는 방식에 관해 이야기했다. 그러다 벤이 평소 자주 쓰는 표현 그대로 "감각적으로 큐레이팅한 경험"이라고 말해서 우리는 5분 정도 그를 골려주었다. 우리는 전차 선로에 슬쩍 올라서기도 하고 우르릉거리며 지나가는 대형 화물열차 옆에서 맥주를 들고 상기된 얼굴로 카메라를 향해 우스꽝스러운 표정을 짓기도 했다. 하룻밤 풀어진 중년의 청소년 무리였다. 물론 술에 취해 조금 들뜬 건 사실이다. 하지만 그동안 밤마다 비참한 현실을 잊으려고 술을 마시면서 지냈기에 이렇게 기분이 좋았던 적이 없었다. 그날 밤의 매혹적인 요소는 물론 대화였다. 대화가 자유롭게 흐르면서 때로는 깊이 들어가기도 하고 때로는 겉돌기도 했다. 직접 얼굴을 보며 대화할 기회를 박탈당했다가 몇 달 만에 처음으로 마음껏 대화에 빠져들 수 있었다.

외로움의 비용

디지털 대화 도구의 발전으로 직장과 가정과 사회에 변화가 일어나 이미 코로나19가 터지기 전부터 현실의 아날로그 대화는 위태로워졌다. 그전에도 바로 옆 자리의 동료와 슬랙으로 대화하고 실제 회의가 아니라 가상 회의를 소집했다. 또 이메일에 답장을 보내느라 '바빠서'

같이 '점심 먹을 시간이 없고,' 점심을 먹으러 나간다 해도 다들 바로 앞에서 오가는 대화와 손바닥 안의 대화 사이를 오가며 산만해졌다. 교회나 동호회에도 덜 나갔고, 간다고 해도 오래 잡담을 나누지 않았고, 모임이 끝나면 곧바로 휴대전화를 집어 들고 차에 올라 다음 장소로 이동했다. 핑커는 이웃 사이에 뒤뜰 담장 너머로 농담을 주고받는 경우를 예로 들어 이렇게 말했다. "전에는 다들 이런 대화의 가치를 가볍게 여겼어요. 이제는 이런 대화가 우리의 정신과 마음의 건강에 얼마나 중요한지 알아요. 이런 대화의 효과를 직접 보고 느낄 수 있어요." 인간이 생존하려면 물과 음식과 공기와 거처가 필요하듯이 대화도 필수적이라고 핑커는 말한다. 나처럼 외향적인 사람은 물론, 남들보다 대화를 조금 덜 필요로 하는 내향적인 사람에게도 마찬가지다. 그저 어떤 사람에게는 칼로리가 덜 필요한 정도다. 그래도 누구에게나 어느 정도의 칼로리는 필요하다.

아날로그 대화가 감소하면서(자동차와 TV, 휴대전화, 인터넷에 의한 사회적 고립으로 수십 년 전부터 이미 감소해왔다) 외로움이 유행병처럼 번졌다. 선진국은 물론 개발도상국에서도 외로움은 21세기의 가장 시급한 건강 문제 중 하나가 되었다. 요즘 사람들은 수십 년 전보다 사람들과 시간을 적게 보내고 친구(그리고 친한 친구)도 적게 사귀고 대면 대화도 적게 나눈다. 외로움은 그 자체로도 고통스러운 감정이지만 만성이 되면 생명을 단축시키는 갖가지 심신의 고통을 일으킨다. 스트레스와 심장병 증가, 알코올과 마약 남용, 치매와 불안, 우울과 자살까지. 매년 연구에서는 외로움과 사회적 고립으로 인해 각국이 치러야 하는 의료보건 비용이 증가하는 것으로 나타난다. 미국 질병통제예방센터에 따르면 사회적 고립은 흡연, 비만, 신체 활동 부족에 필적하는 조기 사망의 위험 요인이다. 여러 연구에서 외로움과 사회적 고립은 사망 위험을 높이는 것으로 나타났다. 이때 직접적인 사망 원인은 심장병이나 암 같은 질병일 수도 있고 사고일 수도 있고 심지어 의도적 자살일 수도 있다. 지금 이 순간에도 무수히 많은 사람이 대화 부족으로 죽어간다.

수십 년 동안 보건과 사회복지 전문가들은 외로움이라는 유행병에 증상으로만 접근하면서 불안과 우울, 체중 증가, 심장병을 사회적 고립의 결과가 아니라 별개의 건강 문제로 다루었다. 하지만 대면 대화의 질병 예방적 효과에 대한 학문적 증거가 쌓이면서 기존의 접근법에 변화가 나타나기 시작했다. 한 연구에서는 사회적 유대가 끈끈한 집단일수록(교회 모임이나 농구 리그) 코로나19 범유행 초반에 더 잘 견디면서 혼자 격리된 사람들보다 사망이나 감염 위험이 낮은 것으로 나타났다. 이 연구를 진행한 인구통계학자 리먼 스톤Lyman Stone은 내게 대화가 이들 집단이 '유행병 범유행 이후의 회복력'을 키우는 데 도움이 되었다고 말했다. 이런 집단에 속한 개인들은 2020년 초 몇 달 동안 코로나19에 관해 토론하면서 중요한 정보를 나누었고, 이런 정보가 집단과 개인의 행동을 변화시켰다. 예를 들어 하키 경기를 시작하기 전에 탈의실에서 만난 동료가 마스크를 쓴 것을 보고 이유를 묻는다. 동료는 공기 중에 바이러스가 전파될 수 있다고 설명하고, 당신은 그 말에 마스크를 쓰기 시작한다. 대다수 사람이 이런 일상의 대화에서 생활 뉴스를 전해 듣는다. 미국의 경우 생활에서 사회적 모임의 비중이 큰 주일수록 다른 주보다 코로나19로 인한 초과 사망률이 20퍼센트 낮은 것으로 나타났다. "사회적 모임의 전체적 [긍정적] 효과에서 대화가 중요하게 작용합니다." 스톤이 말했다. "사람들이 만나서 정보와 경험을 나누는 겁니다. 이런 유대 관계에서 정보의 신빙성이 달라지고 사람들이 스스로 문제의 해결자로 나섭니다. 사람들이 [대화를 통해] 자가 교육의 전달자가 됩니다."

핑커는 대화의 미래는 산업과 제도를 설계하는 새로운 분야에 통합되어 대화의 기반 시설을 인간과 경제의 건강과 직접 연결할 거라고 예상했다. 말하자면 공원과 학교에 벤치와 책상을 더 많이 배치하고, 병원과 도서관에서 사람들이 소통하는 공용 구역을 서울에서 이소진이 설계한 공공 카페와 도서관처럼 만들 것이며, 도시마다 보행로를 넓히는 등의 다양한 방법을 계획해서 반세기 전에 제인 제이콥스가 사회 공동체의 강력한 접착제라고 일컬은 일상의 잡담을 장려할 거라는 뜻이다. 일례로 폴란드 크라크푸에서 최근 실시한 한 시범 사업에서는 '행복한 대화'라는 이름이 붙은 대화용 벤치를 선보였다. 영국 웨일스의 수도 카디프에서 처음 나온 이 아이디어는 대화하고 싶은 사람이라면 누구나 벤치에 앉아 외로움과 싸우게 해주는 예방책이었다. 한편으로는 사람들에게 이로운 식단이나 운동을 퍼뜨리고 싶을 때 흔히 그러듯 캠페인을 활용한다. 대화하라. 대화가 생명을 살릴 수 있다.

대화로 외로움을 해결하는 가장 유망한 방법은 **사회적 처방**social prescribing이다. 1980년대 말에 영국에서 처음 나온 이 개념은 지난 수십 년간 영국 국가의료제도National Health Service(NHS)의 핵심 요소로 발전했다. 사회적 처방은 영국의 의사들이 환자들을 진료하면서 접하는 문제에 대한 대응으로 시작되었다. 진료받는 환자의 무려 5분의 1이 경제적 스트레스부터 대중교통에서 겪는 혼란까지 다양한 비의료적 문제로 병원을 찾았다. 이들은 의학적인 증상을 보이지 않으므로 의료체계의 틈새로 새 나갔다. 그렇다고 사회보장기관이 나서야 할 만큼 심각한 상황은 아니었다. 이런 환자가 의사에게 진료를 볼 때마다 NHS에 비용을 초래하지만 사실 이런 환자들에게 필요한 것은 대화 상대였다. 사회적 처방은 지역 의료계의 다양한 조각이 모인 것이었다. 이를테면 의사와 간호사가 사회복지사나 지역 기관에 환자를 의뢰하면 여기서 환자를 일대일 방문은 물론, 정원 손질이나 축구 경기나 북클럽 같은 집단 활동과 연결해준다. 환자들은 이런 활동에 참여해 일상적으로 소통하면서 현실의 관계를 형성하고 궁극적으로 외로움을 다스려서 몸과 마음의 건강을 회복한다.

이건 처방전에 넣을 수 없어요

영국에서 사회적 처방에 앞장서는 사람으로 런던 북부 왓포드의 가정의학과 교수 마리 앤 에샘Marie Anne Essam 박사를 들 수 있다. "의학은 과학이면서 예술이기도 해요. 양상과 조각과 관점과 가능한 해결책을 알아야 하거든요." 에셈 박사가 말했다. 에셈 박사가 보기에 사회적 처방은 환자 중심 의학에서 가장 강력한 변화의 힘을 가진 방법이고, 모든 사회적 처방은 대화를 중심으로 일어난다. 에셈 박사는 내게 사회적 처방으로 치료한 첫 환자인 '존'의 사례를 들려주었다. 60대 중반의 존은 나이보다 훨씬 들어 보이고 각종 만성 질환에 시달렸다. 여러 의사에게 이런저런 약을 처방받은 존은 에셈 박사에게 선선히 진찰을 받으려 하지도 않고 복용하는 약을 보여주려 하지도 않았다. 모든 면에서 난관이었다. 에셈 박사는 절박한 심정으로 존을 병원에 새로 들어온 캐럴이라는 사회적 처방 전문가에게 맡겼다.

캐럴은 존의 집을 방문하면서 문제가 얼마나 심각한지 바로 알아챘다. 존은 매우 불결한 환경에서 살았다. 저장강박증이 있는 그의 집은 쓰레기 더미 때문에 바닥이 보이지 않을 정도였다. 존은 집주인의 전화번호를 잃어버렸다. 아무도 막힌 배관을 뚫어주지 않아서 배설물을 창밖으로 정원에 던졌다. 이웃들이 그를 싫어했고, 누나들도 그와 연락을 끊었다. "그 환자는 극단적인 고립 상태였어요." 에셈 박사가 말했다. "아무도 그를 인사할 가치가 있는 사람으로 봐주지 않았어요."

캐럴은 집주인의 전화번호를 찾아 배관공을 불러달라고 하고는 존을 동네 카페로 데려가 함께 차를 마셨다. 캐럴은 존과 얼굴을 마주 보며 인간 대 인간으로 말을 건넸다. 존은 의사나 이웃이나 다른 사람들을 대할 때와는 다르게 뚱한 표정을 짓거나 상대를 무시하지 않고 캐럴의 물음에 대답하기 시작했다. 두 사람은 잠시 대화를 나눴다. 이후 캐럴은 존을 자주 방문했고, 얼마 후 존은 혼자 카페에 가서 차를 마셨다. "사람들이 달라졌어요!" 어느 날 존이 캐럴에게 흥분해서 말했다. "사람들이 저를 존이라고 불러줬어요! 이웃들이 제게 말을 걸어요. 그중에 갓난아기를 둔 집이 있는데, 그 집 사람들이 제게 아기를 안아보게 해주었어요!" 존의 누나도 다시 연락해서 크리스마스에 자신의 집으로 초대했다. 몇 달 후 에샘 박사의 진료실로 돌아온 존은 다른 사람이 되어 있었다. 그는 에샘 박사의 눈을 보면서 적극적으로 대화를 나누고 에샘 박사가 그를 진찰할 수 있게 해주었다. 에샘 박사가 존의 처방전을 수정했고, 존의 건강은 극적으로 호전되었다. 이후 에샘 박사는 수많은 환자(청년 실업자, 정신적 외상에 시달리는 아프가니스탄 참전용사, 소외된 난민 여성, 방치된 노인, 고집불통 은퇴자)가 사회적 처방을 받도록 도와주었고, 환자들에게 나타난 모든 변화의 중심에 대화가 있다는 점을 더 많이 확인했다. 에샘 박사는 이렇게 말했다.

> 사람들은 이런 일상의 대화를 나누며 스스로 동기와 회복력, 문제 해결 능력, 기회, 비전을 발견할 수 있습니다. 핵심은 희망입니다. 희망을 잃으면 …… 음, 이건 처방전에 넣을 수 없어요. 희망이 없고 비전과 미래에 대한 생각이 없으면 …… 사람들은 죽어갑니다. 마음이 병들어요. 심각하게 병들어요. 제가 알기로 이런 상태를 치료해주는 약은 없습니다. 대화를 시작할 때는 그 사람의 공간으로 최대한 깊이 들어가야 합니다. 대화하는 순간만큼은 제가 진심으로 듣고 있고 제가 진심으로 중요하

게 생각한다는 사실을 상대가 느낄 수 있도록 가까이 다가가야 해요. 게다가 대화를 나누다 보면 제 마음도 따뜻해지고 저 역시 그 대화가 진심으로 기분 좋은 대화가 될 거라고 믿게 됩니다. 위에서 아래로 내려오는 대화가 아닙니다. 환자에게 "무슨 문제가 있습니까?"라고 묻는 게 아니라 **"당신은** 어떻게 하고 싶으세요?"라고 물어봐주는 겁니다.

공감이 핵심이다. 환자가 마침내 내 편이 생겼다고 느껴야 한다.

코로나19 범유행이 시작되고 1년이 지날 무렵 에샘 박사는 환자와 온라인으로 대화하는 것이 임시방편으로는 통해도 결국에는 잃는 것이 많다는 것을 알게 되었다. 환자들이 안정적인 인터넷 연결과 컴퓨터를 갖추지 못했고, 온라인 진료 일정을 잡는 것도 복잡했다. 병원에서라면 의사나 간호사가 환자를 사회적 처방 전문가에게 데려다주어 당장 첫 면담을 받게 해줄 수 있었다. 하지만 온라인에서는 양쪽을 원격으로 연결해주어야 했다. 환자가 그냥 메시지에 답하지 않으면 끝이었다. 게다가 에샘 박사가 환자에게 어떤 접근법이 필요한지 진단하고 환자와 신뢰를 쌓는 데는 비언어적 단서도 중요하다. 온라인에서는 비언어적 단서(눈 맞춤, 신체 언어, 호흡의 속도와 깊이)가 모두 실종되었다. "사회적 진단은 그 사람이 어떤 사람인지 이해하고 그 사람의 공간에서 그 사람을 관찰하는 방법입니다." 에샘 박사는 사회적 처방을 위한 대화가 오가는 물리적 환경의 중요성을 강조했다.

가상공간에서는 이런 환경이 제거됩니다. 가벼운 대화를 나누기 위한 소재가 사라지죠. …… "날씨 참 좋지 않아요?" 카페에 앉아 있으면 어떤 상황이 펼쳐집니다. 위협받거나 과도하게 주목받지 않으면서 대화할 공간이 주어지고, 마음의 여유를 찾아 무슨 감정을 느끼고 무슨 일이 벌어지는지 조금 더 이야기할 수 있는 상태에 이르게 됩니다. 다른 모든 신호를 …… 미소, 강아지를 쓰다듬는 아이들 …… 주변에서 벌어지는 이런저런 상황을 받아들이면서 소외된 사람도 자신을 공동체의 일부로 느낄 수 있어요. 한 동료는 사회적 처방에 대해 '공동체로 개인을 감싸기'라고 표현했어요. 우리가 나누는 대화는 공동체의 맥락에서 일어나고, 우리는 공동체 안에서 하나의 역할을 맡았다는 사실을 배워요. 가상 공간은 소독된 상태예요.

런던 북부에 사는 52세의 대런 위즈덤도 이런 경험을 했다. 그의 인생은 에샘 박사의 진료실에서 시작한 사회적 처방 덕에 완전히 달라졌다. 위즈덤은 2012년에 힘든 처지로 내몰렸다. 부모님이 돌아가셨고, 15년간 다니던 직장을 잃었고, 이혼까지 당했다. "그야말로 바닥을 쳤어요." 위즈덤이 말했다. "침대에서 일어날 수가 없었어요. 늘 달고 살던 불안과 우울이 심해졌고, 이제는 혼자 사니까 사람들과 대화를 나누려면 집 밖으로 나가야 했어요." 위즈덤은 결국 지역의 한 병원에서 매주 두 시간씩 10여 명이 둘러앉아 대화를 나누는 웰빙 모임에 들어갔다. 치료자는 없었다. 사회복지사도 없었다. 아무도 메모하지 않았다. 그 모임의 대다수는 서로 공통점이 거의 없었다. 위즈덤은 첫 모임에서 '내가 어쩌다 여기 온 거지?'라고 자문했다고 기억한다.

위즈덤은 모임에 나가서도 처음에는 거의 입을 열지 않았고, 모임 밖의 다른 사람들과도 거의 말하지 않았다. 하지만 몇 주, 몇 달, 몇 년이 지나는 사이 서서히 고립의 갑옷을 벗었다. 모임에서 대화를 나누는 동안 우울하고 소외되고 불행하고 건강하지 못한 사람이던 그는 점차 직장과 친구와 사랑하는 파트너와 적극적으로 참여하고 싶은 공동체를 가진 사람이 되었다. "덕분에 아침에 침대에서 일어날 이유가 생기고 날마다 기대할 뭔가가 생겼어요. 정말로 힘든 날이면 그냥 일어나서 모임에 나가면 된다고 생각했어요." 위즈덤이 말했다. 그에게는 대화가 생명줄이었다.

왜 그랬을까? 모임에서 나온 어떤 말이 그를 변화시켰을까? 사실 위즈덤 자신도 이 질문에는 답할 수 없었다. 그 모임에서는 그저 시시한 얘기를 나눌 뿐이었으니까. 주로 나누는 대화가 스포츠나 연예계처럼 위즈덤이 굳이 신경 쓸 필요가 없다고 생각하는 주제에 관한 것이었지만 그는 결국 그런 '무의미한' 잡담에서 가치를 발견했다. 얕은 대화로 사람들이 마음을 열고 소통하게 되면서 나중에는 누군가가 용기를 내서 내밀한 이야기를 꺼내도 모두가 받아줄 거라고 믿게 되었다. 코로나19 범유행으로 병원이 문을 닫았을 때 위즈덤은 줌으로 다른 모임에도 들어가 보았지만 한 회 만에 흥미를 잃었다. 모임에서 몇 명이 왓츠앱 채팅을 시작했지만 채팅은 이내 영감을 주는 식상한 문구와 어리석은 밈으로 변질되었다. "갑자기 정말로, 정말로 가벼워졌어요. 거의 아무것도 아닌 것처럼." 위즈덤이 말했다. "그건 대화가 아니었어요. 그냥 진술을 늘어놓은 것뿐이었어요."

2021년 여름 나와 인터뷰하기 일주일 전에 위즈덤은 코로나19 이후 처음으로 웰빙 모임의 대면 모임에 나갔다. 그는 그간의 공백으로 다시 대화하기 어려워지지는 않았을지 우려했지만 다들 지난번에 끝난 지점에서 대화를 다시 이어갔다. "우리는 서로를 신뢰해요." 위즈덤이 내게 말했다. "모두가 아주 긍정적이었고, 말하지 않아도 알았어요. 우리는 두 시간 동안 아무 말도 하지 않고 가만히 앉아 있을 수도 있었어요. 그래도 그냥 괜찮았을 거예요. 묘했어요." 그는 왜 묘하다고 생각했을까? "시간이요." 그가 빙그레 웃으며 말했다. "그 안에 있던가 그 안에 없던가 둘 중 하나에요. 이메일도 아니고 왓츠앱 스레드도 아니에요. 우리는 **거기에** 있어요. 물리적인 시간과 공간 안에. 작가님과 제가 지금 나누는 디지털 대화와는 달라요. 사실 어떤 원리인지는 저도 잘 모르겠어요. 그저 어느 수준에서 작동한다는 정도만 알 뿐이에요."

직접 만났다면 절대로 쓰지 않을 말

코로나19 범유행으로 우리는 가족과 줌으로 대화하고 단체 채팅방에 들어가고 세계의 친구들과 화상통화를 했다. 무엇보다도 SNS 사용이 급증하고 각종 SNS의 세계에서 보내는 시간이 늘어났다. SNS에 의지해 정보와 지식을 얻으며 어떤 뉴스가 신뢰할 만한지, 또 어떤 뉴스가 관련이 있는지를 해독하려 했다. SNS에서 연락이 끊겼던 지인들과 다시 소통할 뿐 아니라 관심사가 비슷한 사람들도 만났다. 온라인 생중계와 사진도 보았다. 메시지를 올리고 댓글을 달고 이모티콘을 남발하고 무제한으로 끼어들었다. 집에 갇혀서 소외감으로 외로워하고 정보와 소통과 오락에 목말라하던 우리에게 SNS는 "어서 와. 대화에 참여해. 모든 일이 여기서 일어나!"라고 손짓했다.

나는 그 전에 몇 년 동안 일부러 SNS를 끊고 스마트폰에서 SNS 앱을 지우고 컴퓨터에는 일일 SNS 이용 시간을 설정해서 몇 분만 볼 수 있게 해주는 소프트웨어까지 설치했다. 하지만 코로나19가 시작되자 나는 이내 이런 제약을 풀었다. 코로나19에 관한 최신 정보도 얻고 싶고, 또 일상이 지루해서였다. 트위터에서 유행병학자와 공중보건 관련 인물들을 팔로했다. 7년 만에 처음으로 인스타그램에 들어가 롱보드를 타는 서퍼들과 빵집들을 팔로해서 지루할 때마다 별생각 없이 도파민을 분비시켜주는 맛있는 단서를 찾아다녔다(파도! 크루아상!). 그리고 페이스북으로 아는 사람들에게 생일축하 메시지(사이코패스처럼 '생축'이 아니라 실제로 '생일 축하해요'라는 메시지)를 보내려 했다. 트윗에 답하고 링크드인 게시물에서 내 신간을 열심히 홍보했다. 페이스북에서 우리 동네 그룹과 토론토 서퍼 그룹에도 들어갔다. '좋아요'를 눌렀다. 클릭했다. 공유했다. 스크롤했다. 새로 고침했다. 새로 고치고, 고치고, 또 고쳤다. 그러다 머리가 아프고 심장이 두근거리고 가슴이 조여들었다. 그래도 계속하면서 기꺼이 디지털 지옥의 불길 속으로 다시 뛰어들었다. 그런 온기라도 필요하다고 나 자신을 설득했다.

지금처럼 SNS가 막강하고 널리 퍼져 있고 파괴적 위력을 가진 매체로 인식된 적이 없었다. 인터넷 초창기에 SNS는 온라인에서 일어나는 다양한 대화를 정리하고 모으면서 위치나 시간에 구애받지 않는 진정한 공동체를 만들기 위한 방법이었다. 1960년대 공동체 생활의 유토피아적 이상과 전 세계가 참여하는 대화라는 미래주의적 개념이 결합한 초창기의 게시판과 포럼은 주로 약속을 기반으로 사람들이 모여서 안전하고 평등하게 대화할 수 있는 공간을 제공했다. 파멜라 매코덕Pamela McCorduck도 그런 사람들 중 한 명이었다. 인공지능을 다루는 선구적인 작가이자 아르파넷ARPANET(미국 국방부에서 개발한 인터넷의 전신)의 초창기 시민인 매코덕은 사람들이 모뎀을 알기 시작한 때로부터 10년도 더 전부터 메시지와 이메일을 보냈다. 1989년에는 인터넷 최초의 SNS인 웰WELL(Whole Earth 'Lectronic Link)에 초대받아 참가하기도 했다.

"아무하고나 아무 주제로 아무 대화를 나누는 것과는 달랐어요." 매코덕은 웰을 초창기 인터넷 포럼을 정의하던 게시판과 비교했다.

웰에 들어가 디지털 대화를 나누면서 처음 든 생각은 성인이 되고 처음으로 누구에게도 방해받지 않고 말한다는 점이었어요. 하고 싶은 말을 끝까지 할 수 있었어요! 여자들은 회의실에서 남자들이 말을 잘라도 그들의 입을 막을 수 없는 상황에 익숙했거든요. 디지털 대화가 이런 거라면 저는 대찬성이에요! 접근하지 못하던 상대에게 접근할 수 있었어요. 그리고 거의 대등한 입장에서 이런 주제에 관해 진지하게 대화를 나눴고요. 저는 이것이 완전히 새로운 대화 방식이 될 거라고 확신했어요.

어느 날 갑자기 어디 살든 어떤 사람이든 어떻게 생겼든 대화를 나
누고 싶으면 온라인에 들어가기만 하면 되었다. 19세기 던칸 파이프
Duncan Phyfe(미국의 가구 작가—옮긴이)식 가구 복원에 관해 대화하고 싶나
요? 이리로 오세요, 신사 양반! 포스트모던 파라과이의 정치 경제에 관
한 복잡한 마르크스주의 이론을 토론하고 싶나요? 이리로 오세요, 부
인! 〈심슨 가족〉 시즌4의 걸작 '미스터 플로'를 프레임 단위로 분석하
면서 온갖 말장난을 다 던져보고 싶나요? 그러면 '플로 킹'으로 오세요!
이런 대화는 자유롭고 무작위적이었다. 대화창 너머에 있는 사람들에
대해 아는 것이 거의 없었다. 인터넷에서는 당신이 어린애든 박사학위
를 밟는 대학원생이든 개든 아무도 상관하지 않았다. 중요한 건 대화였
다. 메타필터Metafilter 커뮤니티의 초창기 회원인 제서민 웨스트의 말처
럼 순수하던 그 시절에는 기본적으로 사람들이 "우리 다 함께 인터넷에
서 너드들과 너드 이야기를 나눕시다"라고 말하는 격이었다. 물론 모욕
적인 말로 "상호 공격"하기도 했지만 대체로 기분 좋은 농담이 오갔다.
　그러다 21세기로 접어들면서 SNS 역사 역시 현대로 접어들었다. 프
렌드스터Friendster는 최초의 광범위한 SNS였고, 이어서 VR의 선구자
세컨드라이프Second Life와 음악 중심의 마이스페이스MySpace가 나왔지
만 어느 것 하나도 중요하게 여겨지지 않다가 2005년에 페이스북이 대
중에게 공개되고 1년 뒤 트위터가 나오면서 갑자기 모든 사람이, 그러

니까 형, 어머니, 룸메이트, 이웃, 조부모까지 온라인으로 대화하기 시작했다. 사람들이 서둘러 계정을 만들고 유명인사와 정부와 기업이 참여하는 거대한 대화에 뛰어들었다. 이런 대화의 다수는 매우 지역적이거나 매우 전문적이었다. 2007년에 나는 첫 번째 책《델리 구하기》를 쓰면서 페이스북 페이지를 만들어 유대인 델리 애호가들이 콘비프 샌드위치와 그밖에 감상적인 주제로 채팅하는 자리를 마련했다. 세상이 하나의 거대한 대화로 연결되고 대화가 실시간으로 오갔다. 유토피아적 미래주의자들의 예상 그대로였다. 하지만 SNS 역사에서 이 시대는 이전의 채팅 게시판이나 커뮤니티와는 전혀 달랐고, 시간이 흐르면서 변화의 비용과 기저의 구조가 선명하게 드러났다. 페이스북과 트위터, 인스타그램, 디스코드Discord 등 새로운 SNS 플랫폼과 이전의 메타필터나 웰 같은 커뮤니티를 가르는 요인은 단순히 규모나 기능이나 주제가 아니라 기저의 비즈니스 모형이었다. 말하자면 새로운 SNS 플랫폼은 대화를 상업적 이득을 위해 활용할 수 있는 일종의 천연자원처럼 보았다.

2019년에 출간된 획기적인 책《감시 자본주의 시대The Age of Surveillance Capitalism》에서 학자이자 작가인 쇼샤나 주보프Shoshana Zuboff는 감시 자본주의가 걷잡을 수 없이 커지면서 개인과 사회에 미치는 영향을 철저히 해부한다. 이 책에서 그녀는 "무해한 은신처와 대화가 전 지구적 규모의 야심 찬 행동 공학 프로젝트에 심어졌다"라고 말한다. "모든 것이 효과적이고 정확하게 개인을 물고서 놓아주지 않는 알고리즘을 먹여 살리는 것에 달려 있다. 모든 천재성과 돈이 오직 하나의 목표, 말하자면 이용자들을, 특히 젊은 이용자들을 자동차 앞유리에 달라붙은 벌레처럼 사회적 거울에 달라붙게 만든다는 목표에 투입된다." SNS 기업들은 우리의 대화를 장악하고 가장 정교한 알고리즘과 행동과학으로 교묘히 조작하여 SNS를 더 유혹적이고 분노를 조장하고 중독적으로 만들었다. SNS는 우리의 소통과 친교 행동을 감시하고 우리의 단어와 정서를 활용하고 우리의 인간성을 마음대로 이용한다. 그래서 우리속 가축에게 먹이를 주듯이 쉴 새 없이 광고를 들이밀어 막대한 돈을 벌어들이려 한다.

SNS에서 우리가 말하거나 입력하는 모든 단어는 자연스러운 대화의 흐름이 아니라 대화에서 최대의 경제적 효과를 끌어내는 것이 주요목적인 장치에 자양분으로 들어간다. 애덤 알터Adam Alter(《멈추지 못하는 사람들Irresistible》의 저자)와 같은 학자들은 SNS 기업이 주류 업계나 카지노 업계와 같은 수법을 활용한다고 설명했다. 그들은 우리가 계속 클릭하고 '좋아요'를 누르고 공유하게 만들기 위해 정교한 피드백 루프를 설계한다. 우리는 우리가 관심을 받을 때마다 도파민을 조금씩 분비하고, SNS는 이렇게 우리를 최대한 오래 붙잡아둔다. 이제야 우리는 이런 현상의 결과에 대해 고민하기 시작했다. 담배의 영향에 대해 불과 60년 전에 처음으로 고민한 것처럼.

인터넷 전도사에서 비판자로 돌아선 재런 러니어Jaron Lanier는 그의 강렬한 저서《지금 당장 당신의 SNS 계정을 삭제해야 할 10가지 이유》에서 SNS는 사람들을 한심하게 만든다고 정곡을 찔렀다. 모두가 그렇다는 것이 아니다. 항상 그런 것도 아니다. 하지만 대다수, 많은 경우가 그렇다. 이유는 단순하다. 부정적 정서가 더 매혹적이기 때문이다. SNS 에는 얼간이들이 활개를 치고, 한심한 인간들이 SNS 기업을 먹여 살린다. 분노가 친절보다 클릭을 더 많이 유도한다. "중독시키고 조작하는 데는 부정적 정서를 들쑤시는 방법이 비교적 수월하므로 상대적으로 품위 없는 결과가 나오기 쉬운 것이다." 러니어가 이 책에 쓴 말이다. "생물학과 수학의 불행한 조합은 인간 세계를 악화시키는 방향을 선호한다." 온라인에서는 한심한 인간이 되기 쉽다. 나도 그런 적이 있다. 뉴스에 나오는 모르는 사람이나 만난 적도 없는 유명인을 냉소와 농담의 소재로 삼았다. 그러면 사람들에게 반응을 받을 걸 알기 때문이었다. 평소 친절한 사람들이 적절한 자극과 주제 앞에서 악랄한 트롤로 돌변하는 것을 본 적도 있고, 나 역시 어떤 사람을 직접 만났다면 절대로 쓰지 않을 말로 댓글을 달거나 게시물을 올린 부끄러운 경험이 있다. "화면은 나쁜 정서를 잘 전달해요." 알터가 스카이프로 내게 말했다. "제가 화면을 보면서 느끼는 분노의 강렬함은 당신이 제 차 앞을 가로막을 때와 비슷한 수준이에요. 그런데 화면으로는 현실의 기쁨이나 황홀경은 잘 전해지지 않아요." SNS는 대화를 무기로 만든다. 인간성을 제거하고 타인을 추상화한 다음 해서는 안 되는 걸 아는 행동을 할 때 보상을 준다.

내가 본 가장 절망스러운 상황은 '델리 구하기' 페이스북 페이지의 대화가 나날이 조금씩 추락하는 모습이었다. 처음에는 친절한 커뮤니티로 시작했지만 시간이 갈수록 목소리가 큰 소수의 이용자들 사이에 모욕과 비난과 독설이 난무하는 아수라장으로 변질되었다. 나는 이 그룹에서 여러 구성원을 중재자로 지정해서 무법 지대의 보안관 역할을 맡겼다. 사실 이 공간에서는 나이 든 유대인 남자들(맞다, 항상 남자들이 문제다)이 아주 어리석고 사소한 문제로 대립했다. 롤드비프를 어디서 살지, 필라델피아 최고의 소 혀 샌드위치 맛집은 어디인지, 유대교 율법에 따라 만든 델리만 유대인 델리로 분류해야 하는지에 관한 질문이 올라오면 순식간에 무수한 댓글과 욕설과 협박과 반격이 이어졌다. 나는 가끔 개입해서 격렬한 분노를 식히려 해보았다. 처음에는 모두에게 시민의식을 잃지 말자고 주의를 주었다가 다음으로 멜 브룩스Mel Brooks 감독의 영화 〈스페이스볼Spaceballs〉에서 내가 좋아하는 장면을 올렸다. 다크 헬멧(릭 모라니스 분)이라는 인물이 "대체 이 우주선에 멍청이가 몇 명이나 탄 거야?"라고 소리치는 장면이다. 하지만 몇 해 전부터는 나도 더이상 그런 헛소리를 감당할 수 없었다. 중재자들에게 철저히 감시하라고 부탁하고 나는 빼달라고 했다. 그런데 일주일이 멀다 하고 중재자들이 싸움에 뛰어들어 경고하거나 회유하거나 유예하거나 얼간이처럼 구는 보카레이턴과 롱아일랜드의 은퇴자들을 막아야 했다.

완전한 투명성의 명암

먼저 확실히 짚어둘 것이 있다. 나는 결코 의견이나 언론의 자유를 반대하지 않는다. 나는 작가이자 저널리스트이고, 프로 떠버리이자 어떤 주제에 관해, 특히 음식에 관해서는 의견을 숨기는 법이 없는 사람이다. 유대인 델리에 가면 그 가게의 모든 것에 대한 의견과 생각과 평가를 탈무드의 진언만큼이나 정당하다는 듯 쏟아낼 수 있다. 얼마 전에는 벤(북클럽 회원)과 베이글을 먹다가 토론토의 라이벌 빵집 두 곳 중 어느 집 베이글이 더 맛있는지를 두고 논쟁을 벌이기도 했다. 우리는 토론하고 열을 올리고 언성을 높이며 오직 유대인 중년 남자들만이 베이글을 놓고 할 수 있는 행동을 했다. 그래도 예의상 선을 넘지는 않았다. 친구로서 그 선을 넘는 것은 꿈도 꾸지 않았다. 그런데 같은 언쟁이 SNS에서 일어났다면 아마 우린 나락으로 떨어졌을 것이다.

이런 나락이 'kishke(유대의 순대-옮긴이)'의 정확한 발음과 같은 시시한 주제로만 존재하면 좋으련만, 물론 그렇지 않다. 대화가 처음 온라인에서 퍼져나가기 시작하고 SNS가 성장하기 시작했을 때는 인간의 미래를 위한 통합 포럼, 말하자면 세계 시민이 드디어 충성심이나 재산이나 기성 언론(신문, 라디오, 책 등)의 게이트키퍼가 원하는 것과 상관없이 자유롭고 평등하게 대화를 나눌 수 있는 공간이 마련될 거라는 희망에 부풀었다. 그리고 더 넓고 크고 빠르고 자유로운 대화에서는 자연히 공감과 이해와 평화의 3박자가 맞아떨어질 거라고 기대했다.

여기를 보시오.

잠시 이런 희망에 찬 시대의 한 장면을 보자. 2009년 1월이었다. 나는 타임스스퀘어의 MTV 본사 회의실에서 언론계의 전문가인 작가와 감독, 기자, 연극 연출가, 사진작가, 광고와 마케팅 전문가 20여 명과 함께 있었다. 모두와 아는 사람인 알렉 로스Alec Ross의 초대로 성사된 자리였다. 로스는 버락 오바마의 기술과 혁신 계획을 설계하여 선거 운동을 성공적으로 이끌었다. 이제는 국무부에서 일하면서 SNS를 미국의 외교 활동에 접목했고, 이것이 어떤 결과로 이어질지에 대해 우리의 의견을 들으려 했다. 그날의 짧은 회의에서 구체적인 얘기는 나오지 않았지만 나는 로스(《미래의 산업The Industries of the Future》이라는 책을 쓰고 있었다)가 오바마를 백악관으로 입성시킨 도구(페이스북과 트위터)가 미국의 이해와 이상과 민주주의를 전 세계로 퍼뜨릴 수 있기를 바란다는 것을 알 수 있었다. 그는 이것을 21세기의 국정 운영 기술이라고 불렀다.

　하지만 우리는 SNS가 로스뿐 아니라 SNS의 민주주의적 잠재력을 믿는 모두가 바라던 희망과는 정반대로 작동하는 과정을 지켜보았다. 물론 SNS 덕에 아랍의 청년 민주주의자들이 카이로와 트리폴리와 기타 지역에서 시위대를 조직하고 분노를 터뜨릴 수 있었지만, 다른 한편으로는 SNS를 통해 이들 지역의 독재정권이 시위대를 추적하고 감금하고 고문하고 처형하고 거짓 정보를 더 쉽게 퍼뜨릴 수 있었다. 또 SNS 덕에 ISIS가 이라크와 시리아의 소규모 민족주의 반란군에서 사악하고 강력한 세계적 테러리스트 조직으로 급속히 진화하면서 전 세계에 해로운 메시지를 퍼뜨릴 수 있었다. SNS는 일부 민주주의 개혁가가 선거에서 승리하고 독재자를 끌어내리는 데 도움이 되었지만, 다른 한편으로는 파시스트 포퓰리스트와 반민주적 정치선동가, 권위주의자, 절대군주, 블라디미르 푸틴, 그밖에 노골적인 독재자들이 진실을 호도하고 거짓 정보를 퍼뜨리고 정치선전을 현대화하고 시민들을 탄압하고 국내외 선거에서 이전보다 훨씬 수월하게 승리를 강탈하는 데 일조했다. SNS는 코로나19에 관한 중요한 정보를 전파했지만, 다른 한편으로는 백신 반대 운동가들과 그들의 무지한 조력자들이 잘못된 정보와 거짓말을 퍼뜨리도록 부채질해서 전 세계에서 수많은 불필요한 감염과 사망을 유발하고 인류의 고통을 연장했다.

SNS는 모든 대륙에서 인종 사이의 혐오를 부추겨 폭동과 폭력적인 집단 학살을 유발한 데 직접적인 책임이 있었다. 일례로 미얀마의 끔찍한 로힝야족 탄압은 페이스북과 그 자매품인 왓츠앱에서 조직되고 홍보되었다. 어느 하나도 우연이 아니었다. SNS의 경제 구조, 곧 SNS 기업의 논리적이고 쏠쏠한 목적에 봉사하는 한심한 인간들 중심의 알고리즘에서 나온 결과였다. 〈뉴욕타임스〉에 실린 한 기밀문서에는 페이스북의 한 연구자가 2019년에 인도 케랄라주에서 3주 동안 무작위 계정을 운영한 과정이 시간 순으로 기록되어 있다. 단지 네트워크에서 무엇이 드러나는지 알아보기 위해서였다. 이 연구자는 단순한 규칙에 따라 실험을 진행했다. 페이스북 알고리즘에 의해 생성된 모든 권장 사항을 따라가본다는 규칙이었다. 결과는 놀라웠다. "시범 이용자의 뉴스피드는 끊임없이 극단적이고 민족주의적인 콘텐츠와 잘못된 정보와 폭력과 피의 폭격을 받았다." 이 기사의 내용이다. 연구자는 3주 동안 평생 본 것보다 더 많은 시신의 사진을 보았다. 페이스북이 "사람들 사이의 대화와 의미 있는 소통을 촉진하는 게시물을 우선으로 처리하도록" 알고리즘을 수정한 지 1년밖에 안 된 때였다.

맙소사, 여기를 보시오.

이제 당연하게도 도널드 트럼프로 이어진다. 트럼프는 대단한 정치인도, 사악한 천재도 아니었다. 그의 아이디어는 단순하고 모순되고 자기중심적이었다. 분명히 말하지만 도널드 트럼프는 SNS의 귀재로 SNS의 대화를 그에게 유리한 방향으로 왜곡하는 재주가 뛰어났다. 트럼프는 분노에 불을 붙이는 사람, 전부 대문자로 적힌 편지를 온종일 밤낮으로 (조력자, 적, 동맹, 각국 지도자, 유명인사, 심지어 전사자에게) 발송하는 더없이 한심한 인간이었다. 클릭할 때마다 힘이 강해지는 것을 알기 때문이었다. 미래에 트럼프 시대를 겪지 않은 후손에게 이 시대의 진정한 심각성을 제대로 설명해줄 수 있을까? 세계 최강 대국이 SNS에서 트롤짓이나 하면서 먹잇감이나 던져주는 상황을 직접 지켜보며 날마다 느낀 불안과 정신이 이상해지는 느낌을 어떻게 설명할까? 앞의 충격을 채 소화하기도 전에 하늘에서 뜨거운 똥이 떨어지듯이 엄청난 속도로 다음번 충격이 연달아 날아오는 상황을 어떻게 설명할까? 대화의 디지털 미래를 보고 싶은가? 도널드 트럼프가 화장실 변기에서 NATO 정상을 공격한 일을 보라! 트럼프의 지지자들은 바로 이런 이유에서 그를 사랑했다. 트럼프는 "싸우기를 두려워하지 않고" 부끄러움이나 망설임 없이 모든 생각을 SNS에서 실시간으로 공유했다.

"민주주의에서는 사람들이 신중히 고민하고 관점을 표현하고 합의에 이르는 대화가 중요합니다." 유명한 정치학자이자《역사의 종말The End of History and the Last Man》의 저자 프랜시스 후쿠야마Francis Fukuyama

의 말이다. "디지털 기술은 공공의 대화를 나누는 우리의 능력을 침해했습니다. 디지털 기술에 의해 이런 대화를 형성하는 권위적인 기관(뉴스 매체, 출판사, 정당, 대학)의 기반이 흔들리고 민주적이지 않은 목소리의 불협화음과 허무주의가 그 자리를 채웠습니다. 온라인에서는 아무나 아무 말이나 할 수 있습니다. 우리는 이런 말들을 꼼꼼히 살펴보고 추려낼 수도 없고 진실과 거짓을 구분할 수도 없습니다." 후쿠야마의 말이다. "민주주의에서는 사람들이 더 많이 참여하도록 허용하고 장벽을 더 많이 허물수록 즉흥적으로 질서가 잡힐 거라는 순진한 믿음이 있습니다. 하지만 접근성과 투명성을 높이자 세계가 더 나쁜 방향으로 흘러간 사례는 무수히 많습니다."

게다가 투명성은 SNS 기업과 그들의 신과 같은 설립자인 마크 저커버그와 잭 도시Jack Dorsey 같은 사람들이 내세우는 핵심 가치였다. 그들은 그들이 개발한 기술로 인해 오프라인 세상에 혼돈과 폭력과 타락이 나타날 때마다 언론의 자유와 오픈 액세스open access(인터넷에서 누구나 장벽 없이 학술정보에 접근할 수 있는 것-옮긴이)를 기치로 내걸었다. "투명성은 지나치게 많은 측면에서 과장된 것 같습니다." 후쿠야마는 사회적 규준이나 규칙이나 문명화된 사회의 제약 없이 완전히 열린 대화가 자칫 건강한 민주주의를 이루는 과정에서 역효과를 낳을 수 있다고 지적했다. "과도하게 열려 있으면 심사숙고할 수 없습니다. 위험을 무릅쓰고 틀릴 수도 있는 제안을 내놓으면서 끝까지 말할 필요가 있습니다. 일부러 반대편의 입장에 서보기도 해야 합니다. 하지만 시시각각 완전한 투명성에 노출되면 아무도 아무것도 하지 않을 겁니다." 사생활은 대화에서 중요하다. 우리는 완벽히 합당한 이유로 어떤 사람에게는 어떤 말을 하고 또 다른 사람에게는 그 말을 하지 않는다. 그러면 대화가 자연스럽게 흐르고 신뢰와 공감이 자랄 수 있다. SNS에 공개되면 신뢰가 떨어지고 공감이 급격히 시들어간다. "대화의 사생활을 지켜주지 않으면 좋은 대화를 나누지 못합니다." 후쿠야마가 말했다.

생각의 변화를 끌어내는 대화

그러면 잠시 정치 문제로 친구나 가족과 직접 나눈 대화와 온라인으로 나눈 대화를 떠올려보자. 당연하게도 이런 대화는 직접 얼굴을 보면서 나눌 때 뜨거워진다. 위험이 실재하고 생사가 걸린 문제가 되며 각자가 진지한 열의로 대화에 참여한다. 하지만 의견 충돌이 아무리 극심하고 상황이 아무리 분열적이어도 얼굴을 맞대고 대화를 나눈다면 요즘 온라인에서 벌어지는 상황까지 추락하지 않는다. 나는 미국을 오가며 다양한 부류의 미국인과 함께 트럼프에 관해 자주 대화를 나누었다. 트럼프를 싫어하는 좌파 활동가부터 트럼프 사진을 벽에 거는 복음주의 기독교 농부까지 다양했다. 나는 진보적인 유대계 캐나다인으로서 트럼프가 상징하는 모든 가치에 철저히 반대한다는 입장을 분명히 밝혔지만 누구도 나를 모욕하거나 가스실로 보내겠다고 협박하지 않았다. 하지만 나의 유대인 친구들은 트위터에서 이런 말을 많이 듣는다.

"우리가 디지털 매체를 기본 의사소통 장치로 사용할 때는 우리와 현실 세계 사이에 완충 장치가 있습니다." 텍사스대학교에서 선전과 민주주의와 인터넷을 연구하고 《리얼리티 게임The Reality Game》을 쓴 새뮤얼 울리Samuel Woolley의 말이다. "온라인에서는 둔감화가 작동해서 사람을 사람으로 보지 않게 됩니다. 의견 차이를 문명사회로 가는 길에 필요한 요소로 보지 않습니다. 그래서 훨씬 더 공격적이고 과격해집니다. 게다가 익명성이라는 완충 장치가 있어서 배로 과격해집니다." 그리고 울리는 SNS 분노의 아날로그 버전이 도로 위의 분노라고 말했다. "차에 타고 있으면 나와 현실 세계 사이에서 강철과 유리가 완충 장치가 되어줍니다. 그래서 그냥 길을 걸을 때보다 더 공격적이 되고 화를 더 많이 내고 경적을 울리고 사람들에게 손가락 욕을 할 가능성이 훨씬 커집니다. 자동차가 안전한 보호 장치가 되어 우리의 정신병적 행동을 부추기는 겁니다. 그리고 인간성이나 공감은 차단합니다." 우리 손안에 든 강철과 유리도 다르지 않다. 여기서도 우리는 경적을 울리고 소리를 지르고 엔진 속도를 높인 다음 인터넷의 다른 구석으로, 보이지도 않고 더 나쁠 것도 없는 곳으로 손쉽게 넘어갈 수 있다.

미국 대선이 끝난 날 밤 조 바이든의 승리가 아직 확실하지 않았을 때 우리 북클럽이 토비의 집 뒤뜰에 모였다. 토비는 우리 모임에 속한 두 명의 미국인 중 한 명이었다. 독일과 아프가니스탄에서 미군 장교로 복무한 후 연방정부에서 일하다가 우리 매형의 친한 친구와 사랑에 빠져서 캐나다로 건너온 사람이었다. 이번 대선은 뉴욕주 북부의 소도시에서 자란 토비에게는 특히 걱정스러운 사건이었다. 그는 트럼프를 싫어하지만 그의 가족과 친구 중에는 트럼프 지지자도 많았다. 상황이 새로운 장으로 접어들 때마다 그가 개인적으로 느끼는 소회가 남달랐다. 북클럽에서 그가 선정한 책이 특히 의미심장했다. 퓰리처상을 수상한 이저벨 윌커슨Isabel Wilkerson의 《카스트: 가장 민주적인 나라의 위선적 신분제Caste: The Origins of Our Discontents》라는 독특한 책이었다. 이 책은 미국 사회의 인종 분열을 카스트제도로 재구성하고 트럼프의 부상과 SNS가 부추긴 혐오의 브랜드를 연결했다.

그날 밤 우리가 나눈 대화는 결코 쉬운 대화가 아니었다. 우리 일곱 명은 특권층 백인 남자들이고, 우리가 아무리 그 책을 마음에 들어 했어도 윌커슨이 제시한 모든 지점에서 의견을 같이하지는 못했다. 우리가 가진 특권의 한계는 어디까지였을까? 인종이 인공적 창작물로서 이런 부당한 현실을 지탱해준다면 우리의 정체성을 이루는 '인종'에 대해 무슨 말을 할 수 있을까? 윌커슨의 표현대로 우리가 "지배적인 카스트"로 태어나 남들보다 부당한 이익을 누린다는 이유만으로 우리가 삶에서 이룬 모든 것이 부정당해야 할까? 우리가 쌓은 경력도? 우리가 산 집도? 우리는 '흑인의 생명도 소중하다'를 실제로 어떻게 생각했을까? 한 사회가 노예제의 역사적 잘못을 바로잡기 위해 어디까지 가야 할까? 어디까지 가야 너무 멀리 간 것일까? 우리는 이런 질문들에 대해, 그리고 트럼프에 대해 대화를 나누고, 그날 밤 내내 핵심 질문으로 파고들었다. 하지만 아무도 언성을 높이지 않았다. 서로에게 아무것도 비난하지 않았다. 친구로서 말하고 서로를 존중하면서 그날 밤이 끝날 즈음,

다들 토비의 고구마 파이를 열심히 집어 먹고 뜨거운 토디로 몸을 녹일 즈음, 모두가 지난 4년의 혼돈 끝에 처음으로 치유의 맛을 보았다고 느꼈다. 겉으로는 여느 때처럼 대화를 나누었다. 하지만 8개월 동안 이렇게 중요한 대화를 온라인에서 나누어야 했던 터라 그 시간이 매우 드물고 문명인답고 아름다울 만큼 올바르게 보였다.

누구나 거대한 무리를 이룬 극단주의자와 나치, 무정부주의자, 백신 반대주의자, 죽음의 광신도 등 다양한 정치 스펙트럼에 분포해 있는 얼간이들의 입에 재갈을 물리고 싶어 하는 것 같다. 그리고 그 노력의 핵심에는 얼굴을 마주 보고 나누는 아날로그 대화가 있다. "우리는 실제로 국가의 사회적 신뢰를 다시 쌓으려고 노력합니다." 아스펜 연구소에서 위브Weave 프로젝트를 진행하는 프레더릭 라일리Frederick Riley의 말이다. 2018년에 〈뉴욕타임스〉 사설 칼럼니스트 데이비드 브룩스David Brooks가 만든 이 프로젝트의 취지는 미국 전역의 집단과 개인과 지역사회와 협력하여 정치로 갈라진 사회 구조를 바로잡자는 것이다. 브룩스는 중도에 하차했지만(페이스북의 자금 지원을 둘러싼 이해관계의 갈등 때문이기도 하다) 위브 프로젝트는 계속되었다. "사회적 신뢰가 높은 사회에서는 사람들이 혁신적으로 사고하고 세금을 잘 내고 투표권을 행사합니다. 사회적 신뢰가 낮은 사회에서는 1월 6일(2021년 1월 6일 미국 대통령 선거가 부정선거였다고 주장하는 트럼프 대통령 지지자들이 연방의회의 공식 차기 연방 대통령 인준을 막기 위해 미국 국회의사당을 무력 점거했다가 진압된 사건-옮긴이)과 같은 사건이 벌어집니다. 지역사회의 구성원들이 사회적 신뢰를 형성할 수 있습니다. 이 사람들이 사회 구조를 짜는 방직공들이고, 우리는 지역사회의 방직공들이 자기 일을 더 잘할 수 있도록 응원합니다." 이런 방직공으로는 종교 지도자와 신자들, 비영리단체와 시민회관, 기타 개인과 집단이 있다. 위브 프로젝트는 가장 단순한 형태로 미국인들이 서로 대면하게 해준다. 그리고 사람들 사이에 대화가 오가면서 나머지는 저절로 해결된다.

"대화에서 관계가 생기고, 이 관계는 우리가 하는 일로 이어집니다." 라일리가 말했다.

그리고 대화 없이는 관계가 형성되지 않습니다. 꼭 이 순서여야 합니다. 우리가 대화를 나누면 제가 당신을 믿게 되고, 그러면 관계가 더 깊어집니다. 대화를 나누면 서로에 대해 화면 위의 사람이나 직위 이상으로 더 많이 알게 됩니다. 이메일 주소 이상으로 서로의 인간적인 면을 더 많이 알게 됩니다. 대화를 나누면 관계가 깊어집니다. 저는 대화를 시작할 때마다 사람들에게 제가 어디서 성장했는지 말해주면서 (정서적으로) 벌거벗습니다. 그러면 당장 인간적인 관계가 형성됩니다. 흔히 "오, 우리 남편은 미시간주 새기노 출신이에요"라거나 "거기 사는 사람을 알아요"라는 말이 돌아옵니다. 이런 대화는 인간적인 효과를 낳습니다. 누군가의 사연을 알면 혐오하기 어렵거든요.

대화를 나누면 자연히 개인들 사이에 공감이 생긴다. 공감은 지난 수십 년 동안 일종의 유행어가 되었고, 고객이 사고 싶어 하는 휴대전화의 유형을 알아내는 도구로 이용되었다. 하지만 깊이 들여다보면 공감은 다른 인간을 대등한 가치가 있는 존재로 인식하는 인간의 중요한 능력이다. 공감은 이해의 근간이지만 온라인에서는 공감을 형성하는 것이 거의 불가능하다. 어떤 사람과 얼굴을 보면서 대화하고 그 사람의 난관과 사랑, 관점, 이력을 들어보면 실제로 그가 어떤 사람인지 감이 잡힌다. 그리고 사회에서 공감이 줄어드는 시기에 분열과 갈등과 폭력이 일어난다. 우리가 대화하기 전 주말에 흑인인 라일리는 샌디에이고에 사는 형을 만나고 돌아왔다고 했다. 거기서 어느 저녁에 식사하던 중 백인인 형의 장인과 미니애폴리스에서 조지 플로이드Georg Floyd 사건으로 미국 전역에서 일어난 인종 정의를 위한 시위에 관해 대화를 시작했다.

"흑인의 생명도 중요하다는 그거 헛소리예요." 장인이 말했다. "모든 생명이 중요하죠!"

라일리는 화를 내거나 방어적으로 비아냥거리거나 그 자리를 박차고 일어나지 않았다. 대신 형의 장인이 라일리의 관점을 이해하고 그에게 공감하게 하려고 최선을 다했다.

"제가 말했어요. '흑인들이 이 나라에서 어떤 처우를 받아왔는지 그 역사를 차근차근 설명해드리겠습니다. 제도적으로 그것이 어떻게 작동하는지에 관해서요.'" 그리고 라일리는 노예제와 분리주의와 제도적 차별의 유산을 설명하면서 그가 경찰과 학교와 고용주를 비롯한 많은 사람에게 당한 인종차별 경험을 들려주었다.

잠시 후 형의 장인은 "그런 건 몰랐군요. …… 그게 다 사실이에요?"라고 물었고, 라일리는 더 알고 싶은지 물었다. 그는 더 알고 싶다고 했다. "그래서 그분께 더 말씀드렸어요." 라일리가 내게 말했다.

저녁 식사가 끝날 즈음 형의 장인은 라일리에게 그가 들은 말이 모두 사실인 걸 알았다면 아까 했던 말을 하지 않았을 거라고 했다. 그는 경청했다. 그리고 라일리를 한 인간으로 보면서 미국에서 오늘을 사는 흑인인 그가 어떤 경험을 하고 그 경험에서 어떤 관점을 갖게 되었는지 더 정확히 이해했다. 그날의 대화를 통해 극단적 분열을 조장할 수 있는 주제에 대한 그의 관점이 달라졌다. 이렇게 생각의 변화를 끌어내는 대화는 대면으로도 드물고 SNS에서는 사실상 불가능하다. 실제로는 정반대 현상이 벌어질 가능성이 훨씬 크다. 온라인 소통에서는 기존의 관점이 바뀌기보다 더 굳어질 가능성이 훨씬 크다.

"대다수가 중요한 문제에는 동의해요." 그러면서 라일리는 누구나 깨끗한 물과 좋은 학교, 더 안전한 지역사회와 더 건강한 가족을 원한다고 말한다. "대화를 나눠보면 우리가 서로 생각보다 더 많은 면에서 같다는 사실을 알 수 있어요." 위브 프로젝트는 코로나19 범유행 중 화상 채팅과 여러 온라인 형식으로 많은 일을 이어갈 수 있었지만 디지털 대화는 사회 구조를 강화하는 데 효과적이지 않은 것으로 입증되었다. SNS는 사람들이 서로 연락하고 지내는 데는 도움이 될 수 있지만 불신을 조장하는 주된 장치, 그러니까 따돌림과 "신뢰를 깨뜨리는 사람들"

이 번성하는 공간이라고 라일리는 말한다. 신뢰를 쌓는 작업은 이웃들이 한 번에 하나의 대화를 나누며 여러 해에 걸쳐 자주 보아야 가능한 일이다.

스티브(가명)가 좋은 사례다. 그는 미주리주의 매우 보수적인 기독교 가정에서 자랐다. 가장인 아버지는 Y2K(2000년 문제라는 의미. Y는 연도 year, K는 1000인 킬로kilo라는 뜻으로서, 컴퓨터 프로그램이 연도의 마지막 두 자리만 사용하는 탓에 2000년을 1900년으로 인식하는 오류가 발생하는 것-옮긴이)와 계엄령부터 태양 표면의 폭발과 혜성 충돌에 이르기까지 세계 종말에 관한 모든 음모론을 지지했다. 그리고 가족들을 데리고 농장으로 들어가서 곡식을 비축하고 총을 쌓아두고 스티브와 형제들에게는 온갖 최후의 심판일 시나리오에 관해 시험 문제를 내주었다. 그중 다수는 극단론자의 책과 잡지 그리고 보수적인 AM 라디오에서 나온 내용이었다. 그러다 스티브의 아버지가 스마트폰을 쓰기 시작하면서 진정한 심연이 나타났다. 스티브의 아버지는 결국 과격한 트럼프 지지자가 되었고 1월 6일에 워싱턴 D.C.에서 악명 높은 '도둑질을 멈춰라Stop the Steal' 시위에 참여했지만 시위대가 국회 의사당에 기습했을 때는 호텔로 낮잠을 자러 갔다.

하지만 스티브의 관점은 대학에 다니면서 달라지기 시작했다. 그는 교회 여행으로 북아일랜드의 벨파스트에 가서 공화주의 가톨릭 신자와 개신교 통합론자를 두루 만났다. 그들은 집단 사이에 갈등이 아무리 심해도 대화로 평화를 공고히 구축할 수 있다는 것을 그에게 보여주었다. "자신의 거품을 깨고 나오고 싶다면 직접 가서 사람들이 어떻게 사는지 봐야 해요." 스티브가 시카고의 그의 집에서 내게 말했다. 그는 여행을 마치고 돌아와 일반 대학으로 옮겼다. 그러자 갑자기 훨씬 넓은 사회를 배우면서 어울려 살아야 했다. 성적, 문화적, 정치적, 종교적으로 다양한 사람들과 어울려 지내야 했다.

"다른 동료들, 그러니까 같은 강의를 듣는 학생들과 친구들, 여자 친구들과 대화하면서 많이 달라진 것 같아요." 스티브가 말했다. "어릴 때는 그들이 죄인이라고 배웠는데. 대학에 와서 그들과 친구가 되기도 하고, 페미니즘 교육을 받은 아주 센 여자들과도 깊이 있는 대화를 나눴어요. 그리고 동성애자도 더 많이 만나면서 다 같은 사람이라는 사실을 깨달았어요." 그는 해외여행을 하듯이 이런 만남에 마음을 열고 다가갔다. 대화가 다 재미있는 것은 아니었다. 그리고 그의 현실 감각에 끊임없이 도전하는 것은 지치는 일이었다. 하지만 스티브는 내게 이렇게 말했다. "계속 마음을 열고 사람들과 대화하고 이런 대화를 계속 반복하려는 의지가 있어야 해요. 사실 다른 사람의 눈을 보고 그 사람과 빵을 나눠 먹고 술도 같이 마시고 함께 모험하고 그 사람의 일상을 들여다보는 것을 대체할 수 있는 것은 없어요. 그 사람이 문자 메시지나 트위터의 140자로 말해주는 내용보다 훨씬 실질적인 것을 알 수 있지요."

혼자가 아니라는 사실

온라인에서는 다른 사람들에 **대해** 듣지만 다른 사람들**에게** 직접 듣는 경우가 드물다. 직접 듣는다고 해도 그들이 실제로 어떤 사람인지에 관해서는 가장 편협하고 걸러진 정보만 얻을 뿐이다. 온라인에서는 이민자가 문제라고 댓글을 달면서 그 순간에 분비되는 도파민에 취한다. 그러면서 실제로 이민자를 찾아가 직접 만나보고 그들의 사연을 들어보지는 않는다. 온라인에서 당장 내 의견에 완벽하게 동의하는 사람들을 찾기는 쉽지만 다른 사람들이 실제 인간이라는 감각을 얻기는 어렵다. 사람들의 삶을 더 깊이 이해하지 못한다. 사람들이 처한 상황에 공감하지 못한다. 진정한 친구를 사귀기도 어렵다.

사실 디지털 대화는 대화가 아니다. 디지털 대화는 통신이다. 디지털 대화는 연결이다. 물리적 거리를 연결하는 데는 효과적이고 효율적일 수 있지만 한 가지 형식의 소통과 다른 형식의 소통을 동일시하는 태도는 그냥 틀렸다. 디지털 소통은 정보를 공유하고 전송하기 위한 훌륭한 수단이다. 반면에 대화는 정보와 정서가 미세하게 섞이는 공간에 실제로 함께 머무는 사람들 사이에서 일어난다. 따라서 진정한 대화는 아날로그다.

"샤워와 목욕의 차이죠." 인터넷 커뮤니티 메타필터의 오랜 회원인 제서민 웨스트가 온라인 대화와 오프라인 대화의 차이를 이렇게 표현했다. 그리고 이런 차이가 코로나19 범유행 중 여실히 드러났다고 했다. 버몬트의 한 소도시에 사는 웨스트는 아흔여섯 살인 집주인 할머니 같은 주변 사람들과 대화하고 싶었다. "우리가 확인한 사실은 어디에 사는지가 **정말로** 중요하다는 겁니다. 아무리 미래에는 뇌를 병 속에 넣어서 어디든 원하는 곳에 갈 수 있다고 약속받았다고 해도요. 아날로그 대화에서 우리가 어디에 사는지는 개인적인 삶의 양식뿐 아니라 …… 사회생활의 양식에도 중요하다는 사실을 깨닫습니다. 우리가 아날로그 대화를 나누면서 추가로 얻는 깊이가 사실 인간 존재에 진실로 중요한 부분입니다." 웨스트가 말했다. 아날로그 대화는 집에 대한 감각을 형성한다. 누구에게 표를 던질지에도 영향을 미친다. 그리고 우리의 정서를 정한다. "디지털 관련 직업을 갖는 것은 괜찮아요. 살면서 그렇게 많은 사람과 소통하고 싶지 않아도 괜찮아요. 각자의 기준이 달라도 괜찮아요. 그래도 이번에 우리는 경각심을 얻은 것 같아요. 대다수 사람에게는 아날로그의 한 조각이 중요하다는 사실을 깨달은 겁니다." 웨스트가 말했다. "우리는 어느 정도는 이런 아날로그 대화를 나눌 때 살아 있다고 느낍니다."

웨스트는 여전히 메타필터 커뮤니티를 사랑하고 일주일에 여러 시간을 온라인에서 보내면서 전 세계 사람들이 각자의 집에서 온갖 주제에 관해 토론하는 장에 참여했다. 하지만 웨스트는 트위터나 디스코드 같은 플랫폼과는 다르게 메타필터의 가상 커뮤니티는 현실에서 만나서 대면으로 대화를 이어간다는 데 자부심을 느꼈다. 가상 커뮤니티가 대화를 오프라인으로 가져와서 관계를 돈독히 만들어주고, 그러면 디지털 대화가 더 향상되고 더 예의를 차리고 더 현실적이 될 거라고 보는 것이다. 커뮤니티 너머의 사람들이 서로를 인간으로 생각하기 때문이다.

"제가 코로나19 범유행 중 미래에 관해 알게 된 것은 제가 오래전부터 주장해온 것과 같습니다. 사람들과의 우정과 소통이 중요하다는 겁니다." 루스 웨스트하이머Ruth Westheimer 박사의 말이다. 유명한 라디오 진행자이자 섹스 테라피스트이자 홀로코스트 생존자인 루스 박사는 평소 디지털 대화와 원격 사교가 미래 삶의 방식이라는 예측을 싫어했다. 모든 감각을 동원해서 대화에 생명을 불어넣는 아날로그 대화를 대체할 수 있는 것은 없다고 믿었기 때문이다. 인간은 항상 접촉하고 웃고 서로 눈을 보아야 한다. "우리는 모두 과거의 방식으로 돌아갈 겁니다." 루스 박사의 예측이다. "컴퓨터와 줌을 계속 이용하기는 하겠지만 최근의 경험 중 어느 것도 장기간 영향을 미치지는 못할 겁니다. 사람들은 모여서 파티를 하고 서로에게 추파를 던지고 데이트를 할 겁니다. …… 인간 조건이 그러니까요. 최근의 나쁜 경험은 대부분 배경으로 물러날 겁니다." 루스 박사가 말했다. "그래도 괜찮습니다. 나쁜 경험에서 교훈을 얻어야 하지만 계속 곱씹을 필요는 없습니다."

가장 흥미로운 대화는 SNS나 가상현실에서 일어나지 않았다. 사실 SNS나 가상현실은 온라인 자아의 복잡성에 깊이를 더해서 사람들과 더 풍성하게 소통하고 더 깊게 연결해주겠다고 약속했다. 우리가 날아다니는 문어 같은 것으로 변장하게 해주는 식으로. 하지만 대화는 언제나 그랬듯 우리의 눈앞에서 펼쳐진다. 코로나19 범유행 중 내가 현실에 발 딛고 살게 해준 것은 (공원에서, 학교 운동장에서, 뒤뜰에서, 인도에서, 등산로에서, 베란다에서) 서로 얼굴을 보면서 나누는 대화였다. 코로나19 바이러스가 창궐하고 학교가 문을 닫은 상황, 미국 대선과 그 여파로 어지러운 상황, 그리고 지난 몇 년간 롤러코스터를 탄 듯 무섭게 오르내린 상황 속에서 내가 할 수 있는 거라고는 다른 인간(친구, 이웃, 반겨주는 계산원)을 찾아 몇 마디 나누고 잠시라도 서로의 눈을 보며 혼란스러운 세상에서 철저히 혼자가 아니라는 사실을 확인하는 것이었다.

디지털은 우리에게 효율적으로 대화하는 미래를 약속했지만 사실 효율적인 의사소통만으로는 부족했다. 우리가 코로나19 범유행 중 가장 그리워한 것은 현실의 대화였다. 직장 동료와의 대화가 그리운 이유는 동료들과 대화를 나누면 업무를 더 수월하게 처리하고 사무실에서 내 위치가 어디인지 파악할 수 있어서다. 그리고 실질적인 지식을 쌓게 해주는 교사와 학교 친구들과의 대화가 그리웠다. 상점 점원이나 음식점 종업원, 버스정류장에서 만나는 이웃이나 모르는 사람들, 콘서트장 앞에서 만나는 친구들이나 우리의 북클럽 모임의 대화가 그리웠다. 지성과 감성의 깊이를 파고드는 심오하고 의미 있고 중요한 대화만이 아니라 하루를 조금 기분 좋게 해주는 가벼운 대화가 그리웠다.

여전히 많은 사람이 갈수록 더 많은 대화가 디지털에서 일어나는 미래를 예상한다. 실감형 VR을 홍보하는 기업들은 주문만 하면 돌아오는 공감에 관해 이야기한다. 알렉사나 시리 같은 디지털 음성 비서를 판매하는 기업들은 이런 지능형 소프트웨어 음성이 가족 구성원이 될 거라고 상상한다. 이미 세계의 여러 양로원에는 다정한 말과 몸짓으로 노인들의 외로움을 덜어주고 고개를 끄덕이고 야옹거리고 자동으로 '알아들었어요'라고 말하는 로봇과 애니매트로닉 애완동물이 배치되었다.

하지만 기술평론가 셰리 터클Sherry Turkle이 썼듯이 인간은 프로그램에 설정된 대로 다정하게 가르랑거리는 인공지능 로봇의 보살핌보다 더 큰 공감으로 보살핌을 받을 자격이 있다.

"안아주는 것을 잊지 마세요!" 내가 마리 앤 에샘 박사에게 대화의 미래가 어떤 모습일지 물었을 때 돌아온 대답이다. "안아주는 게 중요한 것 같아요. 팔을 살짝 건드리는 정도라도. 안아주는 것 때문에 오시는 환자들도 있었어요. 그분들이 오신 이유가 그거였어요! 그게 어떤 약보다 효과적이었어요. 환자들이 '선생님을 만나면 기분이 좋아져요'라고 말씀하세요. 이런 걸 어떻게 수량화할까요? 간단히 가상으로 넘어갈 수는 없어요." 그리고 에샘은 사회적 처방이 이뤄낸 성과는 영국 정부가 비용 문제 등을 들면서 주장하듯이 온라인으로 넘어간다면 다 물거품이 될 수 있다고 지적했다. "서로 어깨를 맞대고 서로를 바라봐야 합니다!" 그러면 지역사회의 일원이라는 느낌이 들지, 소외되고 누구도 관심을 주지 않는다는 느낌이 들지는 않을 것이다.

당신은 어떤 대화를 기억하는가

우리의 화상채팅이 끝날 즈음 에샘 박사는 온라인 대화와 대면 대화의 결정적 차이는 우리의 기억에 미치는 영향이라고 말했다. 몇 년은 고사하고 불과 몇 달 전에 트위터에 올린 글이나 페이스북에서 나눈 대화가 기억나는가? 2014년에 대학 친구와 문자로 나눈 재미있는 대화가 기억나는가? 2주 전에 줌에서 동료들과 한 회의가 생각나는가? 아닐 것이다. 모두 같은 평평한 맥락, 다시 말해 같은 화면과 소프트웨어와 장치에서 주고받은 대화라서 그 자리에서 바로 잊어버린다. 디지털 대화는 수명이 짧다. 허공에 흩어진다. 우리 북클럽이 줌에서 시도한 모임을 떠올려보면 그때 내가 우리 집 소파에서 앉았던 위치는 지금도 기억나지만 나머지는 아무리 기억을 더듬어도 생각나지 않는다. 숀이나 제이크가 뭘 입고 있었는지, 벤의 화면 배경이 어땠는지 전혀 생각나지 않는다. 토비와 크리스가 플롯에 관해 흥미로운 말을 했고, 블레이크가 여느 때처럼 기발하게 모든 것을 꿰뚫은 촌평을 나직이 내놓았지만 솔직히 나는 아무런 감흥이 없었다. 몇 주 동안 화상회의가 줄줄이 이어지던 터라 그날의 북클럽 모임도 그냥 소음의 배경으로 사라졌다.

9개월이 지나고 우리는 다시 우리 집 뒤뜰에서 모였다. 1월 중순이지만 기온이 0도 언저리로 캐나다 겨울치고는 춥지 않았다. 내가 고른 책은 저널리스트 빌 뷰포드Bill Buford가 프랑스 미식에 바치는 재미있는 찬사인《더트Dirt》였다. 그는 몇 년간 리옹의 비좁고 험악한 주방에서 요리한 요리사였다. 나는 두 달 전에 이 책의 첫 장을 넘기면서부터 모임을 위한 식사 계획을 짜기 시작하고 며칠씩 걸려서 이 책의 주제와 관련된 만찬을 준비했다. 집 근처 프랑스 빵집에서 사 온 갓 구운 바게트에, 애피타이저로는 **부당누아**boudin noir(돼지 피와 지방, 각종 향신료와 양파 등이 들어 있는 프랑스식 소시지-옮긴이)와 사과조림을 곁들인 프리세 샐러드를 준비했다. 이 책에서 돼지가 피 흘리는 모습을 생생히 묘사한 장면에 바치는 메뉴였다. 주 요리는 밖에서도 온기를 유지할 수 있을 만한 코코뱅(닭

고기와 채소에 포도주를 넣어 조린 프랑스 요리-옮긴이)을 준비했고, 디저트로 향이 진한 사부아 치즈와 무화과 프렌지페인 타르트를 사왔다.

나는 삽을 들고 나가서 눈밭에 긴 길을 내고 이웃집에서 화로와 적외선 가열등을 빌렸다. 긴 테이블 두 개에 하얀 리넨을 깔고 우리 결혼식에서 썼던 도자기 그릇도 꺼냈다. 화이트와인을 눈 속에 묻어 차갑게 식히고 내가 가진 최고의 레드와인을 땄다. 다들 더블파카와 스노팬츠를 입고 만찬이 차려진 테이블 앞에 둘러앉자 나는 대화를 시작하면서 뷰포드를 깜짝 등장시켰다. 내 노트북으로 뉴욕의 자택에 있는 그를 화상으로 연결한 것이다(전에 뷰포드와 같은 토론회에 참석한 적이 있어서 아직 그의 이메일 주소를 가지고 있었다). 우리는 뷰포드에게 우리가 이 책에서 가장 사랑한 인물과 경험에 대해 질문을 퍼붓고 찬사를 보내고 그에게 경의를 표하며 건배했다(아쉽게도 그는 혼자 마셨다). 그리고 뷰포드가 퇴장하고 식사가 시작되었다. 우리는 따뜻한 바게트를 손으로 뜯고 가염버터를 듬뿍 바르면서 책에 대한 생각을 나누었다. 내가 사과를 얹은 바비큐에 플랑베 방식으로 술을 끼얹어 향을 입히고 모두가 피순대와 비슷한 부당누아를 먹는 동안 크리스가 책을 펴고는 양동이를 들고 돼지의 몸에서 빠져나오는 더운 피를 담고 피가 굳지 않도록 계속 저어주는 대목을 읽었다.

우리는 와인을 더 마시고 미리 말아둔 마리화나에 불을 붙이고(충분히 주의사항을 숙지한 후) 불가에 모여 몸을 녹였다. 제이크와 숀은 지난 두 번의 북클럽에서 상의한 후 함께 광고회사를 차리기로 했다고 발표했고, 우리는 두 사람의 성공을 기원하는 건배를 했다. 미국인인 토비와 블레이크는 여전히 몇 주 전에 일어난 미국 국회 의사당 기습 사건의 충격에서 헤어나지 못했다. 크리스는 온라인으로 특수 초등학교 학생들을 가르치면서 두 아들이 각자의 노트북에 집중하게 하느라 날마다 겪는 지옥 같은 일상을 토로했다. 나는 코코뱅 냄비를 가져와 각자의 그릇에 나눠 담아주고 묵직한 보르도와인을 따라주었다. 우리는 뷰포드의 실감 나는 저널리즘과 리옹 주방의 파렴치한 성차별주의와 프랑스 미식의 정신에 대한 각자의 생각을 나누었고, 왜 음식이 이렇게 감미로운 독서로 만들어주는지에 대해서도 이야기했다. 우리는 각자가 좋아하는 대목에 대해 열심히 토론하고 비평을 내놓고 이 책의 추락한 주인공인 아름다운 제빵사 밥을 위해 연신 잔을 들었다. 우리는 와인을 더 마시고 서로에게 **퓌텡 뒤 메르드**putain du merde(젠장, 빌어먹을!)라고 욕을 했다. 이 책에서 요리사들이 내내 내뱉은 프랑스어 욕이다. 우리는 눈물이 나도록 웃어대고 배가 터지도록 먹고 우리 집에 남은 와인의 마지막 한 방울까지 마셨다.

그날 밤 나는 새벽 1시까지 설거지하면서 머릿속으로 그날 밤의 대화를 재생했다. 오랜만에 친구들과 최고의 밤을 즐길 수 있어서 기뻤다. 평생 잊지 못할 밤이었다. 전에 우리 북클럽에서 직접 만나야만 나눌 수 있는 대화를 나누던 그 모든 밤처럼.

7장

일요일
휴식

모래 한 알, 밤하늘의 별, 무제한의 푸름

우리는 정신 건강과 영적 회복력을 위해 이런 자연의 조각을 필요로 한다. 미래 세대에는 어떤 여가 활동이나 스포츠가 유행하든 자연이 더 필요해질 것이다. 작은 공원 하나만 있어도 지역사회의 건강과 경제적 가능성과 인간의 번영을 보여주는 여러 지표가 상승한다. 코로나19 범유행 중 이런 특징이 확연히 드러났다. 어떤 자연 공간에든 가까이 가면 몸과 영혼이 즉각적으로 변화하는 것을 느꼈기 때문이다.

그리고 일곱 번째 날에 안식하라. 늦잠 자고 느긋하게 아침 식사를 즐긴다. 크루아상을 먹으며 커피를 한 잔 더 마신다. 그러다 스마트워치에서 안식이 나태와 동의어가 아니라고 경고하는 알림음이 울려댄다. 개인 트레이닝 앱에서 정해진 횟수만큼 활동을 완수하라고 요구한다. 이제 땀을 흘릴 때다. 운동화 끈을 묶고 조깅을 하러 나가도 되지만 바깥이 춥다. 고맙게도 대안이 있다. 스마트 센서로 스텝과 회전수를 포착하는 러닝머신과 실내 자전거를 타면서 뉴욕의 스튜디오에서 고래고래 소리를 지르며 용기를 북돋워주는 트레이너에게 접속한다.

"하나, 둘, 셋! 더 밀어붙이세요. 토론토의 데이비드!"

두 달 동안 전례 없는 난관이 연이어 터지는 힘든 시간을 보낸 터라 우리 내면은 영적인 길잡이를 간절히 원했다. 교구 예배가 열리기는 하지만 차를 타고 멀리까지 가야 하고 우리는 이미 소파와 한 몸이 되었다. 그래도 아주 근사하지 않을까? 거기에는 사람이 많고 …… 그런데

음……정말 그 사람들과 말하고 싶은가? 게다가 한 시간 동안 기도와 웅웅 울리는 성가와 어떤 산에 오르는 것에 관한 길고 지루한 이야기를 견뎌야 한다.

아니면 그냥 인터넷으로 접속하면 어떨까? 이제 예배가 온라인으로 생중계되는 덕분에 종파와 교리와 해석과 교파가 다른 수많은 신도들과 함께 방송을 볼 수 있다. 결혼식과 장례식에도 가상현실로 참석하고 8개국의 참가자들과 함께 합창할 수도 있다. AI 명상 앱에 가입하면 필요한 순간에 적절한 만트라를 보내준다. 부족한 부분은 다른 건강 앱과 스마트 알람시계와 심신의 균형을 유지해준다는 뇌파 감지 마음챙김 헤드밴드로 채운다. 클릭하고 접속하고 우리의 부족을 찾으면 된다. ……그런 다음 상쾌하고 편안하게 어떤 미래가 와도 준비된 자세로 또 한 주의 일상으로 돌아간다.

파도를 만나는 시간

또 하나의 이미지를 그려보자. 12월 중순이라서 기온이 영하로 많이 떨어진 점을 감안해도 왠지 춥게 느껴진다. 내 스테이션웨건의 열린 트렁크에 옷을 반쯤 걸쳐놓고 낑낑대며 잠수복에 몸을 끼우는 사이 시속 80킬로미터의 돌풍에 날아온 얼음 알갱이들이 내 얼굴을 할퀸다. 드디어 잠수복을 다 입고 후드까지 지퍼를 채운 다음 언 땅으로 내려가 냄새나는 물을 저수지로 뿜어내는 빗물 배수관을 뛰어넘고 모퉁이를 돌아 블러퍼 비치에 도착한다. 블러퍼 비치는 온타리오호의 회색 사암 절벽 아래로 깊숙이 들어간 작은 만이다. 바람에 흩날리는 물과 얼음 때문에 시린 눈을 가늘게 뜨고 호수를 내다보아야 한다. 그래도 보이기는 한다. 파도, 차가운 담수 파도가 어지러이 부서지고 거세게 포효하며 떨어져나간다.

바다의 파도는 출발점에서 수천 킬로미터를 달려와 해변에 부드럽고 잔잔하게 철썩거리지만 호수의 파도는 바람에 일어나기에 최고의 파도는 최악의 날씨와 함께 온다. 호수 서핑은 폭풍우가 심하게 몰아치고 날씨가 변덕스러운 날, 시시한 실망감과 거센 파도의 불협화음과 서핑이 불가능한 수프 같은 상태 사이에서 섬세한 균형을 잡아야 가능하다. 비와 진눈깨비와 눈은 필수 장비다. 햇빛은 드물게 위협이 된다. 바람이 바뀌기 전에 한두 시간 정도 좋은 파도가 이어지기도 한다. 간혹 차를 몰고 시내를 가로질러 비치에 도착해서야 기회를 놓친 것을 알게 되기도 한다. 또 어떤 때는 두 시간 동안 호수와 싸우고도 파도 하나 제대로 타지 못한 채 떠나기도 한다. 호수물이 심하게 역겨울 수도 있다. 내 서핑보드에 걸린 콘돔과 탐폰을 뽑아낸 적도 있고, 수상 차량과 합판 보드에서 녹슨 못이 튀어나와 위태롭게 피해야 할 때도 있고, 비치에서 배가 부푼 너구리 사체를 뛰어넘은 적도 있고, 똥 냄새가 나는 물속으로 얼굴부터 뛰어든 적도 있다. 최근에 캘리포니아에 사는 친구에게 이곳의 서핑에 관해 들려주자 그 친구가 말했다. "상상할 수 있는 최악으로 들리는군."

밖에 나가야 한다고 애써 마음을 다잡아야 하는 날들이 있다. 한밤중에 빗줄기가 창문을 때리고 침대에서 나오기만 해도 허리가 아픈 날들. 기상예보가 애매하고 차로 한 시간이나 걸리면 그냥 집에 들어앉아서 생산적인 사회 구성원으로서 해야 할 일을 하는 게 낫지 싶어서 고민하게 된다. 그러다 일주일 내내 컴퓨터 앞에만 앉아 있었고 파도를 만날 일말의 기회도 기회라는 생각이 든다. 서핑 장비를 차에 싣고 운동복 바지 속에 수영팬티를 입은 다음 보온병에 차를 담아 출발한다. 시내를 가로지르며 노보스 바이아노스 그룹의 브라질리언 사이키 삼바를 요란하게 틀어놓고 차창 밖으로 비가 진눈깨비로 변해가는 풍경을 본다. 도착하면 차를 세우고 낑낑거리며 잠수복으로 갈아입고 보드를 집어들고 물속으로 뛰어든다.

호수물이 내 몸에서 유일하게 외부로 드러난 부위인 얼굴을 차갑게 때린다. 거기서 나는 수프 같은 물과 직면한다. 파도가 30미터 밖에서 일어나면 재빨리 보드를 돌려서 절벽 쪽으로 열심히 노를 젓지만 보드 뒤꼬리에 파도가 닿는 느낌이 든다. 파도가 나를 앞으로 내던지다가 아래로 끌고 들어가는 사이 보드의 앞코가 물살에 부딪히고 나는 물속으로 빨려들어 간다. 얼음처럼 차가운 물이 내 얼굴을 감싼 잠수복의 틈새로 비집고 들어와 머리통을 으스러뜨릴 듯 움켜잡는다. 그리고 나는 다시 수면으로 올라와 공기를 들이마시고 보드 위에서 노를 저으며 영원처럼 느껴지는 시간 동안 다음번 파도가 오기를 기다린다.

이번에는 행운이 내 편이다. 나는 보드를 돌려 몇 번 힘차게 노를 저어 나간다. 보드가 파도에 붕 뜨고 발밑이 진동한다. 콘크리트 같은 회색 호수가 움직이는 언덕이 되어, 유리처럼 매끄럽게 펼쳐지며 나를 앞으로 떠미는 사이 나는 파도의 아래쪽을 향해 보드를 돌린다. 그리고 마치 1년처럼 느껴지는 12초 동안 파도를 탄다. "예아아아아아아아!!!!" 나는 그곳의 소음을 뚫고 비치를 향해 소리친다. 세 시간 뒤에 나는 우리 집 주방 쪽으로 난 문을 연다. 손가락은 쓰라리고, 몸에서는 땀과 네오프렌과 하수구 냄새가 진동한다. 머리카락 끝에 조그만 고드름 몇 개가 아직 매달려 있다. 머리가 녹는 사이 이마의 둔하게 욱신거리는 부위를 만지려고 손을 들어 올리자 찐득한 뭔가가 만져진다.

"아." 내가 아내에게 말한다. "나 피 나."

"뭐?" 아내가 정말로 충격을 받은 듯 말한다. "어쩌다 그런 거야?"

"절벽에 너무 가까이 붙어서 파도를 탔어. 바위에 머리를 부딪쳤어." 내가 말한다. "이만하길 다행이야."

아내가 나를 안쓰럽게 쳐다본다. 내가 머리에 피를 흘리고 아내가 나를 걱정해서가 아니다. 이렇게 온몸에 악취를 풍기며 씩 웃는 바보와 엮인 자신의 처지가 애처로운 것이다.

"글쎄. 이럴 가치가 있는 거면 좋겠네." 아내가 고개를 절레절레 흔든다.

"여보." 내가 얼어붙고 피에 젖은 몸뚱이를 이끌고 뜨거운 물로 샤워하러 들어가기 전에 아내에게 말한다. "지난 1년 동안 지금처럼 살아 있다고 느낀 적이 없어."

일주일의 하이라이트

디지털 미래는 우리에게 많은 것을 약속했다. 편의성과 돈, 힘, 오락. 이외에도 많다. 하지만 가장 유토피아적이고 이상적인 차원에서 더 나은 삶을 약속했다. 완벽히 균형 잡힌 삶. 중요한 일을 할 시간이 더 늘어나고 원하는 경험에 더 쉽게 접근할 수 있는 삶. 우리는 삶을 풍성하게 만들어주는 사람들과 공동체에 더 잘 연결될 것이다. 우리의 신체와 욕구를 더 잘 알아챌 것이다. 더 건강할 것이다. 더 많은 의미를 경험할 것이다. 우리의 영혼에 영양이 공급될 것이다. "우리는 더 재미있어질 것이고, 음악을 더 잘할 것이다. 우리는 더 섹시해질 것이다. 우리는 우리가 가치를 두는 모든 측면에서 더 훌륭한 인간이 될 것이다." 이것은 기술적 특이점Singularity의 주요 전도사인 레이 커즈와일Ray Kurzweil의 예상이다. 특이점이란 인류와 디지털이 하나가 되고 영혼과 실리콘이 훌륭하게 조화를 이루며 통합되는 미래의 티핑포인트(작은 변화들이 어느 정도 기간을 두고 쌓여서 이제 작은 변화가 하나만 더 일어나도 갑자기 큰 영향을 초래할 수 있는 상태가 된 단계-옮긴이)다. "궁극적으로 특이점이 모든 것에 영향을 줄 것이다. 우리는 모든 인간의 신체 욕구를 충족시킬 수 있을 것이다. 우리는 정신을 확장하고 우리가 가치 있게 생각하는 이런 예술적 자질의 본보기가 될 것이다."

하지만 봉쇄령이 내려진 첫 주가 지나갈 무렵, 매일 밤 침대에 누워 심호흡을 하면서 가슴속의 매듭을 풀려고 할 즈음이면 이 모든 약속이 공허하게 느껴졌다. 엿새 동안 나는 구명뗏목에 매달리듯 디지털에 매달렸다. 줌과 페이스타임으로 친구들을 많이 만났다. 내가 다니던 요가 스튜디오에서 올린 새 동영상을 보면서 요가 동작 몇 세트를 해보았다. 넷플릭스와 각종 스트리밍 서비스에 올라온 프로그램을 닥치는 대로 보면서 걱정을 떨쳐내려고 안간힘을 썼다. 하지만 내게 가장 거리가 먼 느낌이 균형감과 충만감이었다. 그보다는 덫에 걸린 느낌이 들었다.

하지만 봉쇄령 7일째인 금요일에 나는 유대교의 전통 안식일(유대교에서 일주일 중 제7일인 토요일의 명칭으로, 금요일 해질녘부터 토요일 해질녘까지-옮긴이)에 먹는 '찰라'라는 빵을 구웠다. 찰라를 굽지 않은 지 몇 년이나 되었지만 이렇게 시골에 내려와 있으니 동네에서 구할 수 있는 빵은 유전자풀보다 더 흰색이었다. 아이들을 위해서도 빵을 직접 굽는 게 좋을 것 같았다. 게다가 갓 구운 빵을 사랑하지 않을 사람이 있겠는가? 나는 장모님의 《두 번째 도움Second Helpings》(유대인의 두 번째 성경이나 마찬가지인 1960년대 몬트리올 유대인 공동체의 요리책)이라는 낡은 요리책을 꺼내서 밀가루와 물, 달걀, 소금, 설탕, 한 봉지 남은 이스트를 섞어 반죽을 만들고 치대기 시작했다. 처음에는 긴장해서 조심스럽게 주무르다가 서서히 조리대에 달라붙은 진득진득한 반죽을 떼어내고 신중하게 접고 다시 꾹꾹 눌렀다. 그렇게 계속하자 손이 동작을 기억해서 안정된 리듬을 탔다. **접고, 누르고, 돌리고, 뒤집고, 치대고, 접고, 누르고, 돌리고, 뒤집고, 치대고, 접고, 누르고, 돌리고, 뒤집고, 치대고!** 10분쯤 지나자 반죽이 부드럽고 반짝거리고 탱탱해졌다. 한 시간 정도 숙성시킨 후 다시 반죽을 치댄 다음 세 덩이로 나누어 굴리면서 길게 가닥을 만들어 땋은 머리처럼 하나로 꼬아보았다. 오븐을 켜고 반죽에 달걀 물을 바르고 참깨를 뿌리고 다시 한 시간 기다렸다가 오븐에 넣어 구웠다.

40분 후 찰라가 나왔다. 찰라 냄새가 주방을 점령했다. 우리는 찰라로 인해 흥분에 들뜬 채 안식일에 들어갔다. 아내가 만든 치킨 수프와 마초볼(누룩 없는 마초 빵에 달걀과 물을 섞어 빚은 완자로 수프에 넣어 먹는 유대인 요리-옮긴이)을 데웠다. 노트북과 스마트폰, 태블릿, TV 같은 전자 기기를 모두 껐다. 그전에 우리 부모님과 아내의 사촌들에게 전화해서 안식일 인사를 나눴다. 다음으로 모든 준비를 마치고 안식일에 들어가기 위해 세 가지 기도문을 외웠다. 초와 와인과 마지막으로 빵에 대한 감사 기도였다. 감사의 기도를 올렸다. 내가 먼저 빵 한 조각을 떼어내고 다시 다섯 조각으로 뜯어서 한 조각씩 나눠주었다. 빵이 따스하고 폭신하고 달콤하고 거의 완벽했다. 일주일 전에 대도시에서 피신 온 이후 처음으로 문득 행복한 기분이 들었다.

이 기분이 토요일까지 이어졌다. 그날 나는 10년도 더 전에 실천하던 안식일 의식을 부활시켰다. 기술 없는 안식일. 금요일 밤에 휴대전화와 컴퓨터를 비롯한 디지털 장치를 꺼두었다가 토요일에 해가 넘어간 뒤에 다시 켰다. "우리 뭐 할까?" 다음 날 아침에 아내가 절반 남은 찰라로 프렌치토스트를 만들면서 물었다. "등산 가자!" 물론 얼음물처럼 차가운 비가 쏟아지고 영상을 조금 넘긴 날씨였지만 사실 그것 말고는 우리가 합법적으로 할 수 있는 일이 없고 우리 둘 다 1분이라도 더 실내에 머물고 싶지 않았다. 우리는 아이들에게 비옷을 입히고 차를 몰아 강가의 등산로로 갔다. 한 시간 반 동안 진창과 얼음이 덮인 길에서 미끄러지고 넘어지며 걷다가 세차게 흐르는 강물에 돌멩이를 던졌다. 손이 젖어 얼얼했지만 내가 우리의 체중을 지탱해줄 덩굴을 발견해서 모두가 돌아가며 타잔처럼 매달리고 정신없이 웃어댔다. 집에 돌아와 소고기 스튜와 초콜릿 브라우니로 하루를 마무리했고, 그날 밤 나는 아이들이 잠들기 전에 침대 옆에서 《나니아 연대기》를 읽어주었다.

이후 1년 반 동안 우리는 토요일마다 이런 일과를 반복했다. 찰라를 굽고, 전자 기기를 다 끄고, 찰라를 먹는다. 밖에 나가 야외 활동을 한다(등산, 산책, 자전거 타기, 수영). 집에 돌아와 아무것도 하지 않는다. 우리가 기술에 반발하려던 것은 아니었다. 금요일 밤마다 성실하게 오프라인으로 넘어가는 사람은 나밖에 없었다. 아이들은 오전 내내 만화영화를 몰아보았고, 저녁에는 다 같이 영화를 보았다. 그래도 안식일 의식은 계속 지켰다. 빵을 굽고 전원을 끄고 밖으로 나가기. 나는 땋은 찰라와 둥근 찰라, 작은 찰라와 큰 찰라를 구웠다. 우리는 마른 땅과 젖은 땅, 눈길과 볕이 잘 드는 길, 정식 등산로와 등산로가 폐쇄될 때 다니던, 우리 형이 발견한 비밀 등산로를 걸었다. 아이들이 싫어해도 항상 데리고 나갔고, 결과적으로는 매번 그러는 편이 나았다. 코로나19가 길어질수록 나는 금요일 밤 스마트폰을 끄는 순간을 더 간절히 기다렸다. 한 주에서 마라톤의 결승선 같은 순간이었다. 거기까지 갈 수 있다면, 안식일 빵을 오븐에서 꺼내는 순간까지만 갈 수 있다면, 앞으로도 계속 갈 수 있다는 뜻이었다. 일주일 동안 온라인에서 무슨 일이 있었든, 좋은 일이든 나쁜 일이든 상관이 없었고 …… 그 순간은 의문의 여지없는 한 주의 하이라이트였다. 빵과 와인, 가족, 음식, 상쾌한 공기, 진정한 휴식.

캘리포니아주 버클리에 사는 작가이자 영화감독인 티파니 쉴레인 Tiffany Shlain은 나처럼 유대인 피난 대열에 동참한 후 기술 없는 안식일을 보내기 시작했고, 이 경험을 《24/6: 일주일에 한 번 전원 뽑는 시간의 힘24/6: The Power of Unplugging One Day a Week》이라는 책에 담았다. 봉쇄령이 내려졌을 때 쉴레인은 자신의 전통을 이어갔다. "여전히 그날은 특별했어요." 내가 지난 몇 달간은 전원을 뽑는 안식일이 어떻게 다르게 느껴졌냐고 묻자 쉴레인이 한 대답이다. "우리 애 말로는 동떨어진 느낌이 들지 않는 하루래요." 코로나19가 터지기 전에 쉴레인의 가족은 여행이나, 활동, 약속, 이동 중에 서로 잠깐씩 스치는 정도의 흐릿한 생활을 이어갔다. "그러다 코로나19가 터지고 시간이 멈춰버린 것 같았어요. 폐소공포를 일으킬 정도로 갑갑하고 단조로웠어요." 쉴레인이 말했다. "그러자 우리 식의 안식일이 갑자기 탁 트이고 여유롭게 느껴졌어요." 화면 없는 시간이 이제 전혀 다르게 느껴지는 이유는 나머지 엿새 동안(일과 학교, 사교, 오락, 문화, 대화에 모두 온라인으로 접근할 수 있는 시간) 화면을 보느라 피로가 극도로 누적되었기 때문이다. 쉴레인은 24시간 동안 디지털 장치를 끄고 아날로그 리듬을 따르자 실제로 시간이 늘어나는 것을 발견했다. "그러니까 제 말은, 안식일에는 벽에 부딪히지 않는다는 거예요. 줌에서는 부딪혀요. 하지만 안식일에는 벽에 부딪힌 적이 없어요."

내가 있어야 할 곳

모두가 부딪히는 벽은 바로 디지털이었다. 화상회의와 슬랙의 스레드, 꼬리에 꼬리를 무는 문자 메시지, 이메일의 벽이었다. 넷플릭스와 디즈니+, 페이스북, 틱톡, 인스타그램, 긴급한 트윗의 끝없는 맹습으로 세워진 벽. 손바닥 안의, 책상 위의, 베개 옆의 벽에 구조받기 위해 매달리지만 연거푸 충돌하다가 하루를 마치고 나면 몸이 왜 그렇게 녹초가 되는지 의아하게 만드는 벽. 그 벽은 디지털 미래의 무절제한 현실로서 우리 삶을 완전히 소진시켰다.

처음에 우리는 다른 디지털 오락거리에 기대어 이 문제를 해결하려 했다. 다큐멘터리와 실황 콘서트, 몰아보기를 할 시리즈, 유튜브의 서핑 영상, 로블록스와 포트나이트와 기타 실감형 비디오게임, 친구들과의 퀴즈 게임과 온라인 즉흥극, 줌 회식과 가상 해피아워 같은 것들이었다. 하지만 결국에는 에너지가 더 고갈되는 느낌이 들었다. 한마디로 우리는 탈진했다. 눈이 충혈되고 뻑뻑했다. 머리가 지끈거렸다. 몇 주 만에 처음 그 벽을 넘어 스마트폰을 잠시 내려놓고 아날로그 대안을 찾기 시작하기 전까지는. 우선 가까이 있는 것을 집히는 대로 잡았다. 책장의 소설책, 벽장 안쪽에 든 오래된 직소퍼즐, 요즘은 값을 매길 수 없이 소중해진 밀가루 한 봉지. 우리는 레고로 도시를 짓고 목공을 배웠다. 자전거를 수리하고 정원에서 빈둥거렸다. 기타와 앰프를 만지작거렸다. 천연발효종을 만들었다. 처음에는 효모가 품절이라 어쩔 수 없이 만들기 시작했지만 점차 원시적으로 발효하는 반죽의 맛에 매료됐다. 어느 토요일에 나는 밥 로스Bob Ross에게 영감을 받아 수채화 양식으로 풍경화를 그리고, 이어서 세 시간 동안 초콜릿 에클레어를 만들었다. 우리는 디지털을 외면하고 몸으로 만지고 느끼고 감지할 수 있는 것들에서 위안을 얻었다.

물론 인터넷에 연결된 근사한 펠로톤 자전거와 온갖 가정용 운동기구를 들여놓는 사람들도 있었지만 다들 밖으로 나갔다. 그리고 다리가 아프도록 온종일 걷고 또 걸었다. 자전거와 크로스컨트리 스키, 스노슈즈, 서핑보드, 테니스 라켓, 각종 캠핑 장비까지. 우리를 집 밖으로 나가게 해주는 물건은 뭐든 수요가 증가했다. 호수와 강에는 서핑보드를 타는 사람들이 몰렸다. 줄타기와 스파이크볼을 하는 사람들이 들판으로 모여들었다. 공원과 비치와 캠핑장에는 이번 사태에서 살아남으려면 화면 밖으로 나가야 한다는 사실을 깨달은 사람들이 넘쳐났다. 등산로는 러시아워의 도심 보행로처럼 북적였다. 우리의 몸이 밖으로 나가고 싶어 했다.

"사람들이 집에서 나왔다는 사실만 기억하지는 않을 겁니다." 리처드 루브Richard Louv가 코로나19 중 야외 활동이 갑자기 증가한 현상에 대해 이렇게 말했다. "밖에 나가면 어떤 느낌인지도 기억할 겁니다." 저명한 자연 교육자이자 《자연에서 멀어진 아이들The Last Child in the Woods》을 비롯해 여러 권의 책을 쓴 작가인 루브는 남부 캘리포니아의 외딴 언덕에 살면서 하루에 8킬로미터 이상 걷는다. 대개 뉴스에서 어두운 소식을 듣고 우울한 기분으로 출발하지만 두 번째 언덕에 오르고 눈밭에서 퓨마가 다니는 길을 발견할 즈음이면 어느새 기분이 좋아진다. 그는 이것이 코로나19가 남긴 유산이 될 거라고 기대한다. …… 전 세계 수십억 인구가 비슷한 일을 겪으며 그가 실내 디지털 위로의 "축소된 삶"이라고 일컬은 삶을 과도하게 복용했다가 우리가 야외에서 느끼는 아름다운 불편감을 새롭게 발견할 거라고 했다. "사람들은 가족의 끈끈한 정을 기억할 겁니다." 루브가 말했다. "넷플릭스를 볼 때와 다른 감정이라는 것을 알게 될 겁니다. 처음에는 다들 TV를 봤지만 지금도 그렇게 많이 보는 사람이 얼마나 될까요?" 그만큼은 아닐 거라고 루브는 짐작했다. 사람들이 기억할 경험은 항상 화면에서 멀리 떨어진 외부의, 자연의 경험일 것이다. 어머니날에 갑자기 휘몰아친 눈보라 속에서 등산한 경험, 12월의 그 정신없는 날 서핑하러 나가서 내가 잡은 첫 번째 깔끔한 파도, 부두에서 아이들과 함께 조지아만의 차가운 물속으로 뛰어든 경험. "TV를 보던 최고의 날을 기억할 사람은 아무도 없습니다."

루브는 야외에 뿌리를 둔 미래주의자를 자처했다. "저는 과학기술에 반대하는 사람이 아닙니다." 루브가 말했다. "다만 저는 우리 삶이 하이테크로 갈수록 자연이 더 많이 필요해질 거라고 생각합니다. 이건 방정식입니다. 시간과 돈의 예산을 세우는 겁니다." 미래에는 밖에 나가는 시간을 따로 정해야 할 뿐 아니라 자연보호와 자연을 접하는 기회를 우선순위에 둔다는 뜻이다. 공원과 자연의 등산로를 더 많이 조성하고 숲과 해안선을 보존하고 시급하게는 자연 세계를 위협하는 기후 위기에 맞서서 이 모든 것을 가능하게 만들기 위해 노력한다는 뜻이다. 그리고 푸른 공간이 새로 개발된 디지털 기술보다 인간의 건강에 더 중요해지는 미래를 건설한다는 뜻이다. "우리는 산등성이의 자연스러운 곡선과 수풀의 향기, 소나무의 속삭임, 야생의 가능성을 뼛속까지 필요로 한다." 루브는 《자연에서 멀어진 아이들》에 이렇게 썼다. "우리는 정신 건강과 영적 회복력을 위해 이런 자연의 조각을 필요로 한다. 미래 세대에는 어떤 여가 활동이나 스포츠가 유행하든 자연이 더 필요해질 것이다." 우리는 항상 이런 게 우리에게 좋다는 걸 알았다. 작은 공원 하나만 있어도 지역사회의 건강과 경제적 가능성과 인간의 번영을 보여주는 여러 지표가 상승한다. 코로나19 범유행 중 이런 특징이 확연히 드러났다. 어떤 자연 공간에든 가까이 가면 몸과 영혼이 즉각적으로 변화하는 것을 느꼈기 때문이다.

"뇌는 우리가 어떻게 사용하는지에 따라 다르게 발달합니다." 내가 신경과학자 매리 헬렌 이모디노-양에게 자연이 우리의 정신 건강에 어떤 역할을 하는지 물었을 때 나온 대답이다. 뇌에는 두 가지 처리 상태가 있다. 적극적 개입과 비구조적 사고다. 끊임없이 들어오는 디지털 자극은 적극적 개입의 상태로, 비구조적 사고에 필요한 비선형적 뇌 활동을 차단한다. 스마트폰의 수신음과 문자 메시지 알람이 울릴 때마다 뇌에서 테니스공이 날아다니는 것과 같다. 테니스공이 날아올 때마다 받아치려면 항상 경계해야 하고, 그러다 보면 백일몽과 같은 비선형적 활동에서 나오는 창조적 아이디어를 발전시키기 어렵다. 생각의 두 가지 상태 사이에서 다시 균형을 잡으려면 우리의 머리 밖으로 나와야 하고,

그러기 위한 최선의 길은 실제로 자연으로 나가는 것이다.

"그러면 원기가 회복됩니다." 이모디노-양이 말했다. "외딴곳에서 등산할 때처럼 스스로 그런 곳에 가 있으면 경치만 즐기는 것이 아니라 푸르른 공간에서 자연히 원기가 회복되고 디지털에 노출되어 가로막혔던 벽이 허물어집니다. 그냥 **지금 여기에 존재**할 수 있어요." 여기서 이모디노-양은 고인이 된 반反문화의 스승 람 다스Ram Dass의 표현을 사용했다. **지금 여기에 존재**한다는 표현은 히피 마케팅을 조금 단정하게 바꾼 말처럼 들릴지 몰라도, 신경학의 관점에서 보면 우리의 체화된 존재는 우리의 진정한 물리적 현실이고 정신이 더 큰 형이상학적 세계를 구축하는 데 필요한 기본 설정이라는 의미다. 그리고 그 세계는 우리가 상상한 세계로서, 복잡한 지적 개념을 처리하고 뇌 신경망 사이에 새로운 경로를 만든다.

우리의 상상력, 곧 우리 삶에 맥락을 주기 위해 뇌에서 만들어내는 이야기는 식사와 수면과 그밖에 신체 기능을 조절하는 생리 조절 능력만큼이나 생존에 중요하다. 역시 이모디노-양의 설명에 따르면 삶의 본질은 정신적 개념보다는 다원주의적 개념에서 생존하는 것이고 사람들과 잘 어울려서 생존하는 것이다. "생명의 기본 기능은 정신적이고 주관적인 삶을 쌓아가는 토대입니다." 그래서 자주 집과 화면에서 멀어져 자연의 현실에 몰입하면서 재충전하고 새로운 활력을 얻어야 한다. "[생각에] 활력을 불어넣어줄 만한 공간을 찾아가면 우리의 유기체적 본성에도 다시 활력을 불어넣는 공간을 주는 셈입니다."

코로나19 범유행 기간에 우리 가족의 첫 휴가는 2020년 8월 첫 주에 토론토에서 북쪽으로 두 시간 거리의 매서소가주립공원에서 다른 가족과 함께 떠난 카누 여행이었다. 8월 한 달 중 가장 춥고 바람이 많이 부는 날이었고, 우리는 기상예보를 주시하면서 나흘간 예보대로 험악한 날이 계속 이어질지 살폈다. 한 시간 정도 운반하고 논쟁하고 마지막에 재정비한 후 우리는 짐을 카누에 옮겨 싣고 구명조끼를 입고 부두에서 출발했다. 카누를 타고 시골집들을 지나치며 매끄럽게 내려갔다. 이윽고 캐나다 적송이 빽빽한 거대한 절벽 아래에서 떠가다가 잠시 후에 육로 수송로에 이르렀다. 우리는 카누의 짐을 꺼내서 스파이더호와 우리를 가르는 짧고 가파른 길 너머로 짐을 모두 옮겼다. 논쟁이 더 이어지고 허리들이 더 뒤틀렸다. 아이들이 더 칭얼대서 그래놀라바로 아이들의 입을 막았다. 그리고 다시 카누로 출발해서 공원의 중심부로 노를 저어갔다. 모터보트는 한 척도 없었다. 자동차도 없고 전기도 들어오지 않고 건물도 없었다. 물과 바위와 나무만 있었다. 카누에 실을 수 없는 물건은 가져오지 못했다. 무엇보다도 전화 수신이 안 되었다. 그래서 여기에 온 것이기도 했다. 나흘간 여기서 무제한의 푸름을 누리는 사이 우리를 제약하던 디지털 벽이 사라질 것이다.

우리는 텐트를 치고 불을 피우고 아무 재료나 올려서 만든 스페인 타파스를 먹었다. 아들의 생일을 위해 구워온 크고 네모난 쌀 페이스트리에 숫자 4 모양의 커다란 폭죽을 꽂고 불을 붙였다. 그리고 나흘간 모닥불에 마시멜로를 굽고 바람을 등지고 옹기종기 모여 앉고 캠프장 주변을 둘러보고 낚시를 하고 아비새의 울음소리를 듣고 나뭇가지에 조각을 새기고 땔감을 주워 모았다. 그리고 방수포를 어떻게 걸지 토론 했다. 바깥보다 훨씬 따스한 물속에 들어가 목욕을 하고, 내 친구 버네 사가 준비해온 근사한 음식(김치 스테이크 볶음밥, 수제 콩과 저온살균 케소 프레스코 소페스, 메이플 시럽에 흠뻑 적힌 야생 블루베리 팬케이크)을 먹었다. 우리는 호숫가를 따라 노를 젓거나 그냥 아무것도 안 하고 완벽하게 고요한 호수를 하염없이 바라보았다. 제멋대로 자란 소나무와 단풍나무, 자작나무가 거울 같은 수면에 비쳤다. 나는 어느 밤에 이런 풍경 한복판의 바위에 누워 밤하늘의 별을 쳐다보며 내가 있어야 할 곳이 어디인지 깨달았다. 여기. 지금.

디지털보다 더 큰 자유

소프트웨어는 우리에게 무제한의 변주를 약속하지만 마인크래프트나 로블록스나 포트나이트 게임처럼 아무리 '실감 나는' 디지털 환경에도 확고한 제약이 있다. 누군가가 프로그램으로 설정해놓은 것만 할 수 있지, 그 이상은 할 수 없다. 계속 부딪히는 벽이 존재하고, 그 벽을 넘어갈 수 없다. "남들이 당신의 세계를 대신 설계하게 해준다면, 모든 디지털이 그렇듯이, 규칙과 플랫폼이 주어지고 거기에 참여할 방법이 주어집니다." 이모디노-양이 말했다. "하지만 자연 세계는 열린 결말입니다. 무한히 우리를 매료시킵니다. 모래 한 알이나 경치를 볼 수 있고, 만물이 어떻게 살아 있는지 볼 수도 있습니다. 이 모든 것이 그 어떤 디지털보다 훨씬 큰 자유를 선사합니다. 디지털은 어쨌든 우리에게 뭔가를 제시하도록, 그리고 우리는 특정 방식으로 반응하도록 설계되고 엄선되었으니까요. 그런 시스템과 디지털의 엄선된 맥락에서 스스로 벗어나보면 자유로워집니다! 그러면 우리의 새로운 모습을 보여줄 수 있고, 그 사이 실제로 기분이 좋아집니다." 누구에게나 생각할 공간, 현실적이고 물리적인 공간이 필요하다.

"저는 자연이 위대한 치유자라고 믿어요. 고요하고 평화롭거든요." 하버드대학교에서 화면이 아동의 정신 건강에 미치는 영향을 주로 연구하는 마이클 리치의 말이다. "숲을 볼 수도 있고, 나무를 볼 수도 있고, 나무껍질을 볼 수도 있고, 나무껍질로 파고드는 벌레를 볼 수도 있어요." 자연은 우리에게 무한한 관점을 제공한다. 자연은 그 자체로 끊임없이 변화하므로 역동적이고 자극적이다. "우리는 이렇게 끊임없이 확대해서 볼 수도 있고 축소해서 볼 수도 있어요. 그러면서 완전한 통제력을 갖는 겁니다. 작가님과 제가 숲속에서 나란히 걸으면서도 서로 완전히 다른 경험을 할 수 있어요. 우리의 마음과 삶의 신비한 힘과 자연의 무한한 변화무쌍함 덕분이죠." 나는 나무를 보고 고요한 아름다움을 보지만 우리 아이들은 정글짐을 본다.

디지털 미디어에 심각하게 중독된 아이들에게는 야생 요법이 심리 치료나 약물치료보다 훨씬 효과적이라고 리치는 말했다. "아이들을 감각적인 존재로 되돌려서 주변 세계에서 데이터를 받아들이고 그 데이터를 처리하게 만드는 거예요." 그리고 리치는 아이가 카누를 타면서 바람에 맞서고 노를 저으며 몸에 느껴지는 본능적인 신호를 해석하는 과정을 설명했다. "아이들은 디지털 미디어에서 끊임없이 두려움과 불안을 회피할 방법을 찾고 위안을 얻으려 합니다." 하지만 자연은 우리가 두려움에 맞서게 한다. 이것이 건강한 방식이다. 칠흑 같은 어둠 속에서 얼룩 다람쥐 한 마리가 종종걸음 치는 소리가 회색곰의 발소리처럼 들리는 곳에서 텐트를 치고 잔다면 저건 다람쥐라고 믿거나 아니면 울다 지쳐 잠들어야 한다. 이렇게 하룻밤을 보내는 게 결코 쉽거나 편안한 것은 아니지만 두말할 나위 없이 현실적이고 이렇게든 저렇게든 현실에 직면하는 경험은 강렬한 치유의 경험이다.

리치는 디지털 미디어와 관련해 자신이 하는 일을 영양사가 건강한 식단을 홍보하는 방법에 빗대어 설명했다. 정크푸드를 금지하는 데 한계가 있듯이 디지털 기술도 마찬가지다. 따라서 디지털을 금지하기보다는 디지털이 주는 것보다 더 나은 아날로그 대안을 제공해야 한다. 화면을 보는 시간을 기본 활동으로 여기는 경우가 지나치게 많다. 차를 오래 타고 갈 때나 저녁 식사를 마치고 잠자리에 들기 전이나 휴식이 필요할 때 머리를 식히기 위한 장치라고 여기는 것이다. 리치는 아이패드나 스마트폰을 기본으로 여기는 대신 그 시간을 긍정적인 오프라인 활동, 이왕이면 야외 활동으로 채우자고 제안했다. 그는 하루를 빈 유리잔으로 생각해보라고 했다. "그 유리잔을 이만큼의 수면 시간과 이만큼의 수업 시간과 이만큼의 식사 시간으로 채웁니다." 그가 말했다. "그런 다음 남은 시간을 당신이 진정으로 가치를 두는 활동으로 채우세요."

즐거운 마음으로 고대하는 활동으로 채운다. 집 앞 진입로에서 농구하기, 자전거 타기, 나무 위에 요새 만들기, 아이스크림 사러 가기, 《해리포터》 같이 읽기, 놀이터에서 친구들 만나기, 거실에서 댄스파티 열기. 유리잔에 아날로그 활동이 디지털 활동보다 많다면 삶의 건강한 균형을 유지하는 셈이다.

아이들은 싫다고 하면서도 사실은 밖에 나가고 싶어 한다. 야구장이나 해변에 가거나 언덕에서 썰매를 타고 싶어 한다. 코로나19 범유행의 가장 쓸쓸한 장면은 토론토의 모든 놀이터에 몇 달간 노란색 출입금지 테이프가 둘러쳐진 모습이고, 가장 기분 좋은 장면은 6월의 어느 날 그 테이프가 떨어져 우리 아들이 미끄럼틀을 향해 뛰어가며 순수하게 기뻐하며 비명을 지르던 모습이다. 이제는 온종일 넷플릭스를 몰아보는 것이 얼마나 좋은지 찬양하는 아이들은 거의 없었다. 가상학교의 마지막 날에 내 딸이 노트북을 탁 덮으며 내게 말했다. "이거 그냥 박살내고 싶어요." 그러고는 거리로 뛰어나가 우리 동네 강아지 아치와 뛰놀았다.

혹시 의심이 들면 일단 나가보라. 절대 후회하지 않을 것이다. 나는 그랬다. 비가 억수로 쏟아지는 날에도. 두 시간 거리의 협곡 산행에 나섰다가 처음 30분 동안은 아이들의 불만에 시달려야 했던 1월의 가장 추웠던 날에도. 차로 시내를 가로질러 서핑하러 갔지만 수면이 잔잔해서 그냥 호숫가를 산책한 날에도. 가상학교의 가장 음울한 몇 달 동안 하루 세 번씩 아이들을 가까운 공원으로 데리고 나갈 때마다 아이들이 20분씩 발을 차고 소리를 지르고 거짓 눈물을 흘리던 날에도. 이런 전쟁통에 나 역시 지치고 흔들리는 날들도 있었지만 결코 원칙을 굽히지 않았다. 그냥 집에 틀어박혀 디지털 장치에 굴복하는 것은 훨씬 심각해 서였다. 일단 공원에 데려다 놓기만 하면 아이들은 언제 그랬냐는 듯이 툴툴거리다 말고 누군가가 나무에 매달아둔 그네를 향해 뛰어갔다. 딸이 옆 구르기를 다섯 번 하고 아들이 닌자 뛰기를 일곱 번 했다. 그러고는 다 같이 프리스비를 던지고 놀았다. 아이들이 친구를 발견하고 친구의 이름을 불렀다. 그렇게 잠깐 사이 우리의 몸과 마음이 회복되었다.

집 안에 갇혀서 화면과 화면을 오가다가 어느 시점이 되면 다들 두 손을 올리고 "이제 그만!"이라고 소리치고는 신발을 꿰신고 산책하러 나갔다. 우리는 씩씩하고 다급하게, 그리고 세상을 향한 정당한 분노로 성큼성큼 걸었다. 도시의 거리와 시골길을 걸으며 전에는 바로 앞에 있는 줄도 몰랐던 세상을 새롭게 발견했다. 우리는 걸을 수 있을 거라고 생각한 것보다 훨씬 많이 걸었다. 기분이 좋아질 때까지 걷다가 달라진 모습으로 집에 돌아왔다. 또 네 번째 줌 화상회의나 유난히 성질이 나던 홈스쿨링 감독을 마치고 폐쇄공포가 올라올 것 같을 때마다 당장 신발을 신고 밖으로 나가서 걸었다. "걷기는 유일한 것이었다."《걷기 위해 태어나다Born to Walk》의 저자 댄 루빈스타인Dan Rubinstein이 걷기의 건강 효과에 관해 한 말이다. (잠깐 요약: 걷기는 모든 면에서 우리 몸에 놀랄 만큼 유익하다. 신체적 문제든 정신적 문제든 걸어서 나아지지 않는 문제는 거의 없다.) 영화〈사랑의 블랙홀Groundhog Day〉에 비유될 만큼 매일 똑같이 단조로운 이번 코로나19 기간에 우리는 걸으면서 시간이 흐르고 계절이 바뀌고 모든 순간이 고유하다는 감각을 얻었다. 리베카 솔닛Rebecca Solnit은 걷기의 속도는 시속 약 5킬로미터로서 생각의 속도와 비슷하고, 그래서 걸을 때 가장 좋은 생각이 떠오른다고 적었다. 충분히 오래 걸으면 프랑스의 철학자 페레데리크 그로Frédéric Gros가 몸과 영혼이 주고받는 대화라고 일컫은 상태로 들어간다. 걸으면 세상이 넓게 보인다.

"하루가 그냥 뿌옇게 휙 지나갈 수 있습니다." 루빈스타인이 말했다. "오전 8시에 컴퓨터 앞에 앉아요. 그런데 순식간에 오후 5시가 되고 보여줄 거라고는 이메일 몇 통밖에 없을 수 있어요. 하지만 산책하러 나가서 사람들과 조금 소통하면 거기에는…… 그 장면과 소리와 냄새와 물질성에는 풍성함이 있습니다. 이런 게 우리의 기억 속 공간을 차지해요. 한 시간 산책이 며칠처럼 느껴질 수도 있습니다. 시간을 최대로 늘리는 방법이죠." 그렇다고 최대로 효율적인 방법은 아니다. "시간을 내서 이런 흐름에서 벗어나 보면 훨씬 더 인간적인 속도가 됩니다." 한 걸음 더 걸으면 모든 게 괜찮아질 수도 있다.

느린 방법으로 접근해야 유리한 일

코로나19 범유행은 우리의 시간 감각을 지워서 스트레스를 유발했다. 한쪽에서는 세상이 통제력을 잃고 돌아가는 듯 보였다. 우리는 뉴스를 켜고 스마트폰을 들여다보았다. 정보가 더 빠르게, 더 과격하게 우리를 덮치며 끔찍한 결과를 전했다. 정보를 계속 따라가는 것이 불가능했다. 답장해야 할 이메일이 늘 쌓여 있었다. 잠깐 휴식을 취하면 새롭게 소화하고 반응해야 할 우울한 뉴스가 더 들어왔다. 슬랙의 스레드가 끝없이 이어졌다. 하지만 몸은 그 자리에 가만히 있었다. 사흘 연속으로 집 밖에 나가지 않고 매일 똑같이 늘어진 옷을 입은 채 우리에게 다른 옷이 있다는 사실조차 망각하고 살았다. 이번 주에 샤워는 했던가? 이번 주가 몇째 주였더라? 그중에서 전염성 강한 바이러스를 피해야 하는 특수한 상황에 의한 결과는 얼마나 되고, 온라인에 더 오래 머물러서 생긴 부작용은 얼마나 될까?

"코로나19가 한 일 중 하나는 전 세계를 느림에 관한 글로벌 워크숍으로 밀어 넣고 그와 동시에 우리가 디지털을 더 많이 사용하게 만든 겁니다." 베스트셀러《느린 것이 아름답다In Praise of Slow》의 저자이자 더 인간적인 삶의 속도를 강하게 주장하는 칼 오너리Carl Honoré의 말이다. "코로나19 범유행으로 인해 디지털과 아날로그의 적절한 균형을 잡는 실험이 중요해졌습니다." 오너리가 말했다. "코로나19가 터지기 전에도 실리콘밸리의 유토피아주의가 이미 끝을 보이면서 디지털 밖에도 유용한 것이 있다는 말이 돌기 시작했습니다. 하지만 원치 않는 부분을 없애려다가 괜히 소중한 것까지 잃을지 모른다는 우려가 있었습니다. 사람들은 말합니다. '맞아요, 인터넷 연결이 더 빠르면 좋겠지만 가족과 함께 저녁도 먹고 싶어요.'"

오너리는 지난 수십 년간 미래가 아무런 마찰 없이 도래할 거라는 거짓 약속, 혹은 전 세계가 영원히 실현되지 않을 최적화의 독재에 넘어가는 모습을 지켜봤다. 헨리 포드가 속도를 높이라고 요구하던 조립라인 공정처럼 각 활동(일, 대화, 식사)에서 생산량을 최대로 늘리고 시간은 최소로 줄여야 하는 미래의 모습이다. "인간 경험에서 대다수의 흥미로운 일에는 마찰이 필요합니다." 오너리의 말이다. 그리고 그는 요리와 창조성, 사고, 의미 있는 대화, 인간관계처럼 느린 방법으로 접근해야 유리한 일들이 있다고 말한다. "디지털 최적화는 그저 피상적인 존재의 방식 …… 마찰 없는 사이비 종교 집단……을 낳을 뿐입니다. 미묘한 차이와 질감, 깊이, 견고함, 우리가 인간으로 존재하는 데 필요한 모든 것이 제거되니까요." 디지털 기술은 원래 속도에 과잉 편향되어 있다. 실리콘밸리의 북극성은 가속도다. 우리는 오래전부터 심지어 건강을 위해서도 속도에 집착하며 건강 추적 장치와 인터넷에 연결된 러닝머신, 마음챙김 앱과 수면 분석 마스크에 투자했다. 그러다 갑자기 집안에서 혼자 지내게 되었고, 우리의 몸과 마음이 제발 속도를 늦춰달라고 아우성쳤다. 이번에는 그 소리에 귀를 기울였다. 잠시 멈추고 산책하러 갔다. 천연발효종 빵을 먹고 조각이 300개인 폭포수 퍼즐을 맞추는데 며칠씩 매달렸다. 피클을 담그고 나무를 깎아 물건을 만들고 손편지를 썼다. 그리고 언제나 거기에 있었지만 채워 넣기 급급해서 감상할 줄 모르던 여백의 시간을 즐겼다.

"위기의 순간에는 진실로 중요한 것을 보게 됩니다." 오너리는 산업혁명의 여파로 예술과 수제품 운동과 헨리 데이비드 소로Henry David Thoreau와 존 뮤어John Muir의 자연주의적 이상, 국립공원, 유급휴가, 주말과 같은 느낌의 반응이 나왔다고 지적한다. 미래가 반드시 과거보다 더 빨라질 거라는 생각은 잘못된 신화다. "속도만 원한다면 언제나 느림의 반발에 부딪치게 됩니다." 오너리가 말했다. "속도와 디지털과 가상을 강요할수록 사람들은 느리고 아날로그적이고 견고하고 물질적인 것으로 반발합니다." 오너리의 낙관적인 전망은 코로나19가 장기화되면서 나타난 측면이 있다. 우리가 오랜 시간에 걸쳐 느린 습관을 들일수록 그 습관이 우리에게 오래 남아 있을 가능성이 커진다. 오너리가 첫 번째 봉쇄령이 내려졌을 때부터 런던에서 11킬로미터씩 걷기 시작해서 요즘도 계속 걷는 것처럼.

느림은 아무것도 하지 않는 것이 아니다. 사실 무위의 이미지는 느림에 대한 고도의 마케팅 버전일 뿐이다. '핫 요가 걸'이 부두에서 결가부좌를 틀고 앉아 있거나 숲속 호수를 바라보는 사진 위로 산호색 폰트의 간결한 격언('호흡은 고요의 본질이다')이 붙어 있는 인스타그램 이미지다. 각종 앱과 장치가 느림을 최적화해주겠다고 약속한다. 특별하게 연구해서 선정한 음악으로 아주 적절한 기분으로 깨어나게 해준다는 알람시계처럼 과장 광고가 온갖 소비 욕구를 자극한다. 사실 생산적인 **동시**에 느릴 수 있다. 디지털 요구를 채우면서 느린 순간으로 몸을 채울 수있다. 빠른 인터넷을 중요시하면서 가족과 함께하는 식사도 동시에 소중히 여길 수 있다. 느림은 단지 모든 사람이 경험하는 세계에 다르게 접근하는 태도일 뿐이다. 말하자면 시간이 열리고 관점이 달라지고, 또운이 좋다면 몸과 마음이 균형 잡힌 대화를 나누게 해주는 접근이다.

넷플릭스화된 예배

나는 특별히 영적이거나 종교적인 사람이 아니다. 어릴 때 토론토의 홀리 블러섬 템플이라는 유대교 회당에서 성가대원으로 활동하기는 했지만 사춘기를 지나면서 한때는 금요일 밤마다 "샬롬 라브Shalom Rav" 를 부르던 아름다운 소프라노 목소리를 잃고 성가대를 그만두었다. 이제는 가족과 함께 1년에 몇 번 유대교 회당에 나가고 금요일 밤마다 초와 와인과 빵으로 축성하는 정도다. 그러면 내가 하느님을 믿을까? 아닌 것 같다. 회당에 가서는 신도석에서 꼼지락거리며 자꾸 시계만 훔쳐본다. 그러면 나는 유독 영적인 사람일까? 아니다. 여러 가지 요가명상을 시도해봤지만 몹시 괴로워하면서 거의 매번 성공하지 못했다. 나는 이른바 **소울풀**soulful한 사람은 아니다. 그래도 영혼이 충만하고 영양 상태가 좋을 때는 어떤지, 그렇지 않을 때는 어떤지를 알고 있다. 그리고 코로나19가 터지고 처음 몇 달 사이 나의 상태가 선명해졌다. 온라인에 들어가 화면을 보면서 컴퓨터와 소통할 때는 항상 내 영혼이 고갈되는 느낌이 들었다. 그리고 아날로그 세계에 머물 때(빵을 굽고, 아이들에게 책을 읽어주고, 걷고, 등산하고, 서핑하고, 나무들을 바라볼 때)는 영혼이 다시 채워지는 느낌이 들었다.

심리치료사이자 한때 수도승이던 토머스 무어Thomas Moor는《혼의 치료Care of the Soul》라는 책에서 **혼**soul이 '영spirit'과 어떻게 다른 개념인지 설명했다. 흔히 기성 종교나 신이나 우주나 그밖에 기도하는 대상을 생각할 때는 '영'을 생각하는 것이다. 무어는 "혼은 더 내밀하고 심오하고 구체적"이라고 말한다. 우리는 집과 몸과 가족과 지역사회를 돌보면서 우리의 혼을 돌보는 것이다. "'혼'은 다른 무엇도 아닌 인생과 우리 자신을 경험하는 자질이나 차원이다. 혼은 깊이와 가치, 관련성, 마음, 개인적 본질과 관련이 있다. 어떤 사람이나 대상에 혼이 있다고 말할 때 무슨 뜻으로 하는 말인지 알지만 정확히 무슨 의미인지 말로 표현하기는 어렵다." 1992년 인터넷의 여명기에 나온 이 책에서 무어는 기술과 기술이 혼과 맺는 관계에 대해 흥미로운 비판을 제기했다. 그는 이웃집들의 뒷마당에 커다란 위성수신기가 급속히 늘어가는 현상에 관해 이렇게 지적했다. "우리는 공동체와 관계, 그리고 우주적 비전을 영적으로 갈망하지만 그 갈망을 섬세한 마음이 아니라 하드웨어로 추구하려 한다." 자연과 교감하기보다는 온라인에서 자연을 모방하려 한다. 사람들에게 다가가기보다는 원격 관계를 권장하는 기술로 스스로 자연에서 멀어진다. 현실에 직면하기보다는 현실을 증강하고 제작한다. 디지털 벽을 세우고 그 사이 우리의 혼을 채워주는 것들을 차단한다.

나도 첫 번째 봉쇄령이 시작되고 한 달쯤 지날 때까지는 이런 측면을 제대로 이해하지 못했다. 우리는 유월절을 맞아 온라인 가상 집회로 '기념'하면서 마른 마초와 육즙이 풍부한 양지머리를 놓고 〈출애굽기〉를 이야기하는 유대교 전통의 식사 의식을 치렀다. 유대교 가정에서는 유월절이 1년 중 가장 중요한 명절이다. 유월절에 앞서 몇 주간 음식을 준비하고 대청소를 하고 가구를 다시 배치하고 가족 간의 드라마가 펼쳐진다. 당연히 스트레스도 넘친다. 식사 시간은 길고 인내심은 얕다. 전통주의자들(유대교 학자 마이모니데스처럼 모든 구절에 대해 토론하고 싶어 하는 사람들)이 아이들이나 나의 사촌 에릭처럼 언제나 배고픈 남자들로 이루어진 "이제 먹어도 돼요?" 사절단과 자주 충돌한다. 유월절은 우리의 진을 빼놓는다. 깨끗이 청소해야 할 뿐 아니라 모두가 모여야 한다. 여기에 더해서 어떤 어리석은 이유에서인지 이스라엘 밖 유대인들은 이틀 밤 연속으로 유월절을 지낸다.

그러면 우리 가족과 장모님만 조촐하게 모인 우리의 가상 유월절 의식은 어땠을까? 훌륭했다! 우리는 양지머리와 쿠겔kugel(에그누들 푸딩 또는 캐서롤-옮긴이)을 만들어 반은 친가의 어머니에게 보냈다. 어머니는 우리 집 문 앞으로 치킨수프를 가져다주었다. 우리는 온라인에서 만나는 시간을 정하고 상을 차리고 각자 자리에 앉아 두 대의 컴퓨터(집마다 한 대씩)로 줌에 들어가 그 작은 상자 안에 모여 있는 이모와 삼촌, 형제자매, 부모, 사촌들에게 손을 흔들었다. 간단히 낭독과 기도를 마치고 찬송가를 몇 곡만 부르려고 애쓰다가(결국 실패했다) 각자의 방식으로 먹었다. 간단했다. 양지머리가 입에서 살살 녹았다. 청소도 쉬웠다. 그런데 왠지 대수롭지 않게 느껴졌다. 그저 또 한 번의 저녁 식사에 불과했다. 이튿날 매형이 두 번째 유월절 식사를 제안했지만 다들 바로 거절했다. 가상 유월절은 한 번이면 됐지 …… 뭘 또 하나?

그 한 해 동안 디지털로 인생의 중요한 행사들을 치를 때마다 이렇게 밋밋한 감정만 들었다. 처형이 딸을 낳았고(병원 주차장에서!) 온 가족이 TV 앞에 둘러앉아 아기의 세례식을 지켜보았다. 친한 친구 예일의 아버지 월터가 오랜 투병 끝에 세상을 떠났고, 나는 우리 집 뒤뜰에서 줌 화상전화로 유감의 뜻이 전해지기를 바랐다. 친구들의 자녀들이 성년식을 치르자 우리는 약간 좋은 옷을 입고 소파에 앉아 한 시간쯤 동영상을 보면서 우리 노트북의 마이크를 잠깐 켜고 "마젤 토프(축하합니다)"를 외쳤다. 나의 사촌이 뉴욕에서 결혼하고 둘이 시청 앞에 있는 짧은 영상을 보내주었다. 그리고 줌 화상회의로 들어가 몇 달 전 사고로 죽은 친구 크리스의 아들을 위해 유대교 전통 애도 기도인 키디시를 읊었다. 노트북 모니터 안에서 찰리가 혼자 우는 모습을 보면서도 아무도 어깨를 감싸거나 안아주지 못했다.

오래전부터 모든 종교가 종교의식을 디지털화하기 위해 노력해왔다. 모두가 '혁신'하고, 삶에 더 녹아들고, '젊은이들'이 있는 곳으로, 그러니까 온라인으로 신앙을 가져가고 싶어 했다. 몇 년 전에 '너도 나도 앱 만들기' 열풍이 한창일 때 내가 아는 몇 사람이 시바shiba 앱에 대해 이야기하기 시작했다. 모르는 사람을 위해 간단히 설명하자면 시바는 유대교에서 가족상을 당할 때 치르는 의무적인 애도 기간이다. 장례식을 치르고 집으로 돌아온 직후부터 8일간 집을 공개해서 조문객과 동네 사람들의 방문을 받는다. 조문객들은 위로의 말을 전하고 구운 생선과 빵이나 과자를 잔뜩 건넨다. 시바 앱 스타트업의 홍보대로 요즘 세상은 다들 바쁘니 8일 내내 집에 들어앉아 있어야 한다면 실리콘밸리 방식의 대혼란에 빠질 것이다. 시바 의식의 핵심 요소를 디지털화할 수 있다면 어떨까? 화상회의와 SNS와 크라우드소싱 보조 도구의 도움으로 우리 손바닥 안에서 시바를 치르면서도 내내 불편하게 …… 들어앉아 있지 않아도 되는 것이다.

"좋아." 나는 생각했다. "그럼 바브카(동유럽 유대인의 빵-옮긴이)는?"

과연 그들은 바브카를 생각했을까? 설령 어떻게든 바보 같은 바브카 이모티콘을 보내거나 실제로 바브카를 배달시켜준다고 하면 유족들은 그 빵을 혼자 먹는 건가? 아무도 먹지 않고 가상 시바에 그대로 놓여 있는 바브카는 상상만 해도 바브카 그 자체를 위한 시바 의식을 치러줘야 할 정도로 비극적이다.

그러다 정말로 이런 상황이 벌어졌다. 예일의 아버지가 돌아가셨을 때 우리는 그의 집으로 바브카와 구운 생선을 보내주었다. 나의 삼촌 어윈이 돌아가셨을 때도 우리는 장례식장에서 6월의 햇살 아래 마스크와 라텍스 장갑을 끼고 서서 삼촌의 외동딸이자 나의 사촌인 스테이시를 안아주지도 못하고 아무도 참석하지 못할 시바를 위해 바브카를 보내주겠다고 약속했다. 또 나는 온라인으로 오스트레일리아와 보스턴과 캘리포니아에 사는 친구들에게 바브카를 배달시켜주면서 생일을 축하하고 죽음을 애도했다. 다들 바브카를 맛있게 먹었다고 말은 했지만 혼자 먹은 걸 알기에 서글퍼졌다.

코로나19의 첫 번째 봉쇄령 기간이던 9월의 콜니드레(유대교 달력에서 가장 성스러운 날인 속죄일 전야)에 아내와 나는 소파에 앉아 내가 신자로 속한 창조적인 유대교 비영리단체 '힐렐과 리부트Hillel and Reboot'가 주관하는 '대제일大祭日(신년과 속죄일)' 예배를 생중계로 보았다. '대제일'

프로그램에는 이라크인 성가대 선창자들과 성소수자 라비부터 '흑인의 생명도 소중하다'에 관한 단편 영화에 이르기까지 유대인 경험의 단면도를 보여주는 다양한 목소리가 담겼다. 아름답고 의미도 있었지만 그날 밤 볼 수 있었을 다른 수백 편의 온라인 예배 중 하나일 뿐이었다. 처음에는 정보도 얻고 즐거움도 얻고 순수하게 감동하기도 했다. 유대교의 약속된 디지털 미래가 그 모든 잘 만들어진 영광 속에 있었다. 소파에 앉아 '이런 것에 적응할 수 있어'라고 생각한 기억이 난다. 그러나 예배 프로그램이 시작되고 한 시간쯤 지나자 나의 열정이 차츰 시들해지고, 나는 본능적으로 리모컨을 들었다. 넷플릭스에서 다른 볼거리를 고르듯이 더 의미 있는 다른 예배로 갈아탈 기세로.

종교의 물리적 속성

나는 무엇을 놓치고 있었을까?

몇 달 후 나는 극작가이자 라비 훈련을 받는 학생으로서 '대제일' 예배 프로그램의 창작자 중 한 명인 켄델 핑크니Kendell Pinkney에게 이 질문을 던졌다. 댈러스에서 성장한 핑크니는 가족이 믿는 흑인 복음주의 침례교회의 열성 신도였다. 온몸으로, 목청껏 기도하는 분위기에서 자랐다는 뜻이다. 그의 신앙은 본능적이었다. 그래서 그는 다른 종교를 믿는 사람들이 예배당과 물리적으로 연결된 관계의 의미를 이해했다. 특히 대학에서 유대교로 개종한 뒤로는 더 그랬다. "유대교 의식을 치르는 공간에는 안무가 있어요." 그가 말했다. "해마다 똑같은 기도문과 관습을 되풀이하면서도, 게다가 세대를 거듭해서 히브리 학교 학생들을 지루하게 만드는 똑같은 의식을 치르면서도 그때마다 달라요. **우리가 매번 다르니까요.**" 기도문은 대본으로 적혀 있지만 기도문을 낭독하는 행위는 단어에 생명을 불어넣는 공연이라는 것이다. "그 순간 뭔가가 일어나 조금 다른 현실을 만들어요." 핑크니는 이렇게 연극의 맥락에서 기도를 설명했다. 관객이 없다면, 그리고 다른 배우들이 없다면 대본도 의미가 없다. 와인에 대한 기도는 축복할 와인이 있을 때 의미가 있다. 아니면 그저 영혼 없는 말일 뿐이다.

샌프란시스코의 유대교 회당 에마누엘 템플의 라비 시드니 민츠는 한 해 동안 줌으로 아기들의 세례식과 젊은 부부들의 결혼식을 주관하고, 가상 시바를 통해 가족을 잃은 사람들이 애도하도록 도와주고, 아이패드로 환자들을 위로했다. 신자들은 원격으로 무료 급식소를 조직해 멀리서 수백 명 분량의 식사를 나눠주고 온라인에 모여서 노래하고 공부하고 기도했다. "여러 면에서 정신이 더 강인해졌습니다." 민츠 라비가 말했다. 유대인의 역사를 정의하는 집단학살과 박해와 추방과 같은 사건들에 비하면 코로나19 범유행은 강도 면에서는 "마초matzo(발효하지 않고 물과 밀가루만으로 만든 빵이며 유월절의 상징-옮긴이) 위의 달걀 샐러드" 정도로 성서 차원의 고난은 결코 아니었다. 그래도 민츠 라비는 신도들이 장기간 가상으로 예배를 봐야 할 때 나타날 결과를 우려했다. "공동의 책임이라는 고리가 풀리고 있습니다." 그러면서 민츠 라비는 유대교 예배에 직접 참석해야 하는 최소 10명의 절대 불변의 최소 인원 수치인 **민얀**minyan의 중심 의미를 설명했다. "**민얀**은 직접 참석해야 한다는 계명입니다." 민츠 라비가 말했다. "제가 줌으로 남들이 찰라를 먹는 모습을 본다면 어떨까요? 각자 다른 조리법으로 구운 찰라를 먹는 거죠. 하지만 꼭 같은 찰라를 나눠 먹어야 해요." 민츠 라비는 코로나19가 시작되고 반년쯤 지나서 누군가를 대면으로 처음 만날 때마다 〈창세기〉의 한 구절, 야곱이 오래전 헤어진 형 에사우를 만나는 대목을 언급했다. "형님 얼굴을 쳐다보는 것이 마치 하느님을 뵙는 것 같습니다."

라비와 사제, 목사, 구루, 이맘(이슬람교 교단 조직의 지도자−옮긴이), 그 외의 다양한 종교 지도자들은 코로나19 범유행 중 놀라운 창의력과 적응력을 보여주었다. 그들은 혁신적이고 기술적으로 앞서가며 미래를 위해 전통을 재해석하는 새로운 방식에 더 마음을 열었다. 어떤 예배는 온라인에서 열릴 때 신도들이 더 많이 참석하고 새로운 신도를 끌어들였다. 예배당과 공간, 그리고 신성한 순간을 이루는 요소와 그렇지 않은 요소에 대한 오랜 믿음을 깨뜨리는 과정이 흥미로웠고, 민츠는 특히 맨발로 예배를 주관할 때 기분이 좋았다고 했다. 결국 "찰라를 사진으로 보고 싶지 않다는 거예요." 민츠 라비가 말했다. "찰라를 맛보고 싶어요. 그것도 따뜻할 때요. 화면 속에서 누가 찰라를 먹는 모습을 보는 것과는 달라요." 유대교는 물질성에, 특히 토라라는 성서에 뿌리를 둔 종교다. 지금도 유대교 율법에 따라 희생한 짐승의 살가죽으로 만든 양피지에 성서의 내용을 공들여 필사하고 실로 꿰매서 두루마리로 된 토라를 제작한다. 유대교도들은 예배 중에 토라와 함께 춤을 추고 이 커다란 성서를 다정하게 쓰다듬고 입을 맞추면서 찬양한다. 토라를 그냥 들고만 있어도 영광이고, 토라를 읽으면(성년식에서 하듯이) 가장 고귀한 영광이다. 토라가 불에 타거나 손상되면 장례식을 치른다. "제게는 이게 중요한 진리로 느껴집니다." 민츠 라비가 말했다. "토라를 읽고 손에 들고 냄새를 맡으면서 인간이 한 글자 한 글자 필사한 책이라는 사실을 아는 것 …… 우리가 어쩔 수 없이 원격으로 머물러야 한다면 이런 진실성이 떨어지겠죠. 작가님은 이걸 아날로그라고 부를 수 있고, 저는 오리지널이라고 부를 수 있어요." 민츠 라비가 말했다. "다만 우리가 부족의식의 동물적 본성을 고수하지 못하면 우리 자신과 우리의 이야기를 조금 잃어버릴 겁니다."

민츠 라비의 친구인 버네사 러시 서던 목사는 샌프란시스코의 제1 유니테리언 유니버설리즘 협회의 생중계 예배를 주관하면서 두 가지 중요한 교훈을 얻었다고 내게 말했다. 첫 번째는 교회에서 만나는 인간관계의 중요성이었다. "사람들은 여러 이유로 교회에 나와요." 성가대에서 노래하고 자원봉사하고 사회정의를 위해 일하고 예배 후에 담소를 나누기 위해 온다고 했다. "하지만 사람들이 교회에 머무는 이유는 그들이 교회에서 형성하는 깊은 인간관계 때문이에요. 보통의 인간관계일 뿐 아니라 세상에서 중심을 잡아주는 열망과 의미가 깃든 교회에서 만나는 관계이기 때문이죠." 러시 서던 목사는 제한된 인원이기는 해도 다시 대면 예배를 시작했을 때 30~40대 젊은 신도들이 가장 열정적으로 교회로 돌아오고 싶어 하는 모습에 놀랐다면서 그들이 계속 교회와 공동체를 이루고 있어서라고 했다.

러시 서던 목사가 대면 예배를 재개하고 얻은 또 한 가지 교훈은 교회의 물질성이 주는 힘이다. "[디지털 교회는] 풍성하고 특별한 질감이 있고 따스하고 경험과 연결된 무언가를 떠올리게 하는 기능밖에 없는 불쾌한 모방일 뿐이에요." 이어서 러시 서던 목사는 인터넷 생중계 예배에 대해 집밥을 먹고 싶은데 슈퍼마켓에서 파는 포장음식을 먹어야 하는 상황에 비유했다. "이런 식의 복제에도 종교적 삶과 공동체에 진실된 무언가가 깃들어 있기는 해요. 그래요, 온라인에서는 공동체의 슈퍼마켓 버전을 얻어요. 다만 현실을 어설프게 모방한 버전일 뿐이에요. 이게 차이예요." 러시 서던 목사는 교회에서 성가를 부를 때 울려 퍼지는 물리적 느낌을 그리워했다. 설교하면서 신도들의 눈을 바라보는 순간을 그리워했다. 더는 카메라의 유리 렌즈와 연결되고 싶지 않았다. 인간의 영혼과 연결되고 싶었다. "그건 정서적으로나 영적으로 더 저렴하거든요." 러시 서던 목사가 온라인 신앙에 대해 한 말이다. "비용을 들이는 만큼 얻어가는 법이죠."

다른 모든 종교와 마찬가지로 기독교도 물질성에 뿌리를 둔다. 러시 서던 목사는 이렇게 설명했다.

제약을 받아들이기

우리는 모두 하느님 몸의 일부이자 공동체의 일원이라고 이야기합니다. 우리는 땅에 떨어지고 천둥처럼 퍼붓는 빗방울이라고 이야기합니다. 집단의 힘을 아는 거죠. 신성한 장소에 함께 모이면 알아요! 거기에 있어요. 주위를 둘러보면 개인적으로 아는 사람들, 용기 있고 현명한 사람들이 보여요. 매주 그런 사람을 200명이나 1000명쯤 보면 집단의 힘이 느껴져요. 우리가 세상에 창조적인 힘을 행하지 않으면 세상도 우리를 대접해주지 않는다는 것을 알아요. 우리는 마음이 아플 때나 기쁠 때나 혼자가 아니고 모두가 서로 연결되어 있다고 말하고, 신성한 장소에서 사람들과 함께 있을 때 그걸 느끼는 거예요! 그 공간으로 웃음소리가 퍼져나갈 때, 사람들 얼굴에 눈물이 흐를 때, 우리는 인간이므로 인간의 경험을 아는 겁니다.

러시 서던 목사의 말을 듣자 불현듯 2018년 11월 3일 토요일 아침이 떠올랐다. 그로부터 일주일 전에 온라인에서 과격해진 어느 백인지상주의자가 피츠버그의 트리 오브 라이프 유대교 회당에서 신도 11명을 총으로 쏴서 죽였다. 미국에서 일어난 최악의 반유대주의 공격이었지만 안타깝게도 도널드 트럼프의 당선 이후 이런 일이 갈수록 잦아졌다. 토론토에서 우리가 속한 교구의 엘리제 골드스틴 라비는 신도들에게 희생자들과 연대하는 안식일 예배에 나와달라고 요청했고 우리 가족도 그 자리에 나갔다. 우리 교구는 신도수가 적고 비교적 신생 교구라 토론토 시내의 한 교회를 빌려서 예배를 보았다. 그날 아침에 주차장으로 가는 길에 사람들이 손을 맞잡고 교회 건물을 에워싼 모습을 보았다. 최근 북미 지역에서 소수 종교에 대한 폭력이 증가하면서 자주 보이는 인간 사슬로서 물리적 지지와 보호를 상징하는 '평화의 고리'였다. 이슬람 사원이나 시크교 사원에서 총격이 벌어진 후 신문에서 인간 사슬에 관해 읽은 적은 있었다. 하지만 이슬람교, 기독교, 불교, 시크교 이웃들이 손을 맞잡고 나와 우리 가족에게 미소를 지어주는 그 아름다운 광경을 직접 보자 눈물이 나려고 해서 애를 먹었다. 총격 사건 직후 SNS에서 삽시간에 지지의 표현이 돌았지만 이곳의 광경은 그런 추상적인 지지와는 달랐다. 위협은 현실이었지만 그 위협에 반응하는 공동체만큼 현실은 아니었다. 사람들이 나를 교회 안으로 들여 보내줄 때 내 안에서 두려움과 사랑이 강력하게 결합한 힘이 느껴졌다. 이후의 예배는 그저 뿌옇게 지나갔다. 인류애가 넘치는 그 공간에 함께 머물던 기억만 선명하게 남아 있다. 그날 아침만큼 큰소리로 성가를 따라 부르거나 기도한 적이 없었다. 나의 눈물은 그곳에 모인 모든 사람의 눈물과 함께 세찬 강물이 되어 흘렀다.

"코로나19로 드러난 사실은 몸과 마음은 단순히 뒤얽혀 있을 뿐만 아니라 하나라는 점입니다." 실리콘밸리 중심부의 웨스트게이트 교회의 목사이자 《아날로그 교회Analog Church》의 저자인 제이 김Jay Kim 목사의 말이다. "영혼을 살리려면 실제 물리적 손길이 필요해요. 몸을 살리려면 음식이 필요한 것처럼. 그래서 이럴 때일수록 자연을 더 많이 필요로 하고 찾아다니는 겁니다. 우리에게는 실체가 있는 존재가 필요해요." 김 목사는 지난 10년간 복음주의 기독교 공동체와는 다른 목소리를 냈다. 사실 복음주의 기독교는 기업의 브랜드와 같은 메시아적 열정으로 디지털화와 '다가가서 영향을 주기'의 잠재력에 대해 설파해왔다. 그리고 교회와 목사들에게 예배를 생중계하고 앱을 개발하고 설교를 온라인에 올려서 거대한 온라인 공동체를 만들도록 장려했다. 컨설턴트들은 페이스북이나 아마존을 본떠서 교회를 만들자고 제안했다. 하지만 김 목사는 신도들이 디지털화할수록 서로 벽이 생겨서 결국에는 공동체의 연결이 느슨해질 거라고 보았다. "디지털은 정보를 소통하는 데는 훌륭한 도구지만 사람들을 변화시키는 데는 형편없습니다." 교회는 아마존도 아니고 최적의 성과를 추구하는 기업도 아니다. 교회는 사람들이 모이는 물리적 공동체다. 예배 의식은 단순히 일주일의 예배를 구성하는 기도와 찬송가만이 아니다. 이런 건 책이나 온라인에서 간단히 구할 수 있다. 예배 의식은 차에서 내려서 교회 문까지 걸어가는 시간과 예배가 끝나고 함께 커피를 마시며 담소를 나누는 시간, 그리고 마침 그 순간에 벌어지는 모든 상황의 소리와 냄새와 장면까지 포함한다. 예배 의식의 이런 요소가 일주일의 다른 시간과 공간으로부터 동떨어진 성스러운 시공간을 만들어주는 것이다. "우리가 함께 나누는 모든 인간적인 순간이 중요합니다." 김 목사가 말했다. "우리가 인간의 삶에서 의미 있고 진실하다고 믿는 모든 순간이요."

물론 피터 틸Peter Thiel과 레이 커즈와일 같은 디지털 예언자들은 우리의 영혼을 클라우드에 업로드하고 우리의 육신을 초월해 어떤 가상 우주에서 신처럼 다스리는 미래를 설파한다. 하지만 대다수 사람에게 인터넷은 영혼 없는 공간이다. 삶에서 가장 의미 있는 순간은 거의 언제나 물리적인 순간이다. 이런 순간은 사람들과 함께 있을 때나 자연에서 혼자 있을 때 찾아온다. "육체의 한계를 억울해할 필요가 없다고 생각합니다." 기술과 신학에 관해 글을 쓰는 마이클 사커서스Michael Sacasas의 말이다. "궁극적으로 아날로그는 몸이 만족스러운 방식으로 개입하는 일입니다." 사커서스는 실천하는 기독교인으로서 매주 일요일에 가족과 함께 플로리다의 집 근처 교회에 다닌다. 하지만 코로나19 범유행 중에는 가상 예배를 보았다. 사커서스는 가상 예배에 만족하지 못한 이유를 알아보면서 실체가 있는 경험의 의미와 우리가 디지털 기술로 물리적 한계에 끊임없이 도전하는 방식을 돌아보게 되었다.

"현대인의 삶의 구조는 경계를 허무는 것입니다." 사커서스가 말했다. "무슨 일이든 어디서나 할 수 있어요! 일과 가족의 경계가 없어요. 새벽에 화장실에 가서도 물건을 살 수 있으니까요. 흥청망청 소비 파티죠! 우리는 자유를 약속받지만 그저 영원한 소비자로서만 자유로울 뿐이에요. 시간의 경험이 완전히 왜곡되고 이제 해가 뜨고 지는 것이 하루가 시작되고 끝나는 것과는 무관해졌어요. 우리가 보는 달력은 일종의 품질 보증 마크 달력이에요." 기성 종교는 아날로그 공간에서 의식을 거행하면서 이런 추세에 저항한다. "예배식으로 시간과 공간의 질서를 잡아주고 휴식이나 고독이나 우리의 경험에 인간적인 속도를 부여하고 우리의 관심을 고귀한 일로 돌려줍니다. 음, 제 생각에는 이런 게 정말로 소중한 것 같습니다." 사커서스가 말했다. "예배를 보러 나가고 안식일을 챙기고 …… 이런 게 상당히 강압적인 실천 방식일 수는 있지만 잘하면 묘한 해방감이 들어요. '오늘은 일하지 않아도 된다.' '오늘은 물건 살 생각을 하지 않아도 된다.'" 오늘 나는 전화기를 끌 것이다. 빵을 구울 것이다. 야외로 나가 시간을 보낼 것이다. 나는 오늘 세상에, 그리고 내 몸과 마음이 자라는 데 필요한 것에 굴복할 것이다.

우리는 기술을 통해 우리 몸이 허용하지 않는 온갖 일을 할 수 있지만 그런다고 삶이 반드시 나아지는 것은 아니다. "어느 정도는 제약이 있는 편이 나아요." 사커서스가 말했다.

제약은 우리가 인간으로 잘살기 위한 삶의 조건이니 꼭 뛰어넘어야만 하는 것은 아닙니다. 어떤 제약인지 알아야 하고, 우리 자신과 환경과 공동체를 위해 그 제약 안에서 살아야 근본적으로 생명을 얻는다는 것도 알아야 합니다. 우리는 이 세상에 맞게 태어났습니다. 인간이 뭔가를 만들고 창조하는 것도 좋지만 거의 허구의 환경 안에만 갇혀 지내면서 세상의 자연스러운 리듬을 타지 못하는 것은 바람직하지 않습니다. 우리는 수백만 년 동안 특정 환경에서 진화해왔는데, 이 모든 것을 버리려 한다면 좋게 끝날 리가 없겠죠.

실체가 있는 경험

나는 이 말을 듣고 한겨울에 차가운 호수에서 서핑하던 시간으로 돌아갔다. 집 안에서는 몸부림쳤다. 날마다 인공의 울타리에 간힌 채로 화면과 화면을 오가며(아이들의 학교 수업을 위한 노트북, 내 스마트폰과 노트북, 아내의 스마트폰과 노트북) 전화 통화와 인터뷰와 팟캐스트 녹음과 이메일과 쏟아지는 정보를 곡예하듯이 처리해야 했다. 아침 식사를 마칠 때만 해도 괜찮았다가 점심을 먹을 즈음이면 미칠 것 같았다. 그러다 서핑 기상예보에서 파도가 올 거라고 예보하면 당장 차에 장비를 싣고 출발했다. 일단 호수에 도착하면 세상이 달랐다. 매서운 바람이 느껴졌다. 호수물에서 금속성의 싸한 맛이 났다. 보드에서 물속으로 떨어질 때마다 머리가 차갑게 으스러질 것 같은 느낌을 견뎌야 했다. 집 안에서 몸부림치던 기억이 싹 달아났다. 다음번에 다가올 파도 외에는 아무 데도 관심이 없었다. 내 영혼이 다시 채워졌고, 그 느낌은 종교와는 무관했다.

워싱턴주 시골의 절에서 살고 있는 태국의 숲 전통Thai Forest Tradition이라 불리는 소승불교 승려(민츠 라비의 오빠) 아잔 쿤다는 내가 서핑을 하면서 그렇게 많은 것을 얻는 이유를 완벽히 이해했다. "작가님은 사실 어려움과 고통과 인내를 경험하시는 겁니다." 그러면서 디지털의 소용돌이가 내게 약속하는 모든 것, 이를테면 오락과 분산, 용이성과 편의성, 스트레스와 불편감 해소와 직접적으로 대비되는 경험이라고 했다. 그리고 승려들이 자주 암송하는 진언 하나를 들려주었다. "늘 신선한 기쁨을 좇는다. 지금 여기에서, 지금 저기에서." 끊임없이 더 좋고 더 빠르고 더 매력적인 경험을 좇지 말라는 불교의 진언이다. 이른바 포모 FOMO(fear of missing out) 현상(소외되는 것의 두려움)을 경계하라는 뜻이다. "새로운 기쁨을 찾으려 한다면 만족하지 못합니다." 아잔 쿤다가 말했다. "디지털 기술로는 불만족하고 또 불만족할 겁니다. **'넷플릭스에서 이 영화가 괜찮은데 다음에는 뭐 보지?'**"

아잔 쿤다는 디지털 금욕주의를 주장하지는 않았다. 어차피 나와도 화상전화로 대화를 나누었고, 그가 주관하는 예배 중 다수는 온라인에서 볼 수 있었다. 다만 그는 부처의 중도中道 개념을 미래에 우리가 살아갈 방식의 이정표로 언급했다. 감각적 욕망에 굴복해서 노예의 처지로 전락하는 상태와 순수한 수행자의 금욕주의 사이에서 절충점을 찾자는 것이다. 중도는 디지털 기술을 사용하면서도 우리의 몸과 마음에 미치는 영향을 평가해서 신중히 사용하는 방법을 의미한다. 구글맵으로 산행 경로의 출발점까지 이동하는 것은 건강한 방법이지만, 그다음부터는 스마트폰은 차에 두고(아니면 비행기 모드로 바꿔놓고) 산행에 집중하는 것이 숲속에서 스마트폰이나 들여다보는 것보다 건강한 선택이다. 그래야 그 경험이 신성하게 보존될 수 있다. 서핑을 위한 기상예보를 온라인으로 확인하는 것도 건강한 방법이다. 그래야 호수까지 갈 수 있으니 말이다. 사랑하는 사람들과 매일 전화로든 화상전화로든 통화하는 것은 건강하지만 몇 시간씩 SNS를 둘러보는 것은 건강하지 않다. "디지털이 늘어날수록 우리 자신으로 살아가는 능력은 떨어집니다." 쿤다가 말했다. "[디지털에 빠져 살면] 날마다 인간으로 살아가는 경험에 대한 이해가 점차 떨어집니다. 자연의 한 부분인 존재. 살고 죽고 울고 세상 전체를 경험하는 존재. 하지만 오늘날 우리는 현실과의 연결을 끊고 있습니다. 더는 신성함이 없어요. 격식을 갖춘 의식도 치르지 않습니다. 세상이 우리보다 더 심오하다고 알려주는 무언가가 없어요."

디지털이 약속하는 모든 것은 우리가 집단으로서 수많은 약물보다 더 강하게 디지털에 의존하게 만든다. 디지털은 삶의 모든 측면으로 파고들어 우리의 현실 개념 자체에 영향을 미친다. 그래서 코로나19가 대다수에게 그렇게 충격을 준 것이다. "우리는 우리가 빠져든 중독과 마주해야 했어요." 뉴멕시코의 메노나이트교회 목사이자 《영혼 돌보기 Soul Tending》의 저자인 아니타 암스터츠Anita Amstutz의 말이다. "우리가 어떤 식으로든 통제력을 쥐고 있다는 믿음에 대한 중독. 물건에 대한 중독. 사실상 무너진 경제 제도에 대한 중독. 사회적 검증에 대한 중독." 코로나19 범유행이 시작되자 암스터츠도 친구나 가족과 단절된 채 거의 모든 활동을 온라인에서 해야 했다. 그러다 밖에 나가 시간을 더 많이 보내려고 노력하면서 영혼의 에너지를 자연 세계로 확장하는 방법이 답이라는 것을 깨달았다.

"창조는 이렇게 서로 연결된 관계적 세계예요. 물리적 실체가 있고 우리에게 필요한 세계죠." 암스터츠가 말했다. "자연으로 나가면 이런 관계에 연결돼요. 자연은 신성한 존재의 현현이에요." 우리는 인스타그램에서 아름다운 석양 사진을 보고 '예쁘다'고 생각한다. 하지만 실제로 석양 앞에 서서 우리의 두 눈으로 직접 해가 넘어가는 광경을 바라보면 더 큰 감각을 얻는다. 말하자면 우주에서 우리의 위치에 대한 감각이다. "그러니까 어떻게 이런 장면을 그냥 흘러가게 놔둘 수 있죠?" 암스터츠가 의아한 표정으로 물었다. "어째서 우리는 깨어나서 알아채고 무릎을 꿇고 우리에게 주어진 하루하루에 감사하지 않는 걸까요? 이런 것이 우리를 살아 있게 해주고, 이런 세계가 우리에게 필요한 모든 것을 제공하는데도 말입니다. 이것을 당연하게 여길 때 우리는 자만에 빠집니다."

디지털에만 의존하는 삶은 심각한 결과를 낳는다. 우리는 코로나19 범유행의 초반 몇 개월간 이런 식의 결과를 일부 엿보았고, 대다수 사람이 당장 디지털 미래의 한계를 알아챘다. "사람들에게 가장 의미 있는 것이 무엇인지 물으면 항상 자연과 사람과 영성에 관한 아날로그적 체험이라는 답이 나옵니다." 심리치료사이자 작가이자 임상심리학자로서 《어떻게 나답게 살 것인가The Power of Meaning》를 쓴 에밀리 에스파하니 스미스Emily Esfahani Smith의 말이다. "이런 아날로그 경험이 없다면 그저 피상적인 디지털 경험에만 머무른 채로 영혼 깊숙한 곳에서 더 심오한 경험을 하지 못하게 됩니다. 그래서 사람들이 고통받는 겁니다. 더 건강하고 온전하다고 느끼려면 이런 아날로그 경험이 필요합니다. 이런 경험이 없다면 사람들은 불안하고 우울해할 거예요. 의미가 없으면 고통스러운데 화면에서 얻을 수 있는 의미에는 한계가 있죠."

에스파하니 스미스는 영성과 신비주의가 충만한 환경에서 자랐다. 부모님은 몬트리올의 집 앞에서 이슬람교 신비주의 교파인 수피교 예배당을 운영했다. 에스파하니 스미스는 코로나19 범유행이 환자들, 특히 청소년들에게 촉발한 정신 건강 문제를 직접 보았고, 세상의 모든 것이 온라인으로 옮겨간다면 어떻게 되는지에 관한 그만의 관점을 얻었다. "우리가 디지털 세계에만 머물 때, 그러니까 2차원의 디지털 현실에 머물 때는 그리 만족하지 못할 겁니다." 에스파하니 스미스가 말했다. "화면에서 벗어나지 않으면 다가갈 수 없는 더 심오한 3차원의 현실이 존재합니다. 신비주의자들은 현실 그 자체보다 더 현실적인 초월 경험을 이야기해요. 아날로그 세계에서는 이런 느낌을 알아요. 이런 게 대문자 R의 현실Reality이에요." 한편 시애틀 외곽에 거주하는 수피교의 종파 초월 성직자인 자말 라만Jamal Rahman은 내게 우주가 끊임없이 진동하는 무수한 원자로 이루어진다는 원리를 설명하면서 대문자 R의 '현실'을 요약해주었다. 우리 몸은 진동이다. 우리의 말도 진동이다. 우리의 움직임도 진동이다. 가장 아름다운 순간의 자연은 광활한 우주가 진동하는 춤이다. 하지만 우리의 접촉을 디지털 기술로 여과시킨다면 이런 진동을 차단하게 된다. 사진을 보고 소리를 듣기는 하지만 겉으로 드러난 표면 안쪽으로 깊숙이 들어가 보지는 못한다. 코로나19 범유행 중 다들 왠지 모르게 이런 상실감을 뼈저리게 느꼈다.

영혼이 충만한 경험은 언제나 우리가 물리적으로 개입하는 경험이다. 마르틴 부버Martin Buber의 "모든 진정한 삶은 만남이다"라는 말에 담긴 경험이다. 우리는 현실의 사물과 장소에 뿌리를 내린 존재다. 나는 신앙을 가진 사람들이 세계 각지에서 찾아와 벽에다가 마음 깊은 곳의 기도를 읊는 문화에서 태어난 사람이다. 인간은 직접 모일 때 가장 강력해지는 부족이다. 말하자면 예배당에 직접 가서 성가대로서 함께 노래하거나 부모를 잃은 친구를 안아주며 바브카를 건네는 순간에 우리는 가장 강인해진다. 디지털 미래는 우리에게 이런 것들이 필요하지 않다고 약속한다. 디지털은 희생이나 지루함, 어색한 순간, 취약점 없이 더 간단히 소통할 수 있게 해준다고 약속하지만 결국 우리는 더 허기진 채로 더 갈망하게 된다. 두툼한 찰라 한 조각과 치킨수프 한 그릇을 먹고 싶은데 스낵과 식사 대용 셰이크만 먹어야 할 때처럼.

"작가님이 찾으시는 용어는 바로 **연대성**連帶性입니다." 몬태나의 철학자 앨버트 보그만Albert Borgmann의 말이다. 수십 년간 현대 디지털 기술이 정신에 미치는 영향에 관해 글을 써온 보그만은 내가 아날로그 세계에서 찾아 헤매는, 빠진 고리에 대해 설명해주었다. 아날로그 연대성은 언제 어디서든 '연대'하는 경험에 더 많이 접할 수 있다고 약속하는 디지털 연대성과는 분명 다르다. 풍부한 인간적 연대성에는 능력이 필요하다. 노력이 필요하다. 실제로 머물러야 하고 시간이든 돈이든 에너지든 자아든 비용을 치러야 한다. 그러면 우리를 깨어 있게 해준다. 자기 집 거실에서 예배식에 따라 일어나 건성으로 찬송가를 따라 부르는 것과 친구나 친척이나 모르는 사람들이 한가득 모인 공간에서 식순을 따르는 것은 엄연히 다르다. 아날로그 연대성에는 취약성도 필요하고 용기도 필요하다. 한겨울에 서핑하는 것처럼 신체적 위험도 따를 수 있다. 대신 어떤 보상이 주어질까? "환경은 매우 다면적이고 풍성해서 그 어떤 디지털 버전으로도 모방하고 시연하고 복제할 수 없습니다!" 보그만이 말했다.

알아차림. 기쁨. 경외감. 소속감. 평온. 충만한 영혼. 모두 우리가 집 안에 갇혀서 화면과 화면을 오가다 보니 갑자기 갈구하게 된 것들이다. 우리는 무언가에 연대성을 느끼고 싶어 했다. 빵 반죽 한 덩이. 퍼즐. 상쾌한 공기와 수풀. 물과 눈. 다른 인간들과 몸을 부딪치면서 함께하는 순간. 우리는 철학자 에드워드 S. 리드Edward S. Reed가 '원초적 경험'이라고 부른 경험, 곧 세상과의 직접적 만남을 원했다. 조정되거나 여과되지 않고 우리의 몸으로 온전히 흡수하는 경험, 어떤 식으로든 알고리즘에 영향을 받지 않는 경험을 원했다. "직접 경험(사물, 장소, 사건, 사람들과의 직접 접촉)이야말로 우리의 모든 지식과 감정이 궁극적으로 머무는 곳이다." 리드가《경험의 필요성The Necessity of Experience》에 쓴 글이다. 아날로그 경험은 실체가 있는 경험이다. 소스 코드다. 모든 간접적인 디지털 경험이 참조하는 기준점이다. 이런 경험에서 멀어질수록 처리 공정을 거쳐서 나온 정보와 예측 가능한 디지털 경험이 더 중요해지고 현실 세계의 경험은 취약해진다. 실제 회의실에서 회의하는 대신 줌 회의를 선택하고 밖에 나가서 자전거를 타는 대신 실내에서 펠로톤 자전거를 탈 때마다, 인생의 패스트푸드 버전을 선택하는 셈이다. 더 쉽고 빠르고 편리하기는 하지만 몸과 마음 양쪽 모두에 만족감을 주지는 못한다. "우리가 다시 용기를 내서 인간으로서 현실적이고 생생하고 위험하고 위협적인 경험을 추구할 수 있을까요?" 리드가 물었다. "산다는 것은 위험을 즐기고 실수를 통해 배우는 겁니다. …… 함께 모여서 살아본 경험이 행복의 핵심을 이루는 삶의 근본 진리를 다시 터득할 수 있을 까요?"

영원불변한 순간

그럴 수 있기를 바란다.

속죄일 아침, 나는 다시 TV 앞으로 돌아가서 전통에 따라 금식하면 서 '대제일' 예배 후반부를 마저 볼 수 없었다. 속죄일 전야 프로그램은 훌륭했지만 속죄일 당일은 9월의 화창한 날이었고 나는 다시 화면으로 경험하고 싶지 않았다. 이웃집의 조던이 근처 공원에서 열리는 야외 예배를 보러 간다고 했다. 내가 평소 참여하는 예배보다는 더 종교적인 분위기일 수 있지만 아무나 참석해도 된다고 했다. 나는 얼른 집 안으로 들어가 정장 셔츠와 바지에서 먼지를 털고는 머리를 덮는 **키파**(유대 인들이 쓰는 반구형 검은 모자-옮긴이)를 집어 들고 조던과 함께 공원으로 걸어갔다. 피크닉 공연장 주위로 듬성듬성 놓인 플라스틱 의자에 50명 정도가 앉아 있었다. 공연장은 1933년 나치 동조자와 유대인 이민자들 이 충돌한 곳으로 유명한 골짜기 안쪽에 있었다. 다들 마스크를 쓰고 있었다. 히브리어로만 진행되는 예배라서 나는 한마디도 알아듣지 못 했다. 나는 예배 시간에 늘 그렇듯 멍하니 앉아서 엉덩이를 들썩거리며 몽상에 빠져들었다가 기도가 끝나자 벌떡 일어나 열심히 **아멘**을 외쳤 다. 눈부시게 아름답게 내리쬐는 햇살 속에서 모두가 일어서서 속죄일에 지난 한 해의 죄에 대해 용서를 구하는, 1500년 된 속죄의 노래 "아비누 말케이누Avinu Malkeinu(우리 아버지, 우리 왕)"를 함께 부르자 각자의 마스크 속에서 집단의 목소리가 화음을 이루며 진동하는 느낌이 강렬하게 전해졌다. 현실적이고 인간적이고 본능적이며 디지털로 변환할 수 없는 무언가가 느껴졌다. 미래적이지 않은 체험이었다. 사실 가장 영원불변한 순간이었다.

나는 예배가 끝나고도 몇 시간 동안 공원에 남아 조던과 다른 이웃들과 대화를 나누거나 햇빛 속에 누워서 구름을 쳐다보았다. 그리고 집에 돌아와 보니 아내가 거실에서 노트북으로 다른 예배를 틀어놓고 있었다.

"어땠어?" 아내가 예배에 집중하지 않고 물었다.

"굉장했어." 내가 답했다.

"기분은 좀 어때?" 내가 속죄일 금식으로 매번 두통에 시달리는 걸 알기에 아내가 물었다.

"살아 있는 기분." 내가 묘하게 웃으며 말했다. "살아 있는 기분이 들어."

우리를 더 인간으로 느끼게 해주는 모든 것의 가치

2021년 11월 8일 월요일. 주홍빛 햇살이 블라인드 틈새로 새어들고 아이들의 발소리가 천둥처럼 복도를 울리며 속도를 더해서 우리 침실로 뛰어든다. 우리는 잠시 꼭 끌어안고 있다가 일어난다. 그러고는 이후 한 시간을 정신없이 보낸다. 화장실에 가고 이를 닦고, 커피를 마시고 오트밀을 먹고, 점심 도시락과 책가방을 챙기고, 옷을 몇 겹 껴입을지 토론한다. 우리 네 식구는 보행로를 따라 걷고 뛰고 발을 질질 끌면서 이웃들에게 손을 흔들고 강아지들을 쓰다듬고 아이들은 어떤 놀이 약속에 가도 되는지에 대해 끝없이 묻는다.

우리는 마스크를 쓰고 학교 운동장에 들어가 친구들이나 다른 학부모들과 담소를 나눈다. 아이들은 자기네 반의 줄로 가서 손을 잡고 비밀을 속닥거리고 핼러윈 캔디를 얼마나 받았는지 견주고 행운의 팔찌를 비교한다. 우리 아들은 올해에도 다행히 C선생님과 M선생님 반에 배정되었고, 두 선생님이 웃으면서 아들이 유치원 반 전체(선생님 두 분까지 포함해)를 이번 주에 우리 집 밤샘 파티에 초대했다고 말해준다. 종소리가 울리고 다들 줄지어 안으로 들어가면서 학교의 하루가 시작되고 이제는 누구도 당연하게 여기지 못할 아름다운 일상의 기적이 펼쳐진다.

집으로 걸어가는 길에는 커피숍 앞에 느긋하게 앉아 햇볕을 쬐는 친구들과 사과 상자가 쌓여 있는 조그만 식료품점과 보행로의 테라스 자리에 호스로 물을 뿌리며 청소하는 레스토랑을 지난다. 나는 이 책의 결론을 쓰기로 계획하고 나서 닐과 점심을 먹으러 시내를 가로질러 간다. 닐과는 그의 광고회사가 주관하는 학회에서 강연을 의뢰받으면서 친구가 되었다. 우리는 인생에 대해, 책의 진척 상황에 대해, 닐이 다음 주에 캘리포니아에 가게 되어 얼마나 신나는지에 대해 이야기한다. 닐은 캘리포니아에서 이틀간 주요 고객사와 업무를 보고 나서 오렌지카운티 부근에서 서핑을 할 계획이라고 한다.

나는 다시 집으로 돌아가 이 책을 마무리해야 하지만 이렇게 더없이 화창하고 따스한 날을 그냥 흘려 보내는 것은 범죄인 것 같다. 점심을 먹은 후 잠시 짬을 내어 차를 몰고 온타리오호로 가서 친구 조시와 함께 단기 서핑보드 수업에 참가한다. 올해 잠수복을 입지 않고 서핑을 즐길 수 있는 마지막 기회다(내년 5월에나 다시 잠수복 없이 서핑을 할 수 있을 것이다). 우리는 체리비치에서 출발해서 칼바람을 뚫고 작은 만을 건넌 다음 조류보호구역으로 들어가 가마우지와 갈매기들 틈에서 잠시 휴식을 취한다. 멀리 도심의 스카이라인, 아직은 거의 비어 있는 사무실 건물들이 구름 한 점에도 가리지 않은 채 선명하게 보인다.

물 밖으로 나오자 부모님에게 전화가 온다. 부모님이 손주들이 보고 싶다고 해서 우리는 같이 학교로 아이들을 데리러 가기로 한다. 그리고 다 같이 집으로 걸어오는 길에 날씨가 좋으니 멕시코 음식점의 테라스 자리에서 식사하기로 한다. 아이들이 얌전히 앉아 타코를 거의 다 먹는다. 다들 겨울이 오기 전에 이렇게 마지막으로 거리의 맛을 즐길 수 있어서 얼마나 다행인지 이야기한다. 아버지가 손주들에게 젤라토 아이스크림을 사준다. 1년 반 동안이나 먼발치에서만 보고 허공에 키스를 보낸 터라 과도한 사랑과 애정(그리고 디저트)에 우리는 개의치 않는다. 나는 부모님의 차로 가서 더 꼭 안아주고 사랑한다는 말을 잊지 않는다.

그리고 다시 집으로 돌아와 잠자리에 들기 전의 한바탕 혼돈을 치른다. 딸의 수학 숙제를 봐주며 진땀을 흘린다. 아들하고는 선생님을 존경하는 것에 대해 한참 대화를 나눈다. 이를 닦고 화장실에 다녀오고 잠옷으로 갈아입는다. 나는 아들에게 《도그맨Dog Man》을 읽어주고, 아들은 **설사**라는 단어가 나올 때마다 웃는다. 딸은 올해 들어서 세 번째로 《해리 포터》시리즈를 읽기 시작한다. 우리는 불을 끄고 침대에 누운 아이들을 꼭 안아주고는 조금 더 있어달라는 간청을 뿌리치고 얼른 방에서 나온다. 아내는 《오버스토리Overstory》를 들고 이불 속으로 들어가고 나는 컴퓨터 앞으로 가서 집필을 이어간다.

오늘 하루는 멋진 날이면서도 더없이 평범한 날이었다. 5년 전에도 이랬을 수 있고, 5년 후에도 이럴 수 있고, 다음 주에도 이럴 수 있다. 오늘을 위대한 하루로 만드는 것은 바로 그 영원 불변성이다. 탄탄한 지역사회와 학교, 친구들과 햇빛, 드넓은 호수와 타코, 세대를 넘어서는 가족의 사랑, 포옹과 젤라토 아이스크림. 흔히 미래를 이야기할 때 저 멀리 지평선 너머에서 벌어지는 사건처럼 말한다. 하지만 미래는 언제나 우리의 눈앞에서 펼쳐진다. 지금 이 순간부터 예상치 못한 식으로든 완전히 예측 가능한 방식으로든 삶이 펼쳐질 뿐이다. 우리의 미래는 앞으로 한 시간, 오늘 밤, 내일, 다음 주에 우리를 기다린다. 삶을 뒤바꾸는 극적이고 획기적인 사건이 일어날 수도 있지만 그저 늘 똑같은 뜨뜻미지근한 수프 같은 형태로 펼쳐질 수도 있다.

무수한 길

코로나19 범유행은 우리를 놀라게 한 미래였다. 누군가는 병들거나 사랑하는 사람을 잃거나 경제적으로 무너지거나 스트레스로 미쳐갔다. 또 누군가는 크게 번창하고 수익을 올렸다. 하지만 대다수는 불확실성과 두려움, 권태, 황홀경, 좌절된 희망의 순간을 오갔다. 그리고 코로나19 범유행은 우리가 결코 잊지 못할 세상의 다양한 모습을 보여주었다. 보건 제도와 사회 질서의 취약성, 신뢰할 만한 제도의 중요성, 우리를 더 인간으로 느끼게 해주는 모든 것의 가치.

초반에는 다들 우리가 이전에 알던 삶으로 돌아갈 길이 없다고 했다.

세계의 건강과 기후변화와 공급망에 대한 더는 무시할 수 없는 위협으로 경각심을 느꼈다. 무엇보다도 예전부터 예견하던 디지털 미래가 드디어 우리 앞에 도래했고 앞으로도 영원히 우리 삶에 굳건히 자리 잡을 거라고 했다. 뉴노멀. 컴퓨터와 휴대전화, 인터넷, 이런 것들이 연결해주는 모든 것이 우리를 구제했다. 일, 학교, 문화, 쇼핑, 공동체, 대화, 운동, 의미. 우리는 온라인에서 이 모든 일을 거의 중단 없이 이어갈 수 있었다. 놀랄 만큼 쉽고 빠르게 전환했다. 세상 밖에서 사람들과 섞여서 마음껏 공기를 들이마시다가 하루아침에 집 안에 갇혀 클릭하고 스와이프하면서 1과 0의 급류에 휩쓸렸다. 처음 몇 주와 몇 달 동안에는 디지털 기술의 미래주의자와 복음주의자와 창조자들이 수십 년 전부터 설파해온 미래가 드디어 우리 앞에 펼쳐지는 듯했다. 역시나 미래는 디지털로 보였다.

하지만 한편으로는 디지털 미래가 그 약속에 한참 미치지 못하는 현실과 마주했다. 그렇다, 기술이 잘 작동하기는 했지만 인류에게 막대한 비용을 치르게 했다. 우리는 컴퓨터로 업무를 수행할 수 있었지만 나날이 지쳐가면서 더 많은 것을 갈망하게 되었다. 우리는 디지털 미래를 주행 테스트하면서 아날로그 현실이 얼마나 소중한지 깨달았다. 컴퓨터는 우리 삶에 필요한 도구다. 업무와 학습에 도움을 주고, 동료나 사랑하는 사람들과 연결해주고, 정보를 주고, 음악과 웃음도 줄 수 있다. 그런데 그 이상은 아니다. 컴퓨터는 진심으로 우리를 보살펴주거나 사랑해주지 못한다. 컴퓨터는 기계이지 사람이 아니다. 컴퓨터의 위력이

기하급수적으로 강해질 수는 있어도 디지털 컴퓨터 기술의 미래는 어느 것도 필연적이지 않다. 모든 기술이 진보와 동의어가 아니듯이 모든 진보가 새로운 기술에서 나오는 것은 아니다. 디지털은 때로는 우리 삶을 개선해주지만 때로는 악화시키기도 한다. 코로나19 범유행은 디지털 미래가 우리 삶의 모든 측면에서 정확히 어떤 모습으로 펼쳐질지 보여주는 하나의 거대한 실험이었다. 우리는 포괄적으로 예측하는 대신 실제로 타이어를 발로 차보고 운전석에 올라타서 안전벨트를 매고 완전히 디지털인 존재의 역량을 시험했다. 이제 우리는 이 시험에서 배운 것을 모두 기억하고 이를 토대로 우리가 실제로 살고 싶은 미래와 실리콘밸리가 우리에게 판매하려는 미래에 대한 어려운 질문을 던져야 한다.

이 글을 쓰기 2주 전, 페이스북이 정치적 폭력 사태와 잘못된 정보와 여러 가지 유해한 사건에서 어떤 역할을 했는지에 대한 수사와 의회청문회가 한창이었다. 마크 저커버그는 페이스북이 사명을 메타Meta로 바꾸고 오래전부터 약속한 VR 미래인 '메타버스metaverse'를 일상에서 구현하는 데 주력하고 있다고 밝혔다. 물 위에 뜬 섬들과 저커버그만큼이나 뻣뻣해 보이는 만화 아바타가 나오는 목가적인 애니메이션을 배경으로 페이스북의 선 킹Sun King이 '체화된 인터넷embodied internet'에 대해 설명했다. 체화된 인터넷이란 디지털과 아날로그의 미래를 매끄럽게 연결해주는 하드웨어와 소프트웨어의 결합을 의미한다. 저커버그는 기술 전문 기자인 케이시 뉴턴에게 이렇게 말했다. "제가 흥분하는 지점은, 사람들에게 사랑하는 사람들이나 함께 일하는 사람들과 한 공간에 있는 느낌, 원하는 장소에 머무는 느낌을 훨씬 강렬하게 전달하고 체험하게 해줄 수 있다는 점입니다." 이어서 이렇게 말했다. "우리의 소통이 훨씬 풍성해질 겁니다. 현실처럼 느껴질 겁니다. 미래에는 전화 통화로만 소통하는 것이 아닙니다. 기자님이 홀로그램으로 저희 집 소파에 앉아 계실 수도 있고 제가 홀로그램으로 기자님 댁 소파에 앉아 있을 수도 있습니다. 게다가 우리가 서로 다른 상태에 있거나 수백 킬로미터 떨어져 있어도 실제로 한 장소에 있는 것처럼 느껴질 겁니다. 그래서 저는 이게 매우 강력할 거라고 생각합니다."

메타버스가 우리 모두가 추구해야 할 미래라고 믿으려면 아주 오만하고 순진무구해야 한다. 지난 2년 동안 우리가 경험하고 터득한 현실을 모조리 무시하는 태도이기 때문이다. 게다가 코로나19 범유행으로 온라인에 의존할 수밖에 없었던 비사교적인 경험을 더 강하게 밀어붙이는 태도이기도 하다. 마치 우리가 느끼는 소외감과 불편함과 불만족은 더 좋은 VR 안경을 개발해서 날아다니는 말이나 하늘에 뜬 집 등 저커버그가 배포하는 황당무계한 애니메이션을 더 많이 보여주면 해소된다는 식이다. 메타버스의 약속, 곧 우리가 지금보다 **더 많은 시간을** 집에서 화면을 보면서 지낼 수 있게 해준다는 약속은 비겁한 미래다. 현실을 직시하면서 기후변화부터 정치적 불안정까지 우리가 당면한 갖가지 과제를 더 정확히 판단할 기회를 주는 것이 아니라 현실을 회피할 새로운 길을 열어주려는 것이다. 영원히 집 안에만 머무르는 것은 디지털의 승리가 아니다. 상상력의 부재이고, 이런 약속의 핵심에는 인간성이 심각하게 결핍되어 있다. 우리에게는 실제로 함께 머무를 공간이 필요하지, 나날이 복잡해지는 가상현실의 공유 공간이 필요한 것이 아니다. 사실 우리에게는 저커버그가 약속하는 것처럼 "현실처럼 느껴지는" 미래가 필요한 것이 아니다. 현실에 직면해야지, 대화형 만화의 세계로 들어가 현실을 외면해서는 안 된다.

"완전 디지털로 사는 삶의 버전이 별로인 것을 모두 알아챘다고 확신합니다." 세계에서 가장 유명한 컴퓨터 과학자 중 한 명으로, IP 프로토콜과 이메일 이외에도 다양한 혁신을 주도하며 '인터넷의 아버지'로 불리는 빈트 서프Vint Cerf의 말이다. "중요한 건 우리가 무엇을 아쉬워하느냐는 겁니다." 2021년 중반 서프가 펠로앨토의 그의 집에서 트레이드마크인 스리피스 맞춤 정장 차림으로 나와 인터뷰하면서 한 말이다. "이제 우리는 세상을 제한적으로[온라인으로] 봅니다. 같은 공간에 머무를 수 없습니다. 경험의 동시성이 빠져 있습니다. 과연 이걸로 충분할까요?" 서프가 수천 킬로미터의 거리를 두고 우리가 나누는 화상채팅에 대해 한 말이다. "아뇨, 충분하지 않습니다. 우리는 무언가에 함께 몰입하지 못합니다. 작가님은 작가님 방에서 몰입하고, 저는 제 방에서 몰입하죠. 여기에는 함께하는 경험의 풍성함이 빠져 있어요. 물론 우리는 지금 이렇게 온라인에서 함께 경험하는 척하지만요." 가상현실과 인공현실에는 실용적인 면들도 있다고 서프는 말했다. 로켓 설계자로서 아폴로 프로그램에 참여한 경력이 있는 서프는 최근에는 엔지니어들과 함께 VR 소프트웨어로 로켓 엔진의 부품 내부를 들여다보는 작업을 했다. "하지만 이걸로 아날로그적이고 물리적인 소통을 대신하려 한다면 틀렸습니다." 그가 말했다. "현실을 재현하려는 것은 어리석은 시도입니다."

메타버스는 미래에는 컴퓨터가 모든 문제를 해결하고 우리를 현실에서 해방시켜준다는 디지털 유토피아의 최신 버전일 뿐이다. 우리가 계속 저커버그처럼 디지털의 미래를 약속하는 사람들에게 우리의 미래를 맡긴다면 실제로 메타버스가 우리의 미래가 될 것이다. 여기서 선택은 단순하다. 이런 미래를 받아들여 온라인에서 가상현실의 광란에 동참하거나, 아니면 디지털을 완전히 거부하고 현대판 기계파괴운동의 주모자로 추방당하거나. 받아들이든가 떠나든가 둘 중 하나다. 하지만 이런 식의 선택은 항상 잘못된 선택이다. 어떤 미래도 2진법의 선택으로 다가오지 않는다. 이러거나 저러거나, 온라인이거나 대면이거나, 가상이거나 실제이거나가 아니다. 미래는 우리가 최신 기술을 수용하거나 거부하거나, 혹은 집에서 일할지 사무실에서 일할지를 최종 선언하는 식으로 결정되지 않는다. 진정한 미래는 날마다 우리에게 무수한 길을 제시한다. 그중 일부는 디지털일 것이다. 또 일부는 아날로그일 것이다. 그리고 대부분은 혼합형으로, 현실 세계만큼이나 불완전하고 역동적일 것이다.

아날로그 미래는 코로나19 범유행 이전, 그러니까 디지털 이전의 생활양식으로 돌아간다는 의미가 아니다. 그보다는 힘든 시기에 화면을 보며 얻은 뼈아픈 교훈을 통합하는 방식으로 우리가 원하는 미래를 만들어나간다는 의미다. 디지털 기술을 이용해서 무언가를 하기로 선택하는 것은 좋지만 간단히 디지털을 기본 설정으로 전제할 수는 없다. 어떤 일을 컴퓨터로 처리할 수 있다고 해서 그 방법이 그 일을 하기 위한 최선의 길은 아니다. 아날로그 미래는 진보를 거부하는 것이 아니다. 아날로그 미래는 우리가 **어떻게** 앞으로 나아가고 싶은지를 우리의 생각대로 신중히 선택하는 것이다. 우리의 인간적인 욕구를 디지털 기술의 창조자와 투자자보다 먼저 챙기고 싶다면 아날로그를 앞에 두어야 한다. 아날로그를 위한 공간을 마련하고 적절한 시간과 자원을 투자해서 현실적이고 인간적인 경험이 중요한 삶의 영역에서 아날로그의 성공을 장려해야 한다. 더욱 인간적인 미래를 만들어나가려면 아날로그 현실에, 그 모든 혼란스러운 영광에 투자해야 한다.

내가 살고 싶은 미래

나는 미래의 일의 개념이 단순히 책상 앞에 앉아서 도달 불가능한 생산성을 달성하기 위해 끊임없이 최적화하고 수량화 가능한 일련의 과제를 처리하는 것이 아니기를 바란다. 그리고 사람들이 서로 얼굴을 마주 보고 인간적으로 소통하며 우리에게 더 의미를 안겨주는 혁신과 배려로서의 일. 그렇게 일의 사회적 성격을 중시하는 아날로그 미래가 오기를 바란다. 수제품을 만드는 사람들처럼 아날로그 미래는 우리의 고유한 인간적 재능에 투자하지, 우리의 재능을 더 자동화할 방법을 찾지 않는다. 나는 미래에는 학생들이 철저히 제한된 환경에서 화면으로 학습하는 가상학교라는 거짓 약속은 역사의 쓸모없는 아이디어를 모아 놓은 쓰레기통으로 들어갈 것이라고 믿는다. 그리고 교사와 학생, 학생과 학생, 학교와 지역사회 사이에 신뢰가 쌓여서 모든 훌륭한 교육에 연료를 공급하기를 희망한다. 학교의 미래는 아이들이 넘치는 탐구심과 열린 마음으로 온갖 놀라운 일들을 받아들이고, 지식을 향한 사랑을 길러서 다채로운 학습 경험을 통해 복잡하고 변화무쌍한 세계에 대비하게 해주는 것을 목표로 삼아야 한다. 따라서 아이들이 학교 안에서만이 아니라 숲과 공원과 일터에서, 머리와 눈과 컴퓨터만이 아니라 몸과 손과 마음으로 현실 세계를 더 깊이 통찰할 수 있게 가르쳐야 한다. 그저 시험 점수를 많이 받도록 정해진 사실을 머릿속에 집어 넣어주는 데만 급급해서는 안 된다.

미래에 나는 대면으로든 온라인으로든 더 다양한 상점과 레스토랑과 지역 사업체에서 쇼핑할 수 있고 이런 사업체들이 안정적이고 공정한 상업 경제의 닻이 되는 사회에서 살고 싶다. 최고의 기술은 아날로그 세계를 대체하는 것이 아니라 개선해야 한다. 나는 디지털 도구가 오프라인 비즈니스를 강화해주기를 바라지, 멀리 있는 투자자에게 이익을 안겨주기 위해 오프라인과 경쟁하고 시장을 지배하기를 원하지 않는다. 나는 내 삶을 더 살 만하게 만들어주는 혁신적인 아이디어와 창조적인 해결책과 기분 좋은 의외성의 발사대가 되어주는 도시에서 살고 싶다. 이런 미래의 환경에서 최고의 아이디어가 빛을 발할 것이기 때문이다. 결과적으로 도시 서비스를 위한 웹사이트가 개선되거나 스마트폰으로 자전거를 빌리는 방법이 더 쉬워질 수도 있지만, 그보다는 음식점의 테이블이 밖으로 더 많이 나오고 모든 사람을 위한 공원과 도서관이 더 좋아지고 거리가 더 걷기 쉬워지고 이웃과 대화를 나눌 기회가 더 많아지기를 바란다. 나는 우리 지도자들이 콘크리트든 나무든 컴퓨터 명령행이든 상관없이 이 도시에 최선의 길을 열어주는 모든 사업에 투자하기를 바란다.

나는 여전히 소파에 앉아 TV로 영화를 보고 싶지만 미래의 문화는 과거의 문화보다 더 풍성하고 흥미롭고 복잡하고 재미있기를 바란다. 나는 여전히 밖에 나가 큰소리로 웃고 목청껏 노래하고 무대 위의 배우들과 댄서들을 보고 피아노 선율을 듣고 무도회장의 땀 냄새를 맡고 싶다. 그래도 내가 온라인 생중계 콘서트와 연극과 시상식을 보고 싶어하는 이유는, 이런 것이 우리에게 다시 극장으로 돌아가 진짜 예술을 보고 싶게 만들어주기 때문이다. 온라인 공연이 진짜 예술을 대체하기를 바라는 마음은 없다. 나는 계속 낯선 사람들로 가득한 강연장의 연단 위에 올라가서 어서 도망치라고 아우성치는 긴장감을 애써 떨쳐내고 모두에게 더 살아 있다고 느끼게 하는 방식으로 소통하고 싶다. 나는 생생히 살아 있는 경험이 문화의 정점에 계속 남아 있고 이런 경험을 할 수 있는 공간에 더 쉽게 접근할 수 있어서 누구나 이런 마법 같은 순간을 경험할 수 있는 미래를 원한다.

마크 저커버그는 내가 그의 로봇 같은 엉덩이에 딱 어울리는 우리 집 소파에서 홀로그램과 행복하게 어울리고 줌 칵테일파티에 참석하고 가상으로 사람들과 교유하는 미래를 열 수도 있을 것이다. 하지만 미래에 나는 사람들과 더 많이 대화하고 싶다. 대화 본연의 방식으로 돌아가 같은 공간에서 얼굴을 마주 보고 대화를 하면서 사람들과 나누는 경험의 풍성함과 공감과 진정한 건강 효과를 전부 누리고 싶다. 지난 몇 달간 간절히 바라던 바이기도 하다. 나는 현실의 친구들과 얼굴을 마주 보면서 여과되지 않고 중재되지 않은 방식으로 대화하고 싶다. 이틀 전에 우리 친구 데이브와 게이비 그리고 그들의 딸 재디가 2년 넘게 방콕과 게이비의 고향인 동티모르에서 지내다가 토론토로 돌아왔다. 그날 밤 우리는 그들 가족과 함께 다른 손님 대여섯 명을 집으로 초대했다. 그리고 세상이 옆길로 새기 전의 근심 걱정 없던 시절처럼 실내에서 함께 일곱 시간을 보냈다. 우리는 재디와 까꿍 놀이를 하고 레바논 음식을 배불리 먹고 와인과 위스키를 마시고 서로의 근황을 나누었다. 우리는 학교와 직장에 돌아가는 기쁨에 관해 이야기했다. 우리 중 누군가는 경력상의 문제와 병든 부모님에 대한 걱정을 이야기했다. 우리는 이제 다시 커나가는 꿈에 관해서도 이야기했다. 사실 그보다는 거의 웃고 떠들면서 옛날얘기를 나누거나 아무거나 떠오르는 대로 이야기하면서 인간으로 사는 기쁨에 술을 퍼마셨다. 사랑하는 사람들과 실제로 만나서 진실한 대화를 나누는 것이 결코 쉽지 않고 대개는 그만한 가치가 없을 수도 있다. 하지만 진정으로 삶을 가치 있게 만들어주는 의미 있는 관계를 원한다면 낯선 사람들과의 가식적인 대화보다 사랑하는 사람들과의 진솔한 대화가 훨씬 값지다. 그리고 이런 게 혁신이다. 사회적 연결을 더 많이 원한다면 사람들이 집에 틀어박히게 만드는 장치가 아니라 사람들이 모이게 만드는 활동에 투자해야 한다. 각자의 화면보다는 함께 머무는 공간에 투자해야 한다. 북클럽을 더 많이 만들어야 한다.

미래에 나는 하루하루 더 살아 있다고 느끼고 싶다. 야외나 숲이나 호수에서 더 많은 시간을 보내거나 그냥 햇빛 속에서 걸으면서 내 명령을 따르는 내 몸의 모든 감각으로 세상의 온전한 물질성을 체험하고 싶다. 나는 더 큰 무언가의 한 부분으로서 나를 느끼고 싶다. '더 큰 무언가'란 매달 9.99달러를 내고 들어갈 수 있는, 인공 프로그램으로 시뮬레이션한 세계가 아니다. 내 몸 밖이나 내 영혼 안에 펼쳐진 광대한 우주, 내가 이렇게 미친 듯이 돌아가는 바위에 계속 뿌리를 내리고 살 수 있게 해주는 인간 존재의 막연한 신비를 의미한다. 나는 공동체와 더 깊이 연결되고 싶다. 내게 손쉽게 소비되는 인생 교훈을 띄워주는 앱이 아니라 혼돈의 현실에서 교훈을 얻도록 내 등을 떠밀어 내가 수수께끼 같은 존재의 의미를 열심히 탐색하게 해주는 공동체와 연결되고 싶다. 나는 계속 내 존재에 의문을 품게 만들고 최근 몇 년간 내가 간절히 바라던 아날로그 현실에 직면하게 만드는 세상을 원한다.

내가 살고 싶은 미래는 나의 인간적인 욕구와 갈망과 경험을 최우선에 두는 세상이다. 내가 원하는 미래는 인간이 중심인 세상이다. 그리고 내가 원하는 미래는 우리가 자연히 끌리는 물리적이고 아날로그적인 현실이 기준인 세상, 새로운 발명이나 디지털 기술도 이런 아날로그 현실을 기준으로 측정되는 세상이다. 이를테면 이런 식이다. 이 디지털 기술은 나를 더 행복하게 만들어줄까? 내가 지구와 다른 사람들과 더 연결된 느낌을 받도록 도와줄까? 나의 타고난 인간적 욕구를 지지해줄까, 아니면 깎아내릴까?

미래가 아날로그인 이유는 우리가 아날로그이기 때문이다. 이것이 내가 코로나19 범유행에서 터득한 진실이다. 인간은 디지털이 아니다. 우리는 소프트웨어로 작동하는 하드웨어가 아니다. 우리의 운명은 지수 곡선으로 결정되지 않는다. 우리는 정신을 클라우드에 업로드하고 이 세상을 초월할 수 없다. 우리는 피와 살을 가진 생명체로서 생명 작용과 갖가지 기이한 특질에 얽매여 있고, 온갖 풍요와 위험, 아름다움과 비참함을 겪으며 살아간다. 이런 삶의 현실을 디지털로 복제해서 대체하려다가는 길을 잃는다.

코로나19 범유행 중 최악의 순간, 스트레스와 외로움과 슬픔에 시달리던 순간을 돌아보자. 그리고 가장 행복했던 순간을 떠올려보자. 잊고 싶은 순간은 디지털 미래에 완전히 굴복한 순간일 것이다. 혼자 집에 갇혀서 각종 화면들을 오가며 나날이 쇠약해지면서도 오락거리를 찾아 배회하던 순간일 것이다. 그러면 최고의 순간은 언제인가? 가장 아날로그적인 순간일 것이다. 혼자든 여럿이든 자연으로 나가서 모든 감각으로 세상을 체험하던 순간, 한낱 프로그램으로 설정된 미래가 감히 범접할 수 없는 충만한 영혼과 풍성한 삶을 체험하던 순간일 것이다. 오늘 아침 아이들의 학교 운동장에서 울려 퍼지던 웃음소리와 오늘 오후 호수 위에 떠 있는 동안 내 등에 번지던 햇빛의 온기. 오늘 밤 저녁을 먹으면서 어머니가 내 딸을 안아줄 때 어머니를 흐뭇하게 바라보던 내 표정, 그리고 우리 동네에 분홍빛 초승달이 떠오를 때 다 같이 경외감으로 달을 쳐다보면서 아이스크림이 녹아 손에 뚝뚝 떨어지는 채로 집으로 걸어가던 풍성한 모든 순간. 나는 영원히 이토록 아름다우면서도 현실적인 순간에 살고 싶다.

참고문헌

프롤로그

Forster, E. M. "The Machine Stops." *The Oxford and Cambridge Review* (1909).

Altucher, James. "NYC Is Dead Forever. Here's Why." LinkedIn. August 13, 2020. www. linkedin.com/pulse/nyc-dead-forever-heres-why-james-altucher.

1장

"Nearly Half of US Employees Feel Burnt Out, with One in Four Attributing Stress to the COVID-19 Pandemic." Eagle Hill Consulting. April 14, 2020. www. eaglehillconsulting.com/news/half-us-employees-burnt-out-stress-from-covid19-pandemic.

Robinson, Brian. "Remote Workers Report Negative Mental Health Impacts, New Study Finds." *Forbes.* October 15, 2021.

Grant, Adam. "There's a Name for the Blah You're Feeling: It's Called Languishing." *New York Times.* April 19, 2021.

Baym, Nancy, Jonathan Larson, and Ronnie Martin. "What a Year of WFH Has Done to Our Relationships at Work." *Harvard Business Review.* March 22, 2021.

Brooks, Arthur C. "The Hidden Toll of Remote Work." *The Atlantic.* April 1, 2021.

Bartelby. "Why Women Need the Office." *The Economist.* April 28, 2021.

Barrero, Jose Maria, Nicholas Bloom, and Steven J. Davis. "Why Working from Home Will Stick." National Bureau of Economic Research. April 2021.

Newport, Cal. "The Frustration with Productivity Culture." *New Yorker.* September 13, 2021.

Gibbs, Michael, Friederike Mengel, and Christoph Siemroth. "Work from Home & Productivity: Evidence from Personnel & Analytics Data on IT Professionals." Working Paper No. 2021-56. University of Chicago, Becker Friedman Institute for Economics. July 2021.

Yang, Longqi, David Holtz, Sonia Jaffe, Siddharth Suri, Shilpi Sinha, Jeffrey Weston, Connor Joyce, et al. "The Effects of Remote Work on Collaboration Among Information Workers." *Nature of Human Behavior* 6 (2022): 43–54.

Ritson, Mark. "Facebook's Horizon Workrooms Sucks Ass." *Marketing Week.* August 24, 2021.

Zitron, Ed. "The Tech Industry Is Blowing Millions of Dollars to Make Work from Home into a Worker-Surveillance Dystopia." *Business Insider.* August 25, 2021.

Kroezen, Jochem, Davide Ravasi, Innan Sasaki, Monika Żebrowska, and Roy Suddaby. "Configurations of Craft: Alternative Models for Organizing Work." *Academy of Management Annals* 15, no. 2 (July 15, 2021).

Saval, Nikil. *Cubed: A Secret History of the Workplace.* New York: Knopf Doubleday, 2014.

Headlee, Celeste. *Do Nothing: How to Break Away from Overworking, Overdoing, and Underliving.* New York: Harmony Books, 2020.

Langlands, Alexander. *Cræft: How Traditional Crafts Are About More Than Just Making.* London: Faber & Faber, 2017.

Brown, John Seely, and Paul Duguid. *The Social Life of Information.* Cambridge, MA: Harvard Business Press, 2000.

2장

Wadhwa, Vivek. "The Future of Education Is Virtual." *Washington Post.* January 23, 2018.

Vegas, Emiliana, Lauren Ziegler, and Nicolas Zerbino. "How Ed-Tech Can Help Leapfrog Progress in Education." Brookings Institute Center for Universal Education. November 20, 2019.

Gladir, George. "Betty in High School 2021 A.D." *Betty #46.* Archie Comics. February 1997.

OECD. *The State of Global Education: 18 Months into the Pandemic.* Paris: OECD Publishing, 2021.

Gomez, Melissa. "A Lost Year for High School Students: Loneliness and Despair, Resilience and Hope." *Los Angeles Times.* March 17, 2021.

Callimachi, Rukmini. "'I Used to Like School': An 11-Year-Old's Struggle with Pandemic Learning." *New York Times.* May 5, 2021.

Mervosh, Sarah. "The Pandemic Hurt These Students the Most." *New York Times.* July 28, 2021.

Tucker, Marc. "Why Other Countries Keep Outperforming Us in Education (and How to

Catch Up)." *Education Week.* May 13, 2021.

Labaree, David. *Someone Has to Fail: The Zero-Sum Game of Public Schooling.* Cambridge, MA: Harvard University Press, 2010.

Immordino-Yang, Mary Helen. *Emotions, Learning, and the Brain.* New York: W. W. Norton, 2016.

Dewey, John. *Democracy and Education: An Introduction to the Philosophy of Education.* New York: Macmillan, 1916.

3장

"Quarterly Retail E-Commerce Sales: 4th Quarter 2021." *US Census Bureau News.* Department of Commerce. February 18, 2022.

Haimerl, Amy. "When You're a Small Business, E-Commerce Is Tougher Than It Looks." *New York Times.* March 7, 2021.

Ovide, Shira. "A Comeback for Physical Stores." *New York Times.* February 23, 2022.

MacGillis, Alec. *Fulfillment: Winning and Losing in One-Click America.* New York: Macmillan, 2021.

Campbell, Ian Carlos. "Peak Design Congratulates Amazon for Copying Its Signature Sling Bag So Well." *The Verge.* March 3, 2021.

Mims, Christopher. "With Shopify, Small Businesses Strike Back at Amazon." *Wall Street Journal.* March 13, 2021.

Kantor, Jodi, Karen Weise, and Grace Ashford. "The Amazon That Customers Don't See." *New York Times.* June 15, 2021.

Mintz, Corey. *The Next Supper: The End of Restaurants as We Knew Them, and What Comes After.* New York: PublicAffairs, 2021.

Pizio, Anthony Di. "Why DoorDash Shares Still Trade Too High." *The Motley Fool.* April 14, 2021.

Tkacik, Maureen. "Rescuing Restaurants: How to Protect Restaurants, Workers, and Communities from Predatory Delivery App Corporations." American Economic Liberties Project. September 2020.

Stone, Brad. "How Shopify Outfoxed Amazon to Become the Everywhere Store." *Bloomberg Businessweek.* December 23, 2021.

4장

Ward, Jacob W., Jeremy J. Michalek, and Constantine Samaras. "Air Pollution, Greenhouse

Gas, and Traffic Externality Benefits and Costs of Shifting Private Vehicle Travel to Ridesourcing Services." *Environmental Science & Technology* 55, no. 19 (2021): 13174–13185.

Badger, Emily. "Covid Didn't Kill Cities. Why Was That Prophecy So Alluring?" *New York Times*. July 12, 2021.

Doctoroff, Dan. "Dan Doctoroff on How We'll Realize the Promise of Urban Innovation." McKinsey & Co. January 16, 2018.

Saxe, Shoshanna. "I'm an Engineer, and I'm Not Buying into 'Smart' Cities." *New York Times*. July 16, 2019.

Romero, Simon. "Pedestrian Deaths Spike in U.S. as Reckless Driving Surges." *New York Times*. February 14, 2022.

Jaegerhaus, Walter. "What's the Matter with American Cities?" *Common Edge*. February 7, 2022.

Goldmark, Sandra. *Fixation: How to Have Stuff Without Breaking the Planet*. Washington, DC: Island Press, 2020.

Gel, Jan. *Cities for People*. Washington, DC: Island Press, 2010.

Jacobs, Jane. *The Death and Life of Great American Cities*. New York: Random House, 1961.

Caro, Robert A. *The Power Broker: Robert Moses and the Fall of New York*. New York: Knopf, 1974.

Vinsel, Lee, and Andrew L. Russell. *The Innovation Delusion: How Our Obsession with the New Has Disrupted the Work That Matters Most*. New York: Currency, 2020.

5장

Shear, Emmett. "What Streaming Means for the Future of Entertainment." TED. April 2019. ted.com/talks/emmett_shear_what_streaming_means_for_the_future_of_entertainment.

Ben Amor, Farid. "After Music and TV, What Is the Future of Streaming?" World Economic Forum. July 24, 2019. www.weforum.org/agenda/2019/07/after-music-and-tv-the-next-streaming-revolution-is-already-here.

Collins-Hughes, Laura. "Digital Theater Isn't Theater. It's a Way to Mourn Its Absence." *New York Times*. July 8, 2020.

Grant, Adam. "There's a Specific Kind of Joy We've Been Missing." *New York Times*. July 10, 2021.

6장

National Academies of Sciences, Engineering, and Medicine. *Social Isolation and Loneliness in Older Adults: Opportunities for the Health Care System.* Washington, DC: National Academies Press, 2020.

"Loneliness and Social Isolation Linked to Serious Health Conditions." CDC. April 21, 2021. cdc.gov/aging/publications/features/lonely-older-adults.html.

Stone, Lyman. "Bread and Circuses: The Replacement of American Community Life." American Enterprise Institute. April 29, 2021.

Lichtenstein, Jesse. "Digital Diplomacy." *New York Times Magazine.* July 16, 2010.

Stecklow, Steve. "Why Facebook Is Losing the War on Hate Speech in Myanmar." *Reuters.* August 15, 2018.

Frenken, Sheera, and Davey Alba. "In India, Facebook Grapples with an Amplified Version of Its Problems." *New York Times.* October 23, 2021.

Alter, Adam. *Irresistible: The Rise of Addictive Technology and the Business of Keeping Us Hooked.* New York: Penguin, 2017.

Pinker, Susan. *The Village Effect: How Face-to-Face Contact Can Make Us Healthier, Happier and Smarter.* New York: Vintage, 2014.

Lanier, Jaron. *Ten Arguments for Deleting Your Social Media Accounts Right Now.* New York: Henry Holt, 2018.

Headlee, Celeste. *We Need to Talk: How to Have Conversations That Matter.* New York: HarperCollins, 2017.

Odell, Jenny. *How to Do Nothing: Resisting the Attention Economy.* Brooklyn, NY: Melville House, 2019.

Zuboff, Shoshana. *The Age of Surveillance Capitalism.* New York: PublicAffairs, 2019.

7장

Reedy, Christianna. "Kurzweil Claims That the Singularity Will Happen by 2045." *Futurism.* May 10, 2017.

Buber, Martin. *I and Thou.* New York: Charles Scribner and Sons, 1958.

Louv, Richard. *Last Child in the Woods: Saving Our Children from Nature-Deficit Disorder.* London: Atlantic Books, 2008.

Moore, Thomas. *Care of the Soul: A Guide for Cultivating Depth and Sacredness in Everyday Life.* New York: HarperCollins, 1992.

Gros, Frédéric. *A Philosophy of Walking.* London: Verso, 2014.

Solnit, Rebecca. *Wanderlust: A History of Walking*. New York: Penguin, 2001.

Rubinstein, Dan. *Born to Walk: The Transformative Power of a Pedestrian Act*. Toronto: ECW Press, 2015.

Reed, Edward S. *The Necessity of Experience*. New Haven, CT: Yale University Press, 1996.

에필로그

Newton, Casey. "Mark in the Metaverse." *The Verge*. July 22, 2021.

추가 문헌

Harari, Yuval Noah. *21 Lessons for the 21st Century*. New York: Random House, 2018.

Harari, Yuval Noah. *Homo Deus: A Brief History of Tomorrow*. London: Vintage, 2017.

McLuhan, Marshall. *Understanding Media: The Extensions of Man*. New York: McGraw-Hill, 1964.

Rushkoff, Douglas. *Team Human*. New York: W. W. Norton, 2019.

옮긴이 문희경

서강대학교 사학과를 졸업하고 가톨릭대학교 대학원에서 심리학을 전공했다. 전문 번역가로 활동하며 문학과 심리학, 인문학 등 다양한 분야의 책을 소개하고 있다. 옮긴 책으로 《알고 있다는 착각》《인생의 발견》《타인의 영향력》《이야기의 탄생》《지위 게임》《우리가 모르는 사이에》《우아한 관찰주의자》《신뢰 이동》 등이 있다.

디지털이 할 수 없는 것들

초판 1쇄 발행 2023년 5월 25일
초판 4쇄 발행 2024년 8월 20일

지은이 데이비드 색스
옮긴이 문희경
발행인 김형보
편집 최윤경, 강태영, 임재희, 홍민기, 강민영, 송현주, 박지연
마케팅 이연실, 이다영, 송신아 **디자인** 송은비 **경영지원** 최윤영

발행처 어크로스출판그룹(주)
출판신고 2018년 12월 20일 제 2018-000339호
주소 서울시 마포구 동교로 109-6
전화 070-5080-4113(편집) 070-8724-5877(영업) **팩스** 02-6085-7676
이메일 across@acrossbook.com **홈페이지** www.acrossbook.com

한국어판 출판권 ⓒ 어크로스출판그룹(주) 2023

ISBN 979-11-6774-103-5 03320

만든 사람들
편집 강태영 **교정** 윤정숙 **디자인** 송은비 **조판** 김성인